高等院校
创新创业教育丛书

创业企业财务管理

主　编　雷金英　何　颖

副主编　杨　丽　何李坚　蔡赛容

The business enterprise financial management

经济管理出版社
ECONOMY & MANAGEMENT PUBLISHING HOUSE

图书在版编目（CIP）数据

创业企业财务管理/雷金英，何颖主编．—北京：经济管理出版社，2019.8（2025.1重印）
ISBN 978 - 7 - 5096 - 6329 - 5

Ⅰ．①创⋯　Ⅱ．①雷⋯ ②何⋯　Ⅲ．①企业管理—财务管理—高等学校—教材　Ⅳ．①F275

中国版本图书馆 CIP 数据核字（2019）第 017130 号

组稿编辑：王光艳
责任编辑：许　兵
责任印制：黄章平
责任校对：王纪慧

出版发行：经济管理出版社
　　　　　（北京市海淀区北蜂窝 8 号中雅大厦 A 座 11 层　100038）
网　　　址：www.E - mp.com.cn
电　　　话：(010) 51915602
印　　　刷：北京市海淀区唐家岭福利印刷厂
经　　　销：新华书店
开　　　本：787mm×1092mm/16
印　　　张：27.5
字　　　数：635 千字
版　　　次：2019 年 8 月第 1 版　2025 年 1 月第 2 次印刷
书　　　号：ISBN 978 - 7 - 5096 - 6329 - 5
定　　　价：68.00 元

福建省 2017 年高等学校创新创业教育改革项目

（精品资源共享课）基金资助项目

本课程网址：https：//mooc1. chaoxing. com/course/204318228. html

开放班级

邀请码：4713368

学习通首页右上角输入

序　言

随着创业型经济的迅猛发展，创业型人才也越来越受到社会的重视。然而创业需要勇气，更需要良好的综合素养，财务是创业企业的命脉，为创业践行者提供优质的创业财务知识就显得尤为重要。

要培育具备"创业意识、创业精神、创业能力"三创能力的应用型本科人才，教材的改革和建设就是其中至关重要的一个环节。为了激发学生的创新意识，培养学生的创新精神，提高创业能力和素质，在未来的职场中顺利立业、开拓事业，成为成功的领导者和企业家，急需一本以创业企业作为研究对象的创业财务类配套教材作为学习的知识载体。但目前高校使用的财务类教材在内容和编排上多数为专业类课程教材，针对拟创业大学生或正在创业的大学生提供集会计、税务、财务为一体的创业知识融合性教材比较匮乏，使得创业者在有限的学习时间中不能精准获取创业相关的财税知识。

在这样的背景下，我们开始策划编写本教材。本书围绕创业企业孵化期和运营初期的会计、财务和税务三方面的核心财务问题展开教材内容设计，本书共十一章，包括创业企业设立、创业企业财务概述、创业企业税务管理、创业企业会计核算、创业企业财务报表认知与分析、创业企业资金需求预算、创业企业融资管理、创业企业投资管理、创业企业营运资本管理、创业企业利润及分配管理、大学生创业财务专题。教材理论知识框架结构循序渐进，旨在帮助创业者从财务视角科学选择创业项目和高效运营创业企业，以实现创业梦想。

本书具有以下鲜明的特点：

其一，创新性。本书紧紧围绕创新创业教育中创业学生急需的创业财务知识，从创业企业老板视角，围绕创业企业孵化期和运营初期的会计、财务和税务三方面的核心财务问题展开教材内容设计，迎合创业企业在激烈竞争环境下的动态价值管理的需要。编排上创新性地将每章按照基础理论、实务知识、岗位技能实训的框架展开，循序渐进、深入浅出；每章都配有学习目标与要求、导入案例、本章小结、阅读案例、技能实训、思考与练习、案例讨论等内容，更有利于教师课堂教学实训或学生课下自学。

其二，协同性。以本教材为依托的超星学习通慕课平台正在建设，慕课学习平台资源为学生提供更多自主学习的空间和时间，实现了课堂教学和慕课平台协同教学，推进开展以学为中心的线上线下混合式教学模式。本书以"任务驱动、项目导向，基于工作过程"为原则构建线上课程学习体系，使得课程内容与职业岗位能力要求相互匹配。

全书由雷金英老师负责总体构思、结构安排以及最后统稿，具体编写的分工如下：雷金英、何颖（第一章、第二章、第三章、第五章、第六章、第十章）；何李坚（第四章）；

杨丽、雷金英（第七章）；雷金英、蔡赛容（第八章、第九章）；何颖（第十一章）。

　　本书可作为本科各专业学生学习创业教育财税知识的重点教材，也可作为企业创业者的参考用书。本书在编写过程中参阅了不少同行出版的著作，以及网络上和部分企业的最新资料，许多校企合作企业的财务经理参与了本教材的编写和审稿工作，在此对他们表示衷心的感谢！

　　本书提供配套电子课件、习题参考答案等教学资料，读者可以通过电子邮件向作者索取（2704326743@ qq. com）。

　　由于水平有限，本书难免存在疏漏和不足之处，敬请各位同行及读者予以批评指正。

编者

2019 年 3 月

目　录

第一章　创业企业设立 …………………………………………………………… 1

【学习目标与要求】 …………………………………………………………… 1
【导入案例】 …………………………………………………………………… 1
第一节　创业相关概念 ………………………………………………………… 2
　　一、自然人和法人 ……………………………………………………… 2
　　二、企业和公司 ………………………………………………………… 3
　　三、个体工商户和企业 ………………………………………………… 5
　　四、法定代表人和法人代表 …………………………………………… 5
第二节　创业企业的设立 ……………………………………………………… 6
　　一、个人独资企业 ……………………………………………………… 7
　　二、合伙企业 …………………………………………………………… 8
　　三、有限责任公司 ……………………………………………………… 9
　　四、股份有限公司 ……………………………………………………… 13
第三节　创业企业组织形式的选择 …………………………………………… 15
　　一、个人独资企业的优缺点 …………………………………………… 16
　　二、合伙企业的优缺点 ………………………………………………… 16
　　三、公司制企业的优缺点 ……………………………………………… 18
　　四、选择创业企业组织形式应考虑的因素 …………………………… 19
【财务技能实训】 ……………………………………………………………… 21
　　财务技能实训项目一：个人独资企业的设立与债务承担 …………… 21
　　财务技能实训项目二：合伙企业的设立与债务承担 ………………… 21
　　财务技能实训项目三：公司制企业的设立与债务承担 ……………… 22
【本章小结】 …………………………………………………………………… 22
【思考与练习】 ………………………………………………………………… 23

第二章　创业企业财务概述 …………………………………………………… 27

【学习目标与要求】 …………………………………………………………… 27
【导入案例】 …………………………………………………………………… 27
第一节　财务岗位认知 ………………………………………………………… 29

一、出纳 ··· 29

二、会计 ··· 30

三、财务 ··· 31

四、税务 ··· 32

五、审计 ··· 33

第二节 创业企业财务活动与财务管理 ························· 33

一、企业的资金运动 ··· 34

二、企业财务活动的内容 ······································ 35

三、企业财务管理的内容 ······································ 36

四、企业财务管理的目标 ······································ 38

第三节 创业企业财务管理价值观念 ···························· 39

一、利率 ··· 40

二、货币时间价值观念 ·· 40

三、资金风险价值观念 ·· 51

四、投资必要报酬率 ··· 53

【财务技能实训】 ·· 54

财务技能实训项目一：投资报酬率计算 ··················· 54

财务技能实训项目二：存款方式决策 ······················ 54

财务技能实训项目三：付款方式决策 ······················ 54

【本章小结】 ·· 55

【思考与练习】 ··· 55

第三章 创业企业税务管理 ··· 60

【学习目标与要求】 ··· 60

【导入案例】 ·· 60

第一节 税收种类 ·· 61

一、创业者为何要纳税 ·· 61

二、创业者需要缴纳哪些税 ···································· 62

三、增值税的征税原理与计算 ································· 65

四、企业所得税的征税原理与计算 ·························· 68

五、个人所得税的征税原理与计算 ·························· 72

第二节 创业企业税收优惠 ··· 74

一、小型微利企业普惠性企业所得税减免 ················ 74

二、增值税小规模纳税人优惠政策 ·························· 75

三、高新技术企业税收优惠 ···································· 76

四、科技型中小企业税收优惠 ································· 77

五、技术先进型服务企业税收优惠 ·························· 77

六、软件企业税收优惠 ·· 78

七、其他税收优惠 ··· 78

第三节　创业企业的纳税筹划和合理避税 ………………………………… 79

　　　一、什么是纳税筹划 ……………………………………………………… 79

　　　二、纳税筹划与偷税、逃税、抗税、骗税等概念的区别 ……………… 80

　　　三、创业者需要把握纳税筹划的几个要点 ……………………………… 82

【财务技能实训】 ………………………………………………………………… 85

　　财务技能实训项目一：一般纳税人增值税计算原理与运用 …………… 85

　　财务技能实训项目二：小规模纳税人增值税计算原理与运用 ………… 85

　　财务技能实训项目三：企业所得税计算原理与运用 …………………… 86

【本章小结】 ……………………………………………………………………… 86

【思考与练习】 …………………………………………………………………… 87

第四章　创业企业会计核算 ……………………………………………………… 91

【学习目标与要求】 ……………………………………………………………… 91

【导入案例】 ……………………………………………………………………… 91

第一节　会计要素与复式记账 …………………………………………………… 92

　　　一、会计要素 ……………………………………………………………… 92

　　　二、会计等式 ……………………………………………………………… 97

　　　三、会计账户与会计科目 ………………………………………………… 98

　　　四、借贷记账法 …………………………………………………………… 99

　　　五、权责发生制和收付实现制 ………………………………………… 103

第二节　创业企业资金筹集业务核算 ………………………………………… 103

　　　一、投入资本核算 ……………………………………………………… 104

　　　二、借入资金业务核算 ………………………………………………… 106

第三节　创业企业供应过程业务核算 ………………………………………… 108

　　　一、供应过程中原材料采购成本的确定 ……………………………… 108

　　　二、供应过程核算应设置的账户 ……………………………………… 108

　　　三、供应过程核算的账务处理 ………………………………………… 111

第四节　创业企业生产过程业务核算 ………………………………………… 114

　　　一、生产过程核算的主要内容 ………………………………………… 115

　　　二、产品生产成本的计算 ……………………………………………… 115

　　　三、生产过程核算应设置的账户 ……………………………………… 118

　　　四、生产过程核算的账务处理 ………………………………………… 120

第五节　创业企业销售过程业务核算 ………………………………………… 125

　　　一、销售过程核算的主要内容 ………………………………………… 125

　　　二、销售过程核算应设置的会计账户 ………………………………… 126

　　　三、销售过程主要经济业务核算的账务处理 ………………………… 129

第六节　创业企业财务成果形成与分配业务核算 …………………………… 133

　　　一、财务成果形成的核算 ……………………………………………… 133

　　　二、财务成果分配的核算 ……………………………………………… 142

三、创业企业资金退出企业的核算 ································ 145

【财务技能实训】 ······································· 145

    财务技能实训项目一：会计恒等式的运用 ···················· 146

    财务技能实训项目二：会计分录编制能力 ···················· 146

    财务技能实训项目三：企业利润的估算 ····················· 147

【本章小结】 ··· 148

【思考与练习】 ······································· 148

第五章　创业企业财务报表认知与分析 ·························· 152

【学习目标与要求】 ····································· 152

【导入案例】 ··· 152

第一节　资产负债表：掌握财务状况 ························· 153

    一、资产负债表的内容 ······························ 153

    二、资产负债表结构 ······························· 153

    三、资产负债表要解决的问题 ·························· 155

    四、资产负债表编制 ······························· 155

    五、资产负债表财务指标分析 ·························· 157

第二节　利润表：掌握经营成果 ··························· 160

    一、利润表内容 ································· 160

    二、利润表结构 ································· 161

    三、利润表要解决的问题 ···························· 162

    四、利润表编制 ································· 163

    五、利润表财务指标分析 ···························· 163

第三节　现金流量表：现金的来源与去向 ······················ 168

    一、现金流量表内容 ······························· 169

    二、现金流量表结构 ······························· 171

    三、现金流量表要解决的问题 ·························· 172

    四、现金流量表编制 ······························· 173

    五、现金流量表财务指标分析 ·························· 175

第四节　创业企业财务能力综合分析 ························· 180

    一、比较分析法 ································· 180

    二、比率分析法 ································· 180

    三、因素替代法 ································· 183

    四、杜邦财务分析体系 ······························ 184

    五、财务报表分析的局限性 ··························· 186

【财务技能实训】 ····································· 186

    财务技能实训项目一：财务报表的编制 ····················· 186

    财务技能实训项目二：财务比率分析 ····················· 188

    财务技能实训项目三：杜邦分析体系的运用 ·················· 188

【本章小结】 ……………………………………………………… 189

【思考与练习】 …………………………………………………… 189

第六章　创业企业资金需求预算 …………………………………… 193

【学习目标与要求】 ……………………………………………… 193

【导入案例】 ……………………………………………………… 193

第一节　创业企业资金需求预算种类 ………………………… 194

一、长期预算和短期预算 ……………………………… 194

二、经营预算、投资预算和财务预算 ………………… 195

三、启动资金预算、财务预测和全面预算 …………… 195

四、创业企业资金预算的编制原则 …………………… 196

五、创业企业资金预算的编制方法 …………………… 197

六、创业企业资金预算的编制时间 …………………… 198

第二节　创业企业启动资金预算 ……………………………… 198

一、启动资金预算的重要性 …………………………… 198

二、启动资金的分类 …………………………………… 199

三、创业企业固定资产投资估算 ……………………… 201

四、创业企业无形资产投资估算 ……………………… 205

五、创业企业其他资产投资估算 ……………………… 205

六、创业企业流动资金投资估算 ……………………… 206

七、创业企业启动资金的预算编制 …………………… 206

第三节　创业企业财务预测 …………………………………… 208

一、销售百分比法 ……………………………………… 208

二、资金习性预测法 …………………………………… 211

第四节　创业企业全面预算 …………………………………… 213

一、全面预算体系 ……………………………………… 213

二、销售预算 …………………………………………… 215

三、成本预算 …………………………………………… 216

四、管理费用预算 ……………………………………… 219

五、销售费用预算 ……………………………………… 220

六、资本预算 …………………………………………… 221

七、财务预算 …………………………………………… 222

八、全面预算编制综合案例 …………………………… 222

【财务技能实训】 ………………………………………………… 230

财务技能实训项目一：创业企业启动资金测算 ……… 230

财务技能实训项目二：创业企业财务预测 …………… 231

财务技能实训项目三：创业企业全面预算编制 ……… 231

【本章小结】 ……………………………………………………… 234

【思考与练习】 …………………………………………………… 235

第七章　创业企业融资管理 ································ 239

【学习目标与要求】 ································ 239

【导入案例】 ································ 239

第一节　创业企业融资需求 ································ 241

一、创业融资的含义 ································ 242

二、创业融资的特征 ································ 242

三、创业企业不同发展阶段的融资需求 ································ 242

第二节　创业企业融资方式与选择 ································ 245

一、创业企业融资方式 ································ 245

二、创业融资方式选择的基本原则 ································ 252

三、创业融资方式选择应注意的问题 ································ 254

第三节　创业企业资本成本 ································ 256

一、资本成本的概念 ································ 256

二、资本成本的意义 ································ 257

三、个别资本成本的测算 ································ 257

四、综合资本成本的测算 ································ 261

五、边际资本成本的测算 ································ 263

第四节　创业企业资本结构决策 ································ 265

一、资本结构的含义 ································ 265

二、资本结构的类型 ································ 266

三、最佳资本结构测算方法 ································ 266

第五节　融资的杠杆效应和财务风险 ································ 273

一、营业杠杆与经营风险 ································ 274

二、财务杠杆与财务风险 ································ 275

三、联合杠杆（总杠杆）与整体风险 ································ 276

【财务技能实训】 ································ 277

财务技能实训项目一：资本成本测算 ································ 277

财务技能实训项目二：筹资方案的选择 ································ 277

财务技能实训项目三：杠杆效应测算 ································ 278

【本章小结】 ································ 279

【思考与练习】 ································ 279

第八章　创业企业投资管理 ································ 284

【学习目标与要求】 ································ 284

【导入案例】 ································ 284

第一节　创业企业投资项目与财务评价 ································ 285

一、创业投资与创业企业投资 ································ 285

二、创业企业投资类型 ································ 286

三、创业企业投资项目的可行性研究···288

四、创业企业投资项目财务评价的内容与步骤·································289

五、创业企业投资项目评价的财务观念···290

第二节　创业企业投资项目现金流量的估算···291

一、投资项目计算期···291

二、投资项目现金流量构成···292

三、项目初始现金流量估算···292

四、项目营业现金流量估算···293

五、项目终结期现金流量估算···295

六、投资项目现金流量估算实例分析···297

第三节　创业企业投资项目财务评价指标···301

一、投资回收期··302

二、平均投资报酬率···303

三、净现值···304

四、现值指数···306

五、净现值率···307

六、年金净流量··308

七、内含报酬率··309

第四节　投资项目财务可行性分析···311

一、投资项目财务可行性分析的结论···311

二、独立投资方案决策···313

三、互斥投资方案决策···313

【财务技能实训】···314

财务技能实训项目一：创业企业投资项目现金流估算·····················314

财务技能实训项目二：创业企业投资项目财务指标计算与评价···········315

财务技能实训项目三：创业企业投资项目比较分析·························316

【本章小结】··316

【思考与练习】···316

第九章　创业企业营运资本管理···321

【学习目标与要求】··321

【导入案例】··321

第一节　创业企业的营运资金管理···322

一、营运资金的概念···322

二、营运资金管理的目标··323

三、营运资金管理的管理策略···323

第二节　创业企业现金管理···324

一、现金管理的重要性···324

二、创业企业现金规划···325

三、创业企业目标现金余额确定 …………………………………………… 326

第三节　创业企业应收账款管理 …………………………………………… 329

一、应收账款管理的重要性 ………………………………………………… 330

二、应收账款收益与相关成本 ……………………………………………… 330

三、应收账款管理的主要内容 ……………………………………………… 332

四、应收账款日常管理方法 ………………………………………………… 334

第四节　创业企业存货管理 ………………………………………………… 339

一、存货管理的重要性 ……………………………………………………… 339

二、存货管理的主要内容 …………………………………………………… 339

三、存货经济批量分析 ……………………………………………………… 340

四、存货日常管理方法 ……………………………………………………… 344

第五节　短期筹资管理 ……………………………………………………… 346

一、商业信用 ………………………………………………………………… 346

二、短期借款 ………………………………………………………………… 347

【财务技能实训】 …………………………………………………………… 348

财务技能实训项目一：信用政策制定 ……………………………………… 349

财务技能实训项目二：经济订货量确定 …………………………………… 349

财务技能实训项目三：短期筹资方式选择 ………………………………… 350

【本章小结】 ………………………………………………………………… 350

【思考与练习】 ……………………………………………………………… 350

第十章　创业企业利润及分配管理 ………………………………………… 356

【学习目标与要求】 ………………………………………………………… 356

【导入案例】 ………………………………………………………………… 356

第一节　创业企业利润计算 ………………………………………………… 357

一、收入和费用的确认原则 ………………………………………………… 357

二、费用的构成 ……………………………………………………………… 359

三、创业企业利润计算 ……………………………………………………… 360

第二节　量本利分析 ………………………………………………………… 363

一、量本利分析基本模型的相关假设 ……………………………………… 363

二、量本利分析的基本关系式 ……………………………………………… 365

三、保本分析 ………………………………………………………………… 367

四、保利分析 ………………………………………………………………… 370

五、利润敏感性分析 ………………………………………………………… 370

第三节　创业企业利润分配管理 …………………………………………… 371

一、利润分配顺序 …………………………………………………………… 372

二、公司利润分配应考虑的因素 …………………………………………… 373

三、利润分配（股利分配）的方式 ………………………………………… 374

四、现金股利分配政策 ……………………………………………………… 377

【财务技能实训】 ··· 380

    财务技能实训项目一：量本利模型相关指标计算 ············· 380

    财务技能实训项目二：盈亏平衡分析 ······················· 380

    财务技能实训项目三：股利分配方式运用 ··················· 381

    财务技能实训项目四：现金股利分配政策制定 ··············· 382

【本章小结】 ··· 383

【思考与练习】 ··· 383

第十一章　大学生创业财务专题 ································· 388

  【学习目标与要求】 ··· 388

  【导入案例】 ··· 388

  第一节　创业计划书设计 ··· 389

    一、创业计划书的含义 ··· 389

    二、创业计划书的撰写内容 ····································· 389

  第二节　大学生创业政策的解读 ··································· 397

    一、大学生创业政策 ··· 397

    二、大学生创业政策（福建省） ································· 398

    三、大学生创业贷款政策 ······································· 399

    四、大学生创业其他优惠政策 ··································· 401

  第三节　初创企业的财务内控与风险防范 ··························· 402

    一、初创企业的财务准备 ······································· 402

    二、初创企业的财务内控 ······································· 403

    三、初创企业的财务风险及防范 ································· 405

  【财务技能实训】 ··· 407

    财务技能实训项目一：了解大学生创新创业的政策 ··········· 407

    财务技能实训项目二：融资资源大盘点 ····················· 408

    财务技能实训项目三：撰写创业（商业）计划书 ············· 409

  【本章小结】 ··· 412

  【思考与练习】 ··· 412

附　录 ··· 414

  附表 1　复利现值系数 ··· 414

  附表 2　复利终值系数 ··· 417

  附表 3　年金现值系数 ··· 419

  附表 4　年金终值系数 ··· 421

参考文献 ··· 423

第一章
创业企业设立

 **学习目标与要求**

1. 了解企业、公司、自然人、法人、法人代表、法定代表人的区别
2. 熟悉创业企业设立时可供选择的组织形式
3. 熟悉个体工商户、个人独资企业、合伙企业和公司制企业的设立条件
4. 理解不同创业组织形式的优劣
5. 理解创业企业组织形式选择时应考虑的相关因素

导入案例

创业不一定要成为全才老板

林庆新是 2011 年福建师范大学协和学院毕业生，他用 8 年时间从文化街小店到彩宝行业优选品牌企业，在创业路上，是如何实现步步为营的呢？

一、在校生当起"珠宝店掌柜"

林庆新在大学学的是市场营销专业，大三时，受浓厚创业氛围的影响，他有意开始创业，一次偶然的机会，他了解到水晶行业利润不小，经过对大学城市场的一番调研，筹集了 5 万元，2009 年在学校文化街开出了第一家门店"红土"水晶，从此踏上创业路。他通过社团活动宣传产品、积累人脉资源、找准客户群体，开业第一天，就实现了 7000 元的销售业绩；创业第一年，就实现了 5 万元的销售利润。

二、注册商标，成立公司

经过两年的创业实践摸索，一心向上的林庆新不满足于简单的水晶店经营，他渴望有自己的珠宝品牌，而且是响当当的大品牌。2013 年，他在福州特艺城开设了一家门店，

并注册了"西江玥"品牌。同年，他发现福州特艺城是集原料、设计、加工、运营、批发为一体的综合性珠宝商城，专注经营珠宝十几年，产品包括黄金、钻石、水晶、银饰、木饰、玉石等。特艺城内有数百个珠宝批发部，设有珠宝加工厂、珠宝鉴定等机构，与全国数万家珠宝实体店建立合作关系，营业网点遍布全国，但却没有注册为一家公司，2013年，他成功注册福建特艺城珠宝有限公司，将福建省最大的珠宝商城变为品牌旗下企业。公司开始着手珠宝行业的线上线下资源整合，联合了整个特艺城有实力的珠宝商家共同打造"全国首家珠宝线上交易平台"。采用"连锁加盟"的经营方式，面向全国征集加盟商。"西江玥"现已辐射全国多个城市，门店数量高达 200 多家；林庆新也因特艺城和"西江玥"的成功，成为了"福建省宝玉石协会理事"和"福建省天然水晶协会会长"，这一切都是他在创业路上获得的最好的嘉奖和证明。

三、挂牌上市

2016 年 1 月，福建特艺城珠宝有限公司成功在上海股权交易中心挂牌，将迎来更大的拓展空间与飞跃资本。"西江玥"是营收主体，特艺城是资源整合平台，有了这两大企业轮子，线上线下，交相辉映，相得益彰。

作为一个创业者，林庆新无疑是成功的，特艺城已打开国门走向了国际市场，作为特艺城的代表，他们不但参加了南亚国家的经济合作经贸对接会，与斯里兰卡、孟加拉等政府商界代表商开展了珠宝经贸合作。2018 年特艺城荣获"新时代中国经济创新企业奖"。

（资料来源：东南网，http://msznl.fjsen.com/2016-01/27/content_172514 16.htm.）

思考与讨论：

（1）创业成功的因素有哪些？
（2）创业初期如何选择创业企业的组织形式？

第一节　创业相关概念

在创业初始，很多人会把企业与公司这两个词混为一谈，其实二者并非同一概念。准确辨析企业、公司、法人、自然人、法人代表等概念，是创业企业设立的基础。

一、自然人和法人

（一）自然人

自然人是生物学上的人，是基于出生而取得民事主体资格的人。其外延包括本国公民、外国公民和无国籍人。自然人和公民不同，公民仅指具有一国国籍的人。《中华人民共和国民法通则》（以下简称《民法通则》）用"公民（自然人）"，将公民等同于自然人。《中华人民共和国合同法》（以下简称《合同法》）则径直使用"自然人"。自然人是在自然状态之下而作为民事主体存在的人，代表着人格，有权参加民事活动，享有权利并承担义务。

（二）法人

1. 含义

法人是与自然人相对的一个概念，法人是具有民事权利和民事行为能力，依法独立享有民事权利和承担民事义务的组织。简单地说，法人不是人，是一定社会组织在法律上的人格化。即把这个组织当作一个人来看待，像自然人一样有自己的财税和荣誉，能以自己的名义借款、诉讼或偿还债务等。

2. 分类

按照《民法通则》，将法人分为机关法人、事业单位法人、社会团体法人和企业法人。企业法人属于营利性法人。事业单位、社会团体等一般为非营利性法人。

（1）机关法人是指依法行使国家权力，并因行使国家权力的需要而享有相应的民事权利能力和民事行为能力的国家机关。在进行民事活动时，国家机关以法人身份出现，与对方自然人或法人一样是平等民事主体，而不是行政主体。机关法人包括立法机关、行政机关、军事机关和司法机关。

（2）事业单位法人是指从事非营利性的各项社会公益事业的各种组织。包括从事文化、教育、卫生、体育、新闻出版等事业的单位。它们与企业法人的区别就在于是否以盈利为目的。只要是以盈利为目的，即使从事的是上述事业，也应属于企业法人。

（3）社会团体法人是具有民事权利能力和民事行为能力，依法独立享有民事权利和承担民事义务的社会组织。它是以谋求社团成员的共同利益为宗旨的，主要包括各种政治团体（如各民主党派）、人民群众团体（如工会、妇联、共青团）、社会公益团体（如残疾人基金会）、文学艺术团体（如作家协会）、学术研究团体（如数学学会）。

（4）企业法人是指具有符合国家法律规定的资金数额、企业名称、章程、组织机构、住所等法定条件，能够独立承担民事责任，经主管机关（工商部门）核准登记取得法人资格的社会经济组织，例如有限责任公司即企业法人。

（三）非法人组织

非法人组织是指介于自然人和法人之间的，未经法人登记的社会组织。非法人组织是不具有法人资格，但是能够依法以自己的名义从事民事活动的组织，包括个人独资企业、合伙企业、不具有法人资格的专业服务机构等。

二、企业和公司

（一）企业

1. 含义

企业是指从事生产、流通、服务等经济活动，以产品或劳务满足社会需要，并以获取盈利为目的，实行自主经营、自负盈亏的经济组织。

2. 分类

（1）按照企业所属行业的不同，可以分为工业企业、农业企业、建筑企业、交通运输企业、邮电企业、商业企业、外贸企业等。

（2）按照企业组织形式的不同，可以分为有限责任公司、股份有限公司、个人独资企业、普通合伙企业、有限合伙企业和外资企业等。

（3）按照企业法律性质的不同，可以分为法人企业和非法人企业。法人企业又叫作公司制企业，包括有限责任公司和股份有限公司。非法人企业如个人独资企业和合伙企业。

（二）公司

1. 含义

根据《中华人民共和国公司法》（以下简称《公司法》）和《中华人民共和国民法总则》（以下简称《民法总则》）的规定，公司是股东承担有限责任的营利性法人。包括有限责任公司和股份有限公司。它是适应市场经济社会化大生产的需要而形成的一种企业组织形式。

2. 特征

（1）公司是法人。公司可以自己名义从事章程设定范围内的各种法律行为，行使民事权利，承担民事责任。如公司可以拥有自己的财产，以公司名义与他人签订合同、为他人提供担保、对外投资、起诉和应诉等。

（2）公司是营利性法人。《民法总则》第七十六条规定，以取得利润并分配给股东等出资人为目的成立的法人，为营利性法人。追求利润，实现营利是公司存续的基础。

（3）公司股东通常承担有限责任。根据《公司法》第三条第二款，公司的债权人一般情况下不得向公司股东求偿，公司股东通常无义务以自己的财产偿付公司债务。即公司股东以其认缴的出资额或认购的股份为限对公司债务承担责任。因此，公司是以其全部独立法人财产对公司债务承担责任的企业法人。

3. 公司设立制度

公司的法人资格和股东的有限责任并非人们可以自然享有。只有具备法定条件的人履行一定的程序，满足一定形式，才能享有这些法律上的资格和权利，这个过程就叫作"公司设立"或"设立公司"。公司设立需要经发起人申请、公司获准登记并取得营业执照（见图1-1）。所颁发的营业执照已实现工商营业执照、组织机构代码证、税务登记证、社会保险登记证和统计登记证五证合一。

（三）区别

企业和公司都是营利性组织，这是二者的共同点。但是二者却不能等同，简单来说，企业的范围比较大，企业除包括公司以外，还包括个人独资企业、合伙企业、外资企业等，但是不包括个体工商户。用一句话概括："凡公司均为企业，但企业未必都是公司"。此外，企业和事业是一个相对名词，企业是以盈利为目的，而事业单位，一般不是以盈利为目的的组织，比如医院、学校都是事业单位。

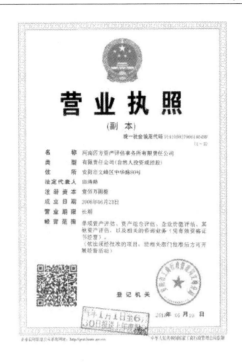

图 1-1 ××公司营业执照

三、个体工商户和企业

个体工商户（简称个体户），是指按照《民法通则》和《个体工商户条例》规定经各级工商行政管理机关登记注册、领取《营业执照》从事工商业经营的自然人或家庭。个体工商户还可以起字号，并以其字号进行活动。个体工商户名称可以选用"厂""店""馆""部""商行""中心""工作室"等字样，但不得使用"企业""公司""农民专业合作社"字样。

个体工商户是生产资料属于私人所有，主要以个人劳动为基础，劳动所得归个体劳动者自己支配的一种经济形式。创业者创业时也可选择这种经济形式，但是要注意个体工商户在性质上不是企业，更不是公司，属于自然人的范畴。个体工商户不具备法人资格，经营者对债务负无限责任。个人经营的个体工商户，以个人全部财产承担民事责任；家庭经营的个体工商户，以家庭全部财产承担民事责任。

四、法定代表人和法人代表

（一）法定代表人

一般来说，公司的营业执照上都会有个"法定代表人"，法定代表人是代表法人进行民事活动的一个普通的自然人。《公司法》第十三条："公司法定代表人依照公司章程的规定，由董事长、执行董事或者经理担任，并依法登记。公司法定代表人变更，应当办理变更登记。"也就是说，法定代表人是在法人成立时报送政府备案的主要负责人，一经审批备案会写在公司营业执照上面，并且不能随意更换，经过一定程序重新报政府审批后予以更换除外。法定代表人对外代表企业，全权处理一切民事活动，一般不需要公司另外出具授权委托书，其权力是由法人赋予的，法人对法定代表人的正常活动承担民事责任。

 阅读案例 1-1

"保安"当"老板"百万借款连带赔偿

如今开公司、当老板已不是什么新鲜事。可是若有亲戚朋友邀请你挂名当公司法定代表人，不需要你费心参与管理，你是否会碍于情面同意？若有人付一笔钱"借用"你的身份证，登记你为法定代表人，你是否会笑纳？

江苏省昆山市法院审判了一起案件，银行起诉某公司及法定代表人张某，要求张某承担一笔100万元金融借款的连带还款责任。开庭时张某辩解，自己只是一名保安，对公司借款的事毫不知情，实际老板王某曾出具了一份书面承诺，承诺张某只是挂名的法定代表人，不参与经营，公司的纠纷及责任由王某负责，每月给张某1000元收入。张某还称当初王某让他签文书时，说是工商年检材料，并不知其中这份还款保证书。

最终，法院认定，张某在连带还款保证书上签字具有法律效力，应承担连带责任，王某与张某间的承诺书属公司内部约定，不能对抗善意第三人。张某收到法院判决后追悔莫及。

（资料来源：搜狐新闻，http://www.sohu.com/a/224946170_99958838.）

（二）法人代表

跟法人、法定代表人相似的一个词是法人代表，法人代表一般是指根据法人的内部规定担任某一职务或由法定代表人指派代表法人对外依法行使民事权利和义务的人。法人代表可以有很多个，比如单位要办一件事，单位可以派单位里的任何人去办，只要出具书面证明文件（比如授权委托书等），那么任何一个被单位派出去办事的人都可以叫法人代表，单位也可以根据需要随意随时更换。法人代表依法定代表人的授权而产生，没有法定代表人的授权，就不能产生法人代表。作为民事权利主体的法人，其法人代表可以有多个，而法人只有一个，法定代表人代表法人独立行使法人职权。

第二节 创业企业的设立

由于不同的组织形式的创立程序、优势劣势各不相同。创业之初，创业组织形式的选择对于创业者来说至关重要。创业者可以选择的较为常见的组织形式有：个体工商户、普通合伙企业、有限合伙企业、有限责任公司、股份有限公司等。由于个体工商户属于自然人范畴，而非经济组织。创业者若想创办企业，可以选择的创业企业的组织形式见图1-2。

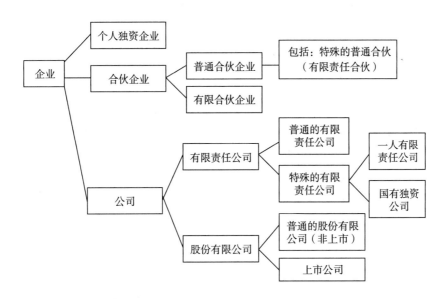

图1-2 创业者可以选择的创业企业的组织形式

一、个人独资企业

（一）含义

个人独资企业是依照《中华人民共和国个人独资企业法》（以下简称《个人独资企业法》）在中国境内设立，由一个自然人投资，财产则为投资人个人所有，投资人以他的个人财产对企业债务承担无限责任的经营实体。其特征是个人出资、个人经营、个人自负盈亏和自担风险。这类企业往往规模较小，在小型加工、零售商业、服务业领域较为活跃。

（二）设立条件

个人独资企业经登记机关依法核准登记，领取营业执照后，方可从事经营活动。其设立条件主要包括以下几点。

1. 投资人为一个自然人

个人独资企业的投资人只能是一个自然人，而且该自然人还应当具有中华人民共和国国籍。法律、法规禁止从事营利性活动的人，不得作为个人独资企业投资人。

2. 有合法的企业名称

个人独资企业的名称应当与其责任形式及从事的营业相符合，而且只准使用一个名称，并不得在名称中使用"有限""有限责任""公司"等字样。

3. 有投资人申报的出资

一定的资本是任何企业得以存在的物质基础,个人独资企业也不例外。但由于企业主(出资人)对独资企业的债务承担无限责任,因此《个人独资企业法》对出资的最低数额未作强制性规定。个人独资企业设立申请书载明的事项包括投资人的出资额和出资方式。出资额是指投资人以货币出资的数额,以及采取实物、土地使用权、知识产权或者其他财产权利出资的作价数额。出资方式是指投资人以个人财产出资,或者以家庭共有财产作为个人出资。以家庭共有财产作为个人出资的,投资人应当在设立(变更)登记申请书上予以注明。

4. 有固定的生产经营场所和必要的生产经营条件

经营场所是个人独资企业从事生产经营活动的所在地,独资企业一般只有一个经营场所,即在企业登记机关登记的营业地点。从事经营的必要条件是指根据企业的业务性质、规模等因素而需具备设施、设备、人员等方面的条件。

5. 有必要的从业人员

即与企业的经营范围和经营规模相适应的从业人员。

二、合伙企业

合伙企业是指自然人、法人和其他组织依据《中华人民共和国合伙企业法》在中国境内设立的由各合伙人订立合伙协议,共同出资、合伙经营、共享收益、共担风险,并对合伙企业债务承担无限连带责任的营利性组织。合伙企业有普通合伙企业和有限合伙企业两种形式。其中普通合伙企业又包含特殊的普通合伙企业。

(一)普通合伙企业

1. 含义

普通合伙企业由普通合伙人组成,普通合伙人对合伙企业债务承担无限连带责任。普通合伙企业不具备法人资格。

2. 设立条件

(1)有2个以上合伙人。普通合伙企业需要有2个以上合伙人。合伙人可以是自然人,也可以是法人或者其他组织。合伙人为自然人的,应当具有完全民事行为能力。国有独资公司、国有企业、上市公司以及公益性的事业单位、社会团体不得成为普通合伙人。

(2)有书面合伙协议。合伙协议应当依法由全体合伙人协商一致,以书面形式订立。合伙协议应当载明下列事项:①合伙企业的名称和主要经营场所的地点;②合伙目的和合伙经营范围;③合伙人的姓名或者名称、住所;④合伙人的出资方式、数额和缴付期限;⑤利润分配、亏损分担方式;⑥合伙事务的执行;⑦入伙与退伙;⑧争议解决办法;⑨合伙企业的解散与清算;⑩违约责任等。此外,修改或者补充合伙协议,应当经全体合伙人一致同意;但是,合伙协议另有约定的除外。

(3)有合伙人认缴或者实际缴付的出资。普通合伙企业合伙人可以用货币、实物、知识产权、土地使用权或者其他财产权利出资,也可以用劳务出资。合伙人以实物、知识产权、土地使用权或者其他财产权利出资,需要评估作价的,可以由全体合伙人协商确定，也可以由全体合伙人委托法定评估机构评估。合伙人以劳务出资的，其评估办法由全体合伙人协商确定，并在合伙协议中载明。

（4）有合伙企业的名称和生产经营场所。普通合伙企业应当在其名称中标明"普通合伙"字样，合伙企业的名称必须和"合伙"联系起来，名称中必须有"合伙"二字。特殊的普通合伙企业，是指不采取公司制形式成立的、以自己专业知识提供特定咨询等方面服务的组织。比如律师事务所、会计师事务所等专业服务机构。应当在其名称中标明"特殊普通合伙"字样。

（5）法律、行政法规规定的其他条件。

（二）有限合伙企业

1. 含义

有限合伙企业由普通合伙人和有限合伙人组成，普通合伙人对合伙企业债务承担无限连带责任，有限合伙人以其认缴的出资额为限对合伙企业债务承担责任，有限合伙企业至少应当有一个普通合伙人，而且有限合伙人不执行合伙事务，不得对外代表有限合伙企业。有限合伙企业同普通合伙企业一样，同属于合伙企业，不具备法人资格。

2. 设立条件

（1）有限合伙企业的人数规定。《中华人民共和国合伙企业法》规定，有限合伙企业由2个以上50个以下合伙人设立，合伙人可以是自然人，也可以是法人或者其他组织。有限合伙企业至少应当有1个普通合伙人和1个有限合伙人。国有独资公司、国有企业、上市公司以及公益性的事业单位、社会团体不得成为有限合伙企业的普通合伙人。

（2）有限合伙企业协议。除符合普通合伙企业合伙协议的规定外，还应当载明下列事项：①普通合伙人和有限合伙人的姓名或者名称、住所；②执行事务合伙人应具备的条件和选择程序；③执行事务合伙人权限与违约处理办法；④执行事务合伙人的除名条件和更换程序；⑤有限合伙人入伙、退伙的条件、程序以及相关责任；⑥有限合伙人和普通合伙人相互转变程序。

（3）出资的规定。有限合伙人可以用货币、实物、知识产权、土地使用权或者其他财产权利作价出资。有限合伙人不得以劳务出资。

（4）名称和生产经营场所的规定。有限合伙企业名称中应当标明"有限合伙"字样。

（5）法律、行政法规规定的其他条件。

三、有限责任公司

（一）含义

现行中国公司法规定的公司分为有限责任公司和股份有限公司。有限责任公司简称有限公司。中国的有限责任公司是指根据《中华人民共和国公司登记管理条例》规定登记注册，由50个以下的股东出资设立，每个股东以其所认缴的出资额为限对公司承担有限责任，公司法人以其全部资产对公司债务承担全部责任的经济组织。有限责任公司全部资本不区分为等额股份，股权转让通常受法律或章程限制。有限责任公司包括国有独资公司以及其他有限责任公司。

（二）设立条件

根据《公司法》规定，设立有限责任公司，应当具备下列条件：

1. 股东符合法定人数

《公司法》规定有限责任公司由 50 个以下股东出资设立，可以是自然人股东，也可以是法人股东。只有一个自然人股东或者一个法人股东的有限责任公司，称为一人有限责任公司或一人公司。一人有限责任公司应当在公司登记中注明自然人独资或者法人独资，并在公司营业执照中载明。《公司法》规定，一个自然人只能投资设立一个一人有限责任公司，禁止其设立多个一人有限责任公司，而且该一人有限责任公司不能再投资设立新的一人有限责任公司。例如，小王以自然人身份投资设立了 A 一人有限责任公司，就不能再以自然人身份投资设立 B 一人有限责任公司；设立的 A 一人有限责任公司也不能再设立 C 一人有限责任公司（见图 1-3）。一人有限责任公司的股东不能证明公司财产独立于股东自己财产的，应当对公司债务承担连带责任。

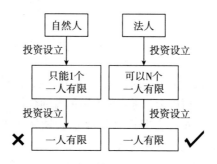

图 1-3　一人有限公司设立

2. 有符合公司章程规定的全体股东认缴的出资额

有限责任公司的注册资本为在公司登记机关登记的全体股东认缴的出资额。《公司法》没有规定有限责任公司的最低注册资本限额和出资期限，法律、行政法规以及国务院决定对有限责任公司注册资本实缴、注册资本最低限额另有规定的除外。现阶段，我国施行注册资金"认缴制"，以公司的"实收资本总额"为注册资本，大多数企业在注册登记时，无须真实缴纳注册资金，认缴即可。即出资人之间或者出资人与公司之间就出资达成了意思一致，出资人愿意向公司投入一定金额财产从而获得股东资格。有限责任公司的出资人认缴出资后将负担实缴出资的义务，即按期足额缴纳公司章程所规定的其所认缴的出资额，未履行或未全面履行实缴出资义务的股东在一定条件下须对公司债务承担补充清偿责任。根据《公司法》的规定，有限责任公司股东可以用货币出资，也可以用实物、知识产权、土地使用权等可以用货币估价并可以依法转让的非货币财产作价出资；但是，法律、行政法规规定，不得作为出资的财产除外。《中华人民共和国公司登记管理条例》明确规定："股东不得以劳务、信用、自然人姓名、商誉、特许经营权或者设定担保的财产等作价出资。"

3. 股东共同制定公司章程

公司章程应当载明下列事项：①公司名称和住所；②公司经营范围；③公司注册资本；④股东姓名或者名称；⑤股东的出资方式、出资额和出资时间；⑥公司的机构及其产生办法、职权、议事规则；⑦公司法定代表人；⑧股东会会议认为需要规定的其他事项。公司章程的修改必须经过股东会，并且应当经过代表三分之二以上表决权的股东通过。

4. 有公司名称

根据《中华人民共和国公司登记管理条例》第十一条规定："公司名称应当符合国家有关规定。公司只能使用一个名称。经公司登记机关核准登记的公司名称受法律保护。"第十七条规定："设立公司应当申请名称预先核准。法律、行政法规或者国务院决定规定设立公司必须报经批准，或者公司经营范围中属于法律、行政法规或者国务院决定规定在登记前须经批准的项目的，应当在报送批准前办理公司名称预先核准，并以公司登记机关核准的公司名称报送批准。"登记主管机关核准登记后，应当发布公司登记公告。公告内容一般包括公司名称、住所、法定代表人、公司类型、注册资本、经营范围和经营方式、注册号等，并核发《名称核准通知书》。

5. 建立符合有限责任公司要求的组织机构

公司组织机构是行使相应职权的权力机关、决策机关、监督机关和执行机关所组成的公司机关。公司组织机构是公司规定的，具有强制性，也是公司得以设立的必要条件。

6. 有公司住所

要规定公司住所，最基本的理由就是在任何时候都能找到这家公司。公司以其主要办事机构所在地为住所。公司主要办事机构一般是指公司董事会等重要的机构，因为董事会是公司的经营管理决策机构，对外代表公司。公司可以建立多处生产、营业场所，但是经公司登记机关登记的公司住所只能有一个，并且是在为其登记的公司登记机关的辖区内。从法律上来看，确定公司住所具有以下几个方面的意义：一是作为法律文书的送达处所；二是作为诉讼管辖的根据；三是在一定意义上是公司享有权利和履行义务的法定场所。比如，税务机关送达税务方面的文书，必须有一个可以送达的处所；公司将财务会计报告等资料供股东查阅，应当置备于公司住所等。

（三）管理模式

在公司制组织结构下，股东并不直接参与公司经营管理。无论是有限责任公司还是股份有限公司，股东都只能通过选举董事组成董事会（或者在有限责任公司中设执行董事），由董事会聘请经理来负责公司的日常经营管理活动，监事会负责监督。股东组成的股东（大）会只对重大事项才有决策权。股东只有以董事、监事或者高级管理人员的身份才能参与公司经营管理。在实践中，控股股东往往自己或者委托他人担任公司的董事长或者总经理，以方便控制公司。有限责任公司的组织机构包括股东会、董事会、监事会以及高级管理人员（见图1-4）。

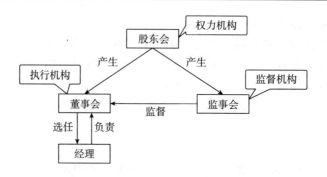

图1-4 公司制企业的组织结构设计原理

1. 股东会

有限责任公司股东会由全体股东组成，股东会是公司的权力机构。股东会行使下列职权：①决定公司的经营方针和投资计划；②选举和更换非由职工代表担任的董事、监事，决定有关董事、监事的报酬事项；③审议批准董事会的报告；④审议批准监事会或者监事的报告；⑤审议批准公司的年度财务预算方案、决算方案；⑥审议批准公司的利润分配方案和弥补亏损方案；⑦对公司增加或者减少注册资本作出决议；⑧对发行公司债券作出决议；⑨对公司合并、分立、解散、清算或者变更公司形式作出决议；⑩修改公司章程；⑪公司章程规定的其他职权。

股东会会议由股东按照出资比例行使表决权，但公司章程另有规定的除外。股东会的议事方式和表决程序除《公司法》有规定的外，由公司章程规定。一人有限责任公司不设股东会。法律规定的股东会职权由股东行使，当股东行使相应职权作出决定时，应当采用书面形式，并由股东签字后置备于公司。一人有限责任公司的股东不能证明公司财产独立于股东自己财产的，应当对公司债务承担连带责任。

2. 董事会

董事会是依法由股东会选举产生的董事组成，代表公司并行使经营决策的常设机关。董事会是公司的决策机关。有限责任公司董事会的成员为3人至13人。股东人数较少或者规模较小的有限责任公司，可以设一名执行董事，不设立董事会，执行董事的职权与董事会相当。董事会对股东会负责，行使下列职权：①召集股东会会议，并向股东会报告工作；②执行股东会的决议；③决定公司的经营计划和投资方案；④制订公司的年度财务预算方案、决算方案；⑤制订公司的利润分配方案和弥补亏损方案；⑥制订公司增加或者减少注册资本以及发行公司债券的方案；⑦制订公司合并、分立、解散或者变更公司形式的方案；⑧决定公司内部管理机构的设置；⑨决定聘任或者解聘公司经理及其报酬事项，并根据经理的提名决定聘任或者解聘公司副经理、财务负责人及其报酬事项；⑩制定公司的基本管理制度；⑪公司章程规定的其他职权。

除《公司法》有规定的外，董事会的议事方式和表决程序由公司章程规定。董事会决议的表决，实行一人一票。董事会应当对所议事项的决定作成会议记录，出席会议的董事应当在会议记录上签名。

3. 经理

有限责任公司可以设经理，由董事会决定聘任或者解聘。经理对董事会负责，行使下列职权：①主持公司的生产经营管理工作，组织实施董事会决议；②组织实施公司年度经营计划和投资方案；③拟订公司内部管理机构设置方案；④拟订公司的基本管理制度；⑤制定公司的具体规章；⑥提请聘任或者解聘公司副经理、财务负责人；⑦决定聘任或者解聘除应由董事会决定聘任或者解聘以外的负责管理人员；⑧董事会授予的其他职权。

在有限责任公司中，经理不再是必设机构，而成为选设机构。公司章程可以规定不设经理而设总裁、首席执行官等职务，行使公司的管理职权。

4. 监事会

监事会是由依法产生的监事组成，对董事和经理的经营管理行为及公司财务进行监督的常设机构。它代表全体股东对公司经营管理进行监督，行使监督职能，是公司的监督机构。有限责任公司设立监事会，其成员不得少于3人。股东人数较少或者规模较小的有限责任公司，可以设一名至两名监事，不设立监事会。监事会应当包括股东代表和适当比例的公司职工代表，其中职工代表的比例不得低于1/3，具体比例由公司章程规定。监事会的职工代表由公司职工通过职工代表大会、职工大会或者其他形式民主选举产生。监事会设主席一人，由全体监事过半数选举产生。董事、高级管理人员不得兼任监事。

四、股份有限公司

（一）含义

股份有限公司也称股份公司，是指全部资本分成等额股份，股东以其认购的股份为限对公司承担责任，公司以其全部资产对公司债务承担责任的公司。每一股有一表决权，股东以其所认购持有的股份，享受权利，承担义务。股份有限公司按是否上市交易，划分为上市公司和非上市公司。上市公司是指所发行的股票经过国务院或者国务院授权的证券管理部门批准在证券交易所上市交易的股份有限公司。非上市公司是指其股票没有上市和没有在证券交易所交易的股份有限公司。公司上市主要是为了解决企业自身的资金问题，上市公司在证券交易所上市后，才能够通过证券交易所进行公开募集资金。

（二）设立方式

股份有限公司的设立方式有两种，分别为发起设立和募集设立。

1. 发起设立

发起设立是指由发起人认购公司应发行的全部股份而设立公司。在发起设立方式下，发起人认缴全部出资后，按照公司章程的规定缴纳出资额。

2. 募集设立

募集设立是指由发起人认购公司应发行股份的一部分，其余股份向社会公开募集或者向特定对象募集而设立公司。在募集设立方式下，发起人以及认购人应当一次缴纳出资额。

（三）有限公司和股份公司的共同点和主要区别

1. 共同点

（1）股东都对公司承担有限责任。无论在有限责任公司中，还是在股份有限公司中，股东对公司都承担有限责任，"有限责任"的范围，都是以股东公司的投资额为限。

（2）股东的财产与公司的财产是分离的。股东将财产投资公司后，该财产即构成公司的财产，股东不再直接控制和支配这部分财产。同时，公司的财产与股东没有投资到公司的其他财产是没有关系的，即使公司出现资不抵债的情况，股东也只以其对公司的投资额承担责任，不再承担其他的责任。

（3）有限责任公司和股份有限公司对外都是以公司的全部资产承担责任。也就是说，公司对外也是只承担有限的责任，"有限责任"的范围，就是公司的全部资产，除此之外，公司不再承担其他的财产责任。

2. 主要区别

（1）股东人数的差异，有限公司设立时股东人数不得超过 50 人，股份公司股东人数无上限。

（2）证明股东身份的法律凭证差异。在股份有限公司中，公司的资本总额平均划分为相等的股份，股份的表现形式为股票，股票是股份公司股东身份的凭证，也是股东在公司拥有多少表决权的象征。而有限责任公司的资本总额不作等额划分，股东的股权通过投资占总资本比例大小由公司开具出资证明来表示。出资证明书是有限公司股东享有股东权的重要凭证。

（3）融资方式的差异。股份公司可以公开发行股份募集资金，有限公司不行，只能由发起人集资。

（4）股权转让的差异。有限公司以限制转让为原则，自由转让为例外，股权不能自由流通。股份公司以自由转让为原则，限制转让为例外，股份可以自由流通。

（5）财务信息披露的差异。在有限责任公司中，由于公司的人数有限，财务会计报表可以不经过注册会计师的审计，也可以不公告，只要按照规定期限送交各股东就行了；在股份有限公司中，由于股东人数众多很难分类，所以会计报表必须要经过注册会计师的审计并出具报告，还要存档以便股东查阅，其中上市公司要向公众公告财务报告。

（四）设立条件

《公司法》规定，设立股份有限公司，应当具备下列条件：

（1）发起人符合法定人数。发起人为 2 人以上，200 人以下，其中须有半数以上的发起人在中国境内有住所。

（2）有符合公司章程规定的全体发起人认购的股本总额或募集的实收股本总额。①股份公司采取发起设立的，注册资本为在公司登记机关登记的全体发起人认购的股本总额。换句话说，发起设立的股份有限公司，设立时股东不需要缴纳任何出资，只需要全体发起人认购的股本总额达到公司章程规定的标准即可，法律法规另有规定的除外。②股份公司采取募集设立的，注册资本为在公司登记机关登记的实收股本总额。换句话说，募集方式设立的股份公司实行注册资本实缴制度和验收制度。所谓实缴（实收），是指出资人按照出资协议的约定或公司章程记载的认缴出资额或认购股份数，并依约定时间将出资财产的权属转移给公司的法律行为。即股东必须在设立时缴纳全部出资，否则公司不得成立。《公司法》还规定，以募集方式设立股份有限公司的，发起人认购的股份不得少于公司股份总数的35%，但是，法律、行政法规另有规定的，从其规定。具体区别见表1-1。

表1-1 发起设立和募集设立的比较

项目	发起设立	募集设立	
设立方式	由发起人认购公司应发行的全部股份	由发起人认购公司应发行股份的一部分，其余股份向社会公开募集或向特定对象募集，其中发起人认购的股份不少于股份总数的35%	
注册资本	认购的股本总额	实收股本总额	
	一般无法定注册资本最低限额		
发起人数	2~200个发起人，半数以上的发起人在中国境内有住所		
	普通合伙企业合伙人数多于2人，有限合伙企业合伙人数2~50人。有限责任公司人数1~50人		
出资方式	股东可以用货币出资，也可以用实物、知识产权、土地使用权等可以用货币估价并可以依法转让的非货币财产作价出资；但是，法律、行政法规规定不得作为出资的财产除外。对作为出资的非货币财产应当评估作价，核实财产，不得高估或者低估作价。法律、行政法规对评估作价有规定的，从其规定。募集设立，除了发起人以外，其他所有人必须以货币出资		

（3）股份发行、筹办事项符合法律规定。

（4）发起人制定公司章程，采用募集方式设立的经创立大会通过。股份有限公司章程应当载明以下事项：①公司名称和住所；②公司经营范围；③公司设立方式；④公司股份总数、每股金额和注册资本；⑤发起人的姓名或者名称、认购的股份数；⑥股东的权利和义务；⑦董事会的组成、职权、任期和议事规则；⑧公司法定代表人；⑨监事会的组成、职权、任期和议事规则；⑩公司利润分配办法；⑪公司的解散事由与清算办法；⑫公司的通知和公告办法；⑬股东大会认为需要规定的其他事项。

（5）有公司名称，建立符合股份有限公司要求的组织机构。股份有限公司的设立需要有相应的名称、住所，必须在名称中标明股份有限公司或者股份公司字样。

（五）管理模式

股份有限公司组织机构是由股东大会、董事会、监事会以及经理等构成。其结构与有限责任公司相近，在此不再介绍。

第三节 创业企业组织形式的选择

创业者在进行投资、创业之前，应当充分了解我国现行的各种企业组织形式的优缺点，并结合所投资项目的特点、投资者的数量、自身的风险承担能力等选择最合适的企业组织形式。

一、个人独资企业的优缺点

个人独资企业是指由一个自然人投资，全部资产为投资人所有的营利性经济组织。其典型特征是个人出资、个人经营，投资人对企业的债务承担无限责任，破产时债权人可以扣留投资人的个人财产。

（一）主要优点

1. 创立容易

开设、转让与关闭等不需要与他人协商并取得一致，一般仅需向工商部门登记即可，手续简单。

2 维持个人独资企业的固定成本较低

例如，政府对其监管较少，对其规模也没有什么限制；企业内部协调比较容易。

3. 企业资产所有权、控制权、经营权、收益权高度统一

企业主拥有较高的经营决策组主权。管理自由度大，经营方式灵活多样，处理问题简便、迅速。

4. 企业信息公开度较低

由于是个人独资，有关企业销售数量、利润、生产工艺、财务状况等均可保密，这无疑有助于企业在竞争中保持优势。

5. 只交个人所得税

个人独资企业只需交纳个人所得税，不需缴纳企业所得税，税后利润归个人所有，不需要和别人分摊。

（二）主要缺点

1. 风险较大

个人独资企业属于非法人实体，需要承担无限责任。投资人以个人财产出资的，那么投资人以个人财产对企业的债务承担无限责任；投资人在申请企业设立时，明确以家庭共有财产作为出资的，应当依法以家庭共有财产对企业债务承担无限责任。即当企业资产不足以清偿企业债务时，需要企业主个人的其他财产来清偿债务。一旦经营失败，企业主就有可能倾家荡产。

2. 存续年限受限于业主寿命

企业是自然人的企业，企业的存在完全取决于企业主，一旦业主终止经营，如市场竞争失败或自然死亡（除非有子女继承），企业生命由此终止。

3. 筹资困难

因为一个人的资金终归有限，以个人名义借贷款难度也较大。因此，独资企业很难从外部获得大量资金用于经营，限制了企业的扩展和大规模经营。

二、合伙企业的优缺点

合伙企业是指由各合伙人订立合伙协议，共同出资、共同经营、共享收益、共担风

险，并对企业债务承担无限连带责任的营利性组织。合伙企业分为普通合伙企业和有限合伙企业。

（一）主要优点

1. 减轻企业资金筹集压力

相对于个人独资企业，合伙企业可以从众多的合伙人处筹集资本，一定程度上突破企业资金受单一个人所拥有的量的限制，并使得企业从外部获得贷款的信用增强，扩大了资金的来源，从而解决短期资本积累问题。

2. 抗风险能力有所提高

合伙人共同偿还债务，共担风险，风险分散在众多所有者身上，使合伙制企业的抗风险能力较单一业主制企业大大提高。企业可以向风险较大的行业领域拓展，拓宽企业发展空间。

3. 有助于企业经营管理水平的提高

合伙的业主突破了单一个人在知识、阅历、经验等方面的限制，集思广益，各显所长，从不同方面进行企业的经营管理，增强了决策能力和经营管理水平，提高企业的市场竞争力。

（二）主要缺点

1. 风险较大

合伙企业属于非法人实体，承担无限责任。在普通合伙企业中合伙人要承担无限连带责任；有限合伙企业中普通合伙人对合伙企业债务承担无限连带责任，有限合伙人以其认缴的出资额为限对合伙企业债务承担责任。由此，合伙关系必须要以相互之间的信任为基础。

 阅读案例 1-2

谁需要承担百万赔偿责任

甲、乙和丙三人是多年的好朋友，每人各出资 5 万元，设立某普通合伙企业，从事餐饮服务，2019 年 6 月 5 日，甲退伙；6 月 10 日，丁入伙，也出资 5 万元。6 月 9 日，合伙企业经营的餐厅发生卡式燃气炉灼伤顾客戊的事件，需要支付医疗费用等共计 100 万元，经查，该批燃气炉系当年 4 月合伙人共同决定购买，其质量不符合相关国家标准。该合伙企业支付 10 万元赔偿后已无赔偿能力。现戊请求合伙人承担其余 90 万元赔偿责任。在本案例中，事故的发生时间点为 6 月 9 日，此时点，乙、丙是企业普通合伙人，而 6 月 5 日甲已经退伙，丁 6 月 10 日才入伙。根据合伙企业法律制度的规定，谁需要承担百万赔偿责任？

合伙企业不能清偿到期债务的，普通合伙人承担无限连带责任。乙、丙作为普通合伙人，应当对合伙企业不能清偿的债务承担无限连带责任；甲在事故发生时其身份为退伙人，但是根据法律规定，退伙人对由于其退伙前的原因发生的合伙企业债务，承担无限连带责任。本案例中，发生事故的燃气炉系当年4月合伙人共同决定购买，其质量不符合相关国家标准，此时，甲依然是普通合伙人，应当对此承担无限连带责任；新合伙人丁对入伙前合伙企业的债务承担无限连带责任。因此，戊可以向甲、乙、丙、丁四个人中的任何一人主张赔偿的权利。而甲、乙、丙、丁每个人对于戊来说，要承担的是100万元的损失。也就是说，如果戊发现甲有一套100万元的房子，是可以将甲100万元的房子进行查封的。甲的100万元房子变卖后赔偿戊的损失，甲随后可以在甲、乙、丙、丁四人中，根据过错程度，各自承担相应的责任。

由此，合伙企业最大的风险来源于无限连带责任，而无限连带责任并不是其中某一个人要承担的，是每一个人都有这样的义务。这个特点就决定了合伙企业很难做大，因为大家相互之间是需要给予高度的信任，才在一起合伙的。

2. 人数多导致效率低

合伙业主众多，所有合伙人都有权代表企业从事经营活动，重大决策都需得到所有合伙人同意，因而很容易造成决策上的延误与差错。若产生意见分歧，互不信任，就会影响企业的有效经营。

3. 所有权转让困难

产权不易流动，根据法律规定，合伙人不能自由转让自己所拥有的财产份额，产权转让必须经过全体合伙人同意；同时，接受转让的人也要经过所有合伙人的同意，才能购买产权，成为新的合伙人。

三、公司制企业的优缺点

公司制企业是指一般以盈利为目的，从事商业经营活动或某些目的而成立的组织。根据现行《公司法》，其主要形式为有限责任公司和股份有限公司。两类公司均为法人，投资者可受到有限责任保护。

（一）主要优点

1. 承担有限责任

公司制企业有独立的法人资格，股东财产和公司财产是相分离的，公司债务是法人的债务，不是所有者的债务，公司以公司财产承担有限责任，所有者对公司承担的责任以其出资额为限。当公司资产不足以偿还其所欠债务时，股东无须承担连带清偿责任。

2. 公司制企业融资渠道较多，更容易筹集所需资金

公司制企业投资人多样化，可以吸纳各类权益性和债务性资金。达到一定条件的股份公司可以通过资本市场发行股票或发行债券募集资金，有利于企业的基本扩张和规模扩大。

3. 无限存续

股东投入的资本长期归公司支配，股东无权从公司财产中抽回投资，只能通过转让其拥有的股权收回投资。这种资本的长期稳定性决定了公司只要不解散或破产，就能够独立于股东而持续、无限期地存在下去。即一个公司在最初的所有者和经营者退出后仍然可以继续存在。

4. 股权便于转让

公司的所有者权益被划分为若干股权份额，每个份额可以单独转让。

（二）主要缺点

1. 双重课税

公司作为独立的法人，其利润需缴纳企业所得税，企业利润分配给股东时，股东还需缴纳个人所得税。

2. 组建成本高

《公司法》对于设立公司的要求比设立独资或合伙企业复杂，需要提交一系列法律文件，花费的时间较长，并且需要提交各种报告。因此，创立公司不容易。

3. 存在代理问题

经营者和所有者分开以后，经营者称为代理人，所有者称为委托人，代理人可能为了自身利益而伤害委托人利益。

综合以上分析，三种类型的企业组织形式在投资人、承担的责任、企业寿命、所有权转让、筹集资金难易程度、纳税、代理问题、组建成本等方面存在一定的差异（见表1-2）。

表1-2 三种类型企业组织形式的优缺点比较

组织形式特征	个人独资企业	合伙企业	公司制企业
投资人	一个自然人	两个或两个以上的自然人，有时也包括法人或其他组织	多样化
承担的责任	无限债务责任	视合伙人的性质不同有区别	有限债务责任
企业寿命	随着业主的死亡而自动消亡	合伙人死亡一般不影响合伙企业的存续	无限存续
所有权转让	比较困难	合伙人转让其所有权时需要取得其他合伙人的同意，有时甚至还需要修改合伙协议	容易转让所有权，无须经过其他股东同意
筹集资金难易程度	难以从外部获得大量资金用于经营	较难从外部获得大量资金用于经营	融资渠道较多，更容易筹集所需资金
纳税	个人所得税	个人所得税	企业所得税和个人所得税
代理问题	没有	较少	存在所有者与经营者之间的代理问题
组建成本	低	居中	高

四、选择创业企业组织形式应考虑的因素

了解每一种创业组织形式的优劣后，创业者需要结合企业的规模、行业类型和发展前

景、业主或投资者的数量、创业资金的多少、创业风险等因素选择一种合适的企业组织形式。

（一）投资者的数量

在现实中，有人单刀独干闯出了一片天地，有人却因独木难支败下阵来；有的合伙创业却因为"一山难容二虎"，结果令本已形势大好的事业半途而废，甚至合伙人对簿公堂，反目成仇，有人则因合伙人能"同仇敌忾"，结果"三个臭皮匠赛过诸葛亮"，干出了一番大事业。创业选择合伙好还是单干好并不是绝对的，二者各有利弊。创业者要综合考虑项目自身资源条件、项目资金需求量、合伙人的可信度、合伙人资源情况等。总体原则：做小生意可以考虑自己单干，干大生意要合伙。资源共享、合作共赢、优势互补是这个时代的重要特征，单干可选择的企业形式有个体工商户、个人独资企业、一人有限责任公司；合作形式可选择的企业形式有合伙企业、公司制企业。

（二）项目风险的大小

创业者自身风险承担能力是创业者必须考虑的因素之一，企业组织形式与创业者日后承担的风险息息相关。对于风险较大的项目，建议选择仅承担有限责任的创业形式，如公司。对于风险较小的项目，可以选择承担无限责任的创业形式。

（三）可以筹到多少资金

企业组织形式对于未来的融资也具有较大影响。资金是企业的生命线，企业成立之初都必须注入一定的资本。一般来说，资金实力雄厚、规模大的项目适合采取公司形式，而资金较小、规模较小的项目适合采取个体工商户、个人独资企业以及合伙企业等形式。如果创业者资金充足，拟投资的事业所需资金需求也不大，则采用合伙制和有限责任公司制均可；如果日后发展业务所需资金规模非常大，建议采取股份有限公司组织形式。

（四）税负的轻重

不同形式的企业所承担的税负是不一样的。个人独资企业和合伙企业的生产经营所得计征个人所得税，公司制企业既要缴纳企业所得税，又要在向股东分配利润时为股东代扣代缴个人所得税。企业规模的大小也影响税负水平，如我国增值税暂行条例及其实施细则按照生产经营规模将增值税的纳税人分为一般纳税人和小规模纳税人，对小规模纳税人按照3%的征收。不同的企业组织形式所缴纳的税是不同的，因此从税负筹划的角度，选择个人独资企业和合伙企业税负更低。通常所需要缴纳的税负较公司制企业更低，但这并不能一概而论，对于一些特殊的行业，例如高新技术企业和小微企业，由于我国政府对其采取税收优惠政策，在享受税收优惠政策的情况下，公司制企业或许更加节税。

（五）企业寿命

对于个人独资企业，一旦投资人死亡且无继承人或者继承人决定放弃继承，则企业必须解散；合伙企业由合伙人组成，一旦合伙人死亡，除非不断吸收新合伙人，否则合伙企业的寿命也是有限的。因此，无论是合伙企业还是个人独资企业，通常的经营期限都不会很长，很难持续发展下去。但公司制企业却完全不同，除出现法定解散事由或者股东决议解散外，原则上公司制企业是可能永远存在的。因此，创业时可以根据拟经营的期限来选择企业组织形式，若希望将该企业不断经营下去，则建议采取公司制企业形式。

总之，企业组织形式没有最好的，只有最合适的，创业者应当结合自身情况和实际需求，同时在进行风险评判的前提下，选择最合适的企业组织形式。

财务技能实训

创业者通过本章节的学习，必须熟悉创业企业组织形式的类型，在了解各类型组织形式优缺点的基础上，合理选择适合的创业组织形式。由此，创业者需要掌握的基本财务技能为：个人独资企业的设立与债务承担、合伙企业的设立与债务承担和公司制企业的设立与债务承担。

财务技能实训项目一：个人独资企业的设立与债务承担

20×9年1月15日，张某向工商行政机关申请以个人财产出资设立个人独资企业，企业名称为"宏利公司"；20×9年2月1日，工商行政机关向张某签发营业执照，企业名称为"宏利加工厂"。20×9年2月10日，张某聘用懂技术、懂市场、懂管理的李某负责宏利加工厂的事务管理。张某与李某签订的书面聘用合同中约定：李某只能决定5万元以下的交易。20×9年2月15日，李某未经张某同意，与善意第三人王某签订10万元的买卖合同。后因宏利加工厂的财产不足以清偿王某的货款及其他债务，张某拟解散宏利加工厂。

根据上述事实以及个人独资企业法律制度的规定，回答下列问题：
(1) 张某将个人独资企业命名为"宏利公司"是否符合法律规定？并说明理由。
(2) 宏利加工厂何时成立？并说明理由。
(3) 张某能否聘用李某负责企业的事务管理？并说明理由。
(4) 李某与王某签订的合同是否有效？并说明理由。
(5) 王某的10万元货款，能否要求张某以其个人的其他财产清偿？并说明理由。
(6) 王某的10万元货款，能否要求张某以其家庭共有财产清偿？并说明理由。

财务技能实训项目二：合伙企业的设立与债务承担

20×9年9月，A、B、C、D协商设立普通合伙企业。其中，A、B、D为自然人，C为法人型集体企业，其拟定的合伙协议约定：A以劳务出资，而B、D以实物出资，对企业债务承担无限责任，并由A、B负责公司的经营管理事务；C以货币出资，对企业债务以其出资额承担有限责任，但不参与企业的经营管理。经过商议后，合伙企业得以成立。开业不久，D发现A、B的经营不符合自己的要求，随即提出退伙。在该年11月下旬D

撤资退伙的同时，合伙企业又接纳 E 入伙。该年 11 月底，在企业财产不足清偿的情况下，合伙企业的债权人甲就 11 月前发生的债务要求现在的合伙人及退伙人共同承担连带清偿责任。对此，D 认为其已退伙，对合伙企业的债务不再承担责任；入伙人 E 则认为自己对入伙前发生的债务也不承担任何责任。

请分析：

（1）C 是否可以成为普通合伙企业的合伙人？并说明理由。

（2）在合伙企业的设立中，请指出不合规定之处？并说明理由。

（3）对债权人甲的请求，合伙人应当如何承担责任？并说明理由。

财务技能实训项目三：公司制企业的设立与债务承担

20×7 年 7 月 8 日，甲、乙、丙拟共同出资设立一有限责任公司，并制定了公司章程，其有关要点如下：①公司注册资本总额为 400 万元；②甲、丙各以货币 100 万元出资。首次出资均为 50 万元，其余出资均应在公司成立之日起 2 年内缴付；乙以房屋作价出资 200 万元，公司成立后一周内办理房屋产权转移手续。

20×7 年 8 月 8 日，甲、丙依约缴付了首次出资。10 月 8 日，公司成立，10 月 12 日，乙将房屋产权依约转移给公司。20×8 年 8 月 5 日，甲履行了后续出资义务。2018 年底，公司取得可分配红利 100 万元。

20×9 年 1 月 10 日，甲、乙、丙就 100 万元红利的分配发生争执，此时丙尚未缴付剩余出资。经查，乙作价出资的房屋实际价值仅为 100 万元。因公司章程没有约定红利分配方法。甲、乙、丙分别提出了自己的主张：甲认为应按 2：2：1 的比例分配；乙认为应按 1：2：1 的比例分配；丙认为应按 1：1：1 的比例分配。

根据《公司法》的规定，回答下列问题：

（1）乙作价出资的房屋实际价值为 100 万元，低于公司章程所定的 200 万元，对此，甲、乙、丙应如何承担民事责任？

（2）对公司可分配的 100 万元红利，甲、乙、丙应按何种比例分配？简要说明理由。

本章小结

本章第一节介绍了创业过程中比较容易混淆的自然人与法人、企业与公司、法定代表人和法人代表等几组相关概念。第二节主要介绍了个人独资企业、合伙企业、有限责任公司及股份有限公司的具体含义、类型、设立条件和管理模式。第三节主要介绍了个人独资企业、合伙企业及公司制企业三类企业组织形式的主要优点和缺点，并在此基础上提出创业企业组织形式选择的几点必须考虑因素。第四节为创业者提供三个与创业组织形式相关的财务技能实训项目。

思考与练习

一、单项选择题

1. 下列关于个人独资企业的表述中，正确的是（   ）。

A. 个人独资企业的投资人可以是自然人、法人或者其他组织

B. 个人独资企业的投资人对企业债务承担无限责任

C. 个人独资企业不能以自己的名义从事民事活动

D. 个人独资企业具有法人资格

2. 下列中国公民中，依法可以投资设立个人独资企业的是（   ）。

A. 某市中级人民法院法官李某

B. 某商业银行支行部门经理张某

C. 某大学在校本科生袁某

D. 某县政府办公室主任金某

3. 中国公民王某拟设立个人独资企业从事摄影，根据个人独资企业法律制度的规定，下列说法中，正确的是（   ）。

A. 该个人独资企业名称可以定为"乐娃摄影工作室"

B. 王某不得以非货币性财产出资

C. 王某只能以个人财产出资，不能以家庭共有财产出资

D. 如果王某日后想扩大经营，只能设立新的个人独资企业，不能设立该个人独资企业的分支机构

4. 下列关于普通合伙企业的说法中，正确的是（   ）。

A. 普通合伙企业的设立只能由两个以上的自然人组成

B. 普通合伙企业的合伙人只能是法人或者其他组织，但国有企业、上市公司均不得成为普通合伙人

C. 外国个人可以在中国境内设立合伙企业

D. 普通合伙企业的合伙人不得以劳务作为出资

5. 根据《中华人民共和国合伙企业法》的有关规定，普通合伙人承担合伙企业债务责任的方式是（   ）。

A. 对外承担无限连带责任，对内承担按份责任

B. 对内对外均承担连带责任

C. 对内对外均承担按份责任

D. 对内承担连带责任，对外承担按份责任

6. 甲、乙、丙、丁四人准备设立一家有限合伙企业，下列选项错误的是（   ）。

A. 甲提议邀请某国有企业作为有限合伙人加入合伙企业

B. 乙要求作为普通合伙人以劳务作价出资

C. 丙建议企业名称为"××有限合伙公司"

D. 丁认为货币出资没有比例限制

7. 有限责任公司的法定代表人可以由（　　）来担任。

A. 副董事长　　　　　　　　　B. 经理

C. 财务负责人　　　　　　　　D. 出资最多的股东指派的人员

8. 甲、乙两公司与郑某、张某欲共同设立一有限公司，并在拟订公司章程时约定了各自的出资方式。在下列有关各股东的部分出资方式中，符合公司法律制度规定的是（　　）。

A. 甲公司以其获得的某知名品牌特许经营权评估作价 20 万元出资

B. 乙公司以其企业商誉评估作价 30 万元出资

C. 郑某以其享有的某项专利权评估作价 40 万元出资

D. 张某以其设定了抵押权的某房产作价 50 万元出资

9. 中国公民甲、乙、丙共同设立一家有限责任公司。根据公司法律制度的规定，该公司必须设立的组织机构是（　　）。

A. 股东会　　　　　　　　　　B. 董事会

C. 监事会　　　　　　　　　　D. 职工代表大会

10. 王某、刘某共同出资设立了甲有限责任公司，注册资本为 10 万元，在下列关于甲公司组织机构设置的表述中，不符合公司法律制度规定的是（　　）。

A. 甲公司决定不设董事会，由王某担任执行董事

B. 甲公司决定不设监事会，由刘某担任监事

C. 甲公司决定由执行董事王某兼任经理

D. 甲公司决定由执行董事王某兼任监事

11. 在下列关于一人有限责任公司的表述中，不符合公司法律制度规定的是（　　）。

A. 股东只能是一个自然人

B. 一个自然人只能投资设立一个一人有限责任公司

C. 财务会计报告应当经会计师事务所审计

D. 股东不能证明公司财产独立于自己财产的，应当对公司债务承担连带责任

12. 某公司为以募集方式设立的股份公司，其注册资本额为 1000 万元，发起人认购的股份不得少于（　　）。

A. 150 万元　　　　　　　　　B. 200 万元

C. 300 万元　　　　　　　　　D. 350 万元

二、多项选择题

1. 根据《个人独资企业法》的规定，下列各项中，可以用作个人独资企业名称的有（　　）。

A. 云滇针织品有限公司　　　　B. 昆海化妆品经销公司

C. 樱园服装设计中心　　　　　D. 霞光婚纱摄影工作室

2. 合伙企业可以由（　　）设立。

A. 自然人　　　　　　　　　　B. 法人

C. 其他组织　　　　　　　D. 国家

3. 普通合伙企业中合伙人的出资方式有（　　）。

A. 货币　　　　　　　　　B. 著作权

C. 工业产权　　　　　　　D. 劳务

4. 根据合伙企业法律制度的规定，下列关于有限合伙企业设立的表述中，正确的有
（　　）。

A. 有限合伙企业至少应当有一个普通合伙人

B. 有限合伙企业名称中应当标明"有限合伙"字样

C. 有限合伙人可以以劳务出资

D. 国有企业可以成为有限合伙人

5. 公司的经理对董事会负责，行使下列职权（　　）。

A. 组织实施董事会决议

B. 组织实施公司年度经营方针和投资计划

C. 拟定公司内部管理机构设置方案

D. 拟定公司的基本管理制度

6. 公司可以拥有自己的财产，与他人签订合同，包括（　　）。

A. 起诉　　　　　　　　　B. 为他人提供担保

C. 对外投资　　　　　　　D. 应诉

7. 一人公司的下列内容符合法律规定的有（　　）。

A. 最低注册资本和法定资本制：一人有限责任公司的注册资本最低限额为 10 万元人
民币。股东应当一次足额缴纳公司章程规定的出资额

B. 投资：都必须是人民币

C. 设立：一人有限责任公司应当在公司登记中注明自然人独资或者法人独资，并在
公司营业执照中载明。一人有限责任公司章程由股东制定

D. 组织机构：一人有限责任公司不设股东会，也可以没有董事会、监事会

8. 与个人独资企业和合伙企业相比，公司制企业的特点是（　　）。

A. 以出资额为限，承担有限责任

B. 所有权转让比较困难

C. 存在重复纳税的特点

D. 更容易筹集资金

三、简答题

1. 创业企业可以选择的组织形式有哪些？

2. 有限责任公司的组织结构如何建立？

3. 个人独资企业的优缺点有哪些？

4. 合伙企业的优缺点有哪些？

5. 公司制企业的优缺点有哪些？

6. 选择创业企业组织形式应该考虑哪些因素？

创业企业财务管理

四、案例分析题

【案例1】

某普通合伙企业由 A 和 B 两个自然人投资设立。在经营期间甲入伙。甲入伙前，合伙企业对乙负债 10 万元。甲入伙后，该合伙企业继续亏损，甲遂要求退伙，获其他合伙人一致同意。在此期间，该合伙企业欠丙货款 20 万元。甲退伙后，合伙企业又向丁借款 20 万元。后合伙企业解散，上述债务均未清偿。

根据上述内容，分别回答下列问题：

(1) 对于合伙企业对乙的债务，谁应当承担责任？是有限责任还是无限连带责任？

(2) 对于合伙企业对丙的债务，谁应当承担责任？是有限责任还是无限连带责任？

(3) 对于合伙企业对丁的债务，谁应当承担责任？是有限责任还是无限连带责任？

【案例2】

2017 年 3 月，甲、乙、丙、丁成立一有限合伙企业，甲为普通合伙人，乙、丙、丁为有限合伙人。2018 年 3 月丙转为普通合伙人，2017 年 8 月该合伙企业欠银行 30 万元，直至 2019 年 3 月合伙企业被宣告破产仍未偿还。

根据上述内容，回答下列问题：

对于 30 万元的银行债务，甲、乙、丙、丁谁应该承担责任？承担什么责任？

【案例3】

2019 年 1 月甲、乙共同成立 A 有限责任公司（简称 A 公司），注册资本 200 万元，其中，甲持有 60% 的股权，乙持有 40% 的股权。2019 年 8 月 25 日，A 公司聘请李某担任公司总经理，负责公司日常经营管理。双方约定，除基本工资外，李某可从公司每年税后利润中提取 1% 作为奖金。同时，A 公司股东会决议：同意李某向 A 公司增资 20 万元，其中，李某以其姓名作价 10 万元出资，其余 10 万元出资以李某未来从 A 公司应分配的奖金中分期缴纳。

根据上述内容，分别回答下列问题：

(1) 李某可否以姓名出资？并说明理由。

(2) 李某以未来从 A 公司可分得的奖金分期缴纳出资款是否符合法律规定？请说明理由。

第二章
创业企业财务概述

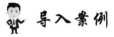 **学习目标与要求**

1. 了解出纳、会计、财务、税务和审计的区别
2. 熟悉创业企业资金运动规律
3. 了解创业企业财务活动的内容
4. 理解创业企业财务管理目标与内容
5. 熟练运用货币时间价值和风险价值观念

导入案例

初创企业财务怎么做

作为创业者，你可以不负责财务，但不能不懂财务。成功经营一家小型企业，你大可不必成为华尔街的证券分析师，但无论是对日常管理还是长期规划而言，能够游刃有余地分析这些数字却有着极为重要的意义。创业公司财务怎么做：

一、财务岗位

一个创业公司首先要有一个创业团队，这就建立了组织，有组织就会有分工，需要有人负责资金和财务管理，这个人不一定是专职，但一定要有这样一个岗位。主要负责每个月或每周报资金计划，为新项目写预算书，审核合同条款，寻找融资渠道等。

二、建账

创业初期是找专人负责做账还是请代账公司做账，这是很多创业者在初期面临的一个重要抉择。代账服务成本相对于聘请专职会计要低很多，但是代理记账基本上是企业提供什么原始单据，代账公司做什么账，而财务预算、投资评估、财务监管和内部控制等业务

还是需要企业自己完成。由此，当企业初具规模，在部门或岗位分工已经明确的情况下，找个好的财务人员，与公司一起发展和成长，在深度认知公司各环节业务运作的基础上，履行财务职能，将会达到事半功倍的效果。

三、资金管理

很多精通财务的人最重视的财务报表往往不是损益表或资产负债表，而是现金流量表，因为现金流量表是最不容易粉饰的。公司不论大小，资金管理都是财务管理中最重要的一环。对创业公司来说盈利只是目标，活下去才是最重要的。所以创业者要管好资金，这包括怎么找资金和怎么用资金两个方面。一方面是融资，融资不是钱越多越好，钱太多一时花不掉，就是浪费，另一方面是把股份贱卖，提前稀释股权就更麻烦了。王志东最终离开新浪可能有各种原因，但如果他不是一次次提早稀释自己的股份，最终也不会被迫交出公司的控制权。融到钱还要知道怎么花，2000 年初"死掉"了一大批互联网公司，"死掉"的最主要原因就是人还在，钱却花没了。一旦钱到手就大批"招兵买马"，租最大的办公场所，买最好的设备，等到寒冬来临时，他们已经没有过冬的储备了，现在的互联网巨头都是靠那时精打细算熬过来的。所以一定要做好财务预算，主要是资金预算，要精确到月甚至到周。有人统计，完成一轮融资要半年的时间，那么就要保证公司账上要有不少于 6 个月的现金储备。一个现金管理良好的公司也会得到投资者的信任，毕竟，没有人希望自己的钱被人浪费。

四、内部控制

其实内部控制不是财务一个部门的事，任何时候企业的内控都不是靠哪一个人或哪一个部门来完成的。但如果一个企业财务管理做得不好，那它的内部控制也不会好到哪儿去。所以对于创业期的公司，内部控制一定要以财务为核心，调动全员参与。

创业公司的内控为什么难，主要原因还是人少、部门少，一人多岗，分工不明、职责不清、业务交叉过多，账务处理不规范、随意性大，事后又没有监督，最后不仅会导致会计信息失真，还会给公司造成很大损失。所以一定要找到公司内控的薄弱环节，有针对性地堵塞实质性漏洞。

（1）不相容职务分离：俗话说，一人为私，两人为公，任何事集中于一人办理都是危险的。当然，创业公司受规模人员限制，不可能所有岗位都是专人专职，所以增加岗位互相牵制就显得尤为重要。出纳负责现金收支，就一定不能兼任做账、审核和档案保管；法人章、公司章、财务章要分别交不同的人保管（交老板一个人手上当然也可以），仓库保管员就不能兼做商品明细账，总之，处理每项业务全程都要有两个以上的人员负责，起到互相制约的作用。

（2）减少现金交易，所有交易力求用公司基本账户完成。因为通过银行账户付款是有一定流程的，只要把印鉴章管好，一个人是无法把钱转走的。同样，收款也要走银行，务必不能让业务员经手现金。要做到不收现金，不付现金（小额费用可以装个POS 机），这样年底就是不做账，打个对账单流水也能大概看清企业现金流，还能保证真实性。

（3）规范内部审批流程，所有签批都按岗位走流程，哪怕让一个人多签两回字，这样便于明确责任，事后监督。可以参照其他公司的流程。

（4）重视会计档案的保管，很多小企业不重视会计档案的保管，结果出了事想查明真相，追究责任都不行。会计凭证只是一个记录，真正重要的是凭证后的原始单据，要告诉会计人员，凭证后该有的东西一个都不能少。自制的单据同样重要，要有专人保管，领收都要登记，单据要有单据号，且必须连号，这样才能方便查询，追踪流向。

（5）管好印鉴章，如果你不能把所有的印鉴章都抓在手里，最少公司章、财务章也要分别交给最可靠的人。财务章管的是钱，公司章管的是责任和风险。有了这两个章，公司一般事务就不能绕过你，它们代表了权力。所以盖章一定要登记，年底把登记表看一下，就知道当年干了哪些事情，责任人是谁。

总之，创业公司本钱小，人员有限是客观情况，但只要我们肯努力，小公司的财务工作一样做得很精彩！

（资料来源：http://www.sohu.com/a/224221632_99923915.）

💡 思考与讨论：

（1）创业初期的财务工作有哪些？
（2）作为创业者应如何规划企业财务工作？

第一节 财务岗位认知

创业者中营销、产品或者技术专业出身的居多，如果不懂企业财务，那就无法有效管理企业。公司制企业是现代企业最典型的组织形式，本书对创业企业财务管理的学习主要是基于公司制企业的介绍。财务学习首先从最基础的财务岗位认知开始。

一、出纳

出纳，顾名思义，就是支出和收入，就是现金和银行存款的进出。出纳是财会工作中最入门级别的岗位，工作重心是管钱（包括现金、银行存款等）。要求做好现金、银行存款的账务记录；根据每笔现金、银行业务登记现金日记账和银行存款日记账（仅此两本流水账）；在每日结束时盘点库存现金，做到日结月清；在每月末，根据银行对账单编制银行存款余额调节表；每月末，将登记的现金和银行日记账与会计登记的总账进行核对。出纳日常工作状态表现为去银行、发工资、报销发票、处理各项业务款等。

出纳岗位基本职责和要求：①办理库存现金收付和银行结算业务；②办理各种票据的收付业务；③登记库存现金日记账、银行存款日记账和票据备查簿；④保管库存现金和各种有价证券；⑤填写支票、本票和汇票，并在会计主管核准后加盖企业印鉴章；⑥保管有关印章、空白收据和空白支票等有关资金往来票证，但签发支票所使用的各种印章，不得全部交由出纳一人保管；⑦具体办理各种税费的申报和扣缴业务；⑧其他与库存现金、银行存款收付有关的业务。

由于出纳岗位和钱有关，需要把企业流水账记清楚，所以很多创业者都会让自己最信任的人来担任，并没有聘请专业会计人员。不过，做好出纳工作并不是一件很容易的事，它要求出纳员要有全面精通的政策水平、熟练高超的业务技能、严谨细致的工作作风。出纳和会计是会计行业两个不同的岗位，最好由专业会计人员担任。

二、会计

人们常说：出纳管钱，会计管账，管钱不能管账。这句话既指出了出纳和会计两个岗位的本质区别，又说明企业加强内部控制，防范风险的重要性。

通常人们口头表达中的会计一般有四种指代：①一个人：会计人员。②一项工作：会计工作——会计职业。③一个机构：审计厅、财政部、财政厅、会计师事务所。④一个专业：一门学科体系。

在我国"会计"一词最早出现于西周，解释为"零星算之为计，总合算之为会"。会计的历史久远，但人类社会早期并无会计，主要因为当时生产力水平低下，人们通过大脑、结绳记事、刻木记事等记录行为，就能对劳动成果进行比较并改进，会计仅是生产职能的附带部分。到奴隶社会繁盛时期开始，私有制和大量的剩余产品出现，导致受托责任会计的产生，会计从生产职能中分离出来，成为特殊的，专门委托的有关当事人的独立的职能。会计产生了，并随着生产的发展不断完善。

会计最基本的工作：记账、算账、报账。会计的工作重心是管账（总账、各类明细账）。要求把公司的各项经济业务按国家的《会计准则》和《会计制度》要求，分类整理原始凭证（经济业务书面证明），登记总账和各类明细账，定期在月末、季末、年末编制各种报表，从而反映公司的财务状况和经营成果。从会计凭证到会计账簿再到会计报表的会计工作过程叫作会计核算职能。如，8月1日用银行存款10万元购买机器设备一台。则会计需要记录8月1日银行存款减少10万元，机器设备增加1台，价值10万元是以货币的形式从数量上记录（反映）已经发生或已经完成的经济活动。同时在会计核算过程中会计人员还必须监督企业经济业务的合法、合规性，即会计监督职能。由此可见，会计是以货币作为主要计量单位，采用专门方法，对经济活动进行连续、系统、全面、综合的核算和监督，并在此基础上进行分析、预测和控制的一种管理活动。会计工作最重要的成果就是财务报表。由此，会计职业本质上是一种信息的职业。

对于初创型规模较小的企业，通常不设置会计岗位，完全委托代理记账公司提供会计服务。随着企业组织规模的扩大，岗位分工的细化，财务人员也逐渐增加。从仅配置出纳和会计2个财务人员，到将会计岗位进一步细分为会计主管、总账会计、明细账会计等，或者按具体业务内容分设固定资产会计、材料会计、核销会计、成本会计、税务会计等。但是，不管岗位划分多细，应当遵从钱账分管原则，出纳人员不得兼管稽核、会计档案保管和收入、费用、债权债务账目的登账工作。

三、财务

会计和财务相互联系，相辅相成。在日常中不一定要把二者进行严格区分，不过在专业认知上还是需要简单把握二者的差异，以便更好地学习财务理论知识。二者在工作重心、工作实质和工作成果上完全不同。

其一，会计工作重心是"管账"，通过记账、算账、报账，履行核算和监督职能。财务工作重心是"决策"，通过提供筹钱、用钱和分钱的所有决策，履行对企业资金的筹集、投资与分配的财务管理职能。

其二，会计工作实质是"面向过去"。工作中需要处理的是企业过去和现在发生的经济业务。财务工作实质是"面向未来"。工作中需要处理的是企业未来业务，通过当前决策影响未来业务。如在筹资管理中，财务人员关于筹资金额的测算、筹资成本的测算和筹资方式的选择以及资本结构的最优化等决策对企业未来的经济业务发生产生影响。

其三，会计工作成果主要是提供会计信息，同时利用会计信息参与企业的经营预测、决策。财务工作成果主要是实现财富的保值和增值。如通过科学筹资决策可以降低企业融资成本；通过科学投资决策可以提高企业资金使用效率和回报能力。

【例 2 -1】如果你手上有一笔 10 万元资金，根据表 2 -1 和表 2 -2 你愿意投资 A 企业还是 B 企业，为什么？

表 2 -1　A 企业资产负债表

20 ×7 年 12 月 31 日　　　　　　　　　　　　　　　　单位：元

资产	金额	负债及所有者权益	金额
货币	52000	短期借款	25000
应收账款	5500	应付账款	2300
库存商品	800	实收资本	80000
固定资产	66000	留存收益	16000
合计	123300	合计	123300

表 2 -2　B 企业资产负债表

20 ×7 年 12 月 31 日　　　　　　　　　　　　　　　　单位：元

资产	金额	负债及所有者权益	金额
货币	10000	短期借款	50000
应收账款	15500	应付账款	53300
库存商品	31800	实收资本	18000
固定资产	66000	留存收益	2000
合计	123300	合计	123300

通过会计工作提供的资产负债表，财务工作将能做出更好的未来决策。分析：判断一家

公司是否有价值，是否有发展前景，首先要看这家公司的财务状况是否良好。主要看资产负债表：A公司现金比例较大，固定资产价值高，且呈不断上升趋势，负债比重低；B公司负债比重大，存货多，现金少。可见，A公司在这一时点的财务状况比B公司好。资产负债表可提供的信息是资产的分布是否合理、是否存在不良资产（无法销售的商品和无法回收的应收账款），还包括债务结构是否合理、公司举债规模是否过大，各项债务到期的时间间隔是否均匀分布等。但并不表示投资A公司就好，还要看A、B两家企业的盈利能力，那么不同企业的盈利能力通过什么报表呈现——利润表。利润表反映某一期间企业经营活动的成果。

对于初创型规模较小的企业，往往将会计与财务合并设置，由一个部门来履行。随着企业组织规模的扩大，岗位分工的细化，财务人员也逐渐增加，财务慢慢与会计相分离，设置会计部门和财务部门两个职能部门。会计核算与监督职能由会计部门来履行；资金筹资、投资和分配由财务部门来履行。典型的股份制企业的财务组织结构见图2-1。

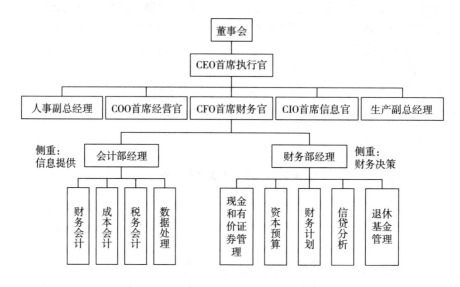

图2-1 典型的股份制企业的财务组织结构

四、税务

税收是企业一项重要的成本支出，并且是一种高风险和高弹性的成本，企业都希望合法地减轻自己的税负、有效防范纳税风险。那么，在税收政策和法规既定的情况下，如何减轻税负才是既安全又有效的呢？国家的税法是一套非常复杂的系统，如果企业有一名懂税的财会人员，可以在合法的前提下，为企业节省不少的税收。企业税务专员的工作内容包括：①办理日常税务相关事务，包括申报、年检等工作；②管理增值税专用发票，购买、领取、登记发票；③编制税务、统计等对外报表；④根据国家税收、财务政策对企业税务实际问题提出建议和可行性方案；⑤申请、报批企业有关税收优惠政策的手续，加强企业同税务、统计等部门的联络；⑥其他事项。

对于初创型规模较小的企业，通常不设置税务岗位，完全委托代理记账公司、会计师事务所和税务师事务所提供税务服务。随着企业规模的扩大，公司制企业组织形式的运用，税务工作复杂性日益提高，特别是上市公司，更应该注重税务的规范化管理，可以在财务部门设置专门的税务岗位，必要时还需聘请税务师事务所专业的财税顾问进行企业税务管理和税务筹划。

五、审计

通俗的说，审计就是查账，看看账有没有问题。会计资料是审计的前提和基础，会计活动本身就是审计监督的主要对象，审计与会计密切相关。不过，审计工作不属于会计工作。简单来说，审计是查账，会计是做账，属于两个独立的部门。创业者在了解财务岗位设置的过程中需要熟悉审计类型。

按照审计主体的不同，审计可分为内部审计和外部审计。

（一）内部审计

内部审计是内部独立的审计机构和审计人员，对本单位的财务收支及经济活动进行审计，查明其真实性、合法性和效益性，并提出建议和意见，以加强经营管理、提高经济效益的一种经济监督活动。内部审计表现形式是自己查自己。

（二）外部审计

外部审计是指独立于政府机关和企事业单位以外的国家审计机构所进行的审计，以及独立执行业务的会计师事务所或税务师事务所接受委托而进行的审计。外部审计表现形式是他人查自己。外部审计介入的情景通常有两种：一是税务审计，如果公司连续几年持续亏损，税务机关可能上门抽查或要求企业找一家税务师事务所查账，检查企业是否偷税漏税。二是财务审计，如果公司要向政府申请一笔经费或者改制成股份公司，要挂牌、上市，就需要请会计师事务所来查账，确保财务信息的真实性。由此可见，无论是政府审计、单位内部审计还是注会审计都不属于会计岗位。

在现实中，创业企业设立时通常由创始团队自己兼做出纳的工作，会计和税务工作委托代理记账公司。等企业业务量增加后，可能会招聘一个全职的会计，最后等公司有一定规模后再聘请一位财务经理或者财务总监，帮助企业全方位把控全局，组建专业的财会团队，帮助企业运筹更大规模的融资活动等。

第二节　创业企业财务活动与财务管理

既然财务工作是未来一切关于钱的决策，那么了解企业的资金运动过程就显得尤为重要。在社会主义市场经济条件下，一切物资都具有一定的价值，社会再生产过程中物资价值的货币表现就是资金。企业财务就是企业再生产过程中的资金运动，体现着企业和各方面的经济关系。

一、企业的资金运动

企业再生产过程客观上存在两种运动：物资运动和资金运动。物资运动表现为物资的持续购进和售出；资金运动则表现为资金投入（筹资）、资金支出（原料成本、固定资产投入、人工成本、其他耗费等）、资金收回、资金分配和退出（税收、股息红利和利润留存投入再生产）。创业企业为了独立地进行生产经营活动，生产出适应市场需要的产品，就必须拥有一定数量的经营资金作为从事生产经营活动的物质基础。这些资金在企业的生产经营活动中随着企业生产经营活动的进行，资金形态也在不断发生变化，从货币资金形态开始，依次转变为储备资金、生产资金和成品资金等不同的形态，形成企业经营资金的循环与周转，生产型企业的资金运动如图 2－2 所示。

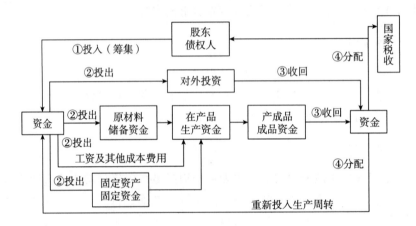

图 2－2　生产型企业的资金运动

（一）资金投入

企业从各种渠道筹集的资金是资金运动的起点。企业筹集的资金主要包括接受投资投入的资金和向债权人借入的各种款项。投资者投入的资金可以是货币资金，也可以是实物资产和无形资产，如厂房、机器设备等。因此投入的资金可以分为货币资金形态和固定资金形态等。

（二）资金投出

在供应过程中，企业为了生产产品就会用银行存款或库存现金购买各种原料及主要材料、支付各种采购费用。材料在办理验收入库手续之后，形成生产储备，这时的资金就由货币资金形态转化为储备资金形态。

在生产过程中，车间根据计划领用材料，并将其投入到产品的生产过程中去。劳动者借助劳动资料对劳动对象进行加工，制造出市场所需的各种产品。在产品制造过程中所发生的各种材料费用、人工费用以及固定资产折旧费、修理费、水电费等间接的制造费用构成了产品的生产成本。这时资金就从固定资金、储备资金、货币资金形态转化为生产资金形态。因为设定了会计期间、配比原则和权责发生制原则，所以必须按期进行费用结转、计算产品成本等经济业务。随着产品生产完工并验收入库，资金又从生产资金形态转化为成品资金形态。

（三）资金收回

在销售过程中，企业将产品通过市场交换销售出去后，要按照产品的销售价格取得销售收入，使货币资金回笼，通过这一过程成品资金又转化为货币资金形态，由于在企业收回的货币资金中既包含已销售产品的制造成本，也包含一部分新创造的价值。当销售收入大于销售成本时就会盈利，反之就会发生亏损。除此以外，企业还会发生货款结算、负债偿还、税金交纳、利润分配等经济业务。供应过程、生产过程和销售过程构成企业生产经营过程的一个链条。企业的资金形态会随着经济业务的生产不断变化，以货币资金（库存现金和存款）购进材料物资，然后投入生产，变化为在产品，继而加工为产成品，将产成品销售出去，收回货币资金。

（四）资金分配与退出

企业收回的资金除了缴纳各种税金、向投资者支付应付的利润、偿还银行借款以外，大部分资金又重新投入到企业的生产经营过程中去，使企业的生产经营活动得以继续进行下去。企业的资金周而复始地运动着，经济业务也呈现规律性变化。在企业的生产经营活动中，资金的筹集、运用、收回、退出与供应、生产和销售三个过程首尾相接，形成了企业的资金运动。

二、企业财务活动的内容

企业财务活动是指以现金收支为主的企业资金收支活动的总称。企业的经营活动持续不断，资金运动也周而复始。为了能更好地把握资金运动的实质，进行有效的量化分析，人们通常把企业的财务活动划分为筹资活动、投资活动、经营活动和分配活动四个领域。

（一）企业筹资引起的财务活动

在商品经济条件下，企业要想从事经营，首先必须筹集一定数量的资金，企业通过发行股票、发行债券、吸收直接投资等方式筹集资金，表现为企业资金的收入。企业偿还借款，支付利息、股利以及付出各种筹资费用等，则表现为企业资金的支出。这种因为筹集资金而产生的资金收支，便是由企业筹资而引起的财务活动。

（二）企业投资引起的财务活动

企业筹集资金的目的是为了把资金用于生产经营活动以便实现盈利，不断增加企业价值。企业把筹集到的资金投资于企业内部用于购置固定资产、无形资产等，便形成企业的对内投资；企业把筹集到的资金投资于购买其他企业的股票、债券或与其他企业联营进行投资，便形成企业的对外投资。无论是企业购买内部所需各种资产，还是购买各种证券，都需要支出资金。而当企业变卖其对内投资的各种资产或收回其对外投资时，则会产生资金的收入。这种因企业投资而产生的资金收支，便是由投资而引起的财务活动。

（三） 企业经营引起的财务活动

企业在正常的经营过程中，会发生一系列的资金收支。首先，企业要采购材料或商品，以便从事生产和销售活动，同时，还要支付工资和其他营业费用；其次，当企业把产品或商品售出后，便可取得收入，收回资金；最后，如果企业现有资金不能满足企业经营的需要，还要采取短期借款方式来筹集所需资金。上述各方面都会产生企业资金的收支，属于企业经营引起的财务活动。

（四） 企业分配引起的财务活动

企业在经营过程中会产生利润，也可能会因对外投资而分得利润，这表明企业有了资金的增值或取得了投资报酬。企业的利润要按规定的程序进行分配。首先要依法纳税；其次要用来弥补亏损，提取公积金、公益金；最后要向投资者分配利润。这种因利润分配而产生的资金收支便属于由利润分配而引起的财务活动。

上述财务活动的四个方面，不是相互割裂、互不相关的，而是相互联系、相互依存的。正是上述互相联系又有一定区别的四个方面，构成了完整的企业财务活动，这四个方面也就是财务管理的基本内容：企业筹资管理、企业投资管理、营运资金管理、利润及其分配管理。

三、企业财务管理的内容

创业是一套系统工程，包括做什么（一个项目）、怎么做（营销）、怎么投资、怎么经营、怎么核算成本、怎么产生利润、怎么纳税、怎么进行利润分配。在这套系统工程里，企业的生产、经营、销售等所有经营活动都与资金密切相关，财务管理是企业管理的核心部分。

（一） 财务管理的含义

财务管理是企业管理的一个组成部分，它是根据财经法规制度，按照财务管理的原则，组织企业财务活动，处理财务关系的一项经济管理工作。财务管理是在一定的整体目标下，关于资产的购置（对内投资）、对外投资、资本的融通（筹资）、经营中现金流量（营运资金）以及利润分配的管理。

（二） 财务管理的主要内容

1. 创业企业筹资管理

企业进行生产经营活动，首先面临的一个重要问题就是资金筹集。企业设立时必须有法定的资本金；企业经营必须有足够的流动资金。筹资是指为了满足企业投资或用资的需要，筹措和集中所需资金的过程。在这一过程中，一方面要确定筹资的总规模；另一方面要确定合理的资本结构。

企业面对不同的资金来源渠道可以采取不同的筹资方式进行筹资。筹资的过程实际上是一个筹资的决策过程。在企业资本需要量总额一定的情况下，企业既可以从所有者那里筹集主权资本,也可以从债权人那里筹集债务资金;企业资金既可以从外部筹集,也可以通过企业内部留利筹集。从外部筹集资金,既可以在公开的资本市场上筹集资金,也可以通过银行等金融机构筹集资金。这就需要企业在不同的筹资方式之间进行权衡。企业在筹集资金时,还存在确定长短期资金的比例、主权资本和负债资本的比例问题等,这些都需要企业进行筹资决策。企业进行筹资管理,应遵循的基本原则是,尽可能扩大筹资的渠道,选择最有利的筹资方式,在满足企业资金需要量的情况下,降低筹资成本,减少企业的风险。

2. 创业企业投资管理

投资方案的正确与否,直接影响企业未来的收益。正确的投资决策,可以赚取高额的投资回报;错误的投资决策,可能给企业造成损失,严重时还会导致企业经营失败。因此,投资决策构成企业财务管理的又一重要内容。

通过资金投放,将形成企业经营所需的资产。根据资金投放具体去向的不同,形成的资产项目也不同。包括:①企业若将资金投向劳动手段方面,将形成企业的固定资产;②企业若将资金投向劳动对象方面,将形成企业的流动资产;③企业若将资金投向其他生产经营条件方面,将形成企业的无形资产或递延资产;④企业若将资金投向购买其他企业或单位发行的股票、债券等有价证券,将形成企业的对外投资或金融资产。

一般来说,不同的资产项目会对企业的效益在时间和形式上产生不同的影响,而且不同的投资去向及投资去向的不同组合会产生种类和程度各不相同的风险。因此,资金投放管理就是选择最恰当的投资方案,在成本与效益、风险与收益最佳组合的条件下使用资金。资金投放管理所要研究和解决的问题包括:①预测投资方案的资金投入数额,分析投资方案的现金流量,保证投资方案的低成本和高效益;②预测投资方案的资金投入时间,分析投资去向及投资组合的风险因素,保证投资方案的低风险和高收益。

3. 创业企业营运资金管理

资金营运是指企业对通过资金投放所形成的各项资产的利用和调度行为。资产的利用过程,既是资产耗费的发生过程,即经营成本的形成过程,也是对投放在资产上的资金收回的过程,即经营收益的形成过程。

如前所述,不同的资产项目会对企业效益在时间和形式上产生不同影响,而且最佳效益的获得是以经济资源(主要是资产)的合理配置为前提的。但不管资金投放情况多么合理,都会因为资产的利用程度不同而遭到破坏。因此,资金营运管理就是选择最合理的资源配置方案,最大限度地利用企业的各项资产。

资金营运管理所要研究和解决的问题:①研究和保持货币性资产的合理持有数量,及时取得和有效利用货币性资产,保证其流入与流出在时间上和数量上的平衡,以使资产保持较高的收益性和较强的流动性;②研究和保持非货币性资产持有数量和结构,以使非货币性资产与企业经营规模相适应;③在保证完成预定计划的前提下,有效控制成本耗费与费用支出,并认真研究其补偿问题;④认真而慎重地做好市场调查与研究工作,科学地进行市场预测,积极采取措施以确保收益的实现和投资的收回。

4. 创业企业利润及其分配管理

企业的资金分配主要是对利润和税后利润的分配。由于利润和税后利润的分配会涉及企业与内外部当事人之间的利益关系问题,同时也会影响企业自身的财务状况和财务能力,因此,资金分配管理,就是选择最佳的利润和税后利润分配方案,在保证各方利益的同时，使企业的财务状况得以改善，财务能力得以增强。

资金分配管理所要研究和解决的问题：①研究既能保证企业自身利益，又不危及国家利益的利润分配政策；②研究既能保证所有人利益，又不危及债权人利益和员工利益的税后利润分配政策；③制定能够保证各方利益的利润和税后利润分配的具体方案。

5. 创业企业财务管理内容相互关系

创业财务管理四项内容相互影响、相互作用、相互制约、相互促进，形成了一个完整的循环，使企业的各种财务行为更加合理和有效，使财务管理的水平不断提高。①筹资是基础，制约公司投资的规模；②投资能实现筹资的目的，并不断增值与发展，决定筹资的规模和时间；③筹资和投资在一定程度上决定了公司日常活动的特点和方式，企业日常活动还需要对营运资金进行合理的管理与控制，提高营运资金的使用效率与效果；④成本管理贯穿于投资、筹资和营运活动的全过程；⑤收入与分配影响着筹资、投资、营运资金和成本管理的各个方面。

四、企业财务管理的目标

目标是行动的导向和标准。没有明确目标，也就无法判断一项决策的优劣。财务管理目标就是企业在特定的理财环境中，组织财务活动，处理财务关系的决策导向和标准。关于企业财务管理基本目标的表达，主要有以下三种观点：

（一）利润最大化

投资者创立企业的目的是盈利，已经创立的企业，虽然有改善职工待遇、改善劳动条件、扩大市场份额、提高产品质量、减少环境污染等多种目标，但盈利是其最基本、最一般、最重要的目标。盈利体现了企业的出发点和归宿，并有助于其他目标的实现。

利润最大化的观点认为，利润代表了企业新创造的财富，财富增加得越多，越接近企业的目标。不过，以利润作为评判决策优劣的唯一指标，往往容易忽视以下几个问题：

其一，没有考虑利润的取得时间。例如，甲企业和乙企业在年初各自投资一个 20 万元项目，甲于当年 7 月收回投资，实现利润 100 万元，乙于当年 12 月收回投资，实现利润 100 万元。当年哪个企业的投资决策目标实现得更好呢？若仅从利润指标考核，当年两个企业的利润均为 100 万元，投资决策目标实现程度相同，但是若考虑货币的时间价值，则甲企业投资策略更优，因为 7 月收回投资后甲又可以进行新项目投资，同样资本当年可以获取更多利润。

其二，没有考虑所获得利润和投入资本额的关系。例如，甲企业和乙企业在年初分别投资一个 10 万元和 40 万元项目，两家企业于当年 12 月同时收回投资，各实现利润 100 万元。当年哪个企业的投资决策目标实现得更好呢？若仅从利润指标考核，当年两个企业的利润均为 100 万元，投资决策目标实现程度相同，但是若考虑投资成本，则甲企业投资策略更优，以较少投入撬动 100 万元利润。

其三，没有考虑利润与承担风险的关系。例如，甲企业和乙企业在年初各自投资一个 20 万元项目，两家企业于当年 12 月同时收回投资，各实现利润 100 万元，甲企业实现的利润已经全部转化为现金，乙企业实现的利润则全为应收账款，并可能发生坏账损失。当年哪个企业的投资决策目标实现得更好呢？若仅从利润指标考核，当年两个企业的利润均为 100 万元，投资决策目标实现程度相同，但是若考虑风险大小，则甲企业投资策略更优。

实际上，如果投入资本相同、利润取得的时间相同、相关的风险也相同，利润最大化是一个可以接受的观念。

（二）权益净利率（或每股收益）最大化

为了克服利润最大化目标中没有考虑所获得利润和投入资本额的关系的缺点，有人提出了权益净利率（或每股收益）最大化的观点，对于有限责任公司可以采用权益净利率指标，权益净利率＝净利润÷股东权益；对于股份有限公司，股东投资的资本被分为等额股份，股东投入的资本反映在其所持有的股数上，可以采用每股收益指标，每股收益＝净利润÷普通股股数。

每股收益最大化理财目标的提出有一定的适用性。许多公司把每股收益作为评价业绩的指标。不过由于此目标仍然存在没考虑到利润取得时间和风险大小两个要素，并未成为企业财务管理的理想目标。

（三）股东财富最大化

股东创办企业的目的是增加财富，如果企业不能为股东创造价值，他们就不会为企业提供资金。没有了权益资金，企业也就不存在了。因此，企业要为股东创造价值。

股东财富最大化的观点认为，增加股东财富是财务管理的目标。那么股东财富如何衡量呢？在股份制下，股东投资的资本被分为等额股份，股东的财产体现在股票这种虚拟的资产上，股东的财富由其所拥有的股票数量和股票市场价格来决定，在投入资本不变的情况下，股票价格越高，股东的财富值越大，股东财富＝股票数量×股票价格。由此，股东财富指的是所有者权益的市场价值。

"市场价值"有两种计算途径：一是用买卖的方式，通过市场评价来确定市场价值。比如，上市公司可采用股票价格进行评价；二是通过其未来预期实现的净现金流量的现值。比如，非上市企业可委托专业的评估机构进行评估。

总体来说，股东财富增加量＝所有者权益的市场价值－股东投入资本。股东财富最大化克服了利润最大化中的三个缺点：其一，股票价格具有时间性，该目标考虑了货币时间价值；其二，风险的高低会对股票的价格产生重要影响，股票价格也反映了股票投资风险的高低，该目标考虑了风险价值；其三，股东财富最大化考虑的是财务增量，该目标考虑了投入成本要素。因此，股东财富最大化是现代公司制企业财务管理的理想目标。

第三节 创业企业财务管理价值观念

很多创业者在创业过程中因为财务观念的欠缺导致创业风险加大。创业者应明确现代财务管理的货币时间价值和风险价值两大基本价值观念。在项目的评估、计划、执行等环节深刻认识现金为王、不同时点货币不能直接比较、投资风险与报酬相适应等观念。

阅读案例 2-1

一次支付还是分次支付

孙女士看到在邻近的城市中，一种品牌的火锅餐馆生意很火爆，她也想在自己所在的县城开一个火锅餐馆，于是找到业内人士进行咨询。花了很多时间，她终于联系到了火锅餐馆的中国总部，总部工作人员告诉她，如果她要加入火锅餐馆的经营队伍，必须一次性支付50万元，并按该火锅品牌的经营模式和经营范围营业。孙女士提出现在没有这么多现金，可否分次支付，得到的答复是，如果分次支付，必须从开业当年起，每年年初支付20万元，付3年。3年中如果有一年没有按期付款，则总部将停止专营权的授予。假设孙女士现在身无分文，需要到银行贷款开业，而按照孙女士所在县城有关扶持下岗职工创业投资的计划，她可以获得年利率为5%的贷款扶持。请问孙女士现在应该一次支付还是分次支付？

对于孙女士来说，50万元和3个20万元是不同时点的货币，是不可以直接进行比较的，因为今天的1元钱永远比明天的1元钱值钱。只有把不同时间的货币折算到同一时点比较才具有意义。

一、利率

利息是指货币持有者（债权人）因贷出货币或货币资本而从借款人（债务人）手中获得的报酬。利率（利息率）是资本的价格，表示一定时期内的利息与本金的比率。一般计算公式：利率 = 利息/本金 ×100% 。利率根据计量的期限不同，表示方法有年利率、月利率、日利率等。

利率由三部分构成：纯利率、通货膨胀补偿、风险报酬。纯利率是指没有风险和没有通货膨胀情况下的均衡点利率；通货膨胀补偿是指在通货膨胀情况下，资金的供应者必然要求提高利率水平来补偿购买力的损失。风险报酬主要是违约风险、流动性风险、期限风险导致利率的增加。

基准利率是中央银行公布的商业银行存款、贷款、贴现等业务的指导性利率，是利率市场化机制形成的核心。基准利率是纯利率和通货膨胀补偿率之和，有时也称为无风险利率。在市场经济条件下，市场利率是在基准利率基础上对违约风险、流动风险、期限风险等风险溢价因素调整确定。违约性越高，违约风险溢价补偿越高；流动性越弱，流动风险溢价越高；期限越长，期限风险补偿越高。

二、货币时间价值观念

（一）货币时间价值的概念

货币的时间价值，是指货币经历一定时间的投资和再投资所增加的价值，也称为资金的时间价值。货币的时间价值是一种客观存在的经济现象。由于竞争，市场经济中各部门投资的利润率趋于平均化。每个企业在投资某项目时，至少要取得社会平均的利润率，否则不如投资于另外的项目或另外的行业。因此，从量的规定性来看，货币时间价值是在没有风险和通货膨胀条件下的社会平均资金利润率，但是在讨论货币时间价值时通常用市场利率直接计算。例如，某企业年初将 100 万元现金，存在银行进行投资理财，假设银行的 1 年定期利率为 3%，则货币经过一年的投资，其价值从 100 万元，增加到了 103（100 + 100 × 3%）万元，企业可以从银行取出 103 万元，货币价值增加额为 3 万元。货币时间价值的形成强调投资行为，将货币埋入地下或进行消费都不会产生货币时间价值。

现金流量时间线是计算货币资金时间价值的重要手段，可以直观、便捷地反映资金运动发生的时间和方向（见图 2 - 3）。

图 2 - 3 货币时间价值

横轴表示一个从 0 开始到 n 的时间序列，轴上每一刻度表示一个时间单位，通常以年表示（也可以是半年、季度、月份）。

零点表示时间序列的起点。0 点表示第 1 年年初，1 点表示第 1 年年末或者第 2 年年初；以此类推。

线段轴上的数字，正号数字表示现金流入，负号数字表示现金流出。不同点上的数字，表示不同时间的货币价值。即 0 点的 100 万元与第 1 点的 $F_1 = 103$（100 + 100 × 3%）万元是等值的。

（二）货币时间价值的计息方式

在现实生活中，货币时间价值的计算有单利计息和复利计息两种方式。

1. 单利计息

单利计息是指一笔资金无论存期多长，只有本金计算利息，而以前各期利息在下一个利息周期内不计算利息的计息方法。其特点为利不生利，在单利期内仅以本金作为计算下期利息的基础。如某人将 1000 元存入银行，存期 4 年，年利率 10%，单利计息。则第 1 年利息为 1000 × 10% = 100 元；第 2 年利息为 1000 × 10% = 100 元；第 3 年利息为 1000 × 10% = 100 元；第 4 年利息为 1000 × 10% = 100 元。

2. 复利计息

复利是指一笔资金除本金产生利息外，在下一个计息周期内，以前各计息周期内产生的利息也计算利息的计息方法。其特点为利生利、利滚利，本金和本期利息共同作为计算下期利息的基础。如某人将 1000 元存入银行，存期 4 年，年利率 10%，复利计息。则第 1 年利息为 1000 × 10% = 100 元；第 2 年利息为（1000 + 100）× 10% = 110 元；第 3 年利息为（1000 + 100 + 110）× 10% = 121 元；第 4 年利息为（1000 + 100 + 110 + 121）× 10% = 133.1 元。单利计息和复利计息方式在现实生活中，较为常见的运用就是银行提供的定期存款业务。

【例2-2】某企业年初存入银行10000元，存2年定期，若银行存款年利率为10%，4年后能取出的本利和是多少（提示：每个定期期间单利计息。第2年到期自动再转存2年定期）？

【解析】

第一轮定期：

第1年利息=10000×10%=1000（元）

第2年利息=10000×10%=1000（元）

第2年到期后的本利和=10000+1000+1000=12000（元）

第二轮定期：

因第2年定期到期后，企业并未取出到期的本利和，依然存放在银行账户，那么系统则自动以本利和12000（10000+2000）元作为第3年年初的本金，再存2年定期。

第3年利息=12000×10%=1200（元）

第4年利息=12000×10%=1200（元）

第4年到期后的本利和=本金+第1年利息+第2年利息+第3年利息+第4年利息=10000+1000+1000+1200+1200=14400（元）

本例题为现实生活中单利和复利交替运用的案例，可以看出，定期内采取单利计息，仅以本金作为计息基础，而定期到期后的转存则应该采用复利的理论，以新的本利和作为下一个定期期间的本金。

【例2-3】某企业年初存入银行10000元，存1年定期，若银行存款年利率为10%，4年后能取出的本利和是多少（提示：定期内单利计息到期后系统自动转存相同期限的定期）？

【解析】

第1年利息=10000×10%=1000（元）

第1年定期到期后，系统自动转存1年定期，此时以第1年本利和作为本金。

第2年利息=（10000+1000）×10%=1100（元）

第2年定期到期后，系统自动转存1年定期，此时以第2年本利和作为本金。

第3年利息=（10000+1000+1100）×10%=1210（元）

第3年定期到期后，系统自动转存1年定期，此时以第3年本利和作为本金。

第4年利息=（10000+1000+1100+1210）×10%=1331（元）

第4年到期后的本利和=本金+第1年利息+第2年利息+第3年利息+第4年利息=10000+1000+1100+1210+1331=14641（元）

本例题虽涉及定期问题，但是给出的利率为年利率，且复利期间间隔为1年，其计算采用的复利计息的原理。

（三）复利终值和复利现值的计算

1. 复利终值

终值又称将来值（F），是指现在一定量的资金折算到未来某一时点所对应的金额。终值的符号为F，它表示资金在某一时间序列（该时间间隔等长，但是间隔长度可以是年、月、日，除非特别指明，间隔长度为年）终点时的价值，故又称将来值。

已知现值 P，计息期利率 i，在复利计息的前提下，几期后本金与利息之和 F 即为复利终值（见图 2 - 4）。

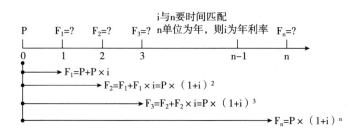

图 2 - 4 复利终值的计算原理

由图 2 - 4 可以看出：

复利终值的数学公式为：

$$F = P \times (1 + i)^n$$

$(1 + i)^n$ 称为复利终值系数，用符号 $(F/P, i, n)$ 表示，复利终值系数可以查复利终值系数表。因此，公式可以表述为：

$$F = P \times (F/P, i, n)$$

【例 2 - 4】假如某人当期年初以复利方式借入 1000 元，年利率 8%，4 年末偿还，则 4 年末应归还的本利和是多少？

【解析】

解法一：复利原理求解。

$F_1 = 1000 + 1000 \times 8\% = 1080$（元）

$F_2 = 1080 + 1080 \times 8\% = 1166.40$（元）

$F_3 = 1166.40 + 1166.40 \times 8\% = 1259.7120$（元）

$F_4 = 1259.7120 + 1259.7120 \times 8\% = 1360.48896$（元）

解法二：公式求解法。

$F = P \times (1 + i)^n = 1000 \times (1 + 8\%)^4 = 1000 \times 1.3605 = 1360.50$（元）

或 $F = P \times (F/P, i, n) = 1000 \times (F/P, 8\%, 4) = 1000 \times 1.3605 = 1360.50$（元）

两种方法计算结果不一致，主要是复利终值系数表中的系数值是四舍五入保留 4 位数的数值，由此产生偏差。

本例题已知 0 点的货币价值是 1000 元，在计息期为年、计息期年利率为 8% 的前提下，将 0 点 1000 元换算到第 4 点的货币价值，是由前往后折算，是求复利终值。即 0 点 1000 元与第 4 点 1360.50 元的货币价值相等。

2. 复利现值

复利现值（P），是指未来某一时点上的一定量资金折算到现在所对应的金额。已知 n 年后的终值 F，计息期利率 i，在复利计息的前提下，求得的现在价值 P 即为复利现值（见图 2 - 5）。

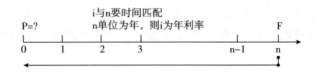

图 2 - 5　复利现值的计算原理

由图 2 - 5 根据复利终值的公式推导求出复利现值的数学公式为：

$P = F/(1+i) = F \times (1+i)^{-n}$

$(1+i)^{-n}$ 称为复利现值系数，用符号 $(P/F, i, n)$ 表示，复利现值系数可以查复利现值系数表。因此，公式可以表述为：

$P = F \times (P/F, i, n)$

【例 2 - 5】 假如某人当期年初以复利方式借入资金，年利率 8%，4 年末须偿还 1360.50 元，则当期年初借入资金是多少？

【解析】

公式求解法：

$P = F \times (1+i)^{-n} = 1360.50 \times (1+8\%)^{-4} = 1360.50 \times 0.7350 = 999.97$（元）

或 $P = F \times (P/F, i, n) = F_4 \times (P/F, 8\%, 4) = 1360.50 \times 0.7350 = 999.97$（元）

本例题已知第 4 点的货币价值是 1360.50 元，在计息期为年，计息期年利率为 8% 的前提下，将第 4 点 1360.50 元换算到第 0 点的货币价值，是由后往前折算，是求复利现值。即第 4 点 1360.50 元与 0 点 999.97 元的货币价值相等。

3. 复利现值与复利终值的关系

复利的终值和现值互为逆运算。

复利终值系数 $(1+i)^n$ 与复利现值系数 $(1+i)^{-n}$ 互为倒数。

【例 2 - 6】 某人拟购房，开发商提出两种方案，一种方案是现在一次性付 80 万元，另一种方案是 5 年后付 100 万元，若目前的银行利率是 7%，请用两种方法来确定应如何付款？

【解析】

方法一：用终值进行判断。

方案 1：付款终值 $F_5 = 80 \times (F/P, 7\%, 5) = 80 \times 1.4026 = 112.21$（万元）

方案 2：付款终值 $F_5 = 100$ 万元

方案 2 的付款终值小于方案 1 的付款终值，应选择方案 2。

方法二：用现值进行判断。

方案 1：付款现值 $P = 80$ 万元

方案 2：付款现值 $P = F \times (P/F, i, n) = 100 \times (P/F, 7\%, 5) = 100 \times 0.713 = 71.3$（万元）

方案 2 付款现值小于方案 1，应选择方案 2。

（四）年金的计算

年金是一定时期内系列等额收付款项。每笔收付的时间间隔相等（年、半年、季、月等），每期的金额相等（用 A 表示）。年金按其收付时点不同，分为普通年金、预付年金、递延年金和永续年金四大类。其中普通年金是基础。

1. 普通年金的终值与现值

普通年金是从第一期开始每期期末收款、付款的年金（见图 2-6）。普通年金的最大特点是年金发生在每期期末。

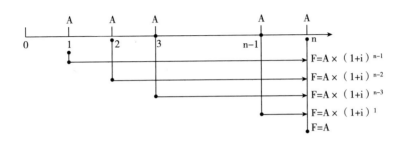

图 2-6 普通年金终值的计算原理

（1）普通年金终值。

利用复利终值的计算公式，将每期末存入的年金 A 复利折现到第 n 期期末，然后全部相加，求出 F：

$$F = A + A(1+i) + A(1+i)^2 + \cdots + A(1+i)^{n-1}$$

这是个等比数列，运用等比数列的求和公式，得到普通年金终值的数学公式为：

$$F = A \times \frac{(1+i)^n - 1}{i}$$

把 $\frac{(1+i)^n - 1}{i}$ 称为年金终值系数，用符号（F/A，i，n）表示。特别注意，这个系数直接将 n 个 A 都折现了。

因此公式调整为：

$$F = A \times (F/A, i, n)$$

【例 2-7】某人拟购房，开发商提出两种方案，一种方案是 5 年后付 120 万元，另一种方案是从现在起每年末付 20 万元，连续 5 年，若目前的银行存款利率是 7%，依据终值判断应如何付款？（采用终值比较）

【解析】

方案一的终值：F = 120 万元

方案二的终值：F = A × (F/A，7%，5) = 20 × 5.7507 = 115.01（万元）

由于方案二的终值小于方案一，应选择的付款方案为方案二。

（2）普通年金现值。

利用复利现值的计算公式，将每期末存入的年金 A 复利折现到 0 点（见图2-7），然后全部相加，求出 P：

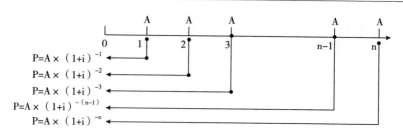

图2-7 普通年金现值的计算原理

$P = A (1+i)^{-1} + A (1+i)^{-2} + \cdots + A (1+i)^{-n}$

这是个等比数列，运用等比数列的求和公式，得到普通年金现值的数学公式为：

$$P = A \times \frac{1 - (1+i)^{-n}}{i}$$

把 $\dfrac{1 - (1+i)^{-n}}{i}$ 称为年金现值系数，用符号（P/A，i，n）表示。特别注意，这个系数直接将 n 个 A 都折现了。

因此公式调整为：

$P = A \times (P/A，i，n)$

【例2-8】王红拟购房，开发商提出两种方案，一种方案是现在一次性付80万元；另一种方案是5年内每年年末付20万元，若目前的银行贷款利率是7%，应如何付款？

【解析】

方案一的现值：P = 80万元

方案二的现值：P = A ×（P/A，7%，5）= 20 × 4.1002 = 82（万元）

由于方案二的现值大于方案一，应选择的付款方案为方案一。

2. 预付年金的终值与现值

预付年金是指从第一期开始每期期初收款、付款的预付年金（见图2-8）。其最大特点是年金发生在每期期初。

（1）预付年金的终值。

【例2-9】某人每年年初存入银行1000元，银行年存款利率为8%，则第5年末的本利和应为多少？

【解析】

解法一：在0点的线段前端，添加一个 -1 点，将 -1 点至4点看作是5期的普通年金，先求第4年的年金终值，然后根据复利终值再折现到第5年的终值（见图2-8）。

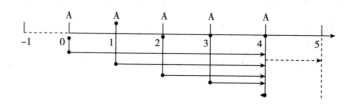

图2-8 【例2-9】求解原理（一）

$$F = A \times (F/A, 8\%, 5) \times (1+8\%)$$
$$= 1000 \times (F/A, 8\%, 5) \times (1+8\%)$$
$$= 1000 \times 5.8666 \times 1.08 = 6335.93 \text{（元）}$$

解法二：在 0 点的线段前端，添加一个 −1 点，再在 5 点上补个年金 A。则从 −1 点至 5 点可以看成是 6 期的普通年金。求 6 期普通年金的终值，然后再扣减一个 A（见图 2−9）。

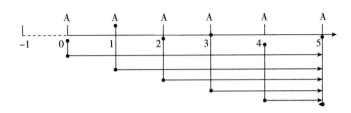

图 2−9 【例 2−9】求解原理（二）

$$F = A \times (F/A, 8\%, 6) - A$$
$$= A \times [(F/A, 8\%, 6) - 1]$$
$$= 1000 \times [(F/A, 8\%, 6) - 1]$$
$$= 1000 \times [7.3359 - 1] = 6335.9 \text{（元）}$$

由以上例题，可推导出预付年金的终值各期的 A 比普通年金终值多计算一期利息，得预付年金的计算公式为：

$$F = A \times (F/A, i, n) \times (1+i)$$

或 $F = A \times [(F/A, i, n+1) - 1]$ （期数加 1，系数减 1）

（2）预付年金现值。

【例 2−10】 某企业租用一台设备，在 5 年中每年年初要支付租金 5000 元，年利息率为 8%，则这些租金的现值是多少？

【解析】

解法一：在 0 点的线段前端，添加一个 −1 点，则从 −1 点至 4 点为 5 期的普通年金，先求 −1 点的普通年金现值，再根据复利终值系数，折到 0 点（见图 2−10）。

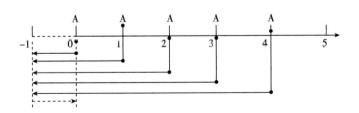

图 2−10 【例 2−10】求解原理（一）

$$P = A \times (P/A, 8\%, 5) \times (1+8\%)$$
$$= 5000 \times 3.9927 \times (1+8\%)$$
$$= 21560.58 \text{（元）}$$

解法二：先假设忽略0点的A，则从0点至4点为4期的普通年金，先求0点普通年金现值，折完后加个A（见图2-11）。

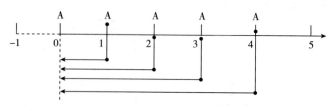

图2-11 【例2-10】求解原理（二）

P = A×(P/A, 8%, 4) + A

   = A×[(P/A, 8%, 4) +1]

   = 5000×[3.3121+1]

   = 21560.5（元）

由以上例题，可推导出预付年金的现值各期的A比普通年金现值少折现一期，得：

P = A×(P/A, i, n)×(1+i)

或 P = A×[(P/A, i, n-1) +1]　　（期数减1，系数加1）

3. 递延年金的终值与现值

递延年金是指在第二期或第二期以后收付的年金。其特点是第一次收支发生在第二期及第二期以后。

（1）递延年金终值。

【例2-11】有一项年金，前3年无流入，后5年每年年末流入500万元，假设年利率为10%，其第8年年末的终值是多少？现值又是多少？

【解析】

如图2-12所示，把3点至8点的线段看作一个5期的普通年金，则该递延年金的终值为：

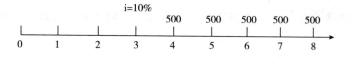

图2-12 【例2-11】求解原理

F = A×(F/A, i, n)

   = 500×(F/A, 10%, 5)

   = 500×6.1051

   = 3052.55（元）

由此可以看出，递延年金的终值与递延期没有关系。

（2）递延年金现值。

依【例2-11】解：把3点至8点的线段看作一个5期的普通年金，先把年金折现到第3点，然后把0点至3点看作一个3期的复利现值。则该递延年金的现值为：

$P = A \times (P/A, i, n) \times (P/F, i, n)$

$\quad = 500 \times (P/A, 10\%, 5) \times (P/F, 10\%, 3)$

$\quad = 500 \times 3.7908 \times 0.7513$

$\quad = 1424.01$（元）

4. 永续年金的终值与现值

永续年金是指无限期的普通年金。其特点是无限期等额收付的年金。

（1）永续年金终值。由于永续年金持续期无限，没有终止的时间，因此没有终值。

（2）永续年金现值。永续年金的 n 趋向无穷大，则按照普通年金的现值公式 $P = A \times \dfrac{1 - (1+i)^{-n}}{i}$，年金现值系数 $\dfrac{1 - (1+i)^{-n}}{i}$ 等于 $\dfrac{1}{i}$。因此，永续年金的现值公式为 $P = A \times \dfrac{1}{i}$。

【例 2 - 12】某项永久性奖学金，每年计划颁发 50000 元奖金。若年复利率为 8%，该奖学金的本金应为多少？

【解析】

$P = A/i = 50000/8\% = 625000$（元）

5. 偿债基金和年资本回收额

（1）偿债基金。

【例 2 - 13】甲希望在 10 年后获得 100000 元，已知银行存款利率为 2%，那么为了实现这个目标，甲从现在开始，共计存 10 次，每年末应该等额存入多少元？

【解析】

偿债基金的实质是已知年金终值，求年金。

根据 $F = A \times (F/A, i, n)$ 得：

$A = F/(F/A, i, n)$

$\quad = 100000/(F/A, 2\%, 10)$

$\quad = 100000/10.9497$

$\quad = 9132.67$（元）

通常人们把 $1/(F/A, i, n)$ 称为偿债基金系数，可见，偿债基金系数与年金终值系数互为倒数。

（2）年资本回收额。

【例 2 - 14】假设以 10% 的利率借款 20000 元，投资于某个寿命为 10 年的项目，每年年末至少要收回多少等额现金才是有利的？

【解析】

年资本回收额的实质是已知年金现值，求年金。

根据 $P = A \times (P/A, i, n)$ 得：

$A = P/(P/A, i, n)$

$\quad = 20000/(P/A, 10\%, 10)$

$\quad = 20000/6.1446$

$\quad = 3254.89$（元）

通常人们把 1/(P/A，i，n) 称为投资回收系数，可见，投资回收系数与年金现值系数互为倒数。

(五) 货币时间价值特殊情形的计算

1. 内插法

已知现值（或终值）系数，可通过内插法计算对应的利率。

【例 2-15】郑先生下岗获得 50000 元现金补助，他决定趁现在还有劳动能力，先找工作糊口，将款项存起来。郑先生预计，如果 20 年后这笔款项连本带利达到 250000 元，那就可以解决自己的养老问题。问银行存款的年利率（复利计息）为多少，郑先生的预计才能变成现实？

【解析】

列式：$50000 \times (F/P，i，20) = 250000$

得：$(F/P，i，20) = 5$

查阅"复利终值系数表"可知：

$(F/P，8\%，20) = 4.6610$，$(F/P，9\%，20) = 5.6044$

因此，i 在 8% 和 9% 之间，见下列数据，并采取第二行减去第一行除以第三行减去第一行列出等式求解。

$$
\begin{array}{ll}
8\% & 4.6610 \\
i   & 5 \\
9\% & 5.6044
\end{array}
$$

$$\frac{i-8\%}{9\%-8\%} = \frac{5-4.6610}{5.6044-4.6610}$$

求出结果：$i = 8.36\%$

则郑先生的预计可以变成现实。

插值法的计算原理是根据等比关系建立一个方程，然后解方程计算得出所要求的数据。上述等式并不是唯一的，也可以有其他的等式关系，最主要的是等式左右两边保持对应关系，即等式两边对应位置的数据需要对应。

2. 报价利率和有效年利率

当复利的计息期数不是 1 年，而是以半年、季、月为单位时，则需要求解有效年利率。

报价利率是指银行等金融机构在为利息报价时，通常会提供一个年利率，并且同时提供每年的复利次数，这个年利率即为报价利率，也称为名义利率。

计息期利率 = 报价利率/每年的复利次数

有效年利率是指在按照给定的计息期利率和每年复利次数计算利息时，能够产生相同结果的每年复利一次的年利率，又称为等价年利率。

有效年利率 = $(1 + 报价利率/m)^m - 1$

【例 2-16】本金 1000 元，投资 5 年，年利率为 8%，按季度付息，计算其有效年利率。

【解析】

方法一：

按季复利计息，则一年复利计息4次。由于名义利率为8%，所以：

有效年利率为：

$$i = (1 + r/m)^m - 1 = (1 + 8\%/4)^4 - 1$$
$$= 1.0824 - 1 = 8.24\%$$

方法二：

每季度的利率 $= 8\%/4 = 2\%$

$$F = 1000 \times (1 + 2\%)^{20} = 1485.9$$

$$F = P \times (1 + i)^n$$

$$1485.9 = 1000 \times (1 + i)^5$$

$$(1 + i)^5 = 1.4859$$

查表得到：

$(F/P, 8\%, 5) = 1.4693$；$(F/P, 9\%, 5) = 1.5386$

用内插法列式：

$$(1.5386 - 1.4693)/(9\% - 8\%) = (1.4859 - 1.4693)/(i - 8\%)$$

$$i = 8.24\%$$

三、资金风险价值观念

（一）风险的概念

风险是预期结果的不确定性。风险不仅包括负面效应的不确定性，还包括正面效应的不确定性，也就是危险与机会并存。风险和危险是有区别的。危险专指负面效应，是损失发生及其程度的不确定性。投资人是否去冒风险及冒多大风险，是可以选择的，是主观决定的。定义风险概念是为了明确风险和收益之间的权衡关系，并在此基础上给风险定价。

（二）风险报酬的概念

资金风险价值就是指投资者由于冒风险进行投资而获得的超过资金时间价值的额外报酬，这种额外报酬称为风险报酬。

风险报酬率又称为风险收益率，是投资者因承担风险而获得的超过时间价值的那部分额外报酬率，即风险报酬额与原投资额的比率。一般认为，风险越大风险报酬率越高，在计算风险报酬率时往往需要对风险大小进行衡量，结合风险大小计算确定风险报酬率。在单项资产投资报酬中，风险报酬率可以用风险报酬系数×标准离差率进行求解。

（三）单项资产投资报酬率的计算

资产的风险是资产报酬率的不确定性，其大小可用资产报酬率的离散程度来衡量，离散程度是指资产报酬率的各种可能结果与期望报酬率的偏差。

1. 确定概率分布计算期望报酬率

一般随机事件的概率介于 0 与 1 之间；所有可能结果出现的概率之和必定为 1。

随机变量的各个取值，是以相应的概率为权数的加权平均数，反映随机变量取值的平均化。

计算公式：$\overline{K} = \sum\limits_{i=1}^{m} (p_i \times k_i)$

预期值代表着投资者的合理预期。

【例 2 - 17】某企业有 A、B 两个投资项目，两个投资项目的报酬率及其概率分布情况如表 2 - 3 所示，试计算两个项目的期望报酬率。

表 2 - 3 A、B 两个投资项目的概率分布及投资报酬率

项目实施情况	该种情况出现的概率		投资报酬率（%）	
	项目 A	项目 B	项目 A	项目 B
好	0.20	0.30	15	20
一般	0.60	0.40	10	15
差	0.20	0.30	0	-20

【解析】

项目 A 的期望报酬率 = 0.20 × 15% + 0.60 × 10% + 0.20 × 0 = 9%

项目 B 的期望报酬率 = 0.30 × 20% + 0.40 × 15% + 0.30 × (-20%) = 6%

从计算结果可以看出，A 项目的期望报酬率高于 B 项目，是否意味着 A 项目优于 B 项目呢？答案是否定的。因为预期收益率不能衡量风险，风险的大小要看概率分布的离散情况，即计算标准离差和变异系数。

2. 计算标准离差

标准离差是第一个衡量风险大小的指标。

$$\delta = \sqrt{\sum\limits_{i=1}^{n} (K_i - \overline{K})^2 \times p_i}$$

【例 2 - 18】承【例 2 - 17】计算标准离差：

【解析】

项目 A 的方差 = 0.20 × (15% - 9%)² + 0.60 × (10% - 9%)² + 0.20 × (0 - 9%)²
= 0.0024

项目 A 的标准离差 = $\sqrt{0.0024}$ = 4.90%

项目 B 的方差 = 0.30 × (20% - 6%)² + 0.40 ×
(15% - 6%)² + 0.30 × (-20% - 6%)²
= 0.0294

项目 B 的标准离差 = $\sqrt{0.0294}$ = 17.15%

从计算结果可以看出：A 项目的风险小于 B 项目，但标准离差或方差指标衡量的是风险的绝对大小，适用于比较具有相同期望报酬率的资产的风险大小，不适用于比较具有不同期望报酬率的资产的风险。变异系数是一个相对指标，它表示某资产每单位预期报酬中所包含的风险大小。可以用来比较期望报酬率不同的资产之间的风险大小。

3. 计算标准离差率（又称为变异系数）

标准离差率又称为变异系数。

变异系数 = 标准离差/期望收益率

【例 2 – 19】承【例 2 – 17】，计算标准离差率（变异系数），用符号 V 表示。

【解析】

项目 A 的变异系数 $V_A = 4.90\%/9\% = 0.544$

项目 B 的变异系数 $V_B = 17.15\%/6\% = 2.86$

由于项目 A 的变异系数小于项目 B，所以项目 A 的风险小于项目 B 的风险。

综上所述，对于风险规避者，在投资决策时，其决策原则体现为：①预期收益率相同时，标准差越大，风险越大。由此，风险规避者一般选择标准差最小的方案。②如果标准差一样，风险规避者一般选择预期收益率高的方案。③如果各方案的预期收益率和标准差都不一样时，则要计算标准离差率，风险规避者一般选择变异系数小的方案。

4. 计算风险报酬率

在单项资产中，风险报酬率是风险报酬系数和标准离差率的乘积。风险报酬系数一般由专业机构评估，也可以根据以前年度的投资项目推导出来。

【例 2 – 20】承【例 2 – 17】，假设专业机构给出项目 A 的风险报酬系数为 0.1，项目 B 的风险报酬系数为 0.12。计算风险报酬率。

【解析】

项目 A 的风险报酬率 $Rr_A = 0.1 \times 0.544 = 5.44\%$

项目 B 的风险报酬率 $Rr_B = 0.12 \times 2.86 = 34.32\%$

四、投资必要报酬率

投资必要报酬率也称最低要求报酬率，是指准确反映预期未来现金流量风险的报酬率。投资必要报酬率由无风险报酬率和风险报酬率组成。

无风险报酬率是指将资金投资于某一项没有任何风险的投资对象而能得到的利息率，这是一种理想的投资收益。现实中，并不存在无风险的投资，因为所有的投资都存在一定程度的通货膨胀风险和违约风险。相对来说，我国发行的国库债券，评估界普遍认同国库券是相对安全的证券，因为它们的收益和偿还期已经提前确定，并且不存在任何违约风险。故一般采用短期国债收益率作为市场无风险收益率。由此，必要报酬率的高低取决于风险的大小，风险越大，要求的必要报酬率越高。其具体公式为：

无风险收益率 = 资金时间价值（纯利率）+ 通货膨胀补偿率

必要报酬率 = 无风险报酬率 + 风险报酬率

在投资决策过程中，必要投资报酬率指的是投资人要求的最低报酬率，也就是实际投资报酬率不能低于必要报酬率，如果低于必要报酬率，则放弃投资。一般情况，必要报酬率是参照行业平均报酬率或者参照银行基准贷款利率确定的。

财务技能实训

创业者通过本章节的学习，必须重新树立新的财务管理价值观念，即今天的一元钱比明天的一元钱更值钱，不同时点的货币不再具有可比性，要进行比较，必须转化到同一时点。由此，创业者需要掌握的基本财务技能为货币时间价值的计算。

财务技能实训项目一：投资报酬率计算

甲公司 2019 年初对 A 项目投资 100 万元，该项目 2021 年初完工投产，2021 年末、2022 年末、2023 年末预期报酬分别为 30 万元、50 万元、60 万元，按年复利计息。

要求：

（1）画出项目的货币时间价值图。

（2）计算该项目的投资报酬率是多少（提示：i 的区间为 8% ~ 9%）？

财务技能实训项目二：存款方式决策

甲公司拟从 20×1 年至 20×5 年五年内于每年年末等额存入某金融机构若干元本金，以便在 20×6 年至 20×9 年四年内每年年末从该金融机构等额获取 200 万元收益。假定存款年利息率（复利）不变，为 5%。已知：（P/A，5%，4）= 3.5460，（F/A，5%，5）=5.5256。

要求：

（1）画出业务的货币时间价值图。

（2）甲公司在 20×6 年至 20×9 年从该金融机构获取的收益相当于 20×6 年初的价值是多少？

（3）每年年末应存入多少本金？

（4）如果甲公司在 20×1 年至 20×5 年五年内于每年年初等额存入某金融机构若干元本金，以便在 20×6 年至 20×9 年四年内每年年末从该金融机构等额获取 200 万元收益，画出时间价值图，并计算每年年初应存入多少本金？

财务技能实训项目三：付款方式决策

某公司拟购置一房产，房主提出三种付款方案：

甲方案：从现在起，每年年初支付 20 万元，连续支付 10 次，共 200 万元。

乙方案：从第 5 年开始，每年年末支付 50 万元，连续支付 5 次，共 250 万元。

丙方案：从第 5 年开始，每年年初支付 40 万元，连续支付 6 次，共 240 万元。

假设该公司的资金成本率（即最低报酬率）为 10%。

要求：

（1）画出甲方案的现金流量图。

（2）计算甲方案的付款现值（$P_{甲}$）。

（3）画出乙方案的现金流量图。

（4）计算乙方案的付款现值（$P_{乙}$）。

（5）画出丙方案的现金流量图。

（6）计算丙方案的付款现值（$P_{丙}$）。

（7）比较说明应选择何种付款决策。

本章小结

本章第一节介绍了创业企业与财务相关的出纳、会计、财务、税务和审计五个岗位的联系与区别。第二节主要介绍了创业企业的资金运动过程、财务活动的内容、财务管理的三大目标和四大主要内容，以及它们之间的关系。第三节介绍了创业者在进行财务管理过程中需要树立的货币时间价值观念和风险价值观念，并在此基础上要求创业者掌握基本的利率、单利和复利、复利终值和复利现值以及各类年金的计算和运用。第四节为创业者提供三个与货币时间价值相关的财务技能实训项目。

思考与练习

一、单项选择题

1. 在下列指标中，能够反映上市公司股东财富最大化目标实现程度的最佳指标是（　　）。

  A. 总资产报酬率　　　　B. 净资产收益率

  C. 每股市价　　　　　　D. 每股收益

2. 在没有风险和通货膨胀的条件下，货币时间价值在数量上等于（　　）。

  A. 银行存款利率　　　　B. 净资产收益率

  C. 个别资产报酬率　　　D. 社会平均利润率

3. 某公司从本年度起每年年末存入银行一笔固定金额的款项，若按复利使用最简便算法计算第 n 年末可以从银行取出的本利和，则应选用的时间价值系数是（　　）。

  A. 复利终值数　　　　　B. 复利现值系数

  C. 普通年金终值系数　　D. 普通年金现值系数

4. 某人将 100 元存入银行，年利率 3%，按单利计息，5 年后的本利和为（　　）元。

  A. 115　　　　　　　　　B. 115.93

  C. 114　　　　　　　　　D. 114.93

5. 某企业于年初存入银行 50000 元，假定年利息率为 12%，每年复利两次。已知（F/P，6%，5）= 1.3382，（F/P，6%，10）= 1.7908，（F/P，12%，5）= 1.7623，（F/P，12%，10）=3.1058，则第 5 年年末的本利和为（　　）元。

A. 66910　　　　　　　　B. 88115

C. 89540　　　　　　　　D. 155290

6. 甲希望在 10 年后获得 100000 元，已知银行存款利率为 2%，那么为了达到这个目标，甲从现在开始，共计存 10 次，(F/A，2%，10)=10.95。每年末应该等额存入（　　）元。

A. 8706.24　　　　　　　B. 6697.11

C. 8036.53　　　　　　　D. 9132.42

7. 某投资者自 2014 年至 2017 年每年年初存款 10000 元，假设银行存款年利率为 2%，每年复利一次，若该投资者在 2017 年初将各笔存款的本利和一次性从银行取出，则可以得到的款项大约为（　　）元。已知：（F/A，2%，3）=3.0604，（F/A，2%，4）=4.1216，（F/A，2%，5）=5.2040。

A. 40604　　　　　　　　B. 41216

C. 52040　　　　　　　　D. 42040

8. 某投资者计划在 2017 年末存入银行一笔款项，以便自 2017 年至 2020 年每年年末可取出 10000 元，假设银行存款年利率为 2%，每年复利一次，则该投资者需要在 2017 年末存入的款项约为（　　）元。已知：（P/A，2%，3）=2.8839，（P/A，2%，4）=3.8077，（P/A，2%，5）=4.7135。

A. 37878　　　　　　　　B. 37135

C. 38839　　　　　　　　D. 38077

9. 下列关于递延年金的说法中，错误的是（　　）。

A. 递延年金是指隔若干期以后才开始发生的系列等额收付款项

B. 递延期越长，递延年金终值越大

C. 递延年金现值的大小与递延期有关，递延期越长，现值越小

D. 递延年金终值与递延期无关

10. 一项 600 万元的借款，借款期 3 年，年利率为 8%，若每半年复利一次，实际利率会高出名义利率（　　）。

A. 4%　　　　　　　　　B. 0.24%

C. 0.16%　　　　　　　　D. 0.8%

11. 现往银行存入 50000 元，20 年后这笔款项连本带利达到 250000 元，银行存款的年利率（复利计息）为（　　）。已知：（F/P，8%，20）=4.6610，（F/P，9%，20）=5.6044。

A. 10.25%　　　　　　　B. 8.36%

C. 8.78%　　　　　　　　D. 20%

12. 某债券的票面利率为 12%，期限为 10 年，下列计息方式中对于债务人最有利的是（　　）。

A. 每年计息一次

B. 每半年计息一次，复利计息

C. 每季度计息一次，复利计息

D. 每月计息一次，复利计息

13. 投资者对某项资产合理要求的最低收益率，称为（　　）。

A. 实际收益率　　　　　　B. 必要收益率

C. 预期收益率　　　　　　D. 无风险收益率

14. 如果已知甲资产的风险大于乙资产的风险，则可以推出的结论是（　　）。

A. 甲资产的预期收益率大于乙资产的预期收益率

B. 甲资产的方差大于乙资产的方差

C. 甲资产的标准差大于乙资产的标准差

D. 甲资产的标准离差率大于乙资产的标准离差率

二、多项选择题

1. 公司的基本活动包括（　　）。

A. 投资　　　　　　　　　B. 筹资

C. 运营　　　　　　　　　D. 分配活动

2. 下列各项中，属于利润最大化财务管理目标存在的局限性有（　　）。

A. 没有考虑所获利润和所投入资本数额的关系

B. 没有考虑获取利润和所承担风险的关系

C. 没有考虑每股收益取得的时间

D. 没有考虑时间价值

3. 在某公司财务目标研讨会上，张经理主张"把公司的利润和股东投入的资本联系起来考察"；李经理认为"既然企业的绩效按年度考核，财务目标就应当集中体现当年利润指标"；王经理提出"应该把增加股东财富作为财务管理的基本目标"。上述观点涉及的财务管理目标有（　　）。

A. 利润最大化　　　　　　B. 企业规模最大化

C. 每股收益最大化　　　　D. 股东财富最大化

4. 关于企业组织形式和财务管理内容，下列说法中正确的有（　　）。

A. 在三种企业组织形式中，个人独资企业占企业总数的比重很大，并控制着绝大多数的商业资本

B. 公司的基本活动可以分为投资、筹资和营业活动三个方面，财务管理主要与投资和筹资有关

C. 长期投资、长期筹资和营运资本管理的最终目的，都是为了增加企业价值

D. 长期筹资决策的主题是资本结构决策和股利分配决策

5. 作为企业财务管理目标，股东财富最大化目标具备的优点有（　　）。

A. 考虑了资金时间价值因素

B. 考虑了风险价值因素

C. 体现了合作共赢的价值理念

D. 能够避免企业的短期行为，利于企业长远发展

6. 某企业拟进行一项存在一定风险的投资，有甲、乙两个方案可供选择：已知甲方案收益的期望值为 1000 万元，标准差为 300 万元；乙方案收益的期望值为 1200 万元，标准差为 330 万元。下列结论中不正确的有（　　　）。

A. 甲方案优于乙方案

B. 甲方案的风险大于乙方案

C. 甲方案的风险小于乙方案

D. 无法评价甲、乙方案的风险大小

三、简答题

1. 出纳、会计与财务三者有何区别？

2. 描述创业企业资金运动的过程。

3. 创业企业财务活动涉及的内容有哪些？

4. 创业企业财务管理的主要内容是什么？

5. 创业者应如何运用货币时间价值和风险价值？

四、案例分析题

【案例 1】

王某服务于一家网络教育公司，年底取得 20 万元业绩奖励，王某准备：①将10 万元购买国债，期限 5 年，年利率 5%，每半年复利一次。②将剩余现金存入银行，计划在第 3 年到第 6 年每年末取出相同的数额用于进修培训，假定银行利率为 6%。

要求：

（1）根据①，计算年度实际利率和该投资五年后的本息和。

（2）根据②，计算其每年末可以取得的现金数额。

【案例 2】

甲公司目前有一个好的投资机会，急需资金 1000 万元。该公司财务经理通过与几家银行进行洽谈，得到建设银行的允诺，同意贷款 1000 万元，贷款期限均为五年，采取等额偿还本息的还款方式，每年年末偿还本息一次，每次还款额为 250 万元。

要求：计算甲公司此笔借款的实际利率？

【案例 3】

李某计划购买一处新房用于结婚，总房价 100 万元，开发商提出三种付款方案：

（1）分 10 年付清，每年初付款 15 万元。

（2）首付 30 万元，剩余款项分 10 年付清，每年末付款 12 万元。

（3）首付 50 万元，第 1 至第 6 年每年末付款 10 万元，第 7 至第 10 年每年末付款 3 万元。

要求:

(1) 假定利率为8%,分别计算三种方案的现值并确定最优付款方案。

(2) 假定利率为8%,分别计算三种方案的终值并确定最优付款方案。

第三章
创业企业税务管理

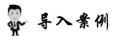 **学习目标与要求**

1. 了解我国现行税收种类
2. 理解增值税、企业所得税和个人所得税的计算原理
3. 了解税收优惠的类别和具体政策
4. 理解税收筹划的含义及筹划要点

导入案例

小规模纳税人标准上调影响了谁?

　　作为国务院深化增值税改革三项措施之一,工业企业和商业企业小规模纳税人年销售额标准自2018年5月1日起分别由50万元和80万元统一上调至500万元,并在一定期限内允许已登记为一般纳税人的企业转登记为小规模纳税人。国家税务总局提供的数据显示,截至2018年5月底,全国已有近8万户一般纳税人办理转登记为小规模纳税人。新政落地激发了小微企业创业创新的积极性。

　　国家对小微企业的减税措施力度持续加大,仅企业所得税优惠政策范围就从应纳税所得额6万元一路提高到100万元。小微企业大多是小规模纳税人,在享受企业所得税税收优惠的同时,在成长过程中也面临着"是'升级'为一般纳税人,还是保持小规模纳税人身份"的两难选择。前者,意味着企业要按照增值税法定税率缴纳增值税,只有多取得进项,才能多抵扣税款,同时还需具备健全的财务制度,聘请专业的财务人员;后者,尽管适用3%的简易征收率,税负较低,但企业一发展,就很容易达到一般纳税人标准,进而"升级",这些企业取得增值税进项发票的途径较少,因此很难有效降低税负。这次小规模纳税人标准大幅上调,将在很大程度上消除他们的后顾之忧。现实生活中,年销售额达到500万元的小微企业相对来说毕竟只是少数。

　　经营水果超市的大学生创业者彭浩正忙着开分店,可就在几个月前,他还在为要不要扩大经营规模而发愁。原来,彭浩的水果超市近半年来月均销售额超过7万元,按过去的

政策，年销售额超过 80 万元就要转为一般纳税人。

"我们的销售对象大都是附近居民，不需要开具发票，同时进货环节也很难取得进项抵扣，如转为一般纳税人，增值税税负将高出 6 个百分点左右，这让我难以承受。"彭浩说，小规模纳税人标准上调后，他可以放心大胆地扩大经营规模，而不用担心转为一般纳税人，导致税负上升，这重燃了他的经营热情，本已搁置的开分店的计划也被提上日程。

国家税务总局税收科学研究所负责人认为，小规模纳税人年销售额标准调高，让更多小微企业和初创企业享受到减税优惠，能够直接提升企业的投资回报率。这将激发大众创业、万众创新的积极性。

据国家税务总局统计，截至 2018 年 5 月底，全国已有近 8 万户一般纳税人办理转登记为小规模纳税人。这些纳税人中的绝大多数，都是在综合考量了市场环境、企业现状以及未来前景后作出了转登记的选择。这也佐证了小规模纳税人标准上调这项政策受欢迎的程度。

据了解，这近 8 万户纳税人中有 3 万余户税负高于 3%，按 3% 征收率和 2017 年同期销售额进行测算，该部分纳税人预计年少缴增值税 14.3 亿元。

（资料来源：法制网，http://www.legaldaily.com.cn/index/content/2018 - 07/30/content_ 7605483. htm? node = 20908，2018 - 07 - 31.）

思考与讨论：

（1）创业开始需要关注哪些税收政策？

（2）创业政策如何影响创业企业的经营？

第一节 税收种类

很多创业者或准创业者认为，注册公司只要拿到营业执照便万事大吉了，殊不知税收关系到企业的长久发展。富兰克林说过，"世界上只有两件事是不可避免的，那就是税收和死亡"。很多创业者在管理和业务领域都很在行，但是对创立公司要交哪些税却知晓太少。也许有人说老板（创业者）只要懂管理、懂业务就行了，财务、税务交给公司会计或外面请代理记账公司就行了。作为老板（创业者）可以不必精通财务、税务，但财税常识是每个创业者的必修课，在税法面前，创业者切不可心存侥幸，要尽早树立财税风险意识，这样才能使创业路走得更好、更长、更远！

一、创业者为何要纳税

税收是政府为了满足社会公共需要，凭借政治权力，强制、无偿地取得财政收入的一种形式。理解税收内涵可以帮助创业者深入认知创业企业经营为何要交各种税费。对税收的内涵可以从以下几个方面来理解：

（一）税收是国家取得财政收入的一种重要形式

财政收入是指政府为履行其职能、实施公共政策和提供公共物品与服务需要而筹集的一切资金的总和。财政收入表现为政府部门在一定时期内（一般为一个财政年度）所取得的货币收入。国家取得财政收入的形式多种多样，按政府取得财政收入的形式进行分类，可分为税收收入、国有资产收益、国债收入、收费收入以及其他收入等。其中税收收入是现代国家财政收入最重要的收入形式和最主要的收入来源，税收收入占财政收入总额的90%左右，随着国家非税收入的增加，国家出台众多减税政策，税收收入的占比有所下降，但始终无法撼动。

（二）国家征税的目的是满足社会公共需要

国家在履行其公共职能的过程中必然要产生一定的公共支出。若把国家比作一个超级大公司，这家公司给客户（经济组织、单位和个人）提供各种公共服务，使各类经济组织和个人能在社会中实现价值的创造与增值，因此，按照市场经济规则，客户（经济组织、单位和个人）享受公共服务，理应付费，税收缴纳可以看作是服务付费的一种形式。国家征税的目的是满足社会公共需要。没有税收就没有国家，就没有国家为公民提供的一切保障和服务，如就业、教育、医疗、交通、娱乐等公共服务和基础设施。税收是政府凭借国家强制力参与社会分配、集中一部分剩余产品（不论货币形式或者是实物形式）的一种分配形式。体现了"取之于民，用之于民"的服务理念。

（三）国家征税的依据是政治权力

在社会化再生产过程中，分配是连接生产和消费的必要环节，在市场经济条件下，分配主要是对社会产品价值的分割。税收解决的是分配问题，是国家参与社会产品价值分配的法定形式，因此税收的本质是一种分配关系。国家和纳税人之间形成的这种分配关系与社会再生产过程中一般分配关系不同，主要体现为分配主体和分配依据的差异。税收分配以国家主体作为分配，而一般分配以生产要素（劳动力、土地、资本、技术、信息等）的各所有者为主体进行分配；税收分配是国家凭借政治权力进行的分配，而一般分配是基于生产要素财产所有权的分配。

综上所述，税收具有三大特征：一是强制性。指国家以社会管理者身份，用法律形式对征、纳双方权利与义务的制约。二是无偿性。指国家征税对具体纳税人既不需要直接偿还，也不付出任何形式的直接报酬。三是固定性。指国家征税必须通过法律形式，事先规定课税对象和课征额度。

二、创业者需要缴纳哪些税

截至2018年12月，中国现行的税种共有5大类18个税种。具体分类见表3-1。

表 3 – 1　我国现行的 5 大类 18 个税种

主体税	商品和劳务税类	增值税、消费税、关税
	所得税类	企业所得税、个人所得税
非主体税	财产和行为税类	房产税、车船税、契税、印花税
	资源税和环境保护税类	资源税、环境保护税、土地增值税、城镇土地使用税
	特定目的税类	城市维护建设税、车辆购置税、耕地占用税、烟叶税、船舶吨税

（一）商品和劳务税类

1. 商品和劳务税类含义

商品和劳务税类是以销售商品或提供劳务而取得的销售收入额或营业收入额为征税对象的一类税。由于商品和劳务税是对商品或劳务流转过程中发生的增值额的征税，因此，在我国也被习惯称为流转税。流转税的特点可用成语"风过留痕，雁过拔毛"来形容，只要公司有收入就要交税，与公司盈利或亏损没有关系。

2. 现行商品（货物）和劳务税类种类

我国现行商品（货物）和劳务税类包括了增值税、消费税和关税。

（1）增值税是以商品和劳务在流转过程中产生的增值额作为征税对象而征收的一种流转税。

（2）消费税是对在我国境内从事生产、委托加工和进口应税消费品的单位和个人就其应税消费品（烟、酒等 15 类税目）征收的一种税。

（3）关税是海关依法对进出境货物、物品征收的一种税。

（二）所得税类

1. 所得税类含义

所得税类是以所得额为课税对象的一类税。所得税的特点是收益税、分红税，是国家凭借政治权力，对总收入扣除成本费用后的净所得额的分配权。

2. 我国现行所得税类种类

我国现行所得税类包括企业所得税和个人所得税。

（1）企业所得税是对我国境内的企业和其他取得收入的组织就其生产经营所得和其他所得征收的一种税。

（2）个人所得税是以自然人取得的各类应税所得为征税对象而征收的一种所得税。

创业者创立公司制企业时，该公司需要缴纳企业所得税；创业者创立个体工商户、个人独资企业和合伙企业时，需要缴纳个人所得税；同时创业者作为自然人，取得的工资薪金、股息红利、财产转让等各项应税所得，需要缴纳个人所得税。所得税的性质决定创业企业只有盈利才需要向国家分红，缴纳所得税；创业企业亏损，无红可分，不需要缴纳所得税。另外，总收入相同的纳税人，因与取得收入相关的成本费用不同，所得额不一定相同，缴纳的所得税也不一定相同。

（三）财产和行为税类

1. 财产和行为税类含义

财产税类是指以纳税人所有或属其支配的财产为课税对象，向财产的所有者征收的一类税。所谓财产，是指拥有的金钱、物资、房屋、土地等财富，一般分为动产、不动产和知识财产（即知识产权）三类，国家可以选择某些财产予以课税。

行为税类是指以纳税人的某种行为为课税对象而征收的一种税。行为课税的最大特点是征纳行为的发生具有偶然性或一次性。

2. 我国现行财产和行为税类种类

我国现行财产和行为税类包括房产税、车船税、契税和印花税。

（1）房产税是以房屋为征税对象，向产权所有人征收的一种财产税。

（2）车船税是对在中华人民共和国境内的车辆、船舶的所有人或者管理人征收的一种税。

（3）契税是以在中华人民共和国境内转移土地、房屋权属为征税对象，向产权承受人征收的一种财产税。

（4）印花税是以经济活动和经济交往中，书立、领受应税凭证的行为为征税对象征收的一种税。印花税因其采用在应税凭证上粘贴印花税票的方法缴纳税款而得名，属于行为税。

（四）资源税和环境保护税类

1. 资源税和环境保护税类含义

资源税和环境保护税类是指以各种自然资源为课税对象，对有偿使用国有资源而征收的一类税。国有资源包括矿产资源、森林资源、草原资源、水资源、土地资源等。国家可以选择部分国有资源予以课税。通过课征资源税，调节资源级差收入，有效利用资源，降低环境污染，保护国家整体资源和环境。这些税种普通创业者碰到的会比较少，主要是房地产开发企业、资源开采企业等。

2. 我国现行资源和环境保护税类种类

我国现行资源和环境保护税类包括资源税、环境保护税、土地增值税、城镇土地使用税。

（1）资源税是对在我国境内从事应税矿产品开采和生产盐的单位和个人课征的一种税，属于对自然资源占用课税的范畴。

（2）环境保护税是对在我国领域以及管辖的其他海域直接向环境排放应税污染物的企事业单位和其他生产经营者征收的一种税。是我国第一部促进生态文明建设的单行税法。

（3）土地增值税是对有偿转让国有土地使用权、地上建筑物及其附着物并取得收入的单位和个人征收的一种税。

（4）城镇土地使用税是以国有土地或集体土地为征税对象，对拥有土地使用权的单位和个人征收的一种税。

（五）特定目的税类

1. 特定目的税类含义

特定目的税类是指国家为达到某种特定目的，对特定对象和行为发挥调节作用而征收的一类税。我国的特定目的税，是在经济体制改革过程中，根据宏观经济调控的需要而陆续设立的。特定目的税在税种设置、税率设计、减税免税等方面，根据贯彻国家政策的需要适时调整，不是固定不变的。

2. 我国现行特定目的税类种类

我国现行特定目的税类包括城市维护建设税、车辆购置税、耕地占用税、烟叶税、船舶吨税。

（1）城市维护建设税是对从事经营活动，缴纳增值税、消费税的单位和个人征收的一种税。城市维护建设税是专款专用的税款，主要用于城市公用事业和公共设施的维护。

（2）车辆购置税是以在中国境内购置规定车辆（汽车、摩托车、电车、挂车、农用运输车）为课税对象、在特定的环节向车辆购置者征收的一种税。车辆购置税实行一次征收制度，购置已征车辆购置税的车辆，不再征收车辆购置税。征税目的主要是用于交通建设。

（3）耕地占用税是对占用耕地建房或从事其他非农业建设的单位和个人，就其实际占用的耕地面积征收的一种税。以约束纳税人占用耕地的行为、促进土地资源的合理运用为课征目的。

（4）烟叶税是以纳税人收购烟叶的收购金额为计税依据征收的一种税。其征税目的是欲禁于征，以税控烟。

（5）船舶吨税是海关代表国家交通管理部门在设关口岸对进出中国国境的船舶征收的用于航道设施建设的一种使用税。

综上所述，中国税制比较复杂，不过创业者也不必惊慌，因为对于一般的创业公司而言，缴纳的税费只有 6～10 种，除去不经常发生且税率较低的小税种后，普通创业者需要重点关注的只有 3 种，分别是增值税、企业所得税以及个人所得税。

三、增值税的征税原理与计算

增值税以商品和劳务在流转过程中产生的增值额作为征税对象而征收的一种流转税。按照我国增值税法的规定，增值税是对我国境内销售货物或者加工、修理修配劳务，销售服务无形资产、不动产以及进口货物的单位和个人，就其销售货物、劳务、服务、无形资产、不动产的增值额和货物进口金额为计税依据而课征的一种流转税。增值税具有普遍性，其征税范围已经涉及所有行业，增值税是所有创业企业都要缴纳的税种。

（一）增值税的征税原理

从实际操作上看，大多数企业选择一般纳税人身份，其增值税采用一般计税方法（间接计算办法）。即，从事货物销售、提供应税劳务、发生应税行为的纳税人，要根据销售应税行为的销售额和适用税率计算税款，然后从中扣除上一环节已纳增值税税款

（扣税法），其余额为纳税人本环节应纳增值税税款。

以西服服装产业一般纳税人为例，增值税税率为13%。某服装原料A企业自产原料，以不含税价100元销售给服装生产B企业；B企业加工成西服以不含税价200元销售给服装批发商C企业；C企业以不含税价500元销售给了服装零售商D企业；D企业以零售价（含税价）1130（1000＋1000×13%）元销售给消费者。增值税原理见图3-1。

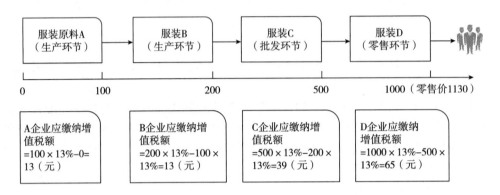

图3-1　增值税原理

从图3-1可以看出，一件货物从生产到销售，流转额1800（100＋200＋500＋1000）元，产业链条上增值额仅有1000（1000－0）元。可是消费者最终却支付了1130元，为何需要多支付130元呢？原因在于增值税的税收负担由最终消费者承担。也就是说，国家对此货物在产业链条流转全过程中征收的增值税税额总额为130（1000×13%）元。最终消费者是增值税的负税人，只不过不是由消费者亲自把税款130元交到税务机关，而是支付给零售商由产业链条上的各个企业到税务机关申报缴纳增值税税款共计130元。具体为：A企业应缴纳增值税额13元，B企业应缴纳增值税额13元，C企业应缴纳增值税额39元，D企业应缴纳增值税额65元。

可见增值税基本原理是实行税款抵扣制度，即企业应纳增值税额等于销项税额减去进项税额。如B企业应缴纳增值税额（13）＝销项税额（200×13%）－进项税额（100×13%）。增值税之所以可以在众多国家推广，是因为其可以有效地防止商品在流转过程中的重复征税问题。

（二）一般纳税人和小规模纳税人

1. 分类标准

为简化增值税的计算和征收，也有利于减少税收征管漏洞，增值税法将增值税纳税人按会计核算水平和经营规模分为一般纳税人和小规模纳税人两类。两个标准只要满足其一即可申请一般纳税人，即只有两个标准都不满足才认定为小规模纳税人。根据《财政部税务总局关于统一增值税小规模纳税人标准的通知》（财税〔2018〕33号）规定，增值税小规模纳税人标准为年应征增值税销售额500万元及以下。创业者之所以要对增值税两类纳税人有所了解，主要是因为身份的差异，会直接影响增值税计税方法，进而影响到要实际缴纳的增值税额。

2. 一般纳税人计税方法

一般纳税人在计算应缴纳的增值税额时，适用一般计税方法（又称为间接法或购进扣税法），某些特殊业务也可以选择简易计税方法。一般计税方法的计算公式：

当期应纳增值税额 = 当期销项税额 – 当期进项税额

如图 3 – 1 中的 C 企业应缴纳增值税额 39［500×13%（销项税额）– 200×13%（进项税额）］元。此处 13% 为增值税税率，一方面税率可以随经济发展需要不断调整变化，另一方面不同行业的增值税税率有所差异。当前增值税税率见表 3 – 2。

表 3 – 2　增值税一般计税方法税率

税率类型	税率	适用范围
税率	13%	销售或进口货物（9%低税率货物除外）；提供应税劳务；提供动产租赁服务
	9%	提供交通运输服务、邮政服务、基础电信服务、建筑服务、不动产租赁服务，销售不动产，转让土地使用权
	6%	提供现代服务（租赁除外）、增值电信服务、金融服务、生活服务、销售无形资产（转让土地使用权除外）
零税率	0	出口货物、劳务、境内单位和个人发生的跨境应税行为

3. 小规模纳税人计税方法

小规模纳税人在计算应缴纳的增值税额时，适用采用简易计税方法。简易计税方法的计算公式是：

当期应纳的增值税额 = 当期销售额（不含增值税）× 征收率

如图 3 – 1 中，假设 C 企业为小规模纳税人，应缴纳增值税额为 15（500×3%）元。此处的 3% 为小规模纳税人征收率，小规模纳税人部分业务的征收率为 5%。那么，这两类纳税人有何区别呢？请比较 C 企业为一般纳税人时所缴纳的增值税额。显而易见，C 企业为小规模纳税人比一般纳税人可以少缴纳 24（15 – 39）元增值税。为什么呢？主要是在简易计税方法下，所采用税率比一般计税方法下税率低（3% < 13%），已经给予小规模纳税人优惠，则不允许扣除纳税人在采购环节支付的进项税额。由此，身份不同，计税计算方法不同，最终影响缴纳的增值税税额的不同。创业者需要做好纳税人身份的选择筹划。

【例 3 – 1】某生产企业为增值税一般纳税人，适用增值税税率 13%，2019 年 5 月的有关生产经营业务如下：

（1）销售甲产品给某大商场，开具增值税专用发票，取得不含税销售额 100 万元。

（2）销售乙产品，开具普通发票，取得含税销售额 29 万元。

（3）购进货物取得增值税专用发票，注明支付的货款 60 万元、进项税额 7.8 万元；另外支付购货的运输费用 4 万元（不含税价），取得运输公司开具的增值税专用发票，上面注明税额 0.36 万元。

（4）当月租入商用楼房一层，取得专票上注明的含税租金 33 万元（不动产租赁增值税税率 9%）。该楼房为企业管理部门使用。

以上相关票据均符合税法的规定。请计算该企业当月应缴纳的增值税税额。

【解析】

（1）销项税额 = 100×13% = 13（万元）

（2）销项税额 = 29÷（1+13%）×13% = 3.34（万元）

（3）进项税额 = 7.8+0.36 = 8.16（万元）

（4）进项税额 = 33÷（1+9%）×9% = 2.72（万元）

（5）企业当月应缴纳的增值税税额 = 13+3.34−8.16−2.72 = 5.46（万元）

【例3-2】 某便利店为增值税小规模纳税人，2019年6月销售货物取得含税收入40000元，代收水电煤等公共事业费共计50000元，取得代收手续费含税收入1500元，购进货物不含税采购价10000元，货物对应进项税额1600元，该便利店6月应纳增值税。

【解析】

代收水电煤等公共事业费为代收款，非便利店收入，不需要缴税；便利店为小规模纳税人，采用简易计税方法，购进货物进项税额不能抵扣。

应纳增值税 = （40000+1500）÷（1+3%）×3% = 1208.74（元）

注意：该便利店按小规模纳税人计算出来的应纳增值税税额若满足增值税小规模纳税人免征政策，还可以享受免征政策。

四、企业所得税的征税原理与计算

企业所得税是对我国境内的企业和其他取得收入的组织就其生产经营所得和其他所得征收的一种税。这里所指的企业是指公司制企业，依据我国相关法律成立的个人独资企业和合伙企业不适用企业所得税法。个人独资企业和合伙企业，不是企业所得税纳税人，这类投资人、合伙人缴纳个人所得税。其他组织是指经国家有关部门批准，依法注册、登记的事业单位、社会团体等组织。

（一）企业所得税基本原理

企业所得税通常以净所得为征税对象。净所得又称"纯所得"，是纳税人在一定时期内（通常1年），由于生产、经营等取得的可用货币计量的收入，扣除为取得这些收入所需各种耗费后的净额。简单的理解就是你赚了100元，当企业所得税税率为25%时，就应该缴纳25元的企业所得税。企业只有盈利时才需要缴纳企业所得税，亏损不需要缴纳企业所得税。企业所得税实质是一种分红税，体现国家对企业所创造利润的分配权，实行多所得多征、少所得少征，无所得不征的方法。

企业所得税计算的基本公式：

应纳税所得额 = 收入总额−不征税收入−免税收入−各项扣除−允许弥补的以前年度亏损

应纳税额 = 应纳税所得额×企业所得税税率（通常为25%）−减免税额−抵免税额

1. 收入的分类

（1）收入总额。企业的收入包括以货币形式和非货币形式从各种来源取得的收入，具体如下：销售货物收入，提供劳务收入，转让财产收入，股息、红利等权益性投资收益，利息收入，租金收入，特许权使用费收入，接受捐赠收入，其他收入等。

（2）不征税收入。对于企业取得的各项收入，国家为了扶持和鼓励某些特殊的纳税人和特定的项目，或者避免因征税影响企业的正常经营，对企业取得的某些收入予以不征税或免税的特殊政策，以减轻企业的负担，促进经济的协调发展。不征税收入，如企业取得的来源于政府及其有关部门的财政补助、补贴、贷款贴息，以及其他各类财政专项资金，包括直接减免的增值税和即征即退、先征后退、先征后返的各种税收，但不包括企业按规定取得的出口退税款。

（3）免税收入。如企业投资国债产品取得的国债利息收入，企业投资购买 A 股上市公司公开发行并上市流通的股票 1 年以上（含 1 年）取得的投资收益。

因此，在计征企业所得税时应当将取得的收入总额扣减不征税收入和免税收入。

2. 费用扣除规定

企业实际发生的与取得收入有关的、合理的支出费用包括成本、费用、税金和其他支出等。

（1）成本是指企业已销售商品的生产成本、提供劳务的劳务成本及销售固定资产、无形资产的成本。

（2）费用是指企业每一个纳税年度为生产、经营商品和提供劳务等所发生的销售费用、管理费用和财务费用。

（3）税金是指企业发生的除企业所得税和允许抵扣的增值税以外的企业缴纳的各项税金及其附加。即企业按规定缴纳的消费税、城市维护建设税、资源税、土地增值税、房产税、车船税、城镇土地使用税、印花税、教育费附加等。

（4）损失是指企业在生产经营活动中发生的固定资产和存货的盘亏、毁损、报废损失、转让财产损失、呆账损失、坏账损失、自然灾害等不可抗力因素造成的损失以及其他损失。

在计算所得税时对允许扣除的费用务必符合合理性，不合理的费用不允许扣除。不合理性费用主要有两种情形：一是费用超过税法规定标准，比如企业纳税年度从担保公司借款 1000 万元，年利息率 10%，产生利息费用扣除额 100（1000×10%）万元，而同期同类业务银行贷款年利率仅为 5%，税法认可的合理利息费用扣除额为 50（1000×5%）万元。二是费用属于不得扣除项目。比如 A 纳税人违反税收法规，被税务机关处以的滞纳金 5 万元，滞纳金支出是企业的一项费用，如果这 5 万元可以扣除，则 A 企业当年就可以少缴纳 1.25 万元所得税。而和没有违法的 B 纳税人相比，B 纳税人缴纳的税款却比 A 纳税人多，违法的企业反而少交税，不符合常理。再如纳税人违反国家有关法律、法规规定，被有关部门处以的罚款，以及被司法机关处以罚金和被没收财物损失等均属于不得抵扣项目。

3. 亏损弥补规定

将每一纳税年度的收入总额减除不征税收入、免税收入和各项扣除后小于零时，企业处于亏损状态，无红可分，无须缴纳企业所得税。若企业出现连年亏损或时而亏损时而盈利时，又该如何缴纳企业所得税呢？税法规定，企业某一纳税年度发生的亏损可以用下一个年度的所得弥补，下一年度所得不足以弥补的，可以逐年延续弥补，但最长不得超过 5 年。亏损弥补的政策是为了减轻企业负担、保障企业均衡发展，获得更大的经济效益。例如，2018 年成立的甲企业，2018 年亏损 20 万元、2019 年亏损 30 万元、2020 年盈利 100

万元，则 2020 年应缴纳多少企业所得税。假设甲企业不符合小微企业所得税优惠政策，根据亏损弥补规定，2020 年应缴纳的企业所得税为 12.5 ［（100 − 20 − 30）× 25%］万元。可见，企业所得税计算原理较为复杂，税源大小受企业经济效益的影响。

（二）企业所得税计算方法

由上述应纳税额公式可以看出，企业应纳税额的多少取决于应纳税所得额和适用税率两个因素。减免税额和抵免税额较为复杂，交由专业财务人员，创业者只要了解企业所得税基本计算原理即可。2019 年最新企业所得税税率见表 3 − 3。

表 3 − 3　2019 年最新企业所得税税率

种类	税率	适用范围
基本税率	25%	大多数企业
优惠税率	20%	符合条件的小型微利企业：年应纳税所得额不超过 100 万元的部分，减按 25% 计入应纳税所得额，按 20% 的税率缴纳企业所得税；对年应纳税所得额超过 100 万元但不超过 300 万元的部分，减按 50% 计入应纳税所得额，按 20% 的税率缴纳企业所得税
	15%	国家重点扶持的高新技术企业 西部鼓励类产业企业 技术先进型服务企业

应纳税所得额有直接法和间接法两种计算方法。以上述服装产业链条上的 B 公司为例，计算 B 公司 2018 年度应纳的企业所得税。

【例 3 − 3】假设 2018 年度，B 公司全年经营情况如下：

（1）取得产品销售收入 3000 万元；与产品销售收入配比的销售成本 1200 万元。

（2）转让一台设备取得收入 50 万元，转让设备的成本 30 万元。

（3）投资国债取得利息收入 20 万元。

（4）发生广告费用 500 万元。

（5）办公水电费 20 万元、新产品研发费用 120 万元、其他管理费用 130 万元。

（6）向担保公司借款 200 万元，支付年利息费用 18 万元，但是金融企业同期同类借款年利率为 6%。

（7）企业所得税前准许扣除的税金及附加 52 万元。

要求：计算 B 公司 2018 年度应纳的企业所得税。

1. 直接法下企业所得税的计算

直接法下计算公式为：

应纳税所得额＝收入总额－不征税收入－免税收入－各项扣除－允许弥补的以前年度亏损。直接法下需要对收入和费用进行逐项分析：

【解析】

通过分析，需要调整的有（3）（4）（5）和（6）四项内容。

（3）国债取得利息收入 20 万元为免税收入。

（4）税法规定广告费用每年扣除限额为不超过当年销售收入的 15%。则广告费用扣除限额标准为 450 万元。计算过程为：

广告费用扣除限额 = 3000 × 15% = 450（万元）。

超出 50（500 - 450）万元为不合理支出，不得扣除。

（5）新产品研发费用可以加计 75% 扣除。即可追加扣除 90（120 × 75%）万元。

（6）税法规定按同期同类银行贷款利率计算借款利息为 12（200 × 6%）万元，超出 6（18 - 12）万元为不合理支出，不得扣除。

因此，经过以上分析调整：

应纳税所得额 = 收入总额（3000 + 50 + 20）- 不征税收入（0）- 免税收入（20）- 各项扣除（1200 + 30 + 450 + 20 + 120 + 90 + 130 + 12 + 52）- 允许弥补的以前年度亏损（0）= 946（万元）。

B 企业应缴纳的企业所得税 = 应纳税所得额（946）× 企业所得税税率（25%）= 236.5（万元）。

2. 间接法下企业所得税的计算

间接法下企业所得税的计算公式：

应纳税所得额 = 会计利润总额 ± 纳税调整项目金额

间接法下对收入和费用分析：

【解析】

会计利润总额 = 3000 + 50 + 20 - 1200 - 30 - 500 - 20 - 120 - 130 - 18 - 52 = 1000（万元）。

通过分析，需要调整的有（3）（4）（5）和（6）四项内容。

（3）国债取得利息收入 20 万元为免税收入，会计利润多算了 20 万元收入，纳税调减 20 万元。

（4）广告费用支出会计以 500 万元作为费用扣除，税法只允许此费用扣除额为 450 万元，会计利润多扣除了 50（500 - 450）万元，纳税调增 50 万元。

（5）新产品研发费用可以加计 75% 扣除。会计只扣除了 120 万元，税法允许再扣除 90 万元。会计利润少扣了 90 万元，纳税调减 90 万元。

（6）利息费用支出会计以 18 万元作为费用扣除。税法只允许此费用扣除额为 12 万元，会计利润多扣除了 6（18 - 12）万元。纳税调增 6 万元。

因此，应纳税所得额 = 会计利润总额（1000）+ 纳税调增（50 + 6）- 纳税调减（20 + 90）= 946（万元）。

B 企业应缴纳的企业所得税 = 应纳税所得额（946）× 企业所得税税率（25%）= 236.5（万元）。

综上分析，上述企业所得税计算例题的业务类型只是企业所得税计算的冰山一角，随着业务类型的不断增加，需要调整的内容就越多，计算过程更为复杂。不过，创业者也不必过于担心，创业者只有掌握企业所得税计算的基本思路，才能更好地运筹帷幄，决胜于千里之外。

五、个人所得税的征税原理与计算

个人所得税是以自然人取得的各类应税所得为征税对象而征收的一种所得税。这里的自然人包括居民和非居民、自然人企业。也就是说个体工商业户、个人独资企业和合伙企业缴纳个税，不缴纳企业所得税。若创业者创立的是公司制企业，也与个税息息相关。一是公司在给员工发放工资时，需要履行员工个税的代扣代缴义务，即应先将员工要缴纳的工资个税从工资中扣除，然后再统一向税务机关申报缴纳个税。如果没有履行代扣代缴义务，公司将被处以未扣缴税款50%以上至3倍以下的罚款。二是当创立的公司制企业赚取利润后，应按照规定缴纳25%企业所得税，但并不意味着剩余利润就可以完全分给股东，因为股东从企业分红，还需要按20%缴纳股息红利个人所得税。即缴纳完企业所得税再缴纳个人所得税后剩余的部分才完全归股东合法所有。由此，公司制企业与个人独资企业、合伙企业相比，在税收上具有双重征税、税负较重的缺点。

(一) 个人所得税征税原理

提到缴纳个人所得税，几乎所有人都会想到取得"工资、薪金所得"要交个税，可实际上个人所得税的征税范围比这要宽泛得多。具体包括：①工资、薪金所得；②劳务报酬所得；③稿酬所得；④特许权使用费所得；⑤经营所得；⑥利息、股息、红利所得；⑦财产租赁所得；⑧财产转让所得；⑨偶然所得。2019年1月1日我国施行新修订的个人所得税法，对工资薪金、劳务报酬、稿酬和特许权使用费四项劳动型所得首次实行按年综合征税，但由扣缴义务人（一般指单位）按月或按次预扣预缴税款。年度预扣预缴与年度应纳税不一致的，由居民个人于次年3月1日至6月30日向主管税务机关办理综合所得年度汇算清缴，税款多退少补。第6至第9项所得还是按分类分别计算个人所得税。在税率方面，9项所得的适用税率（见表3-4），其中，工资薪金所得对应7级超额累进税率（见表3-5）、经营所得对应5级超额累进税率、其他所得采用20%的比例税率。

表3-4 个人所得税征税范围及税率

序号	所得	计税方法	适用税率
1	工资薪金	综合税制 按年合并计税 （非居民个人仍执行分类税制）	3%~45% （超额累进税率）
2	劳务报酬		
3	稿酬		
4	特使权使用费		
5	经营所得	分类税制	5%~35% （超额累进税率）
6	利息、股息、红利所得	分类税制	20%
7	财产租赁	分类税制	20%
8	财产转让	分类税制	20%
9	偶然所得	分类税制	20%

表3-5 综合税制超额累进税率

级数	全年应纳税所得额（含税）	税率（%）	速算扣除数（年）
1	不超过3.6万元的部分	3	0
2	超过3.6万元至14.4万元的部分	10	2520
3	超过14.4万元至30万元的部分	20	16920
4	超过30万元至42万元的部分	25	31920
5	超过42万元至66万元的部分	30	52920
6	超过66万元至96万元的部分	35	85920
7	超过96万元的部分	45	181920

从个税的征税范围可以看出：当你不创业、不经营公司、不出售房产的时候，可能只有"工资、薪金所得"与你有关。而一旦成为了创业者，更应该正确执行个税征收规定。个人所得税的征税对象虽然是个人，但为了保证税款有效地征收，个人所得税法赋予了公司代扣代缴的义务，公司需要履行个人所得税代扣代缴义务。同时当公司向股东分红时，股东取得股息红利所得的个税，仍然是由公司履行代扣代缴义务。因此，公司一旦未履行代缴义务，股东和公司都将受到相应的处罚。

（二）个人所得税计算

对于9项所得的个人所得税税额的计算方法都不一样，差异较大，在此不一一讲解。重点关注创业应当缴纳的工资薪金所得和公司制企业股东取得企业分红所得，简要说明计算过程。

个人工资薪金所得个人所得税的计算公式如下：

应纳税所得额 = 税前收入 - 专项扣除（三险一金）- 基本减除费用（每月5000元）- 专项附加扣除（6项）- 依法确定的其他扣除项目

应纳税额 = 应纳税所得额 × 适用税率 - 速算扣除数

专项附加扣除6项：子女教育、继续教育、大病医疗、住房房贷利息、住房租金、赡养老人。

【例3-4】某企业职工张某，20×9年全年应付工资150000元，无其他综合征收项目。全年专项扣除10000元，专项附加扣除合计为20000元，计算张某20×9年应缴纳的个人所得税。

【解析】

应纳税所得额 = 150000 - 专项扣除（10000）- 基本减除费用（5000元×12月）- 专项附加扣除（20000）= 60000（元）。

对照综合税制税率表找到适用税率10%，速扣数2520元。

应交个人所得税 = 应纳税所得额 × 适用税率 - 速算扣除数 = 60000×10% - 2520 = 3480（元）。

公司制企业股东取得企业分红所得个人所得税的计算公式如下：

应纳税额 = 应纳税所得额 × 适用的税率 = 每次收入额×20%

【例 3 - 5】某公司现有甲和乙两位股东，20 × 9 年实现 100 万元的税前利润，假设该公司不符合小微企业认定条件，企业所得税税率为 25%，该企业需要缴纳多少企业所得税？若将剩余的净利润平均分配给甲和乙两位股东，公司要代扣代缴多少个人所得税？甲和乙最后可拿到多少现金？

【解析】

应纳企业所得税 = 100 × 25% = 25（万元）

公司应代扣代缴甲的个人所得税 = (100 - 25)/2 × 20% = 7.5（万元）

公司应代扣代缴乙的个人所得税 = (100 - 25)/2 × 20% = 7.5（万元）

甲最后可拿到现金 = 75/2 - 7.5 = 30（万元）

乙最后可拿到现金 = 75/2 - 7.5 = 30（万元）

第二节 创业企业税收优惠

每一家公司在正常营业的过程中都需要缴税，如增值税、城建税及发放工资代扣代缴的个人所得税等。如果能够节省一笔税收，那对公司来说无疑节约了成本。针对当前大众创业、万众创新的创业环境，国家税务总局每年都会为创业公司送出各项"福利"。创业者应当充分了解自己创立企业的类型以及可以享受的税收优惠，对号入座去读懂政策，才能享受国家的减税"福利"。

按照税收优惠政策内容，可将其分为资质类、交易类、区域类、其他类等，资质类主要是按企业类型，如小微企业、高新技术企业、科技型中小企业税收优惠。交易类主要是技术转让企业所得税减免，软件销售增值税即征即退，资源综合利用、环保类等服务收入所得税、流转税减免等税收优惠。区域类主要是全国不同区域税收差异，如中关村地区企业股权激励个人所得税优惠政策，广东前海、横琴地区性税收和财政优惠政策。其他类主要是研发费用加计扣除，固定资产加速折旧，节能环保设备投资抵扣应纳税额。在实务中，每年税收政策都在更新，创业者可以关注国家税务总局网站，从中获取所需的资讯。本章节选 2019 年 4 月前发布的某些与创业企业相关的税收优惠政策供参考。

一、小型微利企业普惠性企业所得税减免

（一）政策依据

《关于实施小微企业普惠性税收减免政策的通知》（财税〔2019〕13 号）。

《国家税务总局关于实施小型微利企业普惠性所得税减免政策有关问题的公告》（国家税务总局 2019 年第 2 号）。

（二）政策要点

自 2019 年 1 月 1 日至 2021 年 12 月 31 日，对小型微利企业年应纳税所得额不超过

100 万元的部分，减按 25% 计入应纳税所得额，按 20% 的税率缴纳企业所得税；对年应纳税所得额超过 100 万元但不超过 300 万元的部分，减按 50% 计入应纳税所得额，按 20% 的税率缴纳企业所得税。

上述小型微利企业是指从事国家非限制和禁止行业，且同时符合年度应纳税所得额不超过 300 万元、从业人数不超过 300 人、资产总额不超过 5000 万元三个条件的企业。从业人数，包括与企业建立劳动关系的职工人数和企业接受的劳务派遣用工人数。所称从业人数和资产总额指标，应按企业全年的季度平均值确定。具体计算公式如下：

季度平均值 =（季初值 + 季末值）÷2

全年季度平均值 = 全年各季度平均值之和 ÷4

年度中间开业或者终止经营活动的，以其实际经营期作为一个纳税年度确定上述相关指标。

（三）案例解析

【例 3 – 6】某小型微利企业，资产总额 2000 万元，有 100 个员工，如果 2019 年度年应纳税所得额为 240 万元，应纳企业所得税税额为多少？

【解析】

（1）拆分年应纳税所得额：100 + 140 = 240（万元）。

（2）不超过 100 万元部分，减按 25% 计入应纳税所得额：100 × 25% × 20% = 5（万元）。

（3）100 万 ~300 万元的部分，减按 50% 计入应纳税所得额：140 × 50% × 20% = 14（万元）。

（4）应纳企业所得税税额：5 + 14 = 19（万元）。

二、增值税小规模纳税人优惠政策

（一）政策依据

《关于小规模纳税人免征增值税政策有关征管问题的公告》（国家税务总局公告 2019 年第 4 号）。

《关于增值税小规模纳税人地方税种和相关附加减征政策有关征管问题的公告》（国家税务总局公告 2019 年第 5 号）。

（二）政策要点

小规模纳税人发生增值税应税销售行为，合计月销售额未超过 10 万元（以 1 个季度为 1 个纳税期的，季度销售额未超过 30 万元，下同）的，免征增值税。

小规模纳税人发生增值税应税销售行为，合计月销售额超过 10 万元，但扣除本期发生的销售不动产的销售额后未超过 10 万元的，其销售货物、劳务、服务、无形资产取得的销售额免征增值税。

增值税小规模纳税人已依法享受资源税、城市维护建设税、房产税、城镇土地使用

创业企业财务管理

税、印花税、耕地占用税、教育费附加、地方教育附加其他优惠政策的，可叠加享受本通知第三条规定的优惠政策。

（三）案例解析

在享受政策优惠时需要注意：30万元的额度指的是不含税金额，包括开具普票销售额和代开增值专用发票的销售额。代开增值税专业发票属于即开即扣的，即使第一季度未超过30万元额度，代开专票时已扣的增值税不能退。对于此条税收优惠政策，创业者一定要注意，如果季度销售额超过30万元，所有销售额都应交增值税，而不仅仅是超过的部分。例如，如果季度销售额达到40万元，那么就应该以40万元为基础计算缴纳增值税，而不只是超过的10万元。也正因如此，当季度销售额接近30万元时，就有了税收筹划（合理避税）的空间。

【例3-7】某小型微利企业2019年第一季度销售情况如下：第一个月，开267800元普通发票；第二月，开20600元普通发票；第三个月，开10300元普通发票。请分析该小微企业应缴纳的增值税。若第一个月开281190元普通发票，又该如何计算应缴纳的增值税。

【解析】

第一种情况：该小微企业一般都是按季度缴纳增值税，第一季度不含税销售额290000（267800/1.03+20600/1.03+10300/1.03）元，季度销售额不超过30万元，免征增值税和附加税。

第二种情况：该小微企业第一个月开281190元普通发票，第一季度不含税销售额303000（281190/1.03+20600/1.03+10300/1.03）元，季度销售额已经超过30万元，要全额缴纳增值税。应纳增值税9090（303000×3%）元。

三、高新技术企业税收优惠

根据《科技部、财政部、国家税务总局关于修订印发〈高新技术企业认定管理办法〉的通知》（国科发火〔2016〕32号）规定："高新技术企业是指：在国家重点支持的高新技术领域内，持续进行研究开发与技术成果转化，形成企业核心自主知识产权，并以此为基础开展经营活动，在中国境内（不包括港、澳、台地区）注册的居民企业。"

截至2018年12月，高新技术企业可以享受的税收优惠政策主要是企业所得税税率优惠和亏损弥补期限。国家需要重点扶持的高新技术企业：减按15%的所得税税率征收企业所得税。根据《国家税务总局关于延长高新技术企业和科技型中小企业亏损结转弥补年限有关企业所得税处理问题的公告》（国家税务总局公告2018年第45号）规定："自2018年1月1日起，高新技术企业或科技型中小企业亏损最长结转年限由5年延长至10年。一般企业的亏损弥补期限是5年。"

【例3-8】某高新技术企业设立于2015年，2015~2017年的应纳税所得额分别为-30万元、-40万元和20万元。2018年计算后的应纳税所得额为100万元，假设该企业不符合小微企业认定条件，计算该高新技术企业应缴纳的企业所得税。

【解析】

因为该企业 2015 年 30 万元亏损额已于 2017 年弥补 20 万元，剩余 10 万元未被弥补，所以 2018 年先弥补 2015 年 10 万元亏损额，再弥补 2016 年 40 万元亏损额。该高新技术企业所得税应纳税额 = (100 - 10 - 40) × 15% = 7.5（万元）。

四、科技型中小企业税收优惠

根据《科技部、财政部、国家税务总局关于印发〈科技型中小企业评价办法〉的通知》（国科发政〔2017〕115 号）规定："科技型中小企业是指依托一定数量的科技人员从事科学技术研究开发活动，取得自主知识产权并将其转化为高新技术产品或服务，从而实现可持续发展的中小企业。"

根据《关于提高科技型中小企业研究开发费用税前加计扣除比例的通知》（财税〔2017〕34 号）规定："科技型中小企业开展研发活动中实际发生的研发费用，未形成无形资产计入当期损益的，在按规定据实扣除的基础上，在 2017 年 1 月 1 日至 2019 年 12 月 31 日期间，再按照实际发生额的 75% 在税前加计扣除；形成无形资产的，在上述期间按照无形资产成本的 175% 在税前摊销。"

根据《财政部、税务总局、科技部关于提高研究开发费用税前加计扣除比例的通知》（财税〔2018〕99 号）规定："将企业研发费用加计扣除比例提高到 75% 的政策由科技型中小企业扩大至所有企业。"

根据《国家税务总局关于延长高新技术企业和科技型中小企业亏损结转弥补年限有关企业所得税处理问题的公告》（国家税务总局公告 2018 年第 45 号）规定："科技型中小企业亏损最长结转年限也可以由 5 年延长至 10 年。"

【例 3-9】某科技型中小企业 2018 年的收入总额 800 万元，无不征税收入和免税收入。当年度实际产生各项扣除项目合计 500 万元（其中研究开发费用 40 万元），假设该企业不符合小微企业认定条件。计算该科技型中小企业应缴纳的企业所得税。

【解析】

该科技型中小企业所得税应纳税额 = (800 - 500 - 40 × 75%) × 25% = 67.5（万元）。

五、技术先进型服务企业税收优惠

根据《财政部、国家税务总局、商务部、科技部、国家发展改革委关于完善技术先进型服务企业有关企业所得税政策问题的通知》（财税〔2014〕59 号）规定：中国服务外包示范城市技术先进型服务企业，主要包括信息技术外包服务（ITO）、技术性业务流程外包服务（BPO）和技术性知识流程外包服务（KPO）。

根据《财政部、国家税务总局、商务部、科技部、国家发展改革委关于在服务贸易创新发展试点地区推广技术先进型服务企业所得税优惠政策的通知》（财税〔2016〕122 号）规定：中国服务贸易创新发展试点地区技术先进型服务企业减按 15% 的税率征收企业所得税。根据《财政部、国家税务总局、商务部、科技部、国家发展改革委关于将服务贸易创新发展试点地区技术先进型服务企业所得税政策推广至全国实施的通知》（财税〔2018〕44号）规定：技术先进型服务业务领域范围（服务贸易类）包括信息系统集成服务，数据服务，研究和实验开发服务，工业设计服务，知识产权跨境许可与转让，文化产品数字制作及相关服务，文化产品对外翻译、配音及制作服务和中医药医疗保健及相关服务八大类。

对于按以上政策认定的技术先进型服务企业，减按15%的税率征收企业所得税。

【例3-10】某技术先进型服务企业2018年的收入总额800万元，无不征税收入和免税收入。当年度实际产生各项扣除项目合计500万元（其中研究开发费用40万元），假设该企业不符合小微企业认定条件。计算该技术先进型服务企业应缴纳的企业所得税。

【解析】

该技术先进型服务企业所得税应纳税额＝（800－500－40×75%）×15%＝40.5（万元）。减免税额27（270×25%－40.5）万元。

六、软件企业税收优惠

根据《财政部、国家税务总局、发展改革委、工业和信息化部关于软件和集成电路产业企业所得税优惠政策有关问题的通知》（财税〔2016〕49号）、《国家发展和改革委员会、工业和信息化部、财政部、国家税务总局关于印发国家规划布局内重点软件和集成电路设计领域的通知》（发改高技〔2016〕1056号）等相关文件规定，软件企业可以享受企业所得税、增值税等税收优惠政策。

软件企业税收优惠主要有以下几条：①软件生产企业实行增值税即征即退政策所退还的税款，由企业用于研究开发软件产品和扩大再生产，不作为企业所得税应税收入，不予征收企业所得税；②我国境内新办软件生产企业经认定后，自获利年度起，第一年和第二年免征企业所得税，第三至第五年减半征收企业所得税；③国家规划布局内的重点软件生产企业，如当年未享受免税优惠的，减按10%的税率征收企业所得税；④软件生产企业的职工培训费用，可按实际发生额在计算应纳税所得额时扣除；⑤企事业单位购进软件，凡符合固定资产或无形资产确认条件的，可以按照固定资产或无形资产进行核算，经主管税务机关核准，其折旧或摊销年限可以适当缩短，最短可为2年。

七、其他税收优惠

总之，创业企业的税收优惠远不止以上几项，每年国家为支持创业创新和小微企业发展不断出台减税措施。创业者可以关注国家税务总局网站和当地税务局网站了解最新的税收政策动态。例如，《关于实施支持和促进重点群体创业就业有关税收政策具体操作问题的公告》（国家税务总局公告2019年第10号）；《关于进一步支持和促进重点群体创业就业有关税收政策的通知》（财税〔2019〕22号）；《关于创业投资企业个人合伙人所得税政策问题的通知》（财税〔2019〕8号）。

第三节　创业企业的纳税筹划和合理避税

纳税人减少税负的动机是客观存在的，但是，其行为方式可能是多种多样的。对于同一减少税负的动机，有的采取合法手段，有的采取非法或违法手段，根本问题是纳税人的法律意识。随着金税严打，防伪网络开票系统升级，五证合一信息共享和以票控税、实名申报、大数据共享等稽查系统的不断完善，纳税者要提高纳税意识，远离税收违法行为，坚决不越红线。正确运用纳税筹划理论减轻企业税收负担、获取资金时间价值、实现涉税零风险、追求经济效益和维护自身合法权益。

一、什么是纳税筹划

纳税筹划是指从纳税人的角度，在国家税收法规、政策允许的范围内，通过对经营、投资、收入分配、组织形式、经营等事项进行前期筹划，以期达到合理减少税收支出、降低税收成本、获取税收利益的目的。简单地说，如果将个人或企业增加收入、利润等称作"开源"，那么税收筹划就是进行"节流"。由于纳税筹划所取得的是合法权益，受法律保护，所以它是纳税人的一项基本权利。创业者在创业经营过程中，应当把握纳税筹划的本质是合法节税，它是在合法的范围内减轻税收压力，避免因为税务知识的盲点，而导致企业多缴税或被税务局罚款。纳税筹划强调三个要点：一是纳税筹划必须是合法的，至少是不违反税法的；二是纳税筹划是事先进行的计划；三是纳税筹划的目的应是使纳税人税收负担最小化。简单来说，纳税筹划就是站在纳税人的角度，在守法的前提下，谋求最大限度的"省税"。

 阅读案例 3－1

> ### 不一样的税收筹划不一样的创业格局
>
> 　　王三和赵四是某著名大学工商管理系的同学。两人的共同理想是毕业后自己开公司，创业当老板。王三思想相对活络，鬼点子多，赵四则更加纯朴踏实。
>
> 　　毕业第一年，王三顺理成章地进入了他爸爸苦心经营了10多年的矿业公司，将先进的管理理念和自己所学付诸实践、大展身手，干得风生水起。赵四因为缺乏创业的第一桶金，进入了一家物流公司，因为踏实肯干，也慢慢地被提任为中层领导，在积累了创业基础后，他毅然选择回乡创业，在家乡开办了一家小型物流公司。
>
> 　　在一次同学聚会上，王三和赵四相互交流了创业经验，自然聊起了税负问题。
>
> 　　王三说："现在企业的税收负担真的很重，我的公司，一年上缴税收近1000万元，光企业所得税都有好几百万，想想真是肉疼，要是有什么好办法能少交点税就好了？"

赵四说："税收是按照《中华人民共和国税法》规定征收的，税务局又没乱收，哪能有什么好办法！我劝你还是老老实实纳税吧，你交的多，说明你赚的也多啊！我倒是想缴那么多税，可是我的经营规模上不去啊，我现在每年纳税额还不到50万元。"

王三说："现在不是有税收筹划吗？合理合法筹划节税，把省下来的资金用于扩大再生产，多好啊！"

赵四说："税收筹划好，合理合法运用税收政策，促进自身发展，这个好！"

后来，王三指示财务人员，生产经营规模可以扩大，但是，税收规模只能减少、不能增加。财务人员"不开窍"，他就指示财务人员，多弄些发票，把成本、费用做大一点，把利润调小一点，矿上明明只有100人干活，他虚构工人名字，虚增工人100名，把工资基数做大，第二年企业所得税汇算清缴，他竟然把应税所得"筹划"成了负数。一下省了好几百万元，这让王三尝到了甜头，后来，他的胆子越来越大，在"逃避缴纳税款"这条路上越陷越深，越走越远。

而赵四呢，他也觉得税收筹划有文章可做。他下功夫苦心学习财务、税收知识，自己通过自学考取了会计职称、税务师等证件，还花高薪聘请了业务好、品德好的财务人员。共同研究国家出台的关于物流企业的税收优惠政策，在财务收支上开源节流，企业规模越做越大，上缴税收越来越多。

后来，税务部门开展税务检查，发现了王三企业的"猫腻"，除了补缴税款、滞纳金外，由于数额特别大，王三作为法人代表，依法被法院判处逃避缴纳税款罪，处2年有期徒刑。而赵四呢，由于依法诚信纳税，经得住税务部门检查，连年被评为纳税信用A级纳税人，成了当地诚信纳税的"明星企业"。

赵四去监狱探望王三，王三悔不当初，"真不该在税收上瞎想点子啊！我要是和你老兄一样睿智，就不会毁了企业，坏了名声。为了这点蝇头小利，真不值得！"

（资料来源：安徽网池州新闻频道，作者：池州市地税局马文蒴。）

在现今市场经济大背景下，企业、个人纳税筹划意识都在逐步增强，合法进行税收筹划有利于节省企业运营成本，便于企业扩大再生产，做大做强。但是，也必须牢记：依法诚信纳税是每一个企业和个人的法定义务。"合法"是税务筹划的前提。

二、纳税筹划与偷税、逃税、抗税、骗税等概念的区别

纳税筹划与偷税、逃税、抗税、骗税等是完全不同的概念。纳税筹划基本特点之一是合法性，属于合理避税；而偷税、逃税、抗税、骗税等则是违反税法规定的。逃税与偷税有共性，即都有欺诈性、隐蔽性，都是违反税法的行为。

（一）偷税

偷税是指纳税人以不缴或者少缴税款为目的，采取伪造、变造、隐匿及擅自销毁账簿、记账凭证，在账簿上多列支出或者不列、少列收入，经税务机关通知申报而拒不申报、进行虚假的纳税申报等手段，隐瞒真实情况，不缴或少缴税款，欺骗税务机关的行为。偷税是行

政违法行为，情节严重的甚至构成逃税罪。对纳税人偷税的，由税务机关追缴其不缴或者少缴的税款、滞纳金，并处不缴或者少缴的税款百分之五十以上五倍以下的罚款。

（二）逃税

逃税是指对构成刑事犯罪的偷税行为的称谓。其主要特点是故意为之。逃税罪，是指纳税人采取伪造、变造、隐匿及擅自销毁账簿、记账凭证，在账簿上多列支出或者不列、少列收入，经税务机关通知申报而拒不申报或者进行虚假的纳税申报的手段，不缴或者少缴应纳税款，偷税数额占应纳税额的百分之十以上并且偷税数额在一万元以上，或者因偷税被税务机关给予二次行政处罚又偷税的行为。逃税罪，在《刑法修正案（七）》（2009年2月28日）生效之前仍然称作偷税罪。但是，中华人民共和国税收征收管理法没有跟上刑法修正的步伐，沿用旧称偷税。而从概念上看，偷税与逃税的行为模式并无二致，只是两部法律中表述的口径不一。

（三）抗税

抗税是指以暴力、威胁方法拒不缴纳税款。以暴力、威胁方法拒不缴纳税款的，是抗税，除由税务机关追缴其拒缴的税款、滞纳金外，依法追究刑事责任。其主要特点是抗拒纳税规定。

（四）骗税

骗税是指以欺骗手段非法占有税款的违法犯罪行为，表面形式合法。纳税人用假报出口等虚构事实或隐瞒真相的方法，经过公开的合法程序，骗得税务机关信任，利用国家税收优惠政策，骗取减免税或者出口退税的行为，并在表面上具有合法性。

（五）漏税

漏税是指无意发生的少缴税款行为。由于纳税人不熟悉税法规定和财务制度，或者由于工作粗心大意等原因造成的漏缴或少缴税款的违章行为。如错用税率，漏报应税项目，少计应税数量，错算销售金额和经营利润等。其主要特点是并非主观刻意为之。

（六）欠税

欠税是指纳税人、扣缴义务人超过征收法律法规规定或税务机关依照税收法律、法规规定的纳税期限，未缴或少缴税款的行为。其主要特点是拖欠。

综上所述，不论是站在纳税人的立场上，还是站在立法者的立场上，准确地判断"税收筹划"与"偷税"都是很有必要的。企业进行税收筹划的结果与偷税一样，在客观上会减少国家的税收收入，但不属于违法行为。二者的主要区别在于：①偷税是指企业在纳税义务已经发生的情况下通过种种欺骗、隐瞒的方式逃避纳税，而税收筹划是指企业在纳税义务发生前，通过事先的设计和安排而规避部分纳税义务；②偷税直接违反税法，而税收筹划是在税法允许的前提下选择利用税法的有关规定，并不违反税法；③偷税行为往往要借助于犯罪手段，如做假账、伪造凭证等，而税收筹划是一种合法的行为。

三、创业者需要把握纳税筹划的几个要点

对于初创型的企业，前几年大多持续亏损，以为不交税，不需要纳税筹划。其实公司亏损只是不缴纳企业所得税，收入层面的流转税和盈利不盈利没有关系，增值税也有筹划的空间。初创企业财务制度不健全、财务人员缺乏，而税务筹划是一个综合性较强的财务规划，涉及的细节非常多，想要进行税务筹划，可通过财务外包的方式，让专业的财务团队操作。外包成本上比企业自建财务团队要低，还高效。作为创业者需要关注创业企业设立阶段的纳税筹划要点。

(一) 寻找税收洼地

税收洼地是指在特定的行政区域，在其税务管理辖区注册的企业通过区域性税收优惠、简化税收征管办法和税收地方留成返还等处理方法，实现企业税负降低的目标。中国很多地方都有税收洼地，深圳前海、福建平潭、重庆两江、江西经开区、西部大开发等。比如新疆霍尔果斯，那里的企业所得税实行 5 免 5 减半的政策。现下，最紧俏的税收洼地当属"园区税收洼地"，这些洼地落户在新城市，单一园区规模小，更便捷、更安全。企业设立地点的区域性税收优惠政策对企业影响是非常大的，由此企业设立初期对落户地址选择非常重要，企业想要节税，前期需要寻找政策好的地区落户。

(二) 恰当选择组织形式

创业者创业时可选择公司企业和非公司企业。公司分为有限责任公司和股份有限公司，有限责任公司还包括一人有限责任公司和国有独资公司；股份有限公司又分为上市公司和非上市公司。非公司企业包括个人独资企业、合伙企业、其他企业。依据《中华人民共和国企业所得税法》和《中华人民共和国个人所得税法》的相关规定，个人独资企业和合伙企业不征收企业所得税，仅对投资者个人征收个人所得税。企业设立时公司制企业设立的成本和经营管理的成本比个人独资企业和合伙企业高，但是企业所得税法规定了较多的税收优惠，这些政策仅针对公司，个人独资企业和合伙企业则无法享受。

【例 3 - 11】2019 年初，李某打算自主创业，预计企业每年税前利润 120 万元。那么，从税收角度来看，李某应如何选择企业组织形式（符合小微企业优惠政策）？

【解析】

(1) 方案 A：成立有限责任公司。

企业所得税 = 100 × 25% × 20% + 20 × 50% × 20% = 7（万元）

股东分红个税 = (120 - 7) × 20% = 22.6（万元）

税负合计：7 + 22.6 = 29.6（万元）

(2) 方案 B：成立个人独资企业（按照生产经营所得 5 级超额累进税率）。

应交个税 = (120 - 0.5 × 12) × 35% - 6.55 = 33.35（万元）

通过这一对比，方案 A 比方案 B 节税 3.75 万元！因此成立有限责任公司更省税。有限责任公司的所得需要交纳企业所得税，当扣除企业所得税后的净利润进行股东分红时，

还要交纳个人所得税，其税负一般比个人独资企业重。但是小微企业的所得税优惠政策降低了企业所得税额导致方案B优于方案A。若该公司不符合小微企业认定条件，则企业所得税应纳税额为30（120×25%）万元，方案A的税负合计为48（30+90×20%）万元，那么方案B更省税。

个人独资企业是没有企业所得税的，按年生产经营所得5级超额累进税率征收，或者还可以实行核定征收，即增值税和所得税可以打包至一个固定税率（综合税率才3%），按照开票额征税。但是企业组织形式选择也不能仅看税收政策，公司制企业也有自身独特优点，如有限责任、融资比个人容易等，创业者需要综合考虑各方面因素。

（三）正确选择纳税人身份

增值税的不同纳税人其计税依据和适用税率都不同。对于纳税人来说，增值税税负的差异可以通过纳税人身份的选择，达到节约税负的目的。

【例3－12】某商业企业2019年5月销售商品一批，不含税收入是40万元，采购商品不含税成本是30万元，取得专票税款是3.9万元。请分析哪种纳税人身份更有利。

【解析】

一般纳税人：（40－30）×13%＝1.3（万元）

小规模纳税人：40×3%＝1.2（万元）

对比发现，显然选择小规模（简易方法征收）更优惠。

【例3－13】某商业企业2019年5月销售商品一批，不含税收入是40万元，该企业采购不含税成本为35万元，取得专用发票4.55万元。请分析哪种纳税人身份更有利。

【解析】

该企业为一般纳税人时：应纳增值税＝（40－35）×13%＝0.65（万元）

为小规模纳税人时：仍为40×3%＝1.2（万元）。

这样一算，因为成本增加，增值部分降低，变成一般纳税人时缴纳的税款较少。

纳税人身份一经确定，不得随便转换，纳税人需要根据企业具体的情况提前筹划。

（四）利用收入确认的时间选择

企业在经营过程中会采用现金销售、赊销、预收货款等多种销售方式。一方面销售方式不同则实际资金的流入时间不同，企业要做好现金流规划；另一方面销售方法不同，税法上确认收入的时间不同，收入的归属期间不同，对当期企业增值税和企业所得税的税额计算有着较大的影响。增值税的影响体现在当期销项税额计算，企业所得税的影响体现在当期收入计算，进而影响到当期企业利润和企业所得税的税额。因此通过销售方式的选择，控制收入确认的时间，合理归属所得年度，可在经营活动中获得延缓纳税的税收效益。

表 3 - 6　企业所得税相关收入实现的确认时间

收入项目	收入确认时间
商品销售收入	（1）销售商品采用托收承付方式的，在办妥托收手续时确认收入 （2）销售商品采取预收款方式的，在发出商品时确认收入 （3）销售商品需要安装和检验的，在购买方接受商品以及安装和检验完毕时确认收入。如果安装程序比较简单，可在发出商品时确认收入 （4）销售商品采用支付手续费方式委托代销的，在收到代销清单时确认收入 （5）产品分成：分得产品的时间确认收入
劳务收入	（1）安装费。应根据安装完工进度确认收入。安装工作是商品销售附带条件的，安装费在确认商品销售实现时确认收入 （2）宣传媒介的收费。应在相关的广告或商业行为出现于公众面前时确认收入。广告的制作费，应根据制作广告的完工进度确认收入 （3）软件费。为特定客户开发软件的收费，应根据开发的完工进度确认收入 （4）服务费。包含在商品售价内可区分的服务费，在提供服务的期间分期确认收入 （5）特许权费。属于提供设备和其他有形资产的特许权费，在交付资产或转移资产所有权时确认收入；属于提供初始及后续服务的特许权费，在提供服务时确认收入

从表 3 - 6 中相关规定可以看出，销售收入确认要关注两个要点："是否交货"和"是否开票"。因此，销售收入的筹划关键是对交货时点和开票时点的把握和调整，每种销售结算方式都有其收入确认的标准条件，企业通过对收入确认条件的控制即可以控制收入确认的时间。

（五）合理安排公司成本、费用支出

费用列支是应纳税所得额的递减因素。在税法允许的范围内，应尽可能地列支当期费用、损失及扣除额等项目来减少税基，减少应缴纳的所得税，合法递延纳税时间来获得税收利益。

企业所得税法允许税前扣除的费用划分为三类：一是允许据实全额扣除的项目，包括合理的工资薪金支出，企业依照法律、行政法规有关规定提取的用于环境保护、生态恢复等方面的专项资金，向金融机构借款的利息支出等。二是有比例限制部分扣除的项目，包括公益性捐赠支出、业务招待费、广告业务宣传费、工会经费三项基金等，企业要控制这些支出的规模和比例，使其保持在可扣除范围之内，否则，将增加企业的税收负担。三是允许加计扣除的项目，包括企业的研究开发费用和企业安置残疾人员所支付的工资等。企业可以考虑适当增加该类支出的金额，以充分发挥其抵税的作用，减轻企业税收负担。

允许据实全部扣除的费用可以全部得到补偿，可使企业合理减少利润，企业应将这些费用列足够。对于税法有比例限额的费用应尽量不要超过限额，限额以内的部分充分列支；超额的部分，税法不允许在税前扣除，要并入利润纳税。因此，要注意各项费用的节税点的控制。

总之，以上是创业者需要把握的纳税筹划的几个要点，创业者可以关注的纳税筹划的领域和方法还有很多。税收筹划是一项系统工程，各种税收筹划方法多不能独立运用，而应该作为一个整体，选择适合企业的方法进行税收筹划，并在合法的情况下运用技术手段达到减少税基或延缓纳税的目的。创业者在创业过程中，应该聘请相关税收筹划人员，有意识运用税收筹划的方法，通过税收筹划加强企业的成本控制，从而增加企业的经济利益。因此，只有树立税收筹划观念，才能保障企业的正当权益。

财务技能实训

创业者通过本章节的学习，必须建立合法纳税的税收观念，在了解中国税制的基础上，合理有效开展纳税筹划。由此，创业者需要掌握的基本财务技能为：一般纳税人增值税计算原理与运用、小规模纳税人增值税计算原理与运用、企业所得税计算原理与运用。

财务技能实训项目一：一般纳税人增值税计算原理与运用

天红传媒有限责任公司为增值税一般纳税人，主要经营电视剧、电影等广播影视节目的制作和发行。2019 年 5 月企业发生如下业务：

（1）9 日，传媒公司为某电视剧提供片头、片尾、片花制作服务，开出增值税专用发票，取得不含税服务费 100 万元，增值税 6 万元，共计 106 万元存入银行。

（2）10 日，公司购入 8 台计算机，用于公司的日常生产经营，支付不含税价款 4 万元，增值税 0.52 万元，取得增值税专用发票，当月通过认证。

（3）15 日，公司购入一台生产经营用小汽车，取得机动车销售统一发票，支付不含税价款 20 万元，增值税额 2.6 万元。

（4）20 日，为某企业提供广告设计服务，开出增值税专用发票，取得设计服务收入不含税价款 50 万元，增值税 3 万元，共计 53 万元存入银行。

（5）22 日，该电影在某影院开始上映，传媒公司向影院支付不含税上映费用 10 万元，增值税 0.6 万元，取得增值税专用发票。

计算天红传媒有限责任公司当月应纳的增值税税额。

财务技能实训项目二：小规模纳税人增值税计算原理与运用

王铭传媒有限责任公司为增值税小规模纳税人，主要经营电视剧、电影等广播影视节目的制作和发行。2019 年 5 月企业发生如下业务：

（1）9 日，传媒公司为某电视剧提供片头、片尾、片花制作服务，开出增值税普通发票，发票记载不含税服务费 10 万元，增值税 0.3 万元，共计 10.3 万元存入银行。

（2）10 日，公司购入 8 台计算机，用于公司的日常生产经营，支付不含税价款 4 万元，增值税 0.52 万元，取得增值税专用发票。

（3）15 日，公司购入一台生产经营用小汽车，取得机动车销售统一发票，支付不含税价款 20 万元，增值税额 2.6 万元。

（4）20 日，为某企业提供广告设计服务，开出增值税普通发票，取得设计服务收入不含税价款 50 万元，增值税 1.5 万元，共计 51.5 万元存入银行。

（5）22 日，该电影在某影院开始上映，传媒公司向影院支付不含税上映费用 10 万元，增值税 0.6 万元，取得增值税专用发票。

计算王铭传媒有限责任公司当月应纳的增值税税额。

财务技能实训项目三：企业所得税计算原理与运用

某市鑫祥家居有限责任公司企业为增值税一般纳税人，主要生产、销售彩色电视机，假定 2019 年度有关经营业务如下：

（1）销售彩电取得不含税收入 8600 万元。

（2）与彩电配比的销售成本 5660 万元。

（3）出租有形动产取得不含税租金收入 200 万元。

（4）接受原材料捐赠取得增值税专用发票，总价值 116 万元。

（5）取得国债利息收入 30 万元（税法规定：国债利息为免税收入）。

（6）税金及附加 100 万元。

（7）销售人工工资 250 万元。

（8）广告费 1400 万元（税法规定广告费用扣除限额为销售收入的 15%）。

（9）管理费用 850 万元。

（10）向非金融企业借款 500 万元，利率 8%，支付的年利息 40 万元（金融企业同期同类贷款的利率为 6%）（税法规定利息扣除不得超过同期同类银行贷款利率）。

计算鑫祥家居有限责任公司当年度应该缴纳的企业所得税。

 本章小结

本章第一节介绍了税收的定义、国家征税的重要意义、我国现行 5 大类 18 个税种概况、增值税原理与计算、企业所得税原理与计算及个人所得税原理及计算。第二节主要介绍了小微企业、高新技术企业、中小科技型企业、技术先进性服务企业、软件企业及其他税收优惠。第三节主要介绍了企业为何要进行纳税筹划，纳税筹划与偷税、逃税、漏税等概念的区别及创业者需要把握的纳税筹划的几个要点。第四节为创业者提供三个与创业企业纳税筹划相关的财务技能实训项目。

思考与练习

一、单项选择题

1. 自 2018 年 5 月 1 日起，统一增值税小规模纳税人标准，即增值税小规模纳税人标准为年应征增值税销售额（　　）万元及以下。

A. 50　　　　　　　　　　　B. 80

C. 100　　　　　　　　　　　D. 500

2. 下列各项中，不属于增值税特点的是（　　）。

A. 征税项目具有选择性

B. 不重复征税，具有中性税收的特征

C. 税基广阔，具有征收的普遍性和连续性

D. 逐环节征税，逐环节扣税，最终消费者是全部税款的承担者

3. 个人所得税的纳税义务人不包括（　　）。

A. 一人有限公司　　　　　　B. 个体工商户

C. 合伙企业的合伙人　　　　D. 独资企业投资者

4. 某超市为增值税一般纳税人，2019 年 6 月销售蔬菜取得零售收入 24000 元，销售粮食、食用油取得零售收入 13200 元，销售其他商品取得零售收入 98000 元，2019 年 3 月该超市销项税额为（　　）元。

A. 12364.24　　　　　　　　B. 15757.90

C. 16157.27　　　　　　　　D. 18918.33

5. 纳税筹划必须坚持的首要原则是（　　）。

A. 合法性原则　　　　　　　B. 系统性原则

C. 经济性原则　　　　　　　D. 先行性原则

6. 某 A 企业 2018 年经认定为技术先进型服务企业（服务贸易类），2018 年度企业所得税汇算清缴的应纳税所得额为 100 万元，假定该企业不符合其他优惠政策条件，则该企业 2018 年度应缴纳企业所得税（　　）万元。

A. 15　　　　　　　　　　　B. 25

C. 19　　　　　　　　　　　D. 20

7. 某科技有限公司 2019 年第一季度实际利润额为 280 万元，季度平均资产为 4800 万元，从业人员 280 人，该公司选择按实际利润额预缴的方式，则预缴申报时，小型微利企业的资产总额、从业人数、年度应纳税所得额指标，暂按当年度截至本期申报所属期末的情况进行判断。因此，该企业符合小型微利企业的条件，第一季度预缴申报企业所得税（　　）万元。

A. 70　　　　　　　　　　　B. 23

C. 28　　　　　　　　　　　D. 56

二、多项选择题

1. 下列关于企业所得税的表述中，正确的有（　　）。

A. 企业所得税通常以净所得为征税对象

B. 企业所得税以经过计算得出的应纳税所得额为计税依据

C. 企业所得税是对我国境内企业和其他取得收入组织的生产经营所得和其他所得征收的所得税

D. 个体独资企业和合伙企业要缴纳企业所得税

2. 根据规定，增值税的计税方法包括（　　）。

A. 一般计税方法 　　　　　　B. 简易计税方法

C. 扣缴计税方法 　　　　　　D. 特殊计税方法

E. 全额计税方法

3. 下列收入中，属于企业所得税不征税收入的有（　　）。

A. 购买上市公司股票6个月后取得股息红利

B. 直接投资于非上市公司取得的股息

C. 有指定用途的财政补贴

D. 财政拨款

4. 在居民企业发生的下列支出中，可在企业所得税税前扣除的有（　　）。

A. 逾期归还银行贷款的罚息

B. 企业内营业机构之间支付的租金

C. 未能形成无形资产的研究开发费用

D. 以经营租赁方式租入固定资产的租金

5. 下列各项中，属于企业纳税管理目标的有（　　）。

A. 规范企业纳税行为 　　　　B. 合理降低税收支出

C. 有效防范纳税风险 　　　　D. 将税收支出最小化

三、简答题

1. 我国现行的税收种类有哪些？

2. 增值税一般纳税人和小规模纳税人区别有哪些？

3. 小微企业的税收优惠有哪些？

4. 企业所得税的税率有几种？

5. 纳税筹划与偷税、漏税的区别？

6. 对于新设立的企业应该在哪些方面加强纳税筹划？

四、案例分析题

【案例1】

某影星偷逃税款一案应该说是全民皆知。官方公布的处理结果总结起来有四条：①某影星补税8.92亿元；②经纪人牟某指使公司员工隐匿、故意销毁涉案公司会计凭证、会计账簿，阻挠税务机关依法调查，涉嫌犯罪；③对地方税务局相关责任人依法依规进行问责；④国家税务总局部署开展规范影视行业税收秩序工作。吃瓜群众关注某影星为何没被刑罚，企业老板关注补税风暴是否会波及自身，会计们关注经纪人究竟会被追究什么法律责任，税务部门更加如履薄冰。

思考：

（1）偷税、逃税的本质是什么？

（2）结合案例分析如何做到合法合理的纳税筹划？

【案例2】

"小微企业"是小型企业、微型企业、家庭作坊式企业、个体工商户的统称，是由经济学家郎咸平教授最初提出的。近几年"小微企业"一直是税务界的热词，因为几乎每年都会出台关于小微企业的税收优惠政策。以企业所得税为例，从2011年应纳税所得额3万元，经过六次修改，提高至300万元，减税力度巨大。但是中国文字博大精深，在税法中的"小微企业"至少有四个标准：企业所得税中的小微企业，增值税中的小微企业，印花税中的小微企业和教育费附加、地方教育费附加的小微企业。而作为小型微利企业的财务人员，不仅整天疲于更新各类财税政策，而且一不小心因为这"大大的"税收优惠政策，导致企业出现税收风险。

以往一些企业通过一些非法手段逃避税收，而随着税务机关稽查工具和手段的丰富，以下几类做法，切不可盲目效仿。

（1）不开发票，隐瞒收入。"以票控税"一直是税务局对于流转税的核心方法，所以企业认为发生业务时若不开具发票，税务机关则不会知道这笔业务，从而达到隐瞒收入少交税费的目的。殊不知，在全面营改增、金税三期智能稽查的今天，税务局是可以通过一些毫不在意的蛛丝马迹查出疑点的。

（2）虚开发票。很多企业因为税负太高，想弄额外的成本费用发票；想获得尽可能多的进项发票进行抵扣；更有甚者，因为本企业进项多销项少，将"虚开发票"作为一种赚钱的手段，靠虚开方式赚取开票手续费！金税系统上线后，税务部门就一直致力于打击虚开发票，金三系统上线，集合了"互联网、人工智能、大数据分析"等技术手段，配合全面"营改增"政策，使虚开发票难以隐藏！

（3）股东随意占用公司资金。很多企业老板占有公司100%股权，心底就会认为"公司的钱就是自己的钱"，将公司资金转入个人账户，就如同将钱从左口袋放进右口袋。而事实上，公司一旦依法成立，便被视为法律意义上的"人"（企业法人），公司可以自己的名义独立行使民事权利并拥有自己独立的财产，并且公司的财产应当独立于股东的个人财产。《关于规范个人投资者个人所得税征收管理的通知》（财税〔2003〕158 号）规定：纳税年度内个人股东从其投资的公司借款，在该纳税年度终了后既不归还，又未用于企业生产经营的，其未归还的借款可视为企业对个人股东的红利分配，依照"利息、股息、红利所得"项目计征个人所得税。例如投资设立一家 A 公司，2017 年度股东累计从 A 公司账户提取公司资金 50 万元，如果在 2017 年度终了时，股东没有将这 50 万元资金归还到公司，也无法说明这 50 万元资金已被股东用作公司的经营，那么税务机关可以认定未归还的 50 万元资金是公司对股东的变相利润分配，这样，股东将因此缴纳个人所得税 10 万元（50 万元×股息红利个人所得税率 20%）。

总之，企业的财务核算需要以"真实、合法、合理、相关"的经营业务为基础，绝不能再用以往的思想来为企业"赚取"额外的利润。

思考：

（1）小微企业税收优惠有哪些？

（2）创业者应如何做好小微企业的纳税筹划？

第四章
创业企业会计核算

学习目标与要求

1. 了解会计核算的过程
2. 理解会计要素划分和借贷记账法的基本原理
3. 掌握资金筹集、供应过程、生产过程、销售过程、财务成果核算以及资金退出业务的会计账户和会计科目设置
4. 掌握资金筹集、供应过程、生产过程、销售过程、财务成果核算以及资金退出业务的账务处理

导入案例

培训班的会计核算

赵江、孙湖、李海三位朋友于 2012 年 1 月 1 日开设了一个大学英语四六级考试培训班,由于没有培训资格,该培训班挂靠在具有法人资格和培训资格的勤学外语培训学校名下,由于三位朋友均没有太多的会计专业知识,认为本培训班没有法人资格,不需要按照正规的会计主体记账,因此只对培训班的部分经济业务进行了记录。孙湖对其中的部分经济业务的处理存在疑问:

(1)赵江把自己私用的电脑记到该培训班名下。

(2)李海在报销时将个人的花费计入培训班费用项下。

(3)聘请的外教要求以美元支付工资,因此,采用人民币和美元混合记账。

(4)每年的 6 月和 12 月大学英语四六级考试结束后,由于寒暑假不开设培训班,因此,每年的 1 月、2 月、7 月、8 月不记账。

(5)由于业务简单,每年只出一次财务报表。

(6)由于经营不善,三位朋友打算 2019 年 3 月停办该培训班,因此改用财产清算会计记账,但是由于还有一批学生没有培训完,因此直到 2019 年 6 月底才正式停业。

💡 **思考与讨论：**

请用会计相关知识指出该案例存在哪些不合理问题并解答孙湖的疑问。

第一节　会计要素与复式记账

会计记账到底要记录什么呢？企业在经营过程中有各种各样的活动内容，比如，用货币资金购买材料、设备等；开会讨论；组织面试；招待客户；生产车间去仓库领用材料等。哪些是企业的经济活动并需要记录呢？在市场经济条件下，会计对象是社会再生产过程中的资金运动，即对企业已经发生或已经完成的经济活动进行记账，并非企业所有活动都需记账。会计对象概念太过于广泛，而且又很抽象。在会计实践中，为了进行分类核算，从而提供各种分门别类的会计信息，就必须对会计对象的具体内容进行适当的分类，就形成了会计要素。

一、会计要素

会计要素也称为财务报告要素，就是对会计对象（资金运动过程）的基本分类，是会计对象的具体化，是反映会计主体的财务状况和经营成果的基本单位。一切会计工作都是围绕会计要素的确认、计量和报告来进行的。所以，对会计要素进行严格的定义，既是做好会计核算工作的需要，也是会计信息使用者清晰地理解会计报表的需要。

企业会计对象按资金的性质具体划分为六要素：资产、负债、所有者权益、收入、费用和利润。而行政事业单位会计对象具体划分为五要素：资产、负债、净资产、收入、支出。

这六个要素又分成两大类：反映财务状况的静态会计要素和反映经营成果的动态会计要素。反映财务状况的静态会计要素包括资产、负债和所有者权益，表现出资金运动在某一时点上停留的状态。反映经营成果的动态会计要素包括收入、费用和利润，表现出资金运动在某一时期显著变化的过程（见图4-1）。

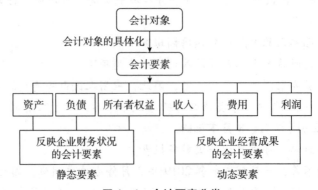

图4-1　会计要素分类

（一）资产

1. 资产的定义

资产是指企业过去的交易或者事项形成的、由企业拥有或者控制的、预期会给企业带来经济利益的资源。

企业从事生产经营活动必须具备一定的物质资源。在市场经济条件下，这些必要的物质条件表现为货币资金、债权、厂房场地、机器设备、存货等，这些物质资料统称为资产，它们是企业从事生产经营活动的物质基础。上述资产都具有物质形态，属于有形资产。资产还包括那些不具有物质形态，但有助于生产经营活动进行的无形资产，如专利权、商标权、商誉等。

2. 资产的特征

（1）资产是一种经济资源。资产就本质而言就是一种资源，可以作为一种要素，投入到企业的生产经营活动中去。

（2）资产是由过去的交易或事项形成的现实权利。企业过去的交易或者事项包括购买、生产、建造行为或其他交易或者事项。

（3）资产必须是企业拥有或控制的行使权利。这就是说，企业的资产不仅包括企业拥有所有权的部分，还包括企业可以控制、使用的部分。企业对其资产享有实际经营管理权，能够自主地运用它从事生产经营活动，谋求经济利益。可见，会计学上的资产侧重"企业经营"的意义，即资产必须对"企业经营"有使用价值。

（4）资产预期会给企业带来经济利益。资产作为企业的资源，通过合理使用，在未来时期内能给企业带来经济利益。经济利益具体表现为未来的现金净流量的增加，即资产能够增加未来现金的流入（如应收账款的收回和存货的出售），或因耗用而节省未来现金的流出（如固定资产的使用、预付费用的摊销等）。如果在未来时期内不能给企业带来经济利益的资产，就不能列入企业的资产（如已证明无法收回的应收账款等）。

3. 资产的确认

企业确认资产项目时除必须满足资产定义外，还应满足两个条件：

（1）与该资源有关的经济利益很可能流入企业。

（2）该资源的成本或价值能够可靠地计量。

符合资产定义和资产确认条件的项目，应当列入资产负债表；符合资产定义但不符合资产确认条件的项目，应在附注中做相关披露。

4. 资产的分类

企业的资产种类繁多，为了提供有意义的、概括性的资产数据，可以按照其流动性将资产划分为流动资产和非流动资产两大类。

（1）流动资产。流动资产是指预计在 1 年或一个正常的营业周期内变现、出售或者耗用的资产。流动资产主要包括货币资金存款、应收票据、应收账款、预付账款、应收利息、应收股利、其他应收款、存货等。这类资产在企业生产经营过程中可以迅速、全部地转移到产品成本或费用中去，流动性强是其主要特征。

（2）非流动资产。非流动资产是指流动资产以外的资产，是不能在 1 年或者超过 1 年的一个营业周期内变现或者耗用的资产。主要包括债权投资、长期股权投资、长期应收款、固定资产、无形资产、商誉、长期待摊费用和其他非资产等。

（二）负债

1. 负债的定义

负债是指企业过去的交易或者事项形成的、预期会导致经济利益流出企业的现时义务。现时义务是指企业在现行条件下已承担的义务。未来发生的交易或者事项形成的义务，不属于现时义务，不应当确认为负债。

2. 负债的特征

（1）负债是企业承担的现时义务。

（2）负债必须偿还。

（3）负债是由过去的交易或者事项形成的。

3. 负债的确认

企业确认负债项目时必须满足负债定义，同时还应满足以下两个条件：

（1）与该义务有关的经济利益很可能流出企业。

（2）未来流出的经济利益的金额能够可靠地计量。

符合负债定义和负债确认条件的项目，应当列入资产负债表；符合负债定义但不符合负债确认条件的项目，不应当列入资产负债表，如企业的或有负债，只能在报表附注中披露。

4. 负债的分类

为了便于分析企业的财务状况和偿债能力，企业的负债应当按照流动性，划分为流动负债和非流动负债两部分。

（1）流动负债。流动负债是指企业主要为交易目的而持有，预计在一年内或者超过一年的一个营业周期内偿还的债务，包括短期借款、应付票据、预收账款、应付职工薪酬、应交税费、应付利润（股利）、其他应付款和应付利息等。

（2）非流动负债。非流动负债是指偿还期在一年或者超过一年的一个营业周期以上的债务，包括长期借款、应付债券、长期应付款和专项应付款等。

（三）所有者权益

1. 所有者权益的定义

所有者权益是指企业资产扣除负债后由所有者享有的剩余权益。企业的所有者权益又称为股东权益。

2. 所有者权益的特点

（1）除非发生减资、清算或分派股利，企业不需要偿还所有者权益。

（2）企业清算时，负债往往具有优先权，而所有者权益只有在清偿所有的负债之后有剩余的资产才能返还给投资者。

（3）所有者凭借所有者权益能够分享利润的分配。由于所有者权益是资产减去负债后的剩余权益，所有者权益必然会受到企业经营成果的影响。当企业一定会计期间的收入大于费用时，其净收益使所有者权益增加，反之使所有者权益减少。因此，所有者权益能够分享利润，而负债不能参与利润的分配。

3. 所有者权益的分类

所有者权益根据不同来源主要有以下两大类。

（1）投资者投入资本。包括实收资本和资本公积。实收资本指企业实际收到的投资人投入的资本。是企业注册登记的法定资本总额的来源，它表明所有者对企业的基本产权关系。实收资本的构成比例是企业据以向投资者进行利润分配或股利分配的主要依据。资本公积是指投资者或者他人投入到企业、所有权归属于投资者并且在投入金额上超过法定资本部分的资本。

（2）留存收益。留存收益分为盈余公积和未分配利润，盈余公积是一种积累，用于扩大再生产或者用于弥补亏损。盈余公积又分为法定盈余公积和任意盈余公积。法定盈余公积是按照公司法的要求提取的，任意盈余公积是企业根据企业财务经营政策自行决定提取的。未分配利润是留待以后年度分配的利润或本年度待分配的利润。

（四）收入

1. 收入的定义

收入是指企业在日常活动中形成的、会导致所有者权益增加的、与所有者投入资本无关的经济利益的总流入。

2. 收入的特征

（1）收入是企业日常活动中产生的。有些经济业务事项也能为企业带来经济利益，但由于不是企业在日常活动中产生的，就不属于企业的收入，而称为利得。

（2）收入的增加有多种表现形式，可能表现为企业资产的增加，如增加银行存款、应收账款等，也可能表现为企业负债的减少，如以商品抵偿债务，也可能同时引起资产的增加和负债的减少，比如对于商品销售的货款，部分抵偿债务，部分收取现金。

（3）收入将引起企业所有者权益的增加。

（4）收入只包括本企业经济利益的总流入，不包括为第三方或客户代收的款项。如企业代国家收的增值税等。

3. 收入的确认

企业确认一项收入，必须同时满足以下四个条件：

（1）企业已将商品所有权上的主要风险和报酬转移给购买方。

（2）企业既没有保留通常与所有权相联系的继续管理权，也没有对已出售的商品实施有效控制。

（3）经济利益很可能流入企业，从而导致企业的资产增加或负债的减少。

（4）经济利益的流入能够可靠地计量。

4. 收入的分类

按照企业所从事日常活动的性质，收入主要包括以下内容：

（1）销售商品收入。销售商品收入是指那些以取得货币资金和赊销方式销售商品所取得的收入。

（2）劳务收入。劳务收入是指企业为他人提供劳务时取得的收入，如运输收入。

（3）让渡资产使用权收入。让渡资产使用权收入是指因他人使用本企业资产所取得的收入，如利息收入、使用费收入等。

按照日常活动在企业所处的地位，收入可分为主营业务收入和其他业务收入。两者之和统称为营业收入。

（五）费用

1. 费用的定义

费用是指企业在日常活动中发生的、会导致所有者权益减少的、与向所有者分配利润无关的经济利益的总流出。

2. 费用的特征

（1）费用是企业在销售商品、提供劳务等日常活动中所发生的经济利益的流出。企业为生产产品、提供劳务等发生的可归属于产品成本、劳务成本等的费用，应当在确认产品销售收入、劳务收入时，将已销售产品、已提供劳务的成本等计入当期损益。企业将无法对象化的费用直接计入当期损益，如为组织和管理企业生产经营活动而发生的管理费用。

（2）费用可能表现为资产的减少或负债的增加，或两者兼有之。费用的发生形式多种多样，既可能表现为资产的减少，如耗用存货，也可能引起负债的增加，如负担长期借款利息，还可能是两者的组合，如购买原材料，支付部分现金，同时承担一定的债务。

（3）费用会导致所有者权益减少。企业费用的发生会导致所有者权益减少，但是所有者权益减少的经济利益总流出却不一定属于费用。例如，企业向投资者分配利润，一方面减少企业的所有者权益，另一方面减少企业的资产或增加企业的负债，因此，不属于费用。

3. 费用的确认

费用只有在经济利益很可能流出，从而导致企业资产减少或者负债增加，且经济利益的流出额能够可靠计量时才能予以确认。

符合费用定义和费用确认条件的项目才能够在利润表中列示。

4. 费用的分类

按照费用与收入的关系，费用可以分为营业成本和期间费用。

（1）营业成本。营业成本是指销售商品或提供劳务的成本。营业成本按照其销售商品或提供劳务在企业日常活动中所处的地位可以分为主营业务成本和其他业务支出。

（2）期间费用。期间费用包括销售费用、管理费用和财务费用。

（六）利润

1. 利润的定义

利润是指企业在一定会计期间的经营成果，利润包括收入减去费用后的净额、直接计入当期利润的利得和损失等。

实现利润是企业发展的条件，企业在实现利润后，才能够进行积累，从而进行扩大再生产。利润是投入资本的增值，是收入和费用配比的结果，其留存于企业的部分即盈余公积和未分配利润归所有者所有，属所有者权益。

2. 利润的构成

（1）营业利润。以营业收入（主营业务收入 + 其他业务收入）为基础，减去营业成本（主营业务成本＋其他业务成本）、税金及附加、销售费用、管理费用、财务费用、资产减值损失，加上公允价值变动收益（减去公允价值变动损失）和投资收益（减去投资损失）。

（2）利润总额。以营业利润为基础，加上利得（营业外收入），减去损失（营业外支出），计算出利润总额。

（3）净利润。净利润是以利润总额为基础，减去所得税费用，计算出净利润（或净亏损）。

在上述会计要素中，资产、负债、所有者权益三个要素构成企业的资产负债表，通过对资产负债表信息进行分析，可以了解企业的财务状况。收入、费用和利润三个会计要素构成企业的利润表，通过对利润表信息的分析，可以表明企业在一定期间取得的经营成果。

总之，会计要素是对会计对象进行具体分类的项目，它对核算和监督企业的经济活动具有重要作用。

二、会计等式

会计等式也称为会计平衡公式，是表明各会计要素之间基本关系的等式。它是利用数学公式对会计要素之间的内在联系所做的概括和科学表达。

（一）静态公式

在资金运动过程中，企业的各种经济资源无论是实物数量还是价值量，都会处于不断的变动之中，并以不同的金额分布在不同的形态上。我们从任意一个时点上观察静止状态下企业资金运动的情况都会发现，企业所拥有或控制的各种资产，其金额必然等于企业所有者对企业投入的资金与企业从外部借入的资金之和。因此无论何时，会计主体的资产将恒等于企业投资者和债权人对这些资产的要求权。由于企业必须承担如期偿还债务的责任，所以债权人对企业资产的要求权就成为企业的负债，即企业将在未来的一定时日向债权人交付资产的责任。因此，债权人的要求权总是优先于投资者的要求权。资产与权益之间这种数量上的平衡关系，可以用下面的等式表示：

经营者控制权＝债权人要求权＋所有者要求权

资产＝负债＋所有者权益

资产、负债和所有者权益三个会计要素之间的联系和基本数量关系表明了企业一定时点上的财务状况，它反映了某一时点上企业所拥有的资产，同时也反映了资产的归属关系。即从一定时点观察企业资金运动的相对静止状态情况，是编制资产负债表的理论基础。投资者对企业增加投资，或企业向投资者分配资产都会引起企业所有者权益的变动。但是，所有者权益变动的主要原因还在于企业的经营成果。企业每个会计期间的净收益和净亏损都将反映为留存收益的增减。

（二）动态公式

企业的资产投入营运后，随着企业经济活动的进行，企业一方面会取得收入，另一方面企业会发生各种各样的费用。收入大于费用的差额称为利润，反之，差额为亏损。反映企业经营成果的净收益和净损失的数据主要来自当期收入和费用的配比。用公式表示如下：

收入－费用＝利润

"收入－费用＝利润"是从一个会计期间考察企业的最终经营成果的动态情况，是编制利润表的理论基础。将收入、费用两要素列入会计恒等式，可以将资产负债表和利润表联系起来，从而揭示了资产负债表和利润表之间的内在联系和数量关系。

三、会计账户与会计科目

会计核算是会计的最基本的职能，会计核算的程序：设置会计科目→复式记账→填制和审核凭证→登记账簿→成本计算→财产清查→填制会计报表。设置科目和账户是会计核算的起点。

账户是对会计要素的增减变动及其结果进行分类记录、反映的工具。是会计信息的"存储器"，设置账户是会计核算的一种专门的方法。在实务中，账户具体表现为账页，账户具有一定的结构、格式，并通过结构反映某项经济内容的增减变动情况。会计科目是账户的名称。图 4 - 2 为总账账簿的登记原材料账页。

总账

会计科目：原材料

20××年		凭证		摘要	借方	贷方	借或贷	余额
月	日	种类	号数					
3	1			月初余额			借	30000
	1	转	1	甲材料入库	10000		借	40000
	2	转	2	发出甲材料		5000	借	35000
				（以下略）				
3	31			本月合计	50000	35000	借	45000

账户的基本结构

图 4 - 2 账户结构

由于账户是对会计要素的再分类，按其所反映的经济内容不同分为：资产类账户、负债类账户、所有者权益类账户、收入类账户、费用类账户、利润类账户（抑或整合为五类）。账户基本结构分为借贷（左右）两方，一方记增加，另一方记减少；至于哪一方记增加额，哪一方记减少额，则取决于所采用的记账方法和所记录的经济业务内容。账户基本结构的简化形式——"T"形账户。

会计科目通常由国家统一规定，是各单位设置账户、处理账务所必须遵循的依据，而账户结构格式由各会计主体自行设置。会计科目按反映信息的详细程度分为总账科目和明细科目。如某企业有甲材料和乙材料，在设置会计账户时，"原材料"为总账科目（又叫一级科目）"甲材料""乙材料"为明细科目（又叫二级科目）。

四、借贷记账法

我们知道会计核算是会计最主要的职能，会计核算的程序：设置会计科目→复式记账→填制和审核凭证→登记账簿→成本计算→财产清查→填制会计报表。复式记账是整个流程的核心。

（一）记账方法

记账方法是在账簿中登记经济业务的方法。经济业务的发生会引起各有关会计要素的增减变化，如何将这些经济业务记录在相关的账户中，可采用两种不同的方法，即单式记账法和复式记账法。

1. 单式记账法

单式计账法指对发生的经济业务一般只在一个账户中进行登记的方法。如企业用银行存款购买原材料，对于这笔支付款项，记账时只登记货币资金减少，不记原材料增加。又如企业赊购材料一批，款项未付，记账时只登记应付账款增加，不记原材料增加。从这两个例子可以看出，单式记账法的优点是记账的方式比较简单，但存在着严重的缺陷：账户的记录不完整，不能形成相互对应的关系，也不便于检查账户记录的正确性。这种记账方法只在早期简单的经济条件下应用。随着社会生产活动的发展，尤其是社会生产商品化程度的不断提高，使会计有了一个从简单到复杂、从低级到高级的不断发展过程，它记录的内容在不断丰富，记录的方法也在不断更新。一般认为，从单式记账法过渡到复式记账法，是近代会计形成的标志。与单式记账法相比，复式记账法有它不可比拟的优越性。

2. 复式记账法

复式记账法是指对发生的每一项经济业务，都以相等的金额，在相互联系的两个或两个以上的账户中进行记录的一种记账方法。如企业用银行存款购买原材料，对于这笔支付款项，记账时不仅登记货币资金减少，同时也登记原材料增加。银行存款和原材料这两个账户是相互联系的，说明购买原材料导致了银行存款的减少。又如，购买原材料尚未付款，既要在原材料的账户中做增加登记，又要在应付款账户中做增加登记。应付账款和原材料这两个账户也是相互联系的，说明这批原材料的价款还没有支付，在这批原材料增加的同时，负债也增加了。从上面两个例子可以看出，复式记账法对于任何一项经济业务，都必须用相等的金额，在两个或两个以上相互联系的账户中进行登记，借以反映会计对象具体内容的增减变化。

由于复式记账法将全部的经济业务都相互联系地记入各有关账户以后，通过账户记录可以了解每一项经济业务的来龙去脉，还能够全面了解经济活动的过程和结果；可以对账户记录的结果进行试算平衡，以检查账户记录的正确性。复式记账法由于具备上述特点，因而被世界各国公认为是一种科学的记账方法，而被广泛应用。

目前，我国的企业和行政、事业单位采用的记账方法，主要是借贷记账法。借贷记账法是以借贷为记账符号的方法。

（二）借贷记账法的账户结构

在借贷记账法下，它的记账符号就是借或者贷，我们将每一个账户分为左、右两方，左方为借方，右方为贷方。记在左边的事项称为借项，记在右边的事项称为贷项。按照复式记账原理，借贷记账法对于任何一笔经济业务，也要以相等的金额，在两个或两个以上的账户中进行登记。一笔经济业务，应该在哪些账户中登记，增加额记在哪一方，减少额又记在哪一方，就成为借贷记账法的核心内容。会计内容划分为六大要素，即资产、负债、所有者权益、收入、费用、利润，而借贷记账法的基础是会计恒等式"资产 = 负债 + 所有者权益"，由于资产在会计等式的左边，其增加额就记在借方，减少额就记在贷方。负债及所有者权益在会计等式的右边，其增加额记在贷方，减少额记在借方（见图4-3）。按此种方法来登记的结果，既保证了借方等于贷方，也保证了会计等式的平衡。这就是借贷记账法的关键所在。

借方	账户名称	贷方
资产期初余额		负债与所有者权益期初余额
资产增加		负债与所有者权益增加
负债与所有者权益减少		资产减少
资产期末余额		负债与所有者权益期末余额

图4-3　静态类会计要素记账规则

以会计恒等式"资产 = 负债 + 所有者权益"为理论基础，随着企业经营活动的展开，必然会产生各类收入，此外，也必然会发生与取得收入相关的费用。将上述变化用等式表示，则有下列扩展的会计等式："资产 + 费用 = 负债 + 所有者权益 + 收入"，收入和费用的发生也都是与所有者权益有关的，收入使所有者权益增加，增加额就记在贷方，减少额就记在借方。费用会使所有者权益减少，所以它的增加额就记在借方，减少额就记在贷方（见图4-4）。通过上面的介绍，可得到以下规律：

借方	账户名称	贷方
收入、利润减少或结转		费用减少或结转
费用增加		收入、利润减少

图4-4　动态类会计要素记账规则

1. 资产类账户、负债和所有者权益账户

资产类账户的结构是，账户借方记录资产的增加额，贷方记录资产的减少额，如果有余额在借方。负债和所有者权益账户的结构是，账户借方记录负债和所有者权益的减少额，贷方记录负债和所有者权益的增加额，如果有余额在贷方。

【例4-1】企业收到国家投资350000元，款项存入银行。

这项经济业务应编制的会计分录：

借：银行存款   350000

 贷：实收资本   350000

这项经济业务的发生，涉及"资产"和"所有者权益"两个要素。银行存款增加是资产的增加，应记入"银行存款"账户的借方，国家对企业的投资增加是所有者权益的增加，应记入"实收资本"账户的贷方。

【例4-2】企业7月1日从银行取得借款60000元，期限为6个月，年利率为8%，利息每季结算一次，所得借款存入银行。

这项经济业务应编制的会计分录：

借：银行存款   60000

 贷：短期借款   60000

这项经济业务的发生，涉及"资产"和"负债"两个要素，银行存款增加是资产的增加，应记入"银行存款"账户的借方；短期借款的增加是负债的增加，应记入"短期借款"账户的贷方。

2. 费用类账户的结构

费用类与资产类账户基本相同。增加额记借方，减少额或转销额记贷方，由于借方记录的费用的增加额一般都要通过贷方转出，所以账户通常没有期末余额。如果因某种情况有余额，也表现为借方余额。

【例4-3】月末计算本月车间使用的厂房、机器设备等固定资产应提折旧8400元。

这项经济业务应编制的会计分录：

借：制造费用   8400

 贷：累计折旧   8400

这项经济业务的发生，涉及"费用"和"资产"两个要素，折旧费用的增加是制造费用的增加，应记入"制造费用"账户的借方，固定资产折旧额的增加实际上是固定资产价值的减少，应记入"累计折旧"账户的贷方。

3. 收入类账户结构

收入类账户的结构则与负债和所有者权益账户的结构基本相同，收入的增加额记贷方，收入转出（减少）记入账户的借方，由于贷方记录的收入增加额一般都要通过借方转出，所以账户通常没有期末余额。如果因某种情况有余额，也表现为贷方余额。

【例4-4】12月21日，大发公司收到明基公司交来供货违约金8000元，款项已存入银行。

这项经济业务应编制的会计分录：

借：银行存款   8000

 贷：营业外收入   8000

这项经济业务的发生，涉及"资产"和"收入"两个要素，收到违约金是收入的增加，应记入"营业外收入"账户的贷方，款项存入银行实际上是资产的增加，应记入"银行存款"账户的借方。

（三）借贷记账法的记账规则

根据会计恒等式的扩展：资产＋费用＝负债＋所有者权益＋收入，得出资产和费用账户，借方登记增加额，贷方登记减少额。负债、所有者权益和收入账户，贷方登记增加额，借方登记减少额。根据以上的知识要点，可以得出以下记账规则：

其一，借贷记账法是复式记账法的一种，任何一项经济业务，都必须用相等的金额在两个或两个以上的有关账户中登记。

其二，所记录的两个或两个以上的账户可以属于同一类，也可以属于不同类，这取决于经济业务的内容。一个记在借方，一个记在贷方，必须"有借必有贷"。

其三，记入两个或两个以上的账户，借方金额和贷方金额必须相等。

将以上三条规则加以概括得出：有借必有贷，借贷必相等。

记账规则，是记账的依据，也是核对账户的依据。运用借贷记账法记账时，在有关账户之间都会形成应借、应贷的相互关系，这种关系叫作账户对应关系。发生对应关系的账户叫对应账户。为了保证账户对应关系的正确性，登账前应先根据经济业务所涉及账户及其借贷方向和金额，编制会计分录，据以登账。

【例4－5】用银行存款100000元归还长期借款。

本例题会计分录的步骤：首先分析这项业务涉及的会计要素是资产、费用还是负债、所有者权益、收入、利润，是增加还是减少；这项经济业务涉及的是资产和负债两个账户。其次确定应记账户的方向，应借还是应贷；资产减少记贷方，负债减少记借方。最后根据会计科目表，确定记入哪个账户的借方或贷方。"银行存款"是资产类科目，"长期借款"是负债类科目。据此，编制的会计分录：

借：长期借款   100000

  贷：银行存款   100000

做好分录后，检查分录中应借、应贷科目是否正确；借贷方金额是否相等，有无错误。这种分录是一个账户借方只同另一个账户贷方发生对应关系的分录，只涉及两个对应账户，这种会计分录称为简单会计分录。有些会计分录比较复杂，会涉及两个以上的会计账户，称为复合会计分录。

【例4－6】某企业生产产品领用材料5000元，车间一般消耗领用材料500元。

若用简单的会计分录即作两笔分录：

借：生产成本   5000

  贷：原材料   5000

借：制造费用   500

  贷：原材料   500

上述分录也可以记作：

借：生产成本   5000

    制造费用   500

  贷：原材料   5500

（四）借贷记账法的试算平衡

为了保证一定时期内发生的经济业务在账户中登记的正确性，需要在一定时期终了时，根据会计等式的基本原理，对账户记录进行试算平衡。试算平衡通常是通过总分类账户试算平衡表进行，一般是采用发生额平衡的方法，公式表达：全部账户本期借方发生额合计 = 全部账户本期贷方发生额合计，也可以采用余额平衡的方法，可用公式表达：全部账户期末借方余额合计 = 全部账户期末贷方余额合计。

五、权责发生制与收付实现制

权责发生制与收付实现制是企业收入和费用要素确认的两种方法。

例如，李四1月投资30000元，开办一家酒吧。下面是该酒吧开业一个月的经营情况：预付半年房租6000元，购入各种饮料9000元，本月耗用其中的2/3，支付雇员工资2000元，支付水电费700元，获得营业收入14000元。试分析李四这一个月是否赚钱？

所谓收付实现制，亦称现收现付制，是按照款项是否实际收到或付出作为确定本期收入和费用的标准。案例中在收付实现制下，本月利润 = 14000 - 6000 - 9000 - 2000 - 700 = -3700（元）。本月经营亏损，显然这种方法不是很合理。

所谓权责发生制，也称应收应付制，是指企业以收入的权利和支出的义务是否归属于本期为标准来确认收入、费用的一种会计处理方法。例如3月销售产品3000元，货款未收，按权责发生制应当理解为虽然未收到货币资金，但已获得收款权利，仍作为3月的收入。又如3月用银行存款支付4月、5月、6月的财产保险费1200元，按权责发生制应当理解为虽然支付了货币资金，但本月并不受益，不应承担相应的义务与责任，不能作为3月的费用，而应由4月、5月、6月三个月分摊。再如12月企业购入一台6万元机器设备，该设备可使用5年。按权责发生制本月虽支付了货币资金，但本月并不受益，不应承担相应的义务与责任，不是12月的费用，而应由后5年60个月使用期均摊。企业的固定资产在较长的经营期内慢慢磨损或被消耗，这种价值的损耗叫作折旧。假设企业采用直线摊销法，报废无残值，则每月计提固定资产折旧额1000元，并按照固定资产的使用部门计入相应的成本或费用。由此：

案例中在权责发生制下本月利润计算如下：

本月利润 = 14000 - 6000/6 - 9000×2/3 - 2000 - 700 = 4300（元）

由以上分析可知，在不同确认原则下，所计算的企业本期利润迥然不同。《企业会计准则——基本准则》第九条规定："企业应当以权责发生制确认本期的收入与费用。"由此，创业者在了解和分析企业经营业绩时，需要正确运用确认原则。

第二节 创业企业资金筹集业务核算

为了全面、连续、系统、综合地反映和监督由企业上述主要经济业务所组成的生产经营活动过程和结果，企业必须根据各种经济业务的具体内容和管理要求，开设相应的账户，并运用借贷记账法对经济业务的发生进行账务处理，以便提供管理上所需要的各种会计信息。

一、投入资本核算

企业投资者投入的资本是所有者权益的主要组成部分。按照投资主体的不同，投入资本可以分为国家投入资本、法人资本、个人投入资本和外商投入资本；按照投入资本的不同物质形态，可分为货币投资、实物投资、证券投资和无形资产投资等。

（一）投入资本核算的账户设置

为了反映企业投资者投入资本的增减变动情况和结存情况，加强对企业投资过程和投资内容的管理，应设置以下账户。

1. "实收资本"账户

"实收资本"账户是核算和监督投资者按照企业章程或合同、协议的约定，实际投入资金的账户。该账户属于所有者权益类，企业实际收到投资人作为资本投入的货币资金、房屋建筑物、机器设备等资产时，按确认的投资额记入该账户的贷方，投资人收回投入资本时，记入该账户的借方，期末余额在贷方，反映投资者实际投入企业的资本总额。该账户按照投资人设置明细分类账户，具体结构如下：

借方	实收资本	贷方
按照法定程序报经批准减少的资本金	投资者投入的资本金	
	期末余额：企业实有的资本数	

由于资本保全原则规定，投资者投入的资本金在未经有关部门批准的情况下，不得随意变动。在企业持续经营期间，"实收资本"账户借方在一般情况下没有发生额。

股份有限公司应设置"股本"账户核算公司所发行的股本总额，并在股份总额的范围内核定实际发行的股票数额。

2. "资本公积"账户

"资本公积"账户是核算和监督企业资本公积的取得和使用情况的账户。该账户属于所有者权益类，该账户的贷方登记从不同渠道形成的资本公积的数额（企业收到投资者的投资额超出其在注册资本或股本中所占份额的部分，直接计入所有者权益的利得和损失，也通过本科目核算）。借方登记因转增资本而使资本公积金减少的数额，期末余额在贷方，表示资本公积的结存数额。该账户按资本公积形成的来源设置明细分类账户。具体结构如下：

借方	资本公积	贷方
资本公积金的减少数	资本公积金的增加数	
	期末余额：资本公积金的结余数	

3. "银行存款"账户

"银行存款"账户是核算和监督企业存入银行和其他金融机构的各种存款的账户。该账户属于资产类账户。借方核算银行存款的增加数，贷方核算银行存款的减少数，期末余额在借方，反映企业实际存在银行或其他金融机构的款项。具体结构如下：

借方	银行存款	贷方
银行存款的增加数	银行存款的减少数	
期末余额：银行存款的实有数		

4. "固定资产"账户

"固定资产"账户是核算企业所有的固定资产原始价值的账户。该账户属于资产类账户。借方登记企业增加的固定资产原始价值，贷方登记固定资产因报废、出售等原因而减少的原始价值，期末余额在借方，反映企业期末固定资产的账面原始价值。该账户按照固定资产的类别设置明细账进行明细核算。具体结构如下：

借方	固定资产	贷方
固定资产原始价值的增加数	固定资产原始价值的减少数	
期末余额：固定资产的账面原始价值		

（二）投入资本核算的账务处理

【例4-7】20×1年5月1日，北路公司收到甲公司投入资金800000元，全部存入银行。

这项经济业务发生后，一方面使北路公司的银行存款增加了800000元，另一方面使该公司投资者的权益增加了800000元。因此，这项经济业务涉及"银行存款"和"实收资本"两个账户。投入资金存入银行是资产的增加，应记入"银行存款"账户的借方；甲公司对企业投资是所有者权益的增加，应记入"实收资本"账户的贷方。这项经济业务应编制会计分录如下：

  借：银行存款   800000
   贷：实收资本——甲公司   800000

【例4-8】20×1年5月3日，北路公司收到乙公司投入的机械设备1套，该设备所确认的价值为800000元。

这项经济业务发生后，一方面使北路公司的固定资产增加了800000元，另一方面使该公司投资者的权益增加了800000元。因此，这项经济业务涉及"固定资产"和"实收资本"两个账户。投资者投入机器设备是资产的增加，应记入"固定资产"账户的借方；乙公司对企业投资是所有者权益的增加，应记入"实收资本"账户的贷方。这项经济业务应编制会计分录如下：

  借：固定资产   800000
   贷：实收资本——乙公司   800000

【例4-9】20×4年5月6日，北路公司"实收资本"账户上的余额为1600000元，是两年前由甲、乙两个公司各出资800000元组成。本年度丙公司有意加入北路公司，经协商丙公司出资1000000元取得北路公司1/3的股份。

这项经济业务发生后，一方面使企业的银行存款增加1000000元，另一方面使实收资本增加了800000元，资本公积增加了200000元。因此，这项经济业务涉及"银行存款"

"实收资本"和"资本公积"三个账户。收到投资者投入的货币资金是资产的增加，应记入"银行存款"账户的借方；丙公司对企业投资是所有者权益的增加，应同时记入"实收资本"和"资本公积"账户的贷方。这项经济业务应编制会计分录如下：

借：银行存款   1000000

 贷：实收资本——丙公司   800000

  资本公积   200000

二、借入资金业务核算

在生产经营过程中，企业为了弥补生产资金的不足，需要向银行或其他金融机构借入资金。企业向银行借入资金，必须按照银行借款的规定，办理相应的手续，按时支付利息，到期归还本金。企业向银行或其他金融机构借入的款项按归还期限的不同，分为短期借款和长期借款。短期借款是指企业向银行或其他金融机构借入的偿还期限在1年以内的短期借款。长期借款是指企业向银行或其他金融机构借入的偿还期限在1年以上（不含1年）的各项借款。

（一）借款利息确认与计量

企业从银行借入的短期借款和长期借款应支付的利息应按照权责发生制原则要求，根据不同情况进行确认与计量。

1. 短期借款利息的确认与计量

短期借款既要还本又要付息，利息支出属于企业在理财活动过程中为筹集资金而发生的一项耗费，作为财务费用的增加，计入当期损益。企业应按照权责发生制原则要求，采用按月确认计息费用。

2. 长期借款利息的确认与计量

长期借款利息可以分期支付，也可以在借款到期时一起偿付，具体情况应按照贷款合同的规定办理。企业应按照权责发生制原则要求，按规定计算利息，在资产负债表日，应按摊余成本和实际利率计算确定的长期借款的利息费用，计入工程成本、长期待摊费用、财务费用、研发支出中。

（二）借入资金核算应设置的账户

为了核算借入资金的增减变动情况和期末尚未归还的借款数额，应设置以下账户：

1. "短期借款"账户

"短期借款"账户是核算企业向银行或其他金融机构借入的期限在1年以内（含1年）的各种借款的增减变动及其结余情况。该账户属于负债类，其贷方登记企业取得的短期借款数，即借款本金的增加额，借方登记已归还的短期借款数，即借款本金的减少额，期末余额在贷方，表示企业尚未归还的短期借款的本金结余额。该账户按借款单位和借款种类设置明细账户。其账户结构如下：

借方	短期借款	贷方
企业归还的短期借款本金	企业借入的短期借款本金	
	期末余额：尚未归还的短期借款的本金	

2. "长期借款"账户

"长期借款"账户是核算企业向银行或其他金融机构借入的期限在1年以上（不含1年）的各种借款的增减变动及其结余情况。该账户属于负债类，其贷方登记企业取得的长期借款及其应付而未付的利息数，即本金与利息的增加数，借方登记已归还的长期借款及支付的利息数，即本息的减少数，期末余额在贷方，表示尚未归还的长期借款本息结余额。该账户按借款单位和借款种类设置明细账户。其账户结构如下：

借方	长期借款	贷方
企业归还的各种长期借款本金和利息	企业借入的长期借款本金和应付利息	
	期末余额：尚未归还的长期借款本息	

（三）借入资金核算账务处理

【例4-10】 20×4年12月1日，北路公司因生产经营的临时性需要，向银行申请取得借款80000元，偿还期限为6个月，年利率为6%，借款到期时一次还本付息，借款划入企业银行存款账户。

这项经济业务发生以后，一方面使企业的银行存款增加了80000元，另一方面使企业的负债增加了80000元。因此，这项经济业务涉及"银行存款"和"短期借款"两个账户。借入资金存入银行是资产的增加，应记入"银行存款"账户的借方，收到银行的短期借款是公司流动负债的增加，应记入"短期借款"账户的贷方。这项经济业务应编制会计分录如下：

借：银行存款 80000
　贷：短期借款 80000

【例4-11】 20×4年12月1日，北路公司向银行申请取得借款300000元，偿还期限为5年，年利率为10%，假设每年年末计息，到期一次归还本息。借款划入企业银行存款账户。

这项经济业务发生以后，一方面使企业的银行存款增加了300000元，另一方面使债权人的权益增加了300000元。因此，这项经济业务涉及"银行存款"和"长期借款"两个账户。借入资金存入银行是资产的增加，应记入"银行存款"账户的借方，收到银行的长期借款是公司长期负债的增加，应记入"长期借款"账户的贷方。这项经济业务应编制会计分录如下：

借：银行存款 300000
　贷：长期借款 300000

第三节　创业企业供应过程业务核算

供应过程是企业生产经营过程的第一个阶段。在供应过程中，企业根据生产经营的需要，用货币资金购买各种原材料、辅助材料，形成材料储备资金。供应过程核算的主要内容：一是按照合同和结算制度的规定，与供应单位进行货款结算；二是支付购买材料的价款与增值税额；三是支付材料运输费、装卸费、仓储费等采购费用；四是计算材料的采购成本，办理验收入库手续。

一、供应过程中原材料采购成本的确定

企业供应过程核算中的一个非常重要的问题是原材料成本的确定，包括取得原材料成本的确定和发出原材料成本的确定。原材料的实际采购成本由以下几项内容组成：

（一）原材料的买价

材料的买价是指购货发票所注明的货款金额，应该注意的是，增值税专用发票上注明的购买材料时支付的增值税，应为价外税，不能计入材料采购成本。

（二）其他采购费用

其他采购费用是指在采购过程中发生的除材料买价以外的计入材料采购成本的其他费用，包括以下内容：①运杂费（运输费、包装费、装卸费、保险费、仓储费等）；②运输途中的合理损耗；③入库前发生的整理挑选费用（包括挑选整理过程中发生的工费和必要的损耗，并减去回收的下脚料价值）；④其他费用，如大宗物资市内运杂费等。

材料的采购成本一般由材料的买价和其他采购费用组成。按照直接收益直接分配原理，材料的买价一般属于直接费用，应直接计入采购对象，即所购材料的成本中去。在其他采购费用中，凡是能直接分清受益对象的就要计入相应的材料成本，凡是不能够分清受益对象且金额较大，不计入材料成本，会导致材料采购成本不实，固可按材料的重量、买价或体积等作为材料的分配标准，采用一定的分配方法，间接计入相应的材料采购成本中。但是，市内零星运杂费、采购人员的差旅费以及采购机构的经费等一般不易分清具体的受益对象，且费用金额较小，不计入材料成本，对材料采购成本的升降水平影响不大，根据重要性原则，可不计入材料的采购成本，作为期间费用，直接列入管理费用。

二、供应过程核算应设置的账户

为了加强对材料采购业务的管理，反映和监督材料采购成本和库存材料实际成本的增减变动情况和结存情况，以及因采购材料而发生的债务结算情况，在核算中应设置以下账户：

1. "原材料"账户

"原材料"账户是核算企业库存材料实际成本的增减变动及其结存情况。该账户属于资产类，其借方登记已验收入库材料实际成本的增加，贷方登记发出材料的实际成本（即库存材料成本的减少），期末余额在借方，表示库存材料实际成本的期末结存余额。该账户应按购入材料的类别、品种和规格分别设置明细分类账户。其账户结构如下：

借方	原材料	贷方
已验收入库材料的买价和采购费用	发出入库材料的买价和采购费用	
期末余额：结存材料的实际成本		

需要说明的是，购入材料过程中发生的除买价之外的采购费用，如果能够分清是某种材料直接负担的，可直接计入该种材料的采购成本中去，如果是几种材料共同发生的采购费用，应分配后再计入材料的采购成本中去。分配时首先根据材料的特点确定分配标准，一般来说可以选择的分配标准有材料的重量、体积、买价等，然后计算材料采购费用分配率，最后计算各种材料的采购费用负担额：

材料采购费用分配率 = 共同性采购费用 ÷ 分配标准总额

某材料应负担的采购费用 = 材料采购费用分配率 × 该材料的分配标准

2. "在途物资"账户

"在途物资"账户是核算企业采购用实际成本（或进价）进行材料、商品等物资的日常核算、货款已付但尚未验收入库的在途物资采购成本账户。该账户属于资产类，借方登记企业购入材料、商品，应计入材料、商品采购成本的金额，贷方登记验收入库材料的实际采购成本，期末余额在借方，反映企业在途材料的实际采购成本。该账户应按购入材料的类别、品种和规格分别设置明细分类账户。其账户结构如下：

借方	在途物资	贷方
在途材料的买价和采购费用	验收入库材料的买价和采购费用	
期末余额：在途材料的实际成本		

3. "其他应收款"账户

"其他应收款"账户是核算企业除应收票据、应收账款、预付账款等购货以外的其他各种应收、暂付款项，如，应向职工个人收取的各种垫付款项，应收的各种赔款、罚款，应收的出租包装物的租金等。本账户属于资产类，其借方登记企业发生的各种其他应收款项，贷方登记企业收回的其他应收款项；期末余额一般在借方，表示尚未收回的其他应收款项。该账户应按照有关单位和个人的名称设置明细分类账户。其账户结构如下：

借方	其他应收款	贷方
发生的各种其他应收款项	收回的各种其他应收款项	
期末余额：尚未收回的其他应收款项		

4. "应付账款"账户

"应付账款"账户是核算企业单位因购买材料物资、接受劳务供应而与供应单位发生的结算债务增减变动及其结余情况的账户。该账户属于负债类，其贷方登记应付而未付供应单位款项（买价、税金和代垫运杂费等）的增加额，借方登记应付供应单位款项的减少额（即偿还数）。期末余额一般在贷方，表示尚未偿还的应付贷款。该账户应按照供应单位的名称设置明细分类账户。其账户结构如下：

借方	应付账款	贷方
已偿还供应单位的款项	应偿还供应单位的款项（买价、税金和代垫运杂费等）	
	期末余额：尚未支付的应付款项	

5. "预付账款" 账户

"预付账款" 账户是核算企业按照合同规定向供应单位预付购货款而与供应单位等发生结算债权的增减变动及其结余情况。该账户属于资产类，其借方登记预付款的增加，贷方登记预付款的减少。期末余额一般在借方，表示尚未结算的预付款的结余额。该账户按供应单位设置明细账户。其账户结构如下：

借方	预付账款	贷方
按合同规定预付给供应单位的款项	收到货物时冲销预付供应单位的款项	
期末余额：尚未结算的预付账款		

6. "应付票据" 账户

"应付票据" 账户是核算企业采用商业汇票结算方式购买材料物资等而开出、承兑商业汇票的增减变动情况及其结余情况。该账户属于负债类，其贷方登记企业开出、承兑商业汇票的增加数，借方登记到期商业汇票的减少数；期末余额在贷方，表示尚未到期的商业汇票的期末结余额。企业应设置"应付票据备查"详细登记票据的种类、签发日期、票面金额、收款人、付款日期和金额等信息。应付汇票到期结清时，应当在备查簿内逐笔注销。其账户结构如下：

借方	应付票据	贷方
到期应付汇票的减少数	开出、承兑商业汇票的增加数	
	期末余额：尚未到期的应付汇票结存数	

7. "应交税费" 账户

"应交税费" 账户是核算企业按照税法等规定，计算应交纳的各种税金费（不包括印花税等不需要预提应交数的税金），包括增值税、消费税、所得税、资源税、土地增值税、城市维护建设税、房产税、土地使用税、车船使用税、教育费附加。该账户属于负债类，其贷方登记计算的各种应交而未交税金的增加，包括计算出的增值税、消费税、城建税、所得税等，借方登记实际缴纳的各种税金，包括支付的增值税进项税额。期末余额如果在贷方，表示未交的税金；如果在借方，表示多交的税金。其账户结构如下：

借方	应交税费	贷方
实际交纳的各种税金	本期计算应交纳的各种税金	
期末余额：表示多交的税金	期末余额：表示未交的各种税金	

应交税费账户应按照不同税种设置明细账。在材料在途物资业务中主要是核算增加

税。因此，应该设置"应交税费——应交增值税"明细账户，用来核算和监督企业应交和已交增值税的情况。其账户结构如下：

借方	应交税费——应交增值税	贷方
购进材料时支付的增值税（进项税额）	销售商品时收取的增值税（销项税额）	
期末余额：多交（下期抵扣）的增值税	期末余额：应交的增值税	

增值税是对在我国境内销售货物或者提供劳务，以及进口货物的单位和个人，就其取得的货物或应税劳务销售额计算税金，并实行税款抵扣制的一种流转税。增值税是对商品生产或流通各个环节的新增值或商品附加值进行征税，所以称为增值税，是一种价外税。纳税人销售货物或应税劳务，按照销售额和规定的税率计算并向购买方收取增值税额，因此增值税分为进项税额和销项税额

进项税额是指纳税人购进货物或接受应税劳务所支付或负担的增值税额。其计算公式为：

进项税额 = 购进货物或劳务价款 × 增值税税率

销项税额是指纳税人销售货物或提供应税劳务所收取的增值税额。其计算公式为：

销项税额 = 销售额 × 增值税税率

增值税的进项税额与销项税额是相对应的，购货方的进项税额就是销货方的销项税额，而销售方的销项税额就是购买方的进项税额。对于企业来说，当销项税额大于进项税额时，其差额就是当期应该交纳的增值税额，相反就是当期多交的增值税额，作为下期的抵扣数。其计算公式为：

当期应纳增值税额 = 当期销项税额 – 当期进项税额

三、供应过程核算的账务处理

【例 4 -12】20 × 4 年 12 月 5 日，北路公司从兴进工厂购入下列材料：甲材料 8000 千克，单价 40 元/千克；乙材料 5000 千克，单价 30 元/千克，增值税税率 13%，全部款项通过银行付清。材料尚未验收入库。

这项经济业务发生以后，一方面使北路公司材料采购成本增加了 470000 元，增值税进项税额支出了 61100 元；另一方面使公司的银行存款减少了 531100 元。因此，这项经济业务涉及"在途物资""应交税费——应交增值税"和"银行存款"三个账户。材料买价的增加是资产的增加，应记入"在途物资"账户的借方，支付增值税进项税额是负债的减少，应记入"应交税费——应交增值税"账户的借方，用银行存款支付货款和税款是资产的减少，应记入"银行存款"账户的贷方。这项经济业务应编制会计分录如下：

借：在途物资——甲材料　　　　　　　　　　　　　　　　320000

　　　　　——乙材料　　　　　　　　　　　　　　　　150000

　　应交税费——应交增值税（进项税额）　　　　　　　　　61100

　贷：银行存款　　　　　　　　　　　　　　　　　　　　531100

【例 4 -13】上述材料已经运到，验收入库。同时用银行存款支付上述购入甲材料、乙材料的外地不含税运杂费 5200 元。增值税税额 468 元。运杂费按照材料的重量比例进

行分配。

在这项经济业务中，用银行存款支付5200元的材料运杂费是甲、乙两种材料共同负担的费用，应按照要求对其进行分配：

运杂费分配率 = 5200 ÷ (8000 + 5000) = 0.4（元/千克）

甲材料负担的采购费用 = 0.4 × 8000 = 3200（元）

乙材料负担的采购费用 = 0.4 × 5000 = 2000（元）

计算材料采购成本，其中：

甲材料 = 320000 + 3200 = 323200（元）

乙材料 = 150000 + 2000 = 152000（元）

这项经济业务发生以后，需要编制两笔会计分录。

首先，企业用银行存款支付运杂费，一方面使企业用于材料采购的支出增加了5200元，增值税进项税额支出468元，另一方面使公司的银行存款减少了5668元。因此，这项经济业务涉及"在途物资"和"银行存款"两个账户。运杂费的增加是资产的增加，应记入"在途物资"账户的借方，用银行存款支付运杂费是资产的减少，应记入"银行存款"账户的贷方。这项经济业务应编制会计分录如下：

借：在途物资——甲材料　　　　　　　　　　　　　　　　3200

　　　　　　——乙材料　　　　　　　　　　　　　　　　2000

　　应交税费——应交增值税（进项税额）　　　　　　　　468

　　贷：银行存款　　　　　　　　　　　　　　　　　　　　　5668

其次，材料验收入库后，一方面使原材料甲材料增加了323200元，乙材料增加了152000元，另一方面使在途物资减少了475200元。因此，这项经济业务涉及"原材料"和"在途物资"两个账户。材料验收入库是资产的增加，应记入"原材料"账户的借方，结转材料采购成本是资产的减少，应记入"在途物资"账户的贷方。这项经济业务应编制会计分录如下：

借：原材料——甲材料　　　　　　　　　　　　　　　　　323200

　　　　　　——乙材料　　　　　　　　　　　　　　　　　152000

　　贷：在途物资——甲材料　　　　　　　　　　　　　　　　323200

　　　　　　　　——乙材料　　　　　　　　　　　　　　　　152000

【例4-14】20×4年12月8日，北路公司从裕兴工厂购买丙材料10000千克，单价20元/千克，发票注明的价款200000元，增值税额26000元，裕兴工厂代本公司垫付不含税材料运杂费1000元，增值税税额90元。材料已运到企业，账单、发票已到，但材料价款、税金及运杂费尚未支付。材料已验收入库。

这项经济业务发生以后，一方面使企业的库存原材料增加了201000元，增值税进项税额支出了26090元；另一方面使公司应付供货单位的货款及税款增加了227090元。因此，这项经济业务涉及"原材料""应交税费——应交增值税"和"应付账款"三个账户。原材料的增值税是资产的增加，应记入"原材料"账户的借方，支付增值税进项税额是负债的减少，应记入"应交税费——应交增值税"账户的借方，应付账款的增加是负债的增加，应记入"应付账款"账户的贷方。这项经济业务应编制会计分录如下：

借：原材料——丙材料　　　　　　　　　　　　　　　　　　　　　　201000
　　应交税费——应交增值税（进项税额）　　　　　　　　　　　　26090
　　贷：应付账款——裕兴工厂　　　　　　　　　　　　　　　　227090

【例 4 – 15】20×4 年 12 月 10 日，北路公司按照合同规定以银行存款 300000 元，支付鸿讯工厂预付材料款。

这项经济业务发生以后，一方面使北路公司预付账款增加了 300000 元，另一方面使银行存款减少了 300000 元。因此，这项经济业务涉及"预付账款"和"银行存款"两个账户。预付账款的增加是企业资产（债权）的增加，应记入"预付账款"账户的借方，银行存款支付是资产的减少，应记入"银行存款"账户的贷方。这项经济业务应编制会计分录如下：

借：预付账款——鸿讯工厂　　　　　　　　　　　　　　　　　　300000
　　贷：银行存款　　　　　　　　　　　　　　　　　　　　　300000

【例 4 – 16】20×4 年 12 月 20 日，北路公司收到鸿讯工厂发来前已预付货款的丙材料，并验收入库。随货物附来的发票注明该批丙材料的不含税价款 320000 元，不含税运杂费 1600 元，增值税进项税额 41744 元，除冲销已经预付款 300000 元外，不足款项立即用银行存款支付。

这项经济业务发生以后，一方面使北路公司原材料增加了 321600 元，增值税进项税额支出了 41744 元；另一方面冲销公司原先预付的货款 300000 元，其余 63344 元的货款用银行存款支付。因此，这项经济业务涉及"原材料""应交税费——应交增值税""预付账款"和"银行存款"四个账户。为了清晰反映账户的对应关系，这笔经济业务应编制两笔会计分录。

首先，库存材料的增加是资产的增加，应记入"原材料"账户的借方，支付增值税进项税额是负债的减少，应记入"应交税费——应交增值税"账户的借方，将全部货款通过"预付账款"科目核算，应记入"预付账款"账户的贷方。这项经济业务应编制会计分录如下：

借：原材料——丙材料　　　　　　　　　　　　　　　　　　　　321600
　　应交税费——应交增值税（进项税额）　　　　　　　　　　　41744
　　贷：预付账款——鸿讯工厂　　　　　　　　　　　　　　　363344

其次，计算"预付账款"账户的贷方余额为 63344 元，用银行存款支付。该项经济业务应编制会计分录如下：

借：预付账款——鸿讯工厂　　　　　　　　　　　　　　　　　　63344
　　贷：银行存款　　　　　　　　　　　　　　　　　　　　　63344

【例 4 – 17】20×4 年 12 月 25 日，北路公司用银行存款支付前欠裕兴工厂货款及税款 227090 元。

这项经济业务发生以后，一方面使北路公司应付账款减少了 227090 元，另一方面使银行存款减少了 227090 元。因此，这项经济业务涉及"应付账款"和"银行存款"两个账户。偿还应付账款是负债的减少，应记入"应付账款"账户的借方，银行存款的减少是资产的减少，应记入"银行存款"账户的贷方。这项经济业务应编制会计分录如下：

借：应付账款——裕兴工厂 227090
  贷：银行存款 227090

【例4-18】 20×4年12月20日，北路公司向天龙公司购买丁材料6000千克，单价34.1元/千克，货款204600元，增值税税率13%，税款26598元，签发商业汇票一张，材料尚未验收入库。

这项经济业务发生以后，一方面使在途材料的采购成本增加了204600元，增值税进项税额支出了26598元；另一方面使公司应付票据增加了231198元。因此，这项经济业务涉及"在途物资""应交税费——应交增值税"和"应付票据"三个账户。材料买价和运杂费的增加是资产的增加，应记入"在途物资"账户的借方，支付增值税进项税额是负债的减少，应记入"应交税费——应交增值税"账户的借方，应付票据的增加是负债的增加，应记入"应付票据"账户的贷方。这项经济业务应编制会计分录如下：

借：在途物资——丁材料 204600
  应交税费——应交增值税（进项税） 26598
  贷：应付票据 231198

【例4-19】 20×4年12月25日，北路公司向天龙公司购买丁材料6000千克，单价34.1元/千克，货已运到并经验收入库。

这项经济业务发生以后，一方面使北路公司原材料增加了204600元，另一方面使在途物资减少了204600元。因此，这项经济业务涉及"原材料"和"在途物资"两个账户。材料验收入库是资产的增加，应记入"原材料"账户的借方，结转材料采购成本是资产的减少，应记入"在途物资"账户的贷方。这项经济业务应编制会计分录如下：

借：原材料——丁材料 204600
  贷：在途物资——丁材料 204600

第四节 创业企业生产过程业务核算

企业的生产过程是企业经济活动的第二个阶段。在企业的生产过程中，企业根据市场的需要生产出各种产品，必然会发生各种耗费，这是企业为销售商品、提供劳务等日常活动所发生的经济利益的流出，包括生产费用和期间费用。在企业发生的各种费用中，凡是在一定时期的产品生产过程中所发生的、能够用货币表现的各种生产耗费就叫作生产费用；凡是在一定生产经营期间、为了维持一定生产经营能力而发生的费用就叫作期间费用。可见，生产费用的发生与制造产品有明显的因果关系，它包括构成产品主要实体的直接材料费、直接人工费和间接制造费用。期间费用与制造产品不存在明显的因果关系，它包括企业的管理费用、销售费用和财务费用（关于期间费用的内容将在本章第五节介绍）。

企业所发生的生产费用最终都要归集、分配到一定种类的产品上去，从而形成产品的成本，即企业为生产一定品种、一定数量产品所支出的各种生产费用的总和对象化于产品就形成了这些产品的成本。由此可见，生产费用与产品成本既有联系，又有区别。它们之间的联系是：生产费用的发生过程也是产品成本的形成过程，生产费用是构成产品成本的基础。生产费用与产品成本也有着严格的区别，生产费用是按会计期间归集的；而产品成本则是按照成本计算对象归集的，是一定品种或一定数量产品的生产费用总和，它可以包括几个会计期间发生的费用，如上期投产的产品在本期完工，其完工产品成本就包括上期和本期两个会计期间的费用。

一、生产过程核算的主要内容

企业生产过程核算的主要经济业务如下：

（1）产品生产过程中发生的劳动对象耗费，即材料费。例如，生产车间为制造产品领用各种材料，投入产品的生产。

（2）产品生产过程中发生的劳动力耗费，即人工费。例如，根据职工的出勤情况和产量记录计算和支付职工工资，以及根据国家制度的规定，按照工资总额的 14% 比例计提职工福利费。

（3）产品生产过程中发生的劳动资料的耗费，即折旧费。例如，根据国家制度的规定计提固定资产的折旧费。

（4）产品生产过程中发生的其他费用。例如，支付生产车间发生的各种费用，如办公费、书报费、水电费、差旅费、租赁费、修理费、劳动保护费等。还包括支付和摊销预付的费用，计算和提取应付的费用。

（5）分配制造费用。

（6）计算和结转完工产品成本等。

二、产品生产成本的计算

产品成本是指企业为生产一定品种、一定数量产品而耗费的价值，是生产费用的对象化。产品成本的计算就是指对企业生产经营过程中所发生的各种耗费，按照各种不同的对象和一定标准进行归集和分配，以计算确定该对象的总成本和单位成本的一种专门方法。通过计算产品成本，既可以为入库产品提供计价的依据，也使确定产品的销售成本、计算各会计期间的盈亏成为可能。同时，通过计算产品成本，还可以反映和监督企业生产费用的支出情况，为考核企业成本计划的完成情况以及进行成本预测提供重要的参考资料。产品生产成本计算的一般程序如下：

（一）收集、整理成本计算的原始资料

收集、整理成本计算的原始资料是正确计算产品成本的基础。成本计算的原始资料包括购进、领用各种原材料时填制的入库单和领料单，各项费用支出凭证，工时动力等的消耗凭证，产品的质量情况，在产品、半成品的内部转移和成品的入库、出库等各种原始凭证。在收集原始资料时力求完整、正确、及时，为正确计算产品成本打下良好的基础。

（二）确定成本计算对象

成本计算对象就是承担和归集费用的对象，即为计算产品成本而确定的生产费用。归集和分配的对象成本计算的客体，是生产耗费的承担者。成本计算对象的确定是设置生产成本明细账（或称产品成本计算单）、归集生产费用和正确计算产品成本的前提。不同类型的企业由于生产特点和管理要求不同，成本计算对象也不一样，而不同的成本计算对象，又决定了不同成本计算方法的特点。但不论采用哪种方法，最终都按照产品品种计算出产品成本。因而产品成本计算的品种法是产品成本计算的最终基本方法。

（三）确定成本及计算期

成本计算期就是多长时间计算一次成本，是指两次成本计算之间的间隔期。由于费用和成本是随产品生产过程的不断进行而逐步积累形成的，因而从理论上讲，产品成本计算期应当与产品生产周期相一致。但是在实际工作中，确定成本的计算期时，还要考虑企业生产技术和生产组织的特点，只有当企业单件、小批量组织产品生产时，才可能与产品生产周期一致。如果产品完工时不一定是在期末，那么成本计算期与会计期间就会不一致。如果企业经常反复不断地生产同一种或几种产品，且又跨月陆续完工，为了及时取得成本指标，加强成本核算和管理，一般每月计算一次产品成本。成本计算期与会计期间一致，与生产周期就不相一致。

（四）确定成本项目

成本是由产品生产过程中所发生的各种费用组成的，企业在产品生产过程中所发生的费用有不同的用途。有的直接用于产品的生产，如产品生产领用的材料，产品生产工人的工资等，有的用来管理和组织生产。为了具体地核算计入产品成本的生产费用，还应该按照生产费用的经济用途，将其划分为若干个成本项目，以便按照这些成本项目归集生产费用，计算产品成本。企业一般设立以下成本项目：

1. 直接材料

是指企业在生产产品过程中，直接用于产品生产的、构成产品实体的材料，包括原料及主要材料、外购半成品以及其他材料。对于在生产过程中发生的，又不构成产品实体的少数材料，如冶金和化工企业生产产品使用的催化剂、服装制造企业生产产品使用的缝纫线等，应当计入制造费用中去。

2. 直接人工

是指企业在生产产品过程中，直接从事产品生产的工人工资及按照工资总额的一定比例计提的职工福利费。直接人工不包括生产工人以外的其他生产工人的工资及福利费，如为支付车间辅助生产工人的工资及福利费、支付清扫人员的工资及福利费和车间管理人员的工资及福利费。这些人员的工资和福利费先记入"制造费用"账户，月末再按一定的标准分配计入有关产品成本中去。

3. 制造费用

是指企业在生产产品过程中，组织和管理车间一级的生产而发生的、不便于直接计入产品成本，因而没有专设成本项目的各项间接费用。包括生产过程中耗费的不属于直接材料和直接人工的费用，如生产车间管理人员及服务人员的工资及福利，生产车间房屋和建筑物、机器设备等的折旧费和修理费，机物料消耗，低值易耗品摊销，水电费，办公费，差旅费，劳动保护费等。

注意：企业行政管理部门为组织和管理生产而发生的各项管理费用作为期间费用计入当期损益，而不计入产品的生产成本。

（五）归集和分配各种费用

1. 材料费用的归集和分配

材料费用可以分为直接材料和间接材料。对于可以分清为生产某种产品所耗用的材料费用，应根据领料单等原始记录，直接计入该产品生产成本明细账的直接材料项目；不能分清为生产某种产品所耗用，或为生产产品间接消耗的各种材料费用，先在"制造费用"账户中归集，月末再分配计入有关产品成本。在生产过程中所需要的材料，应通过填制领料单向材料仓库领取。仓库根据领料单发出材料后，应将领料单按领用材料的用途和种类进行汇总，编制"材料耗用汇总表"，作为编制材料发出记账凭证的依据，计入有关生产成本和制造费用。

2. 人工费用的归集和分配

人工费用是生产费用的组成部分，主要包括应付给直接生产工人的工资和职工福利费两部分。应付工资是企业支付给劳动者的劳动报酬。应付福利费是根据国家规定，按照职工工资总额的一定比例从企业的生产成本和有关费用中提取，用于职工医药费、职工生活困难补助等职工福利方面的资金。直接支付给生产产品工人的工资及福利费，应根据工资及福利费计算单等原始记录直接计入有关产品的"生产成本"账户；凡属于生产车间不直接从事产品生产的管理和其他人员的工资及福利费，应先在"制造费用"账户中归集，月末再分配计入"生产成本"账户。

3. 制造费用的归集和分配

制造费用是指企业为生产产品而发生，但又不属于直接材料和直接人工的各种间接费用，其主要内容是企业的生产部门为组织和管理生产活动以及为生产活动服务而发生的费用。

制造费用的具体内容包括三部分：一是间接用于产品生产的费用，如车间生产用机器设备的折旧费、修理费。二是直接用于产品生产，但管理上不要求或者不便于单独核算，因而没有单独设置成本项目进行核算的某些费用，如生产工具的摊销费、设计制图费等。三是车间用于组织和管理生产的费用，如车间管理人员的工资及福利费、办公费、差旅费等。

在生产一种产品的车间中，制造费用可直接计入其产品的生产成本。在生产多种产品的企业里，制造费用在发生时一般无法直接判定其应归属的成本核算对象，因而不能直接计入所生产的产品成本中，必须将其按照发生的空间范围在"制造费用"账户中予以归集汇总，然后采用既合理又简单的分配方法，将制造费用在各产品之间进行分配，以便准确地确定各种产品应负担的制造费用。在制造费用的归集过程中，要按照权责发生制原则的要求，正确处理跨期发生的各种费用，使费用正确归属于相应的会计期间，最终分配计入各种产品的生产成本之中。

制造费用的分配标准一般是按照生产工时、产品产量、直接工资等比例进行分配。制造费用的分配公式如下：

制造费用分配率 = 应分配的制造费用总额 ÷ 费用分配标准总额

某种产品应负担的制造费用 = 该产品的分配标准 × 制造费用分配率

（六）生产费用在完工产品和期末在产品之间进行分配

成本计算是将企业生产过程中为制造产品所发生的各种费用按照一定品种和种类等（即成本计算对象）进行归集和分配，以确定各有关产品总成本和单位成本的方法。

如果月末某种产品全部完工，其生产成本明细账所归集的直接材料、直接人工和间接的制造费用的总额，就是该种完工产品的总成本，用完工产品总成本除以该种产品的完工总产量即为该种产品的单位成本。如果月末某种产品全部未完工，其生产成本明细账所归集的费用总额就是该种在产品的总成本；如果月末某种产品既有完工产品又有期末在产品，其生产成本明细账所归集的费用总额，要采取适当的分配方法在完工产品和在产品之间进行分配，完工产品成本和在产品成本之间的关系可用公式表示为：

期初在产品成本 + 本月生产费用 = 完工产品成本 + 期末在产品成本

公式中前两项为已知数，费用在完工产品和期末在产品之间的分配方法和标准多种多样。但不论采用哪一种方法都必须取得期末在产品的数量资料，才能正确计算完工产成品成本和期末在产品成本。

产品在各道工序加工完成并经过验收合格之后，就是企业的完工产成品，即可作为库存商品对外销售。

三、生产过程核算应设置的账户

为了反映和监督生产过程中各项生产费用的发生、归集和分配情况，正确地计算产品生产成本，应设置以下账户：

1. "生产成本"账户

"生产成本"账户是用来归集和分配产品生产过程中所发生的各种费用，正确计算产品生产成本的账户。该账户属于成本类账户，其借方登记生产过程中实际发生的各项生产费用，包括直接计入产品生产成本的直接材料、直接人工和分配转入的制造费用；贷方登记已经生产完工并验收入库的产成品的成本；期末如有余额应在借方，表示尚未完工的在产品成本，即生产资金的占用额。生产成本明细账应按产品的类别、品种和规格设置明细账，进行明细分类核算。该账户的结构如下：

借方	生产成本	贷方
为制造产品所发生的各种费用： 直接计入产品的材料费 直接计入产品的人工费 分配转入的制造费用	结转已经完工并验收入库产品的生产成本	
期末余额：尚未完工的在产品成本		

2. "制造费用"账户

"制造费用"账户是用来归集和分配产品生产过程中所发生的各种间接费用的账户。该账户属于成本类账户，其借方登记生产过程中发生的应计入本期生产成本的各项间接费用，贷方登记分配转入"生产成本"账户的全部制造费用，期末除季节性生产的企业外，账户应无余额。该账户应按照不同的生产车间设置明细账，进行明细分类核算。该账户的结构如下：

借方	制造费用	贷方
归集为制造产品所发生的各种间接费用	分配结转至"生产成本"账户的制造费用	
期末余额：一般无余额		

3. "应付职工薪酬"账户

"应付职工薪酬"账户核算企业根据有关规定应付给职工的各种薪酬。包括工资、职工福利、社会保险费、住房公积金、工会经费、职工教育经费、非货币性福利、辞退福利、股份支付等项目。该账户属于负债类账户，其贷方登记应付给职工的各种薪酬，借方登记向职工支付工资、奖金、津贴、福利费等，期末余额在贷方，反映企业应付而未付的职工薪酬。该账户的结构如下：

借方	应付职工薪酬	贷方
实际支付职工的工资	计算分配本月应付职工的各种薪酬	
	期末余额：应付而未付的职工薪酬	

4. "累计折旧"账户

"累计折旧"账户是核算固定资产在使用过程中价值损耗情况的账户。该账户是"固定资产"账户的调整账户，其性质从属于"固定资产"账户，属于资产类。该账户的贷方登记按月计算提取的折旧费用（损耗价值增加的实质是固定资产价值的减少），借方登记固定资产因实体的减少（如因报废、出售等）而冲减的累计折旧额，期末余额在贷方，反映已经提取的固定资产累计折旧额。

企业的固定资产使用期限较长，能够在多次生产周期中使用，并保持其原有的实物形态，但是固定资产的价值却随着固定资产的损耗而逐渐减少。固定资产因损耗而减少的价值就是固定资产的折旧。固定资产的折旧费应根据企业固定资产原值和核定的折旧率按月计提，并计入当期的生产费用或期间损益中去。提取固定资产折旧时，一方面要反映当期成本和费用的增加，另一方面要反映固定资产已提折旧额的增加，即固定资产价值的减少。如前所述，"固定资产"账户的核算内容是企业所有的固定资产原始价值的增加、减少和结存情况，如果将其折旧额计入"固定资产"账户，则该账户的期末余额所反映的内容是固定资产的净值而不是原值。因此，在会计核算上设置"累计折旧"账户，用来核算固定资产在使用过程中的价值损耗情况。

通过设置"固定资产"和"累计折旧"两个账户，一方面提供企业固定资产的原始投资规模情况，体现企业的总体生产能力；另一方面提供固定资产的累计损耗情况。用"累计折旧"账户的贷方余额抵减"固定资产"账户的借方余额即可求得固定资产的净值，以反映固定资产的新旧程度，满足企业对固定资产的管理要求。该账户的结构如下：

借方	累计折旧	贷方
因固定资产的减少而注销的折旧额	提取的固定资产折旧的增加	
	期末余额：已提固定资产折旧的累计数	

5. "库存商品"账户

"库存商品"账户是核算企业已经完工并验收入库产品的收入、发出和结存情况的账户。该账户属于资产类账户，其借方登记已经完工并验收入库产品的实际成本，贷方登记销售发出产品的实际成本。其余额在借方，反映企业库存商品的实际成本。该账户应按产品的品种或类别设置明细账进行明细分类核算。该账户的结构如下：

借方	库存商品	贷方
完工入库产成品的实际成本	出库产成品的实际成本	
期末余额：库存产成品的实际成本		

四、生产过程核算的账务处理

【例4-20】20×4年12月，北路公司仓库发出材料共计988050元，领用材料的详细情况及材料的具体用途见表4-1。

表4-1　20×4年12月材料消耗汇总表　　　　　　　　　单位：元

用途　＼种类	甲材料	乙材料	丙材料	丁材料	合计
生产产品耗用	288880	135100	433720	16800	874500
A产品耗用	219500	53500	145800	8400	427200
B产品耗用	69380	81600	287920	8400	447300
车间一般耗用				27000	27000
合计	288880	135100	433720	43800	901500

需要说明的是，在生产过程中，生产车间领用所需要的材料时，应通过填制领用单向材料仓库领取。仓库根据领料单发出材料后，应将领料单按领用材料的用途和种类进行汇总，编制"材料耗用汇总表"，财会部门以此作为依据，编制发出材料记账凭证。

这项经济业务发生以后，一方面使北路公司的库存原材料减少了901500元。其中，直接用于产品生产的材料874500元，生产车间一般耗用的材料27000元；另一方面使生产费用增加了901500元。因此，这项经济业务涉及"生产成本""制造费用""原材料"三个账户。因生产产品耗用原材料使生产成本和制造费用增加，其中甲、乙、丙三种材料可直接记入产品生产成本明细账，记入"生产成本"账户的借方，车间一般耗用的丁材料是A、B两种产品共同耗用的材料，应先在"制造费用"账户中归集，记入"制造费用"账户的借方，耗用材料使原材料减少，应记入"原材料"账户的贷方，这项经济业务应编制会计分录如下：

  借：生产成本——A 产品　　　　　　　　　　　　　　　　　　427200
      ——B 产品　　　　　　　　　　　　　　　　　　447300
   制造费用　　　　　　　　　　　　　　　　　　　　　　27000
  贷：原材料——甲材料　　　　　　　　　　　　　　　　　　288880
      ——乙材料　　　　　　　　　　　　　　　　　　135100
      ——丙材料　　　　　　　　　　　　　　　　　　433720
      ——丁材料　　　　　　　　　　　　　　　　　　43800

【例 4－21】20×4 年 12 月 4 日，北路公司出纳员从银行提取现金 132000 元，备发工资。

这项经济业务发生以后，一方面使现金增加了 132000 元，另一方面使公司的银行存款减少了 132000 元。因此这项经济业务涉及"库存现金"和"银行存款"两个账户。提取现金是资产的增加，应记入"库存现金"账户的借方，从银行存款提取现金使银行存款减少，是资产的减少，应记入"银行存款"账户的贷方。这项经济业务应编制会计分录如下：

  借：库存现金　　　　　　　　　　　　　　　　　　　　　　132000
  贷：银行存款　　　　　　　　　　　　　　　　　　　　　　132000

【例 4－22】20×4 年 12 月 31 日，北路公司结算本月应付职工工资 132000 元，其中：生产 A 产品工人的工资 60000 元，生产 B 产品工人的工资 60000 元，车间管理人员的工资 12000 元。

这项经济业务发生以后，一方面使北路公司的生产成本和制造费用增加了 120000 元。其中，计入生产成本的工资费用 120000 元，计入制造费用的工资费用 12000 元；另一方面使应付职工工资增加了 132000 元，因此，这项经济业务涉及"生产成本""制造费用"和"应付职工薪酬"三个账户。因此，生产工人工资作为直接费用记入"生产成本"账户的借方，车间管理人员的工资作为间接费用应记入"制造费用"账户的借方，计算出来的应付职工的工资还没有实际支付给职工个人，是企业负债的增加，应记入"应付职工薪酬"账户的贷方。这项经济业务应编制会计分录如下：

  借：生产成本——A 产品　　　　　　　　　　　　　　　　　　60000
      ——B 产品　　　　　　　　　　　　　　　　　　60000
   制造费用　　　　　　　　　　　　　　　　　　　　　　12000
  贷：应付职工薪酬——应付工资　　　　　　　　　　　　　　132000

【例 4－23】20×4 年 12 月 31 日，北路公司根据制造规定，按照职工工资总额的 14% 计提职工福利费。

  生产 A 产品工人的福利费 = 60000×14% = 8400 元
  生产 B 产品工人的福利费 = 60000×14% = 8400 元
  车间管理人员的福利费 = 12000×14% = 1680 元
  应付福利费合计 = 18480 元

由于职工福利费是按照工资总额的一定比例提取的，因此，这项经济业务的账务处理方式与工资结算业务相似，同样引起成本费用和负债两个方面发生变化，涉及"生产成本""制造费用"和"应付职工薪酬"三个账户。因此，生产工人的福利费作为直接费用记入"生产成本"账户的借方,车间管理人员的福利费作为间接费用应记入"制造费用"账户的借方,计算出来的应付福利费应记入"应付职工薪酬"账户的贷方。这项经济业务应编制会计分录如下:

借:生产成本——A产品   8400
     ——B产品   8400
  制造费用   1680
 贷:应付职工薪酬——应付福利费   18480

【例4-24】20×4年12月31日,北路公司月末计提本月固定资产折旧费30000元,其中车间使用的固定资产折旧费22000元,厂部管理部门使用的固定资产折旧费8000元。

这项经济业务发生以后,一方面使北路公司的制造费用增加22000元,管理费用增加8000元,另一方面使固定资产的折旧额增加了30000元,因此,这项经济业务涉及"制造费用""管理费用"和"累计折旧"三个账户。因此,生产车间使用的固定资产计提折旧时,应记入"制造费用"账户的借方,厂部管理部门使用的固定资产计提折旧应记入"管理费用"账户的借方,固定资产折旧额的增加实际上是固定资产价值的减少,应记入"累计折旧"账户的贷方。这项经济业务应编制会计分录如下:

借:制造费用   22000
  管理费用   8000
 贷:累计折旧   30000

【例4-25】20×4年12月31日,北路公司用银行存款支付生产车间机器设备的租赁费1800元(增值税普通发票),租期6个月,从本月开始摊销。

这项经济业务发生以后,一方面按照权责发生制的原则,计算应由本月制造费用负担的机器设备的租赁费300(1800×1/6)元,另外1500元虽然已经支付,但应由以后5个月负担的机器设备的租赁费应记入"预付账款"账户,待以后各月再分期记入"制造费用"账户;另一方面使银行存款减少了1800元。因此,涉及"制造费用""预付账款"和"银行存款"三个账户。负担车间使用的机器设备租赁费是生产费用的增加,应记入"制造费用"账户的借方,预付账款的增加是资产的增加,应记入"预付账款"账户的借方,银行存款的减少是资产的减少,应记入"银行存款"账户的贷方。这项经济业务应编制会计分录如下:

借:制造费用   300
  预付账款   1500
 贷:银行存款   1800

【例4-26】20×4年12月31日,北路公司用银行存款支付本月生产车间的机器设备的中小修理费1200元(增值税普通发票)。

这项经济业务发生以后,一方面使北路公司的制造费用增加了1200元,另一方面使银行存款减少了1200元,这项经济业务涉及"制造费用"和"银行存款"两个账户。制造费用的增加作为间接费用用于产品生产费用的增加,应记入"制造费用"账户的借方,银行存款的减少是资产的减少,应记入"银行存款"账户的贷方。这项经济业务应编制会计分录如下:

借：制造费用   1200

    贷：银行存款   1200

【例 4 - 27】20×4 年 12 月 31 日，北路公司生产车间购买办公用品 820 元（增值税普通发票），以库存现金支付。

这项经济业务发生以后，一方面使北路公司的制造费用增加了 820 元，另一方面使企业的现金减少了 820 元，这项经济业务涉及"制造费用"和"库存现金"两个账户。制造费用的增加是间接用于产品生产费用的增加，应记入"制造费用"账户的借方，库存现金的减少是资产的减少，应记入"库存现金"账户的贷方。这项经济业务应编制会计分录如下：

借：制造费用   820

    贷：库存现金   820

【例 4 - 28】20×4 年 12 月 31 日，北路公司用银行存款 16600 元支付应由本月生产车间负担的水电费。

这项经济业务发生以后，一方面使北路公司的制造费用增加了 16600 元，另一方面使企业的银行存款减少了 16600 元，这项经济业务涉及"制造费用"和"银行存款"两个账户。制造费用的增加作为间接费用用于产品生产费用的增加，应记入"制造费用"账户的借方，银行存款的减少是资产的减少，应记入"银行存款"账户的贷方。这项经济业务应编制会计分录如下：

借：制造费用   16600

    贷：银行存款   16600

【例 4 - 29】20×4 年 12 月 31 日，北路公司在月末将本月发生的制造费用按生产工人的工资比例进行分配并结转到 A、B 两种产品中去。

对于本项经济业务的处理应按以下步骤进行：

首先，归集本月制造费用的发生额。本月"制造费用"账户的借方本期发生额合计为 81600（27000 + 12000 + 1680 + 22000 + 300 + 1200 + 820 + 16600）元。

其次，由于制造费用属于间接费用，需要按生产 A、B 两种产品生产工人的工资比例进行分配。

制造费用分配率 = 81600 ÷ 120000 = 0.68

A 产品应负担的制造费用 = 60000 元 × 0.68 = 40800（元）

B 产品应负担的制造费用 = 60000 元 × 0.68 = 40800（元）

在实际工作中，制造费用的分配是通过编制"制造费用分配表"进行的。"制造费用分配表"是根据制造费用明细账所记录的制造费用本期发生额合计数即生产工时、产量记录等分配标准资料计算编制而成的。结合本例，编制制造费用分配表见表 4 - 2。

表 4 - 2　本月制造费用分配表   单位：元

产品名称（分配对象）	生产工人工资（分配标准）	分配率	分配金额
A 产品	60000	0.68	40800
B 产品	60000	0.68	40800
合计	120000		81600

这项经济业务发生以后，一方面使生产成本增加了81600元，另一方面使制造费用减少了81600元，这项经济业务涉及"生产成本"和"制造费用"两个账户。生产成本的增加是成本项目中间接制造费用的增加，应记入"生产成本"账户的借方，制造费用的减少是间接用于产品生产费用的减少，应记入"制造费用"账户的贷方，这项经济业务应编制会计分录如下：

借：生产成本——A 产品　　　　　　　　　　　　　　　　40800
　　　　　　——B 产品　　　　　　　　　　　　　　　　40800
　　贷：制造费用　　　　　　　　　　　　　　　　　　　　81600

【例4-30】20×4 年12 月31 日，北路公司本月初投产的A 产品1800 件和B 产品1500 件全部完工，结转A、B 两种产品的完工产品成本。

本例的账务处理如下：

首先，归集生产费用，将分配后的制造费用在各种产品中分配完毕以后，"生产成本"明细分类账户的借方归集了各种产品本月直接材料、直接人工和间接的制造费用等成本项目的借方发生额。

"生产成本——A 产品"账户的借方本期发生额合计为536400（427200 + 60000 + 8400 + 40800）元。

"生产成本——B 产品"账户的借方本期发生额合计为556500（447300 + 60000 + 8400 + 40800）元。

其次，计算产品生产成本。计算产品生产成本是把生产过程中发生的全部生产成本，按一定的对象进行归集。在计算月末在产品成本之前，必须首先确定月末在产品数量。如果某种产品在月末全部完工，那么"生产成本"明细分类账户中归集的生产费用总额就是完工产品的总成本，再用完工产品总成本除以完工产品数量求出完工产品的单位成本。如果某种产品在月末全部没有完工，那么"生产成本"明细分类账户中归集的生产费用总额就是该种产品的在产品总成本，如果某种产品一部分完工，另一部分没有完工，这时就需要采用一定的方法，将生产成本明细账中所归集的生产费用在完工产品和月末在产品之间进行分摊，以计算出完工产品的总成本，完工产品成本简单计算公式如下：

本月完工产品总成本＝月初在产品成本＋本月发生生产费用－月末在产品成本

假设本月生产A 产品和B 产品全部完工，A 产品、B 产品成本计算单见表4-3、表4-4。

表4-3　A 产品成本计算单

A 产品　　　　　　　　　　　　　　20×4 年12 月31 日　　　　　　　　　　　　　单位：元

项目	产量（件）	直接材料	直接人工	制造费用	合计
本月生产费用		427200	68400	40800	536400
结转完工产品成本	1800	427200	68400	40800	536400
完工产品成本单位成本		237.34	38.00	22.66	298.00

表4-4 B产品成本计算单

B产品		20×4年12月31日			单位：元
项目	产量（件）	直接材料	直接人工	制造费用	合计
本月生产费用		447300	68400	40800	556500
结转完工产品成本	1500	447300	68400	40800	556500
完工产品成本单位成本		298.20	45.60	27.20	371.00

最后，填制"完工产品入库单"，并据以编制结转完工产品生产成本的会计分录。

这项经济业务发生以后，一方面使库存商品增加了1092900元，另一方面使生产成本减少了1092900元，这项经济业务涉及"库存商品"和"生产成本"两个账户。库存商品的增加是资产增加，应记入"库存商品"账户的借方，结转入库产品成本是生产成本的减少，应记入"生产成本"账户的贷方，这项经济业务应编制会计分录如下：

借：库存商品——A产品　　　　　　　　　　　　　　536400

　　　　——B产品　　　　　　　　　　　　　　556500

　贷：生产成本——A产品　　　　　　　　　　　　　536400

　　　　——B产品　　　　　　　　　　　　　　556500

第五节　创业企业销售过程业务核算

销售过程是企业以一定的方式将产品销售给购货单位，并按销售价格和销售数量取得销售收入的过程。销售过程是企业资金运动的第三个阶段，是生产经营活动的最后一个环节。在销售过程中，企业一方面将所生产的产品销售出去，取得销售收入，使资产从产品资金形态转化为货币资金形态，实现货币的回笼；另一方面，只有通过销售才能使生产经营过程中发生的成本、费用得以补偿，企业的利润才能够实现。

一、销售过程核算的主要内容

企业按照营业执照上规定的经营范围从事的经营活动称为主营业务，按照营业执照上规定的兼营范围从事的经营活动称为其他业务。

（一）营业收入核算的内容

收入是指企业在日常活动中形成的、会导致所有者权益增加的、与所有者投入资本无关的经济利益的总流入。其中"日常活动"是指企业为完成经营目标所从事的经常性活动以及与之相关的活动。因此，企业的收入包括两个方面，即主营业务收入和其他业务收入。主营业务收入是指企业因销售产品而产生的经济利益的总流入。企业为完成其经营目标所从事的制造并销售产品的活动是主营业务活动，因主营业务活动而产生的经济利益的流入就构成了主营业务收入的内容。其他业务收入是指企业因销售材料、出租包装物、出租固定资产、技术转让、代购代销以及提供非工业性劳务等活动而产生的经济利益的流入。企业为完成其经营目标，在进行经常性活动时，必然会产生一些与之相关的活动，如出售生产产品剩余的、不需用的原材料，转让无形资产的使用权等活动，因此产生的收入就构成了其他业务收入的内容。营业收入核算的具体内容如下：①主营业务收入的确认与计量；②其他业务收入的确认与计量。

（二）营业成本核算的内容

企业在销售商品，取得货款，形成销售收入的同时，还要按照配比的原则，正确计算并结转产品的销售成本及材料销售成本等其他业务支出，还要按照国家税法的规定计算和缴纳销售环节的税金，如增值税、城市维护建设税等，个别产品还应交纳消费税，并使其在营业收入中得到补偿。营业收入扣除税金及附加，以及补偿营业成本后的余额即为营业利润或亏损。营业成本核算具体内容如下：①主营业务成本的计算与结转；②营业税金的计算与结转；③其他业务成本的计算与结转。

（三）销售过程中需要核算的其他内容

销售过程中需要核算的其他内容如下：①营业利润或亏损的确定；②与购货单位的货款结算；③销售过程中需要办理的其他核算业务。

二、销售过程核算应设置的会计账户

（一）"主营业务收入"账户

"主营业务收入"账户是用来核算企业销售商品和提供工业性劳务所实现的收入情况。该账户属于损益类账户，其贷方登记企业实现的主营业务收入即主营业务收入的增加，借方登记发生销售退回和销售折让时应冲减本期的主营业务收入和期末转入本年利润账户的主营业务收入额（按净额结转），结转后该账户月末应无余额。其账户结构如下：

借方	主营业务收入	贷方
（1）销售退回等冲减的销售收入 （2）期末转入本年利润账户数	本期销售商品实现的主营业务收入	
	结转后期末无余额	

（二）"其他业务收入"账户

"其他业务收入"账户用来核算企业除产品销售以外的其他销售或其他业务，如销售材料、出租包装物、出租固定资产、技术转让、代购代销以及提供非工业性劳务等活动实现的收入。该账户属于损益类账户，其贷方登记本期实现的其他业务收入，借方登记期末转入本年利润账户的收入，结转后期末无余额。其账户结构如下：

借方	其他业务收入	贷方
期末转入"本年利润"账户数	本期实现的其他业务收入	
	结转后期末无余额	

（三）"应收账款"账户

"应收账款"账户用来核算因销售商品和提供劳务等而应向购货单位或接受劳务单位收取货款结算情况（结算债权）的账户，代购买单位垫付的各种款项也在该账户中核算。该账户属于资产类账户，其借方登记由于销售商品以及提供劳务等而发生的应收账款（包括买价，税金和代垫运杂费等），贷方登记已经收回的应收账款，期末余额一般在借方，表示尚未收回的应收账款（如果期末余额在贷方，表示预收的账款）。其账户结构如下：

借方	应收账款	贷方
应收购货单位的款项 （包括买价、税金和代垫运杂费等）	收到的购货单位款项	
期末余额：尚未收到的应收款项		

（四）"预收账款"账户

"预收账款"账户是核算企业按照合同的规定预收购买单位订货款的增减变动及其结余情况。该账户属于负债类账户，其贷方登记预收购买单位订货款的增加，借方登记销售实现冲减的预收货款。期末余额一般在贷方，表示企业预收款的结余额（如果期末余额在借方，表示购货单位应补付的款项）。其账户结构如下：

借方	预收账款	贷方
用商品或劳务偿付的预收款 （包括买价、税金和代垫运杂费等）	收到的购货单位预付的款项	
	尚未偿付的预收款	

（五）"应收票据"账户

"应收票据"账户是用来核算企业销售商品而收到购买单位开出并承兑商业承兑汇票或银行承兑汇票的增减变动及其结余情况。该账户属于资产类账户，企业收到购买单位开出并承兑的商业汇票，表示企业票据应收款的增加，应记入"应收票据"账户的借方，票据到期收回款项表明企业应收票据款的减少，应记入"应收票据"账户的贷方，期末余额在借方，表示尚未到期的票据应收款项的结余额。其账户结构如下：

借方	应收票据	贷方
企业应收的票据应收款	收回的票据应收款	
期末企业持有的票据应收款		

（六）"主营业务成本"账户

"主营业务成本"账户是用来核算企业已售产品生产成本的计算和结转情况的账户，该账户属于损益类账户，其借方登记企业已售产品的生产成本（销售数量×单位生产成本），贷方登记转入"本年利润"账户的已售产品的生产成本，期末结转后本账户应无余额。其账户结构如下：

借方	主营业务成本	贷方
本期已售产品的生产成本（销售数量×单位生产成本）	期末转入"本年利润"账户的本期已售产品的生产成本（即借方数）	
结转后期末无余额		

主营业务成本的计算公式如下：

本期应结转的主营业务成本＝本期销售商品的数量×单位产品的生产成本

单位产品生产成本的确定，应考虑期初库存的商品成本和本期入库的商品成本情况，可以分别采用先进先出法、加权平均法等方法来确定，方法一经确定，不得随意变动。

（七）"税金及附加"账户

"税金及附加"账户，是用来核算企业因销售商品发生的消费税、城市维护建设税以及资源税等。该账户属于损益类账户，销售过程中发生的有关税金，应记入该账户的借方，同时贷记"应交税费——应交××税"。期末，应将该账户的借方发生额，自贷方转入"本年利润"账户的借方，结转后该账户期末无余额。其账户结构如下：

借方	税金及附加	贷方
按照计税依据计算的资源税、消费税、城市维护建设税、教育附加税等	期末转入"本年利润"账户的税金及附加（即借方数）	
结转后期末无余额		

企业实现了商品的销售，就应向税务机关缴纳各种销售税金及附加，如消费税、城建税、资源税以及教育费附加等。这些税金及附加一般是根据当月销售额或税额，按照规定的税率计算，于下月初缴纳。计算公式如下：

应交城建税＝计税依据×适用税率

应交教育费附加＝计征依据×计征比例

计税（征）依据＝本期应交消费税＋本期应交增值税

（八）"其他业务成本"账户

"其他业务成本"账户是用来核算企业其他销售或其他业务发生的支出，包括销售成本和发生的相关费用等。该账户属于损益类账户，其借方登记本期发生的其他业务成本（如结转已售材料的实际成本等），贷方登记期末转入"本年利润"账户的支出，期末结转后无余额。其账户结构如下：

借方	其他业务成本	贷方
本期发生的其他业务成本	期末转入"本年利润"账户的其他业务成本（即借方数）	
结转后期末无余额		

三、销售过程主要经济业务核算的账务处理

【例 4－31】20×4 年 12 月 3 日，北路公司向红星公司销售 A 产品 600 件，每件售价 580 元，增值税率为 13%，增值税销项税额 45240 元，货款及税款共计 393240 元已存入银行。

这项经济业务发生以后，一方面使北路公司的银行存款增加了 393240 元，另一方面使主营业务收入增加了 348000（580×600）元，增值税销项税额增加了 45240（348000×13%）元。因此，这项经济业务涉及"银行存款""主营业务收入""应交税费——应交增值税（销项税额）"三个账户。银行存款的增加是资产的增加，应记入"银行存款"账户的借方，因销售产品而实现的收入，是主营业务收入的增加，应记入"主营业务收入"账户的贷方；从购货方收取的增值税款是负债的增加，应记入"应交税费——应交增值税（销项税额）"账户的贷方。这项经济业务应编制会计分录如下：

借：银行存款　　　　　　　　　　　　　　　　　　　　　　393240
　　贷：主营业务收入——A 产品　　　　　　　　　　　　　　348000
　　　　应交税费——应交增值税（销项税额）　　　　　　　　　45240

【例 4－32】20×4 年 12 月 3 日，北路公司向联华公司出售 A 产品 500 件，每件售价 580 元；B 产品 500 件，每件售价 720 元，货款及税款共计 734500 元，货款和税款尚未收到。委托运输公司运送货物时，用银行存款代联华公司垫付运杂费 4000 元。

这项经济业务发生以后，一方面使联华公司的应收账款增加了 738500 元，另一方面由于销售产品，使主营业务收入增加了 650000（580×500＋720×500）元，增值税销项税额增加了 84500（650000×13%）元，银行存款减少了 4000 元。因此，这项经济业务涉及"应收账款""主营业务收入""应交税费——应交增值税（销项税额）"和"银行存款"四个账户。应收账款的增加是资产的增加，应记入"应收账款"账户的借方；因销售产品而实现的收入，是主营业务收入的增加，应记入"主营业务收入"账户的贷方；销项税额的增加是负债的增加，应记入"应交税费——应交增值税（销项税额）"账户的贷方；用银行存款代购货方垫付运杂费是资产的减少，应记入"银行存款"账户的贷方。这项经济业务应编制会计分录如下：

借：应收账款——联华公司　　　　　　　　　　　　　　　　738500
　　贷：主营业务收入——A 产品　　　　　　　　　　　　　　290000
　　　　　　　　　　——B 产品　　　　　　　　　　　　　　360000
　　　　应交税费——应交增值税（销项税额）　　　　　　　　　84500
　　　　银行存款　　　　　　　　　　　　　　　　　　　　　　4000

【例 4－33】20×4 年 12 月 13 日，北路公司收到开户银行的通知，三友公司已经按照

合同的规定，将 400000 元预付货款汇入北路公司银行账户。

这项经济业务发生以后，一方面使北路公司的银行存款增加了 400000 元。另一方面使企业的预收账款增加了 400000 元。因此，这项经济业务涉及"银行存款""预收账款"两个账户。银行存款的增加是资产的增加，应记入"银行存款"账户的借方；预收账款的增加是企业负债的增加，应记入"预收账款"账户的贷方。这项经济业务应编制会计分录如下：

借：银行存款   400000
    贷：预收账款——三友公司   400000

【例 4 - 34】20 ×4 年 12 月 23 日，北路公司按合同规定，向三友公司发出 A 产品 400 件，单价 580 元/件，B 产品 400 件，单价 720 元/件，货款共计 520000，增值税销项税额 67600 元，委托运输公司运送货物时，用银行存款垫付运杂费 2500 元。

这项经济业务发生以后，一方面冲销已经收到了预收账款 400000 元，其余的 190100 元的应收货款也记入"预收账款"账户的借方，以减少会计科目设置数量。另一方面由于销售产品，使主营业务收入增加了 520000（580 ×400 + 720 ×400）元。增值税销项税额增加了 67600（520000 ×13%）元，银行存款减少了 2500 元。因此，这项经济业务涉及"预收账款""主营业务收入""应交税费——应交增值税（销项税额）"和"银行存款"四个账户。冲销预收账款是负债的减少，应记入"预收账款"账户的借方；因销售产品而实现的收入，是主营业务收入的增加，应记入"主营业务收入"账户的贷方；销项税额的增加是负债的增加，应记入"应交税费——应交增值税（销项税额）"账户的贷方；用银行存款代购货方垫付运杂费是资产的减少，应记入"银行存款"账户的贷方。这项经济业务应编制会计分录如下：

借：预收账款——三友公司   590100
    贷：主营业务收入——A 产品   232000
             ——B 产品   288000
        应交税费——应交增值税（销项税额）   67600
        银行存款   2 500

【例 4 - 35】20 ×4 年 12 月 30 日，北路公司收到三友公司补付的货款 190100 元，存入银行。

这项经济业务发生以后，一方面使北路公司的银行存款增加了 190100 元，另一方面冲平了预收账款的借方余额 190100 元。因此这项经济业务涉及"银行存款""预收账款"两个账户。银行存款的增加是资产的增加，应记入"银行存款"账户的借方，记入"预收账款"贷方的 190100 元，实际上是企业债权的减少增加。这项经济业务应编制会计分录如下：

借：银行存款   190100
    贷：预收账款——三友公司   190100

【例 4 - 36】20 ×4 年 12 月 23 日，北路公司向宏泰公司出售 B 产品 450 件，每件售价 720 元，货款 324000 元，增值税率为 13%，增值税销项税额 42120 元，货款及税款共计 366120 元，收到宏泰公司开出的期限为 3 个月的商业汇票一张。

这项经济业务发生以后，一方面使北路公司的应收票据增加了 366120 元，另一方面使主营业务收入增加了 324000（720×450）元，增值税销项税额增加了 42120（324000×13%）元。因此，这项经济业务涉及"应收票据""主营业务收入""应交税费——应交增值税（销项税额）"三个账户。应收票据的增加是资产的增加，应记入"应收票据"账户的借方；因销售产品而实现的收入，是主营业务收入的增加，应记入"主营业务收入"账户的贷方；销项税额的增加是负债的增加，应记入"应交税费——应交增值税（销项税额）"账户的贷方。这项经济业务应编制会计分录如下：

借：应收票据——宏泰公司　　　　　　　　　　　　　　　366120
　　贷：主营业务收入——B产品　　　　　　　　　　　　　　324000
　　　　应交税费——应交增值税（销项税额）　　　　　　　　42120

【例4-37】20×4年12月30日，北路公司收到联华公司为偿还前欠货款开出的转账支票一张，金额为738500元，当即存入银行。

这项经济业务发生以后，一方面使北路公司的银行存款增加了738500元，另一方面使企业的应收账款减少了738500元。因此，这项经济业务涉及"银行存款""应收账款"两个账户。银行存款的增加是资产的增加，应记入"银行存款"账户的借方；应收账款的减少，是企业资产（债权）的减少，应记入"应收账款"账户的贷方。这项经济业务应编制会计分录如下：

借：银行存款　　　　　　　　　　　　　　　　　　　　　738500
　　贷：应收账款——联华公司　　　　　　　　　　　　　　738500

【例4-38】20×4年12月25日，北路公司销售给凯捷公司丙材料1500千克，每千克售价30元，计45000元，增值税销项税额5850元，款项已到，存入银行。同时结转丙材料的实际成本30000（20×1500）元。

这项经济业务发生以后，一方面使北路公司的银行存款增加了50850元，另一方面使其他业务收入增加了45000（1500×30）元，增值税销项税额增加了5850（45000×13%）元。因此，这项经济业务涉及"银行存款""其他业务收入""应交税费——应交增值税（销项税额）"三个账户。银行存款的增加是资产的增加，应记入"银行存款"账户的借方；因销售材料而实现的收入，是其他业务收入的增加，应记入"其他业务收入"账户的贷方；销项税额的增加是负债的增加，应记入"应交税费——应交增值税（销项税额）"账户的贷方。这项经济业务应编制会计分录如下：

借：银行存款　　　　　　　　　　　　　　　　　　　　　50850
　　贷：其他业务收入——丙材料　　　　　　　　　　　　　45000
　　　　应交税费——应交增值税（销项税额）　　　　　　　　5850

在确认其他业务收入的同时，还要结转销售材料的成本。一方面材料销售成本增加了30000（20×1500）元，另一方面库存材料减少了30000元。因此，这项经济业务涉及"其他业务成本"和"原材料"两个账户。其他业务支出的增加是费用成本的增加，应记入"其他业务成本"账户的借方；销售原材料是资产的减少，应记入"原材料"账户的贷方。这项经济业务应编制会计分录如下：

借：其他业务成本　　　　　　　　　　　　　　　　　　　30000
　　贷：原材料——丙材料　　　　　　　　　　　　　　　　30000

【例4-39】20×4年12月31日，北路公司计算本月应交纳的城市建设维护税和教育费附加（假设无上期留抵）。

本月应交纳的城市建设维护税和教育费附加计算过程如下：

本月进项税额 = 61100 + 468 + 26090 + 41744 + 26598 = 156000（元）

本月销项税额 = 45240 + 84500 + 67600 + 42120 + 5850 = 245310（元）

本月应交增值税 = 245310 − 156000 = 89310（元）

本月应交城建税 = 89310 × 7% = 6251.70（元）

本月应交教育费附加 = 89310 × 3% = 2679.30（元）

本月应交地方教育费附加 = 89310 × 2% = 1786.20（元）

这项经济业务发生以后，一方面使应由产品销售负担的企业税金及附加增加了 10717.2 元，另一方面使企业的应交城建税增加了 6251.70 元、应交教育费附加增加了 2679.30 元，应交地方教育费附加增加了 1786.20 元。因此，这项经济业务涉及"税金及附加""应交税费——应交城建税"和"应交税费——应交教育费附加"三个账户。主营业务税金及附加是销售过程中费用支出的增加，应记入"税金及附加"账户的借方；应交城建税的增加是负债的增加，应记入"应交税费——应交城建税"账户的贷方；教育费附加的增加是负债的增加，应记入"应交税费——应交教育费附加"账户的贷方。这项经济业务应编制会计分录如下：

借：税金及附加　　　　　　　　　　　　　　　　　　10717.20
　　贷：应交税费——应交城建税　　　　　　　　　　　　　6251.70
　　　　　　——应交教育费附加　　　　　　　　　　　　　2679.30
　　　　　　——应交地方教育费附加　　　　　　　　　　　1786.20

【例 4 - 40】20 × 4 年 12 月 31 日，北路公司在期末结转本月已销售产品的生产成本。

首先，确定产品的单位生产成本。本例中的 A、B 两种产品都是在本月投产，本月完工，期初没有在产品。因此，可以根据成本计算单中列示的单位生产成本计算。A 产品的单位生产成本是 298 元，B 产品的单位生产成本是 317 元。

其次，根据产品销售明细账的记录，统计已售产品的销售数量。已售产品的销售成本计算见表 4 - 5。

表 4 - 5　销售成本计算表　　　　　　　　　　　　单位：元

产品名称	销售数量（件）	单位生产成本	生产成本合计
A	1500	298	447000
B	1350	371	500850
合计			947850

结转已售产品的生产成本，一方面表明已售产品生产成本的增加，另一方面表明库存产品成本的减少。因此，这项经济业务涉及"主营业务成本"和"库存商品"两个账户。主营业务成本增加是销售过程中成本支出的增加，应记入"主营业务成本"账户的借方，库存商品的减少是资产的减少，应记入"库存商品"账户的贷方。这项经济业务应编制会计分录如下：

借: 主营业务成本——A 产品	447000
——B 产品	500850
贷: 库存商品——A 产品	447000
——B 产品	500850

第六节　创业企业财务成果形成与分配业务核算

财务成果是企业在一定会计期间所实现的最终经营成果,即企业所实现的利润或亏损总额,它是综合反映企业在一定时期生产经营成果的重要指标。企业作为一个独立的经济实体,其经营活动的目的就是不断地提高企业的盈利水平,增强企业的获利能力,使企业在激烈的市场竞争中求得生存和发展,因此企业的利润指标不仅反映了企业获利能力的大小,还能够综合反映企业经营管理水平的高低和企业对社会所做贡献的多少。同时,利润指标也是企业进行财务预测和投资决策的重要依据。

一、财务成果形成的核算

(一) 财务成果形成核算的主要内容

企业在一定的会计期间内取得的财务成果(盈利或亏损)是该期间实现的全部收入与为取得这些收入而发生的全部费用、支出进行配比的结果。其中,与产品制造有关的营业收入与营业成本的核算已在上一节说明,这里不再重复。

1. 确认和计量会计期间发生的各种期间费用

期间费用是指企业在经营过程中,随着时间的推移而不断发生的与产品生产活动的管理和销售有一定关系,但与产品的制造过程没有直接关系,不能直接归属于某个特定的产品成本,而应直接计入当期损益的各种费用。期间费用包括销售费用、管理费用、财务费用。

销售费用是指企业在销售商品和材料、提供劳务的过程中发生的各种费用,包括保险费、包装费、展览费和广告费、商品维修费、预计产品质量保证损失、运输费、装卸费等以及为销售本企业商品而专设的销售机构(含销售网点、售后服务网点等)的职工薪酬、业务费、折旧费等经营费用。

管理费用是指企业为组织和管理企业生产经营活动所发生的各种费用,包括企业在筹建期间内发生的开办费、董事会和行政管理部门在企业的经营管理中发生的或者应由企业统一负担的公司经费(包括行政管理部门职工工资及福利费、物料消耗、低值易耗品摊销、办公费和差旅费等)、工会经费、董事会费(包括董事会成员津贴、会议费和差旅费等)、聘请中介机构费、咨询费(含顾问费)、诉讼费、业务招待费、技术转让费、研究费用等。

财务费用是指企业为筹集生产经营所需资金等而发生的筹资费用,包括利息支出

（减利息收入）、汇兑损益以及相关的手续费、企业发生的现金折扣或收到的现金折扣等。

在一定会计期间内发生的期间费用，虽然对企业取得的收入有很大的影响，但很难与各类收入直接配比，所以，期间费用不能计入产品的制造成本，而是按照权责发生制的要求，按照费用的归属期进行确认和计量，并在期末一并从当期损益中予以扣除。

2. 核算与企业生产经营活动无直接关系的营业外收入和营业外支出

企业的营业外收支是指与企业的正常生产经营活动没有直接关系的各项收入和支出，包括营业外收入和营业外支出。营业外收入是指与企业生产经营活动无直接关系的各项收入，包括固定资产盘盈和处理固定资产净收益、罚款收入、对外索赔收入、确实无法支付而应转作营业外收入的应付账款等。营业外收入不是由企业经营资金耗费所产生的。一般不需要企业付出代价，因而无法与有关的费用支出形成配比。

营业外支出是指与企业生产经营活动无直接关系的各项支出，如固定资产盘亏和处理固定资产净损失、自然灾害造成的非常损失、罚款支出、赔偿支出、被没收的财务损失等。与营业外收入相同的是，营业外支出既不是为了取得一定的收入而付出的代价，也不会产生相应的收入，而且具有偶发性的特点，因而无法与相关的收入形成配比。

在会计核算中，应按照《企业会计制度》的要求，对营业外收入和营业外支出分别进行核算。

3. 期末结转本期发生的各项收入，以便与相关的成本、费用相配比

在企业日常的会计核算中，由于企业发生的各项收入都登记在各自账户的贷方之中，期末时，应计算出所有账户的贷方发生额合计数，并将其从各自的借方转入到利润账户的贷方，与相关的成本、费用相配比。

4. 期末结转本期发生的各项成本、费用，以便与相关的收入相配比

在企业日常的会计核算中，由于企业发生的各项成本、费用都登记在各自账户的借方之中，期末时，应计算出所有成本、费用账户的借方发生额合计数，并将其从各自的贷方转入到利润账户的借方，与相关的收入相配比。

5. 期末计算并结转企业的所得税，从而计算出企业的净利润

用应纳税所得额乘以适用的所得税税率，计算出企业应纳所得税额。

净利润 = 利润总额 - 应纳所得税

（二）利润的构成与计算

利润是反映企业一定时期经营成果的综合性指标。对利润的确认与计量是以对企业生产经营活动过程中所实现的收入和发生的费用的确认和计量为基础进行，同时还包括了企业投资活动中产生的投资收益，以及与企业生产经营活动无直接关系的营业外收支等内容。从利润的构成内容来看，既有通过生产经营活动而获得的，也有通过投资活动而获得的，还有与生产经营活动没有直接关系的各项收入和支出等，一般包括营业利润、营业外收入和营业外支出等内容。利润的构成及计算公式如下：

1. 营业利润

营业利润是企业利润的主要来源，它主要反映了企业管理者的经营业绩。营业利润的计算公式：

营业利润 = 营业收入 - 营业成本 - 税金及附加 - 销售费用 - 管理费用 - 资产减值损

失＋其他收益＋投资收益＋公允价值变动收益＋资产处置收益

其中：营业收入＝主营业务收入＋其他业务收入

营业成本＝主营业务成本＋其他业务成本

2. 利润总额

利润总额反映了企业在一定时期内取得的经营成果，不仅包括企业的营业利润，还包括与企业生产经营活动无关的营业外收入和营业外支出。其计算公式为：

利润总额＝营业利润＋营业外收入－营业外支出

3. 净利润

企业实现了利润总额之后，就要向国家交纳所得税，利润总额减去所得税就是企业的净利润（即税后利润）也是可供企业投资者分配的利润，其计算公式：

所得税＝应纳税所得额×所得税税率

应纳税所得额＝利润总额±所得税税前利润中予以调整的项目

净利润＝利润总额－所得税

（三）财务成果形成与分配核算应设置的账户

为了核算企业的财务成果，需要设置以下账户：

1. "销售费用"账户

"销售费用"账户是用来核算企业在销售商品和材料、提供劳务的过程中发生的各种费用，包括展览费和广告费、运输费、装卸费等以及专设的销售机构（含销售网点、售后服务网点等）的职工薪酬、业务费、折旧费等经营费用。该账户属于损益类账户，借方登记发生的各种销售费用，贷方登记期末转入"本年利润"账户的销售费用，期末结转后没有余额。"销售费用"账户可按费用项目进行明细核算。其账户结构如下：

借方	销售费用	贷方
本期发生的各种销售费用	期末转入"本年利润"账户的销售费用	
结转后无余额		

2. "管理费用"账户

"管理费用"账户是用来核算企业行政管理部门组织和为管理企业的生产经营活动而发生的各项费用，包括行政管理部门人员的工资及福利费、办公费、折旧费、修理费、差旅费、保险费、业务招待费等内容。该账户属于损益类账户，其借方登记本期发生的各项管理费用，贷方登记期末转入"本年利润"账户的管理费用，期末结转后没有余额。"管理费用"账户可按费用项目进行明细核算。其账户结构如下：

借方	管理费用	贷方
本期发生的各种管理费用	期末转入"本年利润"账户的管理费用	
结转后无余额		

3. "财务费用"账户

"财务费用"账户是用来核算企业为筹集生产经营资金而发生的各种筹资费用情况。该账户属于损益类账户，其借方登记发生的财务费用，贷方登记发生的利息收入、汇兑收益以及期末转入"本年利润"账户的财务费用净额（即财务费用支出大于收入的差额，如果收入大于支出则进行反方向的结转）。结转后期末没有余额。其账户结构如下：

借方	财务费用	贷方
登记发生的借款利息等财务费用	发生的利息收入、汇兑收益 期末转入"本年利润"账户的财务费用净额	
结转后无余额		

4. "应付利息"账户

"应付利息"账户用来核算企业按照合同约定应支付的利息，包括吸收存款、分期付息到期还本的银行借款、企业债券等应支付的利息。该账户属于负债类账户，其贷方登记实际利率计算确定的应支付的利息费用，借方登记实际支付利息费用，期末贷方余额，反映企业应付未付的利息。本科目可按存款人或债权人进行明细核算。其账户结构如下：

借方	应付利息	贷方
实际支付利息费用	应支付的利息费用	
	期末余额：企业应付未付的利息	

5. "营业外收入"账户

"营业外收入"账户用来核算企业发生的各项营业外收入，主要包括非流动资产处置利得、非货币性资产交换利得、债务重组利得、政府补助、盘盈利得、捐赠利得等。该账户属于损益类账户，其贷方登记发生的各项营业外收入，借方登记期末转入"本年利润"账户的数额，结转后期末无余额。本账户可按营业外收入项目进行明细核算。其账户结构如下：

借方	营业外收入	贷方
期末转入"本年利润"账户的营业外收入	本期发生的各项营业外收入	
	结转后无余额	

6. "营业外支出"账户

"营业外支出"账户用来核算与企业生产经营无直接关系的各项支出，包括非流动资产处置损失、非货币性资产交换损失、债务重组损失、公益性捐赠支出、固定资产盘亏和处理固定资产净损失、自然灾害造成的非常损失、罚款支出、赔偿支出、被没收的财物损失等。借方登记本期发生的各项营业外支出，贷方登记期末转入"本年利润"账户的营业外支出，期末结转后没有余额。"营业外支出"账户可按支出项目进行明细核算。其账户结构如下：

借方	营业外支出	贷方
本期发生的各种营业外支出	期末转入"本年利润"账户的营业外支出	
结转后无余额		

7. "所得税费用"账户

"所得税费用"账户是用来核算企业确认的应当从当期利润总额中扣除的所得税费

用。该账户属于损益类账户,其借方登记企业按照税法规定计算确定的当期应交所得税,贷方反映本期所得税转入"本年利润"账户的数字。结转后该账户无余额。其账户结构如下:

借方	所得税费用	贷方
本期发生的所得税费用	期末转入"本年利润"账户的所得税	
结转后无余额		

8. "本年利润"账户

"本年利润"账户是用来核算企业当期实现的净利润或发生的净亏损的账户。该账户属于所有者权益类账户,其贷方登记期末从损益类账户中转入的各种收入数,如主营业务收入、其他业务收入、投资收益、营业外收入等;借方登记从损益类账户转入的费用数,如营业成本、其他业务成本、销售费用、管理费用、财务费用、营业外支出、所得税等;期末贷方余额表示实现的净利润,期末借方余额表示企业发生的净亏损。年度终了,应将本年收入和支出相抵后结出的本年实现的净利润,转入"利润分配"科目,借记本科目,贷记"利润分配——未分配利润"科目;如为净亏损则做相反的会计分录。结转后本科目应无余额,其账户结构如下:

借方	本年利润	贷方
期末从有关费用账户转入:		
(1) 主营业务成本		
(2) 营业税金及附加	期末从有关收入账户转出:	
(3) 其他业务成本	(1) 主营业务收入	
(4) 销售费用	(2) 其他业务收入	
(5) 管理费用	(3) 投资收益	
(6) 财务费用	(4) 营业外收入	
(7) 营业外支出		
(8) 所得税费用		
年末结转后无余额		

(四) 财务成果形成的账务处理

财务成果形成核算的账务处理包括以下三个环节。

1. 期间费用核算的账务处理

【例 4-41】20×4 年 12 月 31 日,北路公司的采购人员应去外地采购材料暂借差旅费2000 元,现金支付。

这项经济业务发生以后,一方面使企业的债权增加了 2000 元,另一方面使企业的现金减少了 2000 元。因此这项经济业务涉及"其他应收款"和"库存现金"两个账户。职工因出差暂借差旅费,是企业债权的增加,即资产的增加,应记入"其他应收款"账户的借方,用现金支付是资产的减少,应记入"库存现金"账户的贷方。这项经济业务应编制会计分录如下:

借：其他应收款——××采购员 2000
  贷：库存现金 2000

【例4-42】20×4年12月31日，北路公司用银行存款支付销售产品的广告费16000元（增值税普通发票）。

这项经济业务发生以后，一方面使企业的销售费用增加了16000元，另一方面使企业的银行存款减少了16000元。因此这项经济业务涉及"销售费用""银行存款"两个账户。广告费的增加是企业销售费用的增加，应记入"销售费用"账户的借方，用银行存款支付广告费是企业资产的减少，应记入"银行存款"账户的贷方。这项经济业务应编制会计分录如下：

借：销售费用 16000
  贷：银行存款 16000

【例4-43】20×4年12月31日，北路公司月末摊销以前已经支付应由本月管理部门负担的房屋租赁费1260元。

这项经济业务发生以后，一方面，由于房屋租赁费应计入企业的管理费用，所以管理费用增加了1260元，另一方面，由于房屋租赁费是以前支付的，已经记入"预付账款"账户中了，而本月摊销时无须减少银行存款，只需要冲减"预付账款"账户1260元即可。因此，这项经济业务涉及"管理费用"和"预付账款"两个账户。房屋租赁费的增加是企业管理费用的增加，应记入"管理费用"账户的借方，冲销已付的预付账款是资产的减少，应记入"预付账款"账户的贷方。这项经济业务应编制会计分录如下：

借：管理费用 1260
  贷：预付账款 1260

【例4-44】20×4年12月31日，北路公司的采购员报销差旅费1960元，余款退回（原借支2000元）。

这项经济业务发生以后，由于采购员的差旅费1960元应计入企业的管理费用，所以管理费用增加了1960元，交回剩余的现金，使库存现金增加了40元，使其他应收款减少了2000元。因此这项经济业务涉及"管理费用""库存现金"和"其他应收款"三个账户。差旅费的增加是管理费用的增加，应记入"管理费用"账户的借方，收到交回的现金，应记入"库存现金"账户的借方，采购员报销差旅是资产的减少，应记入"其他应收款"账户的贷方。这项经济业务应编制会计分录如下：

借：管理费用 1960
  库存现金 40
  贷：其他应收款 2000

【例4-45】20×4年12月31日，北路公司用现金800元支付销售产品的运杂费（增值税普通发票）。

这项经济业务发生以后，一方面使企业的销售费用增加了800元，另一方面使企业的现金减少了800元。因此这项经济业务涉及"销售费用""库存现金"两个账户。运杂费的增加是企业销售费用的增加，应记入"销售费用"账户的借方，用现金支付运杂费是企业资产的减少，应记入"库存现金"账户的贷方。这项经济业务应编制会计分录如下：

借：销售费用　　　　　　　　　　　　　　　　　　　　　　800
　　　　　贷：库存现金　　　　　　　　　　　　　　　　　　　　　　800

　　【例 4 - 46】20 × 4 年 12 月 31 日，北路公司用银行存款支付行政管理部门办公费
1340 元（增值税普通发票）。

　　这项经济业务发生以后，一方面使企业的管理费用增加了 1340 元，另一方面使企业
的银行存款减少了 1340 元。因此这项经济业务涉及"管理费用""银行存款"两个账户。
办公费的增加是企业费用的增加，应记入"管理费用"账户的借方，用银行存款支付办
公费是企业资产的减少，应记入"银行存款"账户的贷方。这项经济业务应编制会计分
录如下：

　　　　借：管理费用　　　　　　　　　　　　　　　　　　　　　　1340
　　　　　贷：银行存款　　　　　　　　　　　　　　　　　　　　　　1340

　　【例 4 - 47】20 × 4 年 12 月 31 日，北路公司确认本月应支付车船使用税 4200 元，房
产税 7890 元，另用银行存款支付本月印花税 921 元。

　　由于车船使用税、房产税、印花税均属于税金及附加，因此，这项经济业务发生以后，
一方面使企业的税金及附加增加了 13011 元，另一方面使企业的应交税费增加了 12090 元，
银行存款减少了 921 元，因此这项经济业务涉及"税金及附加""应交税费"和"银行存
款"三个账户。税金及附加增加是企业费用的增加，应记入"税金及附加"账户的借方，
车船使用税 4200 元和房产税 7890 元需要预计税金，所以形成企业的负债，记入"应交税
费"账户的贷方。印花税是随时发生随时缴纳，可记入"银行存款"账户的贷方。这项经
济业务应编制会计分录如下：

　　　　借：税金及附加　　　　　　　　　　　　　　　　　　　　　13011
　　　　　贷：应交税费——车船使用税　　　　　　　　　　　　　　4200
　　　　　　　　　　　　——房产税　　　　　　　　　　　　　　　7890
　　　　　　　银行存款　　　　　　　　　　　　　　　　　　　　　921

　　【例 4 - 48】20 × 4 年 12 月 31 日，北路公司月末计算应付给行政管理人员的工资
36000 元，福利费用 5040 元；应付给销售网点人员的工资 24000 元，福利费 3360 元。

　　这项经济业务发生以后，一方面使北路公司的管理费用增加了 41040 元，销售费用增
加了 27360 元，另一方面使应付职工薪酬增加了 68400 元，因此，这项经济业务涉及"管
理费用""销售费用"和"应付职工薪酬"三个账户。因此，行政管理人员薪酬的增加记
入"管理费用"账户的借方，销售网点人员薪酬的增加记入"销售费用"账户的借方，
计算出来的应付职工的工资和福利费还没有实际支付给职工个人，是企业负债的增加，应
记入"应付职工薪酬"账户的贷方。这项经济业务应编制会计分录如下：

　　　借：管理费用　　　　　　　　　　　　　　　　　　　　　　　41040
　　　　　销售费用　　　　　　　　　　　　　　　　　　　　　　　27360
　　　　　贷：应付职工薪酬——应付工资　　　　　　　　　　　　　60000
　　　　　　　　　　　　　——应付福利费　　　　　　　　　　　　8400

　　【例 4 - 49】20 × 4 年 12 月 31 日，北路公司月末计算应支付给银行的借款利息
3300 元。

　　由于短期借款利息是到期一次还本付息，本月无须用银行存款支付利息。但是，按照

权责发生制的要求，虽然本月不用支付利息，但企业应该确认这项财务费用。这项经济业务发生以后，一方面由于短期借款利息的增加使企业的财务费用增加了3300元，另一方面由于银行的短期借款利息是到期时一次还本付息，银行的长期借款利息是每年付息一次，本月均不需要减少银行存款，因此将其作为一项负债增加了3300元。记入"应付利息"账户。因此，这项经济业务涉及"财务费用"和"应付利息"两个账户。利息费用的增加是企业财务费用的增加，应记入"财务费用"账户的借方，应付利息的增加是负债的增加，应记入"应付利息"账户的贷方。这项经济业务应编制会计分录如下：

借：财务费用　　　　　　　　　　　　　　　　　　　　　　3300
　贷：应付利息　　　　　　　　　　　　　　　　　　　　　　3300

2. 营业外收支核算的账务处理

【例4-50】20×4年12月31日，北路公司收到某工厂的违约罚款收入25000元，存入银行。

这项经济业务发生以后，一方面使北路公司的银行存款增加了25000元，另一方面使营业外收入增加了25000元，因此，这项经济业务涉及"银行存款"和"营业外收入"两个账户。银行存款的增加是资产的增加，记入"银行存款"账户的借方，营业外收入的增加是收益的增加，记入"营业外收入"账户的贷方。这项经济业务应编制会计分录如下：

借：银行存款　　　　　　　　　　　　　　　　　　　　　25000
　贷：营业外收入　　　　　　　　　　　　　　　　　　　　25000

【例4-51】20×4年12月31日，北路公司汇入中国红十字会20000元，用于向灾区捐款。

这项经济业务发生以后，一方面使北路公司的营业外支出增加了20000元，另一方面使银行存款减少了20000元。因此，这项经济业务涉及"营业外支出"和"银行存款"两个账户。营业外支出的增加是费用支出的增加，记入"营业外支出"账户的借方；银行存款的减少是资产的减少，记入"银行存款"账户的贷方。这项经济业务应编制会计分录如下：

借：营业外支出　　　　　　　　　　　　　　　　　　　　20000
　贷：银行存款　　　　　　　　　　　　　　　　　　　　　20000

3. 利润形成核算的账务处理

（1）利润总额核算的账务处理。综合上述所列示的经济业务核算资料，可以得出20×4年12月各损益类账户的期末余额（见表4-6）。

表4-6　20×4年12月各损益类账户的期末余额

账户名称	借方余额	账户名称	贷方余额
主营业务成本	947850	主营业务收入	1842000
税金及附加	23728.20	其他业务收入	45000
其他业务成本	30000	营业外收入	25 000
销售费用	44160		
管理费用	53600		

续表

账户名称	借方余额	账户名称	贷方余额
财务费用	3300		
营业外支出	20000		
合计	1122638.20	合计	1912000

其中：税金及附加 = 6251.70 + 2679.30 + 1786.20 + 13011 = 23728.20（元）

销售费用 = 16000 + 800 + 27360 = 44160（元）

管理费用 = 8000 + 1260 + 1960 + 1340 + 41040 = 53600（元）

【例4-52】20×4年12月31日，北路公司期末将上述损益类账户中收入类账户的贷方余额全部转入"本年利润"账户，结平所有收入类账户的余额。

借：主营业务收入　　　　　　　　　　　　　　　　　　1842000

其他业务收入　　　　　　　　　　　　　　　　　　45000

营业外收入　　　　　　　　　　　　　　　　　　25000

贷：本年利润　　　　　　　　　　　　　　　　　　1912000

【例4-53】20×4年12月31日，北路公司于期末将上述损益类账户中的支出类账户的余额转入"本年利润"账户，结平所有费用支出类账户的余额。

借：本年利润　　　　　　　　　　　　　　　　　　1122638.20

贷：主营业务成本　　　　　　　　　　　　　　　947850

其他业务成本　　　　　　　　　　　　　　　30000

税金及附加　　　　　　　　　　　　　　　23728.20

其他业务成本　　　　　　　　　　　　　　　30000

销售费用　　　　　　　　　　　　　　　　44160

管理费用　　　　　　　　　　　　　　　　53600

财务费用　　　　　　　　　　　　　　　　3300

营业外支出　　　　　　　　　　　　　　　20000

营业利润 = 1887000 - 977850 - 23728.20 - 44160 - 53600 - 3300 = 784361.80（元）

营业收入 = 1842000 + 45000 = 1887000（元）

营业成本 = 947850 + 30000 = 977850（元）

利润总额 = 784361.80 + 25000 - 20000 = 789361.80（元）

（2）净利润核算的账务处理。企业实现利润总额之后，就要向国家交纳所得税，利润总额减去所得税就是企业的净利润（即税后利润），也是可供企业投资者分配的利润。

【例4-54】20×4年12月31日，根据国家税法的规定，企业不符合小微企业税收优惠政策按照25%的所得税税率计算应交纳的所得税。

所得税 = 789361.80 × 25% = 197340.45（元）

这项经济业务发生以后，一方面使北路公司的所得税费用增加了197340.45元，另一方面使企业的应交税费增加了197340.45元。因此，这项经济业务涉及"所得税费用"和"应交税费"两个账户。所得税的增加是费用支出的增加，记入"所得税费用"账户的借方；应交税费的增加是负债的增加，记入"应交税费"账户的贷方。这项经济业务应编制会计分录如下：

  借：所得税费用   197340.45

    贷：应交税费——应交所得税   197340.45

【例4－55】20×4年12月31日，将本月发生的所得税结转到"本年利润"账户中去。

这项经济业务发生以后，一方面使企业的本年利润减少了197340.45元，另一方面使所得税费用减少了197340.45元。因此，这项经济业务涉及"本年利润"和"所得税费用"两个账户。本年利润的减少是所有者权益的减少，记入"本年利润"账户的借方，所得税的减少是费用的减少，记入"所得税费用"账户的贷方。这项经济业务应编制会计分录如下：

  借：本年利润   197340.45

    贷：所得税费用   197340.45

20×4年12月净利润 = 789361.80 − 197340.45 = 592021.35（元）

二、财务成果分配的核算

（一）财务成果分配核算内容

1. 提取盈余公积

根据国家的规定，按净利润的一定比例提取盈余公积，按照国家规定以及投资人的决议提取公积金和公益金。

2. 向投资者分配利润

企业实现的净利润要按照国家有关规定进行分配，如提取盈余公积，向投资者分配利润或弥补亏损等。因此，确定企业实现的利润以及对利润进行分配，就构成了财务成果形成与分配核算的主要内容。

（二）财务成果分配的顺序

企业实现的净利润，应按照国家规定和投资者决议进行合理的分配。企业实现的净利润，一般按下列顺序进行分配。

1. 弥补以前年度亏损

公司如果有以前年度亏损，应先用净利润弥补以前年度的亏损。

2. 提取法定盈余公积

公司制企业按本年净利润的10%提取，其他企业根据需要确定比例提取，但不得低于10%。

3. 提取任意盈余公积

公司制企业按本年净利润的5%~10%提取，其他企业按不高于法定盈余公积金的提取比例提取公益金。

4. 向投资者分配利润股利

净利润扣除上述项目，加上年初未分配利润和其他转入数，形成可供投资者分配的利润。

（三）财务成果分配核算应设置的账户

1. "利润分配"账户

"利润分配"账户是用来核算企业利润的分配（或亏损的弥补）和历年分配（或弥补）后余额的账户。该账户属于所有者权益类账户，其贷方为从"本年利润"账户转入的全年实现的净利润，借方登记从"本年利润"账户转入的全年累计亏损和实际分配的利润，包括企业按规定提取的盈余公积和分配给投资者的利润。

在"利润分配"总账户下应设置"提取法定盈余公积""提取任意盈余公积""应付利润"和"未分配利润"等明细账户进行明细分类核算。年度终了，企业应将本年实现的净利润，自"本年利润"账户转入本账户，借记"本年利润"账户，贷记本账户（未分配利润），同时，将"利润分配"账户所属其他明细账户的余额，转入本账户"未分配利润"明细账户。结转后，本账户除"未分配利润"明细账户外，其他明细账户应无余额。"未分配利润"明细账户的期末余额在贷方，反映企业的未分配利润，如果在借方反映企业未弥补亏损。其账户结构如下：

借方	利润分配	贷方
（年末从"本年利润"账户转入的净亏损） 提取法定盈余公积 提取任意盈余公积 应付利润	年末从"本年利润"账户转入的净利润	
期末余额：（企业未弥补的亏损）	期末余额：（企业未分配的利润）	

2. "盈余公积"账户

"盈余公积"账户是用来核算企业从净利润中提取的盈余公积的账户，本账户属于所有者权益类账户，贷方登记从净利润中提取的法定盈余公积，提取任意盈余公积，借方登记用于弥补亏损或转增资本金的盈余公积，期末余额在贷方，反映企业的盈余公积积存数。本账户应当分别对"法定盈余公积""任意盈余公积"进行明细核算。其账户结构如下：

借方	盈余公积	贷方
用于弥补亏损或转增资本金	从税后利润中提取的盈余公积	
	期末余额：盈余公积积存数	

3. "应付股利"

"应付股利"账户用来核算企业应付给投资者利润的账户。该账户属于负债类账户，其贷方登记企业应向投资者支付的利润，借方登记已经实际支付给投资者的利润，期末贷方余额表示尚未支付的利润。其账户结构如下：

借方	应付股利	贷方
实际支付给投资者的利润	应支付给投资者的利润	
	期末余额：应付而未付给投资者的利润	

（四）财务成果分配核算的账务处理

依前述资料，北路公司本月实现的净利润为592021.35元。假定该公司1～11月累计实现的净利润为6607978.65元，则本年实现的净利润为7200000元。

【例4-56】20×4年12月31日，北路公司于年末结转全年累计实现的净利润7200000元。

这项经济业务就是要将本年利润账户的贷方余额从其借方全部转入利润分配账户的贷方，结平全年实现的净利润，使本年利润账户不再有余额。这项经济业务应编制会计分录如下：

借：本年利润　　　　　　　　　　　　　　　　　　　　　　　7200000
　　贷：利润分配——未分配利润　　　　　　　　　　　　　　　　　7200000

【例4-57】20×4年12月31日，北路公司于年末按规定提取10%的法定盈余公积和5%的任意盈余公积。

这项经济业务发生以后，一方面使企业利润分配的数额增加了1080000元，另一方面使盈余公积增加了1080000元。因此，这项经济业务涉及"利润分配"和"盈余公积"两个账户。分配利润的增加其实质是所有权益中利润的减少，记入"利润分配"账户的借方；盈余公积的增加是所有者权益的增加，记入"盈余公积"账户的贷方。这项经济业务应编制会计分录如下：

借：利润分配——提取法定盈余公积　　　　　　　　　　　　　　720000
　　　　　　　——提取任意盈余公积　　　　　　　　　　　　　　360000
　　贷：盈余公积——法定盈余公积　　　　　　　　　　　　　　　　720000
　　　　　　　　——任意盈余公积　　　　　　　　　　　　　　　　360000

【例4-58】20×4年12月31日，北路公司于年末向投资者分配利润4000000元。

这项经济业务发生以后，一方面使已分配的利润数额增加了4000000元，另一方面使应付投资者的利润增加了4000000元。因此，这项经济业务涉及"利润分配"和"应付股利"两个账户。已分配利润的增加其实质是所有者权益中利润的减少，记入"利润分配"账户的借方；应付股利的增加是负债的增加，记入"应付股利"账户的贷方。这项经济业务应编制会计分录如下：

借：利润分配——应付现金股利　　　　　　　　　　　　　　　　4000000
　　贷：应付股利　　　　　　　　　　　　　　　　　　　　　　　4000000

【例4-59】20×4年12月31日，年终决算时，结转本年已分配的利润5080000元。

这项经济业务就是要将已分配的利润转入未分配利润账户中去，反映企业的未分配利润数。这项经济业务应编制会计分录如下：

借：利润分配——未分配利润　　　　　　　　　　　　　　　　　5080000
　　贷：利润分配——提取法定盈余公积　　　　　　　　　　　　　　720000
　　　　　　　　——提取任意盈余公积　　　　　　　　　　　　　　360000
　　　　　　　　——应付现金股利　　　　　　　　　　　　　　　4000000

年终，企业未分配利润为2120000（7200000-5080000）元。

三、创业企业资金退出企业的核算

企业通过销售过程将产品销售出去，收回货款，使成品资金又转化为货币资金形态。在收回的货币资金中，除了补偿生产的耗费，重新参加资金的循环与周转以外，还包含新创造的价值，在这些增值的货币资金中，一部分留归企业用于扩大再生产，还有一部分资金将要离开企业，退出本企业的资金循环与周转。

【例 4-60】20×4 年 12 月 31 日，北路公司用银行存款支付 20×4 年 11 月应交增值税 80790 元，应交城建税 5655.30 元，应交教育费附加 2423.70 元，应交所得税 200000 元。

这项经济业务发生以后，一方面使企业的应交税费减少了 288869 元，另一方面使企业的银行存款减少了 288869 元。因此，这项经济业务涉及"应交税费"和"银行存款"两个账户。应交税费是企业负债的减少，记入"应交税费"账户的借方，银行存款的减少是资产的减少，记入"银行存款"账户的贷方，这项经济业务应编制会计分录如下：

```
借：应交税费——应交增值税                                    80790
          ——应交城建税                                    5655.30
          ——应交教育费附加                                2423.70
          ——应交所得税                                    200000
    贷：银行存款                                           288869
```

【例 4-61】20×4 年 12 月 31 日，北路公司用银行存款偿还短期借款 300000 元。

这项经济业务发生以后，一方面使企业的短期借款减少了 300000 元，另一方面使企业的银行存款减少了 300000 元。因此，这项经济业务涉及"短期借款"和"银行存款"两个账户。偿还短期借款是企业负债的减少，记入"短期借款"账户的借方；银行存款的减少是资产的减少，记入"银行存款"账户的贷方，这项经济业务应编制会计分录如下：

```
借：短期借款                                               300000
    贷：银行存款                                           300000
```

【例 4-62】20×5 年 5 月 31 日，北路公司用银行存款支付投资者利润 4000000 元。

这项经济业务发生以后，一方面使企业的应付股利减少了 4000000 元，另一方面使企业的银行存款减少了 4000000 元。因此，这项经济业务涉及"应付股利"和"银行存款"两个账户。支付投资者利润是企业负债的减少，记入"应付股利"的借方；银行存款的减少是资产的减少，记入"银行存款"账户的贷方。这项经济业务应编制会计分录如下：

```
借：应付股利                                              4000000
    贷：银行存款                                          4000000
```

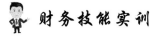 财务技能实训

创业者通过本章节的学习，必须要掌握复式记账的原理和借贷记账法的基本理论；掌握资金筹集过程、供应过程、生产过程、销售过程、财务成果核算以及资金退出企业核算

应设置的账户，并能够用这些账户对企业主要经营过程中发生的经济业务进行正确的账务处理。由此，创业者需要掌握的基本财务技能为：会计恒等式的运用、会计分录编制能力和企业利润的估算。

财务技能实训项目一：会计恒等式的运用

20×7年1月1日，赵海先生准备办一家校园超市，通过银行投入100000元存款作为本金；1月1日支付两年的租金约24000元，1月31日产生1000元租金费用；1月2日用银行存款购买文具等1000元作为超市自用；1月3日用银行存款购入60000万元商品，到1月27日全部卖出并收到货款90000元，货款已经存入银行。

赵海先生的超市在经过这些经济活动以后是否还存在会计恒等式中表述的恒等关系？在1月末这种恒等关系如何表达？

财务技能实训项目二：会计分录编制能力

A公司只有一个生产车间，生产A产品和B产品，无辅助生产车间，产品仅耗用一种甲材料。A公司12月发生下列产品生产业务（假设不考虑增值税影响）：

（1）采购甲材料10000斤，每斤5元；乙材料1000个，每个100元，材料已验收入库，款项未付。

（2）开出转账支票58000元，发放工资。

（3）用银行存款12000元，预付下一年度车间房租。

（4）仓库发出甲材料，用途如下：

A产品耗用12000元。

B产品耗用10000元。

车间一般耗用4200元。

厂部一般耗用1500元。

（5）用银行存款750元购买厂部办公用品。

（6）摊销应由本月负担的车间保险费1400元。

（7）用现金600元支付车间设备修理费。

（8）计提本月固定资产折旧，其中车间折旧额1100元，厂部500元。

（9）月末分配工资费用，其中：

A产品生产工人工资34000元。

B产品生产工人工资30000元。

车间管理人员工资16000元。

厂部管理人员工资16000元。

（10）用银行存款10000元支付本月车间的水电费。

（11）将本月发生的制造费用转入"生产成本"账户（按生产工时分配，A产品生产工时22200小时，B产品生产工时11100小时）。

（12）本月生产的A产品完工100件验收入库，月末在产品20件，采用定额成本法核算。结转 A 产品完成产品成本（假设 A 产品期初在产品 11800 元，月末在产品按定额成本核算，定额成本 2000 元）。B 产品全部为在产品。

（13）销售 A 产品 100 件给三化公司，单价 4000 元，价税款暂未收到。

（14）销售 B 产品 100 件，不含税货款 200000 元，款项收到存入银行。

（15）用银行存款 1500 元支付销售产品的广告费。

（16）预收立信公司订货款 20000 元存入银行。

（17）结转本月已销 A 产品成本期初库存 20 件，单位成本 900 元，A 产品采用先进先出法；B 产品成本 30000 元。

（18）经计算本月销售产品的城建税附加为 1600 元。

（19）由于宏达公司破产，将无法偿还的应付账款 12000 元予以转账。

（20）用银行存款 6000 元支付罚款支出。

（21）报销职工差旅费 200 元，付给现金。

（22）预提应由本月负担的银行借款利息 450 元。

（23）将未使用的丙材料出售，取得收入 10000 元，款项已收存银行存款。

（24）结转已销售丙材料成本 8000 元。

（25）将短期持有的股票出售，取得收入 10000 元，之前购入成本 5000 元。

（26）结转有关收入类科目。

（27）结转有关费用类科目（所得税费用科目除外）。

（28）确定的利润总额，按 25% 税率计算所得税。

（29）结转本月所得税费用。

（30）年末结转本年净利润（1 ~ 11 月利润合计 800000 元）。

财务技能实训项目三：企业利润的估算

何先生从方先生手中购买了一处兼营刷车业务的汽车修理公司。合同规定：何先生用现金支付部分购买款项，其余所欠款项由何先生用公司每年净利润的 25% 偿还，并规定"以公正合理的方式计算净利润"。但何先生并不清楚净利润的基本计算方法，第 1 年营业期满后，何先生在计算净利润时，采用了如下规则：从客户手中收到现金或支票时才确认为收入；只要公司支出了现金或开出了支票就确认为当年的费用。为此，何先生对以下收入和费用进行了处理：

汽车维修业务收入现金为 150000 元，刷车业务收入现金 8000 元，全部确认为本年的主营业务收入。

为吸引客户，办理刷车优惠卡预收现金 10000 元，全部确认为本年的收入（据统计，其中 5000 元已经提供了刷车服务）。

部分客户尚欠本年汽车修理款 40000 元，未确认为本年的收入。

购买用于汽车修理的设备支出 12000 元，全部确认为本年的费用。

购买用于汽车修理的配件、材料，本年共支出了 90000 元，全部确认为本年的费用（经盘点还有 6000 元配件和材料积存）。

新购买二手车一辆，双方协商价格 40000 元，暂付 20000 元。该汽车购买时预计尚可使用

5年。已付款的20000元确认为本年的费用。公司的所得税税率为25%。

（1）如果你是方先生，你同意何先生对本年的收入和费用进行这样的处理吗？为什么？

（2）如果让你来计算该公司的净利润，你会考虑哪些因素？

（3）采用上述方法确认的净利润数额与实际数比较是大还是小？按其一定比例计算的应当支付方先生的欠款数额是多还是少？

 本章小结

本章第一节介绍了会计对象、会计要素和借贷记账方法。第二节至第六节主要介绍了资金筹集业务、材料供应业务、产品生产业务、产品销售业务、财务成果的形成与分配业务以及资金退出业务六大模块的账务处理。特别注重账务处理中成本计算具体方法的运用。第七节为创业者提供三个与会计核算相关的财务技能实训项目。

思考与练习

一、单项选择题

1. 结转已售产品的成本65000元，应做的分录是（　　　）。

A. 借：库存商品　65000　　　　　B. 借：主营业务成本　65000
　　贷：生产成本　65000　　　　　　　贷：库存商品　65000

C. 借：主营业务成本　65000　　　D. 借：本年利润　65000
　　贷：主营业务收入　65000　　　　　贷：主营业务成本　65000

2. 下列各项中，不属于会计计量属性的是（　　　）。

A. 历史成本　　　　　　　　　　B. 可变现净值

C. 沉没成本　　　　　　　　　　D. 重置成本

3. "负债类"账户的本期减少数和期末余额分别反映在（　　　）。

A. 借方和借方　　　　　　　　　B. 贷方和借方

C. 借方和贷方　　　　　　　　　D. 贷方和贷方

4. 会计机构、会计人员对真实、合法、合理但内容不准确、不完整的原始凭证，应当（　　　）。

A. 不予受理　　　　　　　　　　B. 予以受理

C. 予以纠正　　　　　　　　　　D. 予以退回，要求更正、补充

5. 下列各项中，不属于损益类科目的是（　　　）。

A. 公允价值变动损益　　　　　　B. 财务费用

C. 累计折旧　　　　　　　　　　D. 资产减值损失

6. 下列费用中，不构成产品成本，而应直接计入当期损益的是（　　）。

A. 直接材料费   B. 直接人工费

C. 期间费用   D. 制造费用

7. 采用实地盘存制，平时账簿记录中不能反映（　　）。

A. 财产物资的购进业务   B. 财产物资的增加数额

C. 月份内财产物资的使用资金数额   D. 财产物资的减少及结存数额

8. 一般来说，一个账户的增加方发生额与该账户的期末余额应该记在账户的（　　）。

A. 借方   B. 贷方

C. 相同方向   D. 相反方向

9. 会计的基本职能是（　　）。

A. 记录和计算   B. 确认和计量

C. 核算和监督   D. 分析和考核

10. 企业于 5 月初用银行存款 3000 元支付第二季度房租，月末仅将其中的 1000 元计入本月费用，这符合（　　）。

A. 配比原则   B. 权责发生制原则

C. 收付实现制基础   D. 历史成本计价原则

二、多项选择题

1. 企业的资本金按其投资主体不同可以分为（　　）。

A. 货币投资   B. 国家投资

C. 个人投资   D. 法人投资

E. 外商投资

2. 下列账户中，月末应该没有余额的有（　　）。

A. 生产成本   B. 制造费用

C. 管理费用   D. 应付职工薪酬

E. 财务费用

3. 营业收入的实现可能引起（　　）。

A. 资产的增加   B. 所有者权益的增加

C. 负债的增加   D. 负债的减少

E. 资产和负债同时增加

4. 以下税种应在"税金及附加"账户核算的有（　　）。

A. 城市维护建设税   B. 房产税

C. 车船税   D. 印花税

E. 城镇土地使用税

5. 下列各项费用中，不应计入产品生产成本的有（　　）。

A. 销售费用   B. 管理费用

C. 财务费用   D. 制造费用

E. 营业外支出

三、简答题

1. 会计信息的质量要求有哪些？
2. 会计的作用是什么？
3. 会计的六大要素是什么？

四、案例分析题

【案例1】

李杰于 20×5 年 1 月 1 日投资成立了 LJ 公司，并聘请具有丰富经验的张东为公司会计，张东的月薪为 4 000 元。经过 1 年的经营，公司取得了较好的经营业绩。公司为了吸引顾客，对销售的货物一律采用赊销的方式，销售货物的价格按照进价（成本）加价 40% 来确定。临近年末，公司的会计张东突然购买了一套 50 多万元的公寓，而且还是一次性付清全部房款。李杰得知此事后隐隐约约感觉会计张东的收入能力还未达到这种水平，因此，对张东负责的应收账款核算工作产生了怀疑。李杰决定对公司年末 1505000 元应收账款的准确性进行测试。因为李杰也学过会计，所以，李杰将公司的往来账、存货账以及销售收入账等内容进行了核查，经过李杰的整理，列出了 LJ 公司 20×5 年度的如下资料：

公司本年度共购货 8 次，总金额为 7500000 元；本年度共销货 5 次，其中已收回货款的总金额为 5625000 元；会计期末结存的存货为 2000000 元。

要求：

请帮助李杰估算一下公司期末的应收账款余额应为多少？与账面记录的应收账款差额是多少？可能是什么原因造成的？

【案例2】

会计小王刚刚参加工作，对利润的计算方法虽然在学校里学过，但也忘得差不多了。为了巩固学习过的知识，他根据所在企业的本月有关收入和费用资料，对有关利润指标进行了计算。他查阅本企业的账簿得到了如下资料：

主营业务收入	2400000 元	其他业务收入	60000 元
投资收益	60000 元	营业外支出	40000 元
主营业务成本	1250000 元	其他业务成本	50000 元
销售费用	60000 元	管理费用	120000 元
财务费用	9000 元		

本公司适用的所得税税率为 25%。

根据以上资料，小刘进行了如下计算：

营业利润 $= 2400000 + 60000 - 1250000 - 50000 = 1160000$（元）

利润总额 $= 1160000 + 60000 - 60000 - 120000 - 9000 - 40000 = 991000$（元）

所得税 $= 991000 \times 25\% = 247750$（元）

净利润 $= 991000 - 247750 = 743250$（元）

要求：

（1）小刘的计算过程存在哪些问题？你能帮他找出来吗？

（2）如果让你来计算该公司的净利润，你会怎么做？

（3）试说明前几个步骤的计算错误为什么不影响利润总额和净利润的计算。

第五章
创业企业财务报表认知与分析

 **学习目标与要求**

1. 理解资产负债表、利润表和现金流量表的构成和结构
2. 掌握创业企业资产负债表、利润表和现金流量表的编制方法
3. 掌握创业企业资产负债表、利润表和现金流量表财务指标分析能力
4. 掌握杜邦财务能力综合分析方法

导入案例

小雯食品贸易有限公司

小雯新开办一家食品贸易有限公司，看起来生意兴隆，但是身为创业者和总经理的小雯心里总是忐忑不安，因为她前前后后从银行里借贷了不少钱，眼看就要到期了，如果还不上银行的钱该怎么办呢？还钱的时候得用流动资金，现有资金够不够支付债务呢？还有，目前市场前景看起来还不错，能不能考虑扩大经营规模呢？办企业，要给工人发工资、要购买材料，这些都需要现钱，现金周转到底灵不灵？工厂的财务状况不可小觑，一旦出现了问题，银行马上就会采取行动，供应商也会催要货款，雪上加霜。小雯的新创企业就可能面临破产。

思考与讨论：

（1）小雯的担心反映了创业者对财务是怎样的一种认知？

（2）财务知识能解决小雯的这些担忧吗？

第一节　资产负债表：掌握财务状况

财务报告是反映企业财务状况和经营成果的书面文件，包括资产负债表、利润表、现金流量表、所有者权益变动表、会计报表附注和财务情况说明书，简称四表一注。资产负债表是企业在一定日期财务状况的会计报表，是企业重要的报表之一。通过分析资产负债表可以揭示公司资产结构的合理性和资产的流动性、融资结构的优劣，并对企业的财务效率做出评估。

一、资产负债表的内容

资产负债表将会计的资产、负债和所有者权益三大要素内容综合呈现在一张报表中（见表 5 – 1）。

表 5 – 1　资产负债表的内容

	分类	注释	构成
资产负债表的内容构成	资产	企业某时点上的所有资产数	流动资产
			非流动资产
	负债	企业某时点上的所有债务数	流动负债
			非流动负债
	所有者权益	企业某时点上所有者享有的经济利益	实收资本
			资本公积
			盈余公积
			未分配利润

二、资产负债表结构

通俗地说，在资产负债表上，企业有多少资产？是什么资产？有多少负债？其构成怎样？基本上都反映得清清楚楚。在财务报表的学习中，资产负债表是一个很好的开端，因为它体现了企业在某个时间点上的财务结构和状况。

资产负债表反映了企业资产、负债和所有者权益的关系。简单地理解：企业的全部财产（资产）来源于两个方面：一是来自于借贷（负债）；二是来自于自有（所有者权益）。资产负债表是依据"资产 = 负债 + 所有者权益"这一会计等式的基本原理设置的。

因此，人们把资产负债表的基本结构设计为账户式结构，将报表分为左右两部分，左边反映企业所拥有的全部资产，右边反映企业的负债和所有者权益，根据会计等式的基本原理，左边的资产总额等于右边的负债和所有者权益的总额。左边反映企业拥有资产的分布状况，一般是按各种资产流动性由强到弱顺序从上到下逐一排列，反映单位所拥有的各项财产、物资、债权和权利；右边反映企业所承担的债务和所有者拥有权益的状况，所有的负债和所有者权益则逐一排列。负债一般列于右上方，按偿还期限由短到长从上到下逐一排列。所有者权益列在右下方，反映所有者的资本和盈余。左右两边的数额相等。"金额栏"设有"年初数"和"期末数"两栏，以便于报表的使用者掌握和分析企业财务状况的变化及发展趋势（见表5-2）。

表5-2 资产负债表

企业名称：×××　　　　　　×××年××月××日　　　　　　单位：××

资产	期末数	年初数	负债和所有者权益	期末数	年初数
流动资产			流动负债		
货币资金			短期借款		
以公允价值计量且其变动计入当期损益的金融资产			以公允价值计量且其变动计入当期损益的金融负债		
应收票据及应收账款			应付票据及应付账款		
预付账款			预收账款		
其他应收款			应付职工薪酬		
存货			应交税费		
持有待售资产			其他应付款		
1年内到期的非流动资产			持有待售负债		
流动资产合计			1年内到期的非流动负债		
非流动资产			其他流动负债		
债权投资			流动负债合计		
其他债权投资			非流动负债		
长期应收款			长期借款		
长期股权投资			应付债券		
投资性房地产			长期应付款		
固定资产			预计负债		
在建工程			递延所得税负债		
无形资产			其他非流动负债		
开发支出			非流动负债合计		
商誉			负债合计		
递延所得税资产			所有者权益		
其他非流动资产			实收资本（或股本）		
非流动资产合计			其他权益工具		
			资本公积		
			减：库存股		

续表

资产	期末数	年初数	负债和所有者权益	期末数	年初数
			其他综合收益		
			盈余公积		
			未分配利润		
			所有者权益合计		
资产合计			负债和所有者权益合计		

三、资产负债表要解决的问题

我们通过资产负债表大体可以解决以下问题：

（一）反映资产及其分布状况

资产负债表反映了企业在特定时点拥有的资产及其分布状况。它表明企业在该时点所拥有的资产总量有多少、流动资产有多少、固定资产有多少、长期投资有多少、无形资产有多少等。

（二）表明企业所承担的债务及其偿还期限长短

资产负债表能够表明企业在特定时点所承担的债务、偿还时间及偿还对象。如果是流动负债，就必须在 1 年内偿还；如果是长期负债，偿还期限可以超过 1 年。因此，从资产负债表上可以清楚地知道，在特定时点上企业欠了多少钱，该什么时候偿还。

（三）反映净资产及其来源

资产负债表能够反映在特定时点投资人所拥有的净资产及其形成的原因。净资产就是股东权益，或者是所有者权益的另外一种叫法。在某一个特定时点，资产应该等于负债加股东权益，因此，净资产就是资产减负债。应该注意的是，可以说资产等于负债加股东权益，但绝不能说资产等于股东权益加负债，它们有着根本性的区别。因为会计规则特别强调先人后己，也就是说，企业的资产首先要用来偿还债务，剩下的不管多少，都归投资人所有。如果先讲所有者权益，就是先己后人，这在会计规则中是不允许的。

（四）反映企业财务状况发展趋势

资产负债表能够反映企业财务状况发展的趋势。当然，孤立地看一个时点数，也许反映的问题不够明显，但是如果把几个时点数排列在一起，企业财务状况发展的趋势就很明显了。

四、资产负债表编制

资产负债表的编制和生成，主要是通过对会计核算记录的数据加以归集、整理，使之成为有用的财务信息。在我国,资产负债表的"年初数"栏内各项数字根据上年末资产负债表"期末数"栏内各项数字填列,"期末数"栏内各项数字根据会计期末各总账账户及所属明细账户的余额填列。如果当年度资产负债表规定的各个项目的名称和内容同上年度不一致,则按编报当年的口径对上年末资产负债表各项目的名称和数字进行调整,填入本表"年初数"栏内。对于创业者来说,不一定需要掌握会计账务处理程序,报表的编制过程可以交给专业的财务人员,但是必须有对企业经济数据的报表整理能力。

【例5-1】我们以一个初创企业发生的业务情况来示例一个资产负债表的编制。

1. 20×8年12月31日资本投入情况

大学毕业生小雯在20×8年12月31日新创办了一家食品贸易有限公司,创办开始资本投入如下:

(1) 投入自有资金10万元。

(2) 向朋友、同学等筹得款项20万元,约定一年内归还。

(3) 向银行贷款30万元,约定5年后归还。

2. 20×9年12月31日盘点

截至20×9年12月31日,盘点企业现有资产和债务,具体情况如下:

(1) 目前有现金及银行存款10万元。

(2) 向客户销售商品10万元,该业务为赊销方式,款项暂未收到。

(3) 向甲供应商预付货款5万元,至年末尚未收货。

(4) 向乙供应商采购产品,年末库存成本10万元。

(5) 办公房1栋。该办公房于年初购买花费30万元,假设无残值,按10年平均年限法计提折旧。

(6) 新设备1台,该设备于年末购置花费13万元,设备还在安装调试中。

(7) 欠乙供应商应付货款10万元。

(8) 欠银行借款30万元,还剩4年到期。

我们可以将以上发生业务,列入以下的资产负债表中(见表5-3)。

表5-3 资产负债表

编制单位:小雯食品贸易有限公司　　　20×9年12月31日　　　单位:万元

资产	期末数	年初数	负债和所有者权益	期末数	年初数
流动资产			流动负债		
货币资金	10	60	短期借款		20
应收票据及应收账款	10		应付票据及应付账款	10	
预付账款	5		流动负债合计	10	20
存货	10		非流动负债		
流动资产合计	35	60	长期借款	30	30
非流动资产			非流动负债合计	30	30
固定资产	27		负债合计	40	50
在建工程	13		所有者权益		

续表

资产	期末数	年初数	负债和所有者权益	期末数	年初数
非流动资产合计	40		实收资本（或股本）	10	10
			未分配利润	25	
			所有者权益合计	35	10
资产合计	75	60	负债和所有者权益合计	75	60

注：未分配利润 = 资产 - 负债 - 实收资本 = 75 - 40 - 10 = 25（万元）。

五、资产负债表财务指标分析

比率分析法是通过计算各种比率指标来确定财务活动变动程度的方法。包括构成（结构）比率、效率比率和相关比率。构成比率是反映部分与总体的关系，如资产构成比率、负债构成比率；用于考察总体中某个部分的形成和安排是否合理，以便协调各项财务活动。效率比率是某项经济活动中的所费与所得的比率，反映投入与产出的关系。利用效率比率指标可以进行得失比较，考虑经营成果，评价经济效益。如成本利润率、销售利润率。相关比率是反映有关经济活动的相互关系，如流动比率、资产负债率；用于考察企业相互关联的业务安排得是否合理，以保障经营活动顺畅进行。

企业偿债能力是反映企业财务状况和经营能力的重要标志。企业偿债能力低不仅说明企业资金紧张，难以支付日常经营支出，而且说明企业资金周转不灵，难以偿还到期债务，甚至面临破产危险。资产负债表比率分析主要针对企业偿债能力分析，包括短期偿债能力分析和长期偿债能力分析。

（一）短期偿债能力分析

企业短期债务一般要用流动资产来偿付，短期偿债能力是指企业流动资产对流动负债及时足额偿还的保证程度。企业短期偿债能力的衡量指标主要有流动比率、速动比率和现金比率。

1. 流动比率

流动比率是企业流动资产与流动负债之比。对小雯食品贸易有限公司的20×9年末流动比率进行计算如下：

流动比率 = 流动资产 ÷ 流动负债 = 35 ÷ 10 = 3.5

一般情况下，流动比率越高，反映企业短期偿债能力越强。一般认为，生产企业合理的最低流动比率是2。这是因为流动资产中变现能力最差的存货金额约占流动资产总额的一半，剩下的流动性较大的流动资产至少要等于流动负债，企业短期偿债能力才会有保证。人们长期以来的这种认识因其未能从理论上得到证明，还不能成为一个统一标准。

运用流动比率进行分析时，要注意以下两个问题：

第一，流动比率高，一般认为偿债保证程度较强，但并不一定有足够的现金或银行存款偿债，因为流动资产除了货币资金以外，还有存货、应收账款等项目，有可能出现虽然流动比率高，但真正用来偿债的现金和存款却严重短缺的现象，所以分析流动比率时，还需进一步分析流动资产的构成项目。

第二，计算出来的流动比率，只有和同行业平均流动比率、本企业历史流动比率进行比较，才能知道这个比率是高还是低。这种比较通常并不能说明流动比率为什么这么高或低，要找出过高或过低的原因，还必须分析流动资产和流动负债所包括的内容以及经营上的因素。一般情况下，营业周期、流动资产中的应收账款和存货的周转速度是影响流动比率的主要因素。

2. 速动比率

速动比率是企业速动资产与流动负债之比，速动资产是指流动资产减去存货、预付账款、一年内到期的非流动资产、其他流动资产等后的余额。资产负债表中反映的期末存货，可能存在变现速度慢、估价与变现金额相去甚远、部分存货已被抵押等影响变现能力的因素。预付账款、一年内到期的非流动资产、其他流动资产具有偶然性，不代表正常变现能力。剔除了存货等变现能力较差的资产，速动比率比流动比率能更准确、更可靠地评价企业资产的流动性及偿还短期债务的能力。

对小雯食品贸易有限公司20×9年末的速动比率进行计算如下：

速动比率 = 速动资产 ÷ 流动负债 = 20 ÷ 10 = 2

速动比率也不是越高越好，一般认为，速动比率为1较合适。速动比率高，尽管短期偿债能力较强，但现金、应收账款占用过多，会增加企业的机会成本，影响企业的获利能力；速动比率过低，企业面临偿债风险。

3. 现金比率

现金比率是企业现金类资产与流动负债的比率。现金类资产是速动资产扣除应收账款和应收票据后的余额，即资产负债表中的货币资金和以公允价值计量且其变动计入当期损益的金融资产的合计数。在企业现实经营中，资产负债表反映的应收账款价值，并不一定都能变为现金，实际坏账可能比计提的准备要多，季节性的变化，可能使报表上的应收款项金额不能反映平均水平，因此扣除应收账款后计算出来的速动资产金额，最能反映企业直接偿付流动负债的能力。

对小雯食品贸易有限公司20×9年末的现金比率进行计算如下：

现金比率 = 现金类资产 ÷ 流动负债 = 10 ÷ 10 = 1

现金比率剔除了应收账款对偿债能力的影响，最能反映企业直接偿付流动负债的能力，表明每1元流动负债有多少现金资产作为偿债保障。经验研究表明，现金比率一般认为应高于20%，但是如果这一比率过高，就意味着企业流动负债未能得到合理运用，而现金类资产获利能力低，这类资产金额太高会导致企业机会成本增加。

（二）长期偿债能力分析

长期偿债能力是指企业偿付到期长期债务的能力。企业从事生产经营活动，除了要有短期负债供生产经营使用外，同样还需筹借长期负债来增强企业未来的生存和发展能力。其分析指标主要有四项：资产负债率、产权比率、权益乘数和利息保障倍数。其中利息保障倍数指标放在利润表中介绍。

1. 资产负债率

资产负债率是企业负债总额与资产总额之比。

对小雯食品贸易有限公司20×9年末的资产负债率进行计算如下：

资产负债率 = 负债总额 ÷ 资产总额 × 100%

　　　　　 = 40 ÷ 75 × 100%

　　　　　 = 53.33%

资产负债率反映债权人所提供的资金占全部资金的比重以及企业资产对债权人权益的保障程度。这一比率越低，表明企业资产对负债的保障能力越高，企业的长期偿债能力越强。

事实上，对这一比率的分析，还要看站在谁的立场上。从债权人的立场来看，债务比率越低越好，企业偿债有保证，贷款不会有太大风险；从股东的立场来看，在全部资本利润率高于借款利息率时，负债比率越大越好，因为股东所得到的利润就会加大。从财务管理的角度来看，在进行借入资本决策时，企业应当审时度势，全面考虑，充分估计预期的利润和增加的风险，权衡利害得失，做出正确的分析和决策。

2. 产权比率

产权比率又称资本负债率，是负债总额与所有者权益之比，它是企业财务结构稳健与否的重要标志。

对小雯食品贸易有限公司 20×9 年末的产权比率进行计算如下：

产权比率 = 负债总额 ÷ 所有者权益 × 100%

　　　　 = 40 ÷ 35 × 100%

　　　　 = 114%

产权比率不仅反映了由债务人提供的资本与所有者提供的资本的相对关系，而且反映了企业自有资金偿还全部债务的能力，因此它又是衡量企业负债经营是否安全有利的重要指标。一般来说，这一比率越低，表明企业长期偿债能力越强，债权人权益保障程度越高，承担的风险越小，一般认为，这一比率为 1∶1，即 100% 以下时，应该是有偿债能力的，但还应该结合企业的具体情况加以分析。当企业的资产收益率大于负债成本率时，负债经营有利于提高资金收益率，获得额外的利润，这时的产权比率可适当高些。产权比率高，是高风险、高报酬的财务结构；产权比率低，是低风险、低报酬的财务结构。

产权比率与资产负债率对评价偿债能力的作用基本一致，只是资产负债率侧重于分析债务偿付安全性的物质保障程度，产权比率则侧重于揭示财务结构的稳健程度以及自有资金对偿债风险的承受能力。

3. 权益乘数

权益乘数是总资产与所有者权益之比。权益乘数表明股东每投入 1 元钱可实际拥有和控制的金额。产权比率和权益乘数是资产负债率的另外两种表现形式，是常用的用于反映企业财务杠杆水平的指标。三个比率之间的关系如下：

权益乘数 = 1 + 产权比率 = 1/（1 − 资产负债率）

对小雯食品贸易有限公司 20×9 年末的产权比率进行计算如下：

权益乘数 = 总资产 ÷ 所有者权益 = 75 ÷ 35 = 2.14

（三）影响偿债能力的其他因素

以上各项比率指标都是基础资产负债表数据的分析，我们把这些称为表内因素的分析。实际上，还存在许多表外因素影响企业的偿债能力。有的是增强企业偿债能力，有的是降低企业的偿债能力。这些表外因素主要包括可动用的银行贷款指标或授信额度、资产质量、或有事项和承诺事项、经营租赁等。例如，若公司拥有较高可动用的银行授信额度，该信息是不反映在财务报表中，但企业需要偿债时能很容易取得银行贷款，增强偿债能力。若公司拥有较多可以快速变现的非流动资产，如储备的土地，未开采的采矿权，出租的房屋，公司发生周转困难时，可以将其出售，并且不会影响公司的持续经营，增强企业偿债能力。若公司经常发生长期经营租赁业务，应考虑租赁费用对偿债能力的影响，降低企业偿债能力。

第二节　利润表：掌握经营成果

我们通过对资产负债表的初步知识，了解到小雯食品贸易有限公司在20×9年初创期的经营成绩着实不错，既还上了朋友的借款，又增加了15万元的总资产。但是小雯仍然对这一年的经营情况感到困惑。她很想知道这一年到底赚了多少钱？钱从哪里来的？又都花到哪里去了？要说清楚这些问题，就需要了解第二张财务报表——利润表。

利润表是反映企业一定会计期间（如月度、季度、半年度或年度）生产经营成果的会计报表。企业一定会计期间的经营成果既可能表现为盈利，也可能表现为亏损，因此，利润表也被称为损益表。它是企业一定会计期间的收入与同一会计期间相关的费用进行配比后，计算的企业一定时期的净利润（或净亏损）。它全面揭示了企业在某一特定时期实现的各种收入、发生的各种费用、成本或支出，以及企业实现的利润或发生的亏损情况。因此，它是反映企业经营资金运动过程的动态报表。

一、利润表内容

利润表将会计的收入、费用和利润三大要素内容综合呈现在一张报表中（见表5-4）。利润是当期收入与当期费用的差额。因此，要正确计算利润，就必须首先确定当期的收入与当期的费用。

表5-4　利润表的内容

	分类	注释	构成
利润表的内容构成	收入	企业某一期间的取得收入合计	营业收入（经营性所得）
			投资收益（金融投资所得）
			营业外收入（偶然所得）
	费用	企业某一期间的产生费用合计	成本（与产品直接相关）
			费用（与产品非直接相关）
	利润	企业某一期间的产生利润合计	营业利润
			利润总额
			净利润

二、利润表结构

利润表是根据"收入－费用＝利润"的基本关系来编制的，其具体内容取决于收入、费用、利润等会计要素及其内容，利润表项目是收入、费用和利润要素内容的具体体现。

企业的利润表是反映企业在某一会计期间经营成果的财务报表，它把一定期间的营业收入与同期间的相关营业费用进行配比，从而计算出初创企业一定期间的净收益或净亏损。根据《企业会计准则》的规定，利润表格式采用"多步式"，分步计算营业利润、利润总额和净利润。利润表中通常列示出了上年度和本年度的全年累计发生数，通过不同时期的数据比较分析。小雯就可以清晰地了解企业经营水平的变化情况，经营成果的发展趋势，以便对企业的后续发展做出科学决策。企业的利润表必须按月编制，对外报送。年度结束，还应编报年度利润表。创业企业资本有限，很少从事非主营业务，也很少有多余资金用于投资，利润表主要体现创业企业核心业务的经营成果，编制起来比较简单。

利润表的表首，应标明企业和该表的名称，表的名称下面标明编制的期间。由于利润表反映企业某一期间的经营成果，因而其时间只能标明为"某年某月""某年度"或"某年某月某日至某年某月某日"，或"某年某月某日结束的会计年度"。

为了提供与报表使用者经营决策相关的信息，收入和费用在利润表中有不同的列示方法，因而利润表的本体部分可以有多步式和单步式两种格式。目前，企业编制的利润表基本使用的是多步式利润表（见表5－5）。

表5－5 利润表（多步式）

企业名称：×××××××　　　　　时间　　　　　单位：元

项目	本年金额	上年金额
一、营业收入		
减：营业成本		
税金及附加		
销售费用		
管理费用		
研发费用		
财务费用		
利息费用		
利息收入		
资产减值损失		
加：其他收益		
投资收益（损失以"－"号填列）		
公允价值变动收益（损失以"－"号填列）		
资产处置收益（损失以"－"号填列）		

项目	本年金额	上年金额
二、营业利润		
加：营业外收入		
减：营业外支出		
三、利润总额		
减：所得税费用		
四、净利润		
（一）持续经营净利润		
（二）终止经营净利润		
五、每股收益		
（一）基本每股收益		
（二）稀释每股收益		

适当划分企业的收入和费用项目，并以不同的方式在利润表上将收入与费用项目组合起来，还可以提供各种各样的有关企业经营成果的指标。

在多步式利润表上，净利润是分若干个步骤计算出来的，一般可以分为以下几步：

第一步，计算营业利润。

营业利润＝营业收入－营业成本－税金及附加－销售费用－管理费用－研发费用－财务费用－资产减值损失＋其他收益＋投资收益＋公允价值变动收益＋资产处置收益

第二步，计算利润总额。

利润总额＝营业利润＋营业外收入－营业外支出

第三步，计算净利润。

净利润＝利润总额－所得税费用

三、利润表要解决的问题

通过利润表，我们可以解决一些企业关注的现实问题：

其一，反映企业盈利水平，评价企业盈利能力。利润表反映了收入、发生的各项费用以及经营取得的最终成果。所以，通过分析利润表，可以评价企业经营管理的成功程度和绩效高低。

其二，预测企业发展趋势。利润表往往列示了上年度和本年度的利润数据，通过比较，可以看到企业盈利水平的变动情况、经营成果的发展趋势。据此可以在以后的经营中做出合理的决策。

其三，分析企业损益形成的原因。分析亏损或者盈利的原因，综合反映利润的形成和分配情况。

四、利润表编制

如果对小雯食品贸易有限公司 20×9 年的经营情况编制一份利润表。从第一行"营业收入"开始到最后一行"净利润"结束，就可以反映出小雯食品贸易有限公司取得收益的整个过程。

【例 5 - 2】小雯食品贸易有限公司 20×9 年的营业信息如下：

（1）全年主营业务收入 75 万元（其中 10 万元为赊销收入）。

（2）全年向乙供应商采购食品总成本 42 万元（其中 32 万元食品已加价实现销售，且货款已付；剩余 10 万元的食品为库存，库存食品货款暂未支付）。

（3）全年用现金支付销售费用 7 万元。

（4）全年管理费用 9 万元（其中，现金支付 6 万元；办公房年折旧额 3 万元）。

（5）全年用现金支付财务费用 2 万元。

假设本例中，小雯食品贸易有限公司符合国家对大学生创业的免税政策，所以不用上缴所得税。小雯食品贸易有限公司的利润表见表 5 - 6。

表 5 - 6　利润表（多步式）

编制单位：小雯食品贸易有限公司　　　　　　20×9 年　　　　　　　　　单位：万元

项目	本年金额
一、营业收入	75
减：营业成本	32
销售费用	7
管理费用	9
财务费用	2
二、营业利润	25
加：营业外收入	——
减：营业外支出	
三、利润总额	25
减：所得税费用（所得税税率 20%）	——
四、净利润	25

注：由于小雯食品贸易有限公司成立不久，有些项目没有发生，所以利润表中的一些项目就省略了。

五、利润表财务指标分析

创业者通过利润表自身或将利润表与资产负债表结合进行财务指标分析，可以分为盈利能力分析、营运能力分析和长期偿债能力分析三大内容。

（一）盈利能力分析

不论是投资人、债权人还是经理人员，都会非常重视和关心企业的盈利能力。盈利能力就是企业获取利润、资金不断增值的能力。盈利能力分析是反映企业盈利能力的指标，主要有销售毛利率、销售净利率、总资产净利率、净资产收益率和资本保值增值率。

1. 销售毛利率（营业毛利率）

销售毛利率是销售毛利与销售收入之比，也可以表述为营业毛利和营业收入之比。其计算公式为：

销售毛利＝营业收入－营业成本

销售毛利率＝销售毛利÷营业收入×100%

根据利润表的数据，可计算小雯食品贸易有限公司20×9年的销售毛利率如下：

20×9年销售毛利率＝(75－32)÷75×100%＝57.33%

销售毛利率反映产品每1元销售收入所包含的毛利润是多少，即销售收入扣除销售成本后还有多少剩余可用于各期费用和形成利润。销售毛利率越高，表明产品的盈利能力越强。

2. 销售净利率（营业净利率）

销售净利率是净利润与销售收入之比，此处销售收入即指营业收入。其计算公式为：

销售净利率（营业净利率）＝净利润÷营业收入×100%

根据利润表的数据，可计算小雯食品贸易有限公司20×9年的销售净利率如下：

20×9年销售净利率（营业净利率）＝25÷75×100%＝33.33%

从上述计算分析可以看出，20×9年小雯食品贸易有限公司的盈利能力很好。

销售净利率反映每1元销售收入最终赚取了多少利润，用于反映产品最终的盈利能力。

3. 总资产净利率

总资产净利率是净利率与企业资产平均总额的比率。由于资产总额等于债权人权益和所有者权益的总额，所以该比率既可以衡量企业资产综合利用的效果，又可以反映企业债权人及所有者提供资本的盈利能力和增值能力。其计算公式为：

总资产净利率＝净利润÷资产平均总额×100%

＝净利润÷[(期初资产＋期末资产)÷2]×100%

在本公式中，资产采用平均值，是因为净利润反映的是一定期间的收入合计，是一个期间值，是一个流量指标。而资产是某个时点的时点值，是一个存量指标，将流量指标除以存量指标不是很匹配，把资产按期初和期末求平均值可以适当降低不同时点之间的差异。

根据利润表的数据，小雯食品贸易有限公司20×9年净利润为25万元，年初资产总额为60万元，年末资产总额为75万元。则小雯食品贸易有限公司总资产报酬率计算如下：

20×9年总资产报酬率＝25÷[(60＋75)÷2]×100%＝37.04%

该指标越高，表明资产利用效率越高，说明企业在增加收入、节约资金使用等方面取得了良好的效果；该指标越低，说明企业资产利用效率越低，应分析差异原因，提高销售利润率，加速资金周转，提高企业经营管理水平。

4. 权益净利率（净资产收益率）

权益净利率又叫作净资产收益率或自有资金利润率，是净利润与平均所有者权益的比值，它反映企业自有资金的投资收益水平。其计算公式为：

$$净资产收益率 = 净利润 \div 平均所有者权益 \times 100\%$$

$$= 净利润 \div \left[\left(年初所有者权益 + 年末所有者权益 \right) \div 2 \right] \times 100\%$$

在本公式中，所有者权益采用平均值，也是因为净利润是时期数，而所有者权益是时点数。将流量指标除以存量指标不是很匹配，把所有者权益按期初和期末求平均值可以适当降低不同时点之间的差异。

根据资产负债表和利润表的数据，小雯食品贸易有限公司 20×9 年净利润为 25 万元，年初所有者权益为 10 万元，年末所有者权益为 35 万元。则小雯食品贸易有限公司 20×9 年的净资产收益率为：

$$20×9 年净资产收益率 = 25 \div \left[\left(10 + 35 \right) \div 2 \right] \times 100\% = 111.11\%$$

净资产收益率越高，表明股东和债权人的利益保障程度越高。该指标是企业盈利能力指标的核心，更是投资者关注的重点。但净资产收益率不是一个越高越好的概念，分析时要注意企业的财务风险。

5. 资本保值增值率

如果企业盈利能力提高，利润增加，必然会使期末所有者权益大于期初所有者权益，所以该指标也是衡量企业盈利能力的重要指标。当然，这一指标的高低，除了受企业经营成果的影响外，还受企业利润分配政策的影响。

$$资本保值增值率 = 期末所有者权益 \div 期初所有者权益 \times 100\%$$

根据资产负债表的有关数据，小雯食品贸易有限公司 20×9 年资本保值增值率计算如下：

$$20×9 年资本保值增值率 = 35 \div 10 \times 100\% = 350\%$$

资本保值增值率越高，表明股东财富的增长速度越快，其原因可能来自于股东追加投入导致增长，或企业盈利留存导致增长。

（二）营运能力分析

企业的经营活动离不开各项资产的运用，对企业营运能力的分析，实质上就是对各项资产的周转使用情况进行分析。一般而言，资金周转速度越快，说明企业的资金管理水平越高，资金利用效率越高。企业营运能力分析主要包括流动资产周转情况分析（包括应收账款周转率、存货周转率和流动资产周转率）、固定资产周转率和总资产周转率三个方面。

1. 应收账款周转率

应收账款在流动资产中有举足轻重的地位，及时收回应收账款，不仅增强了企业的短期偿债能力，也反映出企业管理应收账款的效率。

应收账款周转率（次数）是指一定时期内应收账款平均收回的次数，是一定时期内营业收入与应收账款平均余额的比值。其计算公式为：

应收账款周转率 = 营业收入 ÷ 应收账款平均余额

其中，应收账款平均余额 = （期初应收账款 + 期末应收账款）÷ 2

应收账款周转天数 = 计算期天数 ÷ 应收账款周转次数

注意：在采用资产负债表中数据时，应收账款金额往往扣除坏账准备，可以把坏账准备金额加回来，把应收账款调高。

根据资产负债表和利润表的数据，小雯食品贸易有限公司 20×9 年营业收入 75 万元，年初应收账款、应收票据净额为 0，年末应收账款、应收票据净额为 10 万元。假设一年以 360 天计算，20×9 年该公司应收账款周转率指标计算如下：

应收账款周转率 = 75 ÷ [(0 + 10) ÷ 2] = 15（次）

应收账款周转天数 = 360 ÷ 15 = 24（天）

应收账款周转率反映了企业应收账款周转速度的快慢及企业对应收账款管理效率的高低。对于投入额较小的小微型新创企业来说，提高应收账款周转速度，缩短资金回笼天数，具有非常重要的意义。在一定时期内周转次数越多，周转天数越少，表明企业收账迅速，信用销售管理严格；应收账款流动性强，从而增强企业短期偿债能力；可以减少收账费用和坏账损失，相对增加企业流动资产的投资收益；通过比较应收账款周转天数及企业信用期限，可评价客户的信用程度，调整企业信用政策。

在评价应收账款周转率指标时，应将计算出的指标与该企业前期、与行业平均水平或其他类似企业相比较来判断该指标的高低。

2. 存货周转率

在流动资产中，存货所占比重较大，存货的流动性将直接影响企业的流动比率。因此，必须特别重视对存货的分析。存货流动性的分析一般通过存货周转率进行。

存货周转率（次数）是指一定时期内企业营业成本与存货平均资金占用额的比率，是衡量和评价企业购入存货、投入生产、销售收回等各环节管理效率的综合性指标。其计算公式为：

存货周转率 = 营业成本 ÷ 存货平均余额

存货平均余额 =（期初存货 + 期末存货）÷ 2

存货周转天数 = 计算期天数 ÷ 存货周转率

根据资产负债表和利润表的数据，小雯食品贸易有限公司 20×9 年营业成本为 32 万元，期初存货 0 万元，期末存货 10 万元，该公司存货周转率指标为：

存货周转率 = 32 ÷ [(0 + 10) ÷ 2] = 6.4（次）

存货周转天数 = 360 ÷ 6.4 = 56（天）

一般来讲，存货周转速度越快，存货占用水平越低，流动性越强，存货转化为现金或应收账款的速度就越快，这样会增强企业的短期偿债能力及获利能力。通过存货周转速度分析，有利于找出存货管理中存在的问题，尽可能降低资金占用水平。

3. 流动资产周转率

流动资产周转率是反映企业流动资产周转速度的指标。流动资产周转率（次数）是一定时期营业收入与平均流动资产之间的比率。其计算公式为：

流动资产周转率 = 营业收入 ÷ 平均流动资产

流动资产周转天数 = 计算期天数 ÷ 流动资产周转率

其中，平均流动资产 =（期初流动资产 + 期末流动资产）÷ 2

根据资产负债表和利润表的数据，小雯食品贸易有限公司 20×9 年营业收入为 75 万元，年初流动资产数为 60 万元，年末流动资产数为 35 万元，则小雯食品贸易有限公司流动资产周转率指标计算如下：

流动资产周转率 $= 75 \div [(60 + 35) \div 2] = 1.58$（次）

流动资产周转天数 $= 360 \div 1.58 = 228$（天）

在一定时期内，流动资产周转次数越多，表明以相同的流动资产完成的周转额越多，流动资产利用效果越好。流动资产周转天数越少，表明流动资产在经历生产销售各阶段所占用的时间越短，可相对节约流动资产，增强企业盈利能力。

4. 固定资产周转率

固定资产周转率是指企业营业收入与平均固定资产的比率。它是反映企业固定资产周转情况，从而衡量固定资产利用效率的一项指标。其计算公式为：

固定资产周转率 = 营业收入 ÷ 固定资产平均净值

其中，固定资产平均净值 = （期初固定资产净值 + 期末固定资产净值）÷ 2

根据资产负债表和利润表的数据，小雯食品贸易有限公司 20×9 年的主营业务收入为 75 万元，年初固定资产数为 0、年末固定资产数为 40 万元。则 20×9 年小雯食品贸易有限公司固定资产周转率计算如下：

20×9 年固定资产周转率 $= 75 \div [(0 + 40) \div 2] = 3.75$（次）

通常固定资产周转率高，说明企业固定资产投资得当，结构合理，利用效率高；反之，如果固定资产周转率不高，则表明固定资产利用效率不高，提供的生产成果不多，企业的营运能力不强。固定资产周转率是否合理，还要视公司目标及同行业水平的比较而定。

5. 总资产周转率

总资产周转率是营业收入与平均资产的比率。计算公式为：

总资产周转率 = 营业收入 ÷ 资产平均总额

如果企业各期资产总额比较稳定，波动不大，则：

资产平均总额 = （期初资产总额 + 期末资产总额）÷ 2

如果资金占用的波动性较大，企业应采用更详细的资料进行计算，如按照各月份的资金占用额计算，计算总资产周转率时分子、分母在时间上应保持一致。

根据资产负债表和利润表的数据，20×9 年小雯食品贸易有限公司营业收入为 75 万元，年初资产总额为 60 万元，年末资产总额为 75 万元。则小雯食品贸易有限公司 20×9 年总资产周转率计算如下：

20×9 年总资产周转率 $= 75 \div [(60 + 75) \div 2] = 1.11$（次）

这一比率用来衡量企业全部资产的使用效率，如果该比率较低，说明企业全部资产营运效率较低，可采用薄利多销或处理多余资产等方法加速资产周转，提高运营效率；如果该比率较高，说明资产周转次数多，销售能力强，资产运营效率高。

（三）长期偿债能力分析

长期偿债能力指标在介绍资产负债表时已经提到了资产负债率、产权比率和权益乘数三个指标，结合利润表，还有一个可以反映企业偿还长期负债能力的指标，即利息保障倍数。

利息保障倍数是指企业息税前利润与应付利息之比，又称已获利息倍数，用以衡量偿付借款利息的能力。其计算公式为：

利息保障倍数 = 息税前利润 ÷ 应付利息

息税前利润 = 利润总额 + 利息费用 = 净利润 + 所得税费用 + 利息费用

应付利息 = 费用化利息 + 资本化利息

"息税前利润"是指利润表中未扣除利息费用和所得税前的利润。利息费用可以从利润表的"财务费用"项目中分析计算得出。因为利润表中的财务费用项目所记载金额包括费用化利息、汇兑损益等项目，所以需要进一步查阅报表附注，提取费用化的利息金额。"应付利息"是指本期全部应付利息，不仅包括计入利润表中的财务费用的利息，还包括计入资产负债表中的资本化利息。

根据利润表的数据，小雯食品贸易有限公司 20×9 年息税前利润为 27 万元，利息费用为 2 万元。假设财务费用全是利息费用，无资本化利息费用，则小雯食品贸易有限公司 20×9 年利息保障倍数计算如下：

20×9 年利息保障倍数 = 27 ÷ 2 = 13.5（倍）

利息保障倍数不仅反映了企业获利能力的大小，而且反映了获利能力对偿还到期债务的保证程度，它既是企业举债经营的前提依据，也是衡量企业长期偿债能力大小的重要标志。要维持正常偿债能力，利息保障倍数至少应大于 1，且比值越高，企业长期偿债能力越强。如果利息保障倍数小于 1，表明自身产生的经营收益不能支持现有的债务规模。企业将面临亏损、偿债的安全性与稳定性下降的风险。

第三节　现金流量表：现金的来源与去向

明白了资产负债表和利润表以后，小雯总算对自己食品厂的经营情况有了比较翔实的了解，心里头也有些沾沾自喜。但是还有件事一直困扰着她，按说自己小厂的经营还是不错的，20×9 年净赚了 25 万元，但是为什么还是担心会没有钱进材料、没有钱付租金呢？对于小雯食品贸易有限公司这类小企业主来说，这种担心是常见的事。通常情况下，小企业进原材料、付租金都需要现款现货结算，得用现金。试想，如果食品厂销售 5 万元的食品，只从客户那里获得了 1 万元现金，但是补充材料、交租金、付水电费要 2 万元现金，那么企业只能再从其他渠道挪用 1 万元，长期下去企业还能经营吗？

资产负债表解决了资产、负债和所有者权益间的关系问题；利润表解决了赚没赚钱，赚的钱用到哪里去了的问题。而解决小雯正在担心的付款问题，需要靠第三张财务报表——现金流量表。由于赊购、赊销、固定资产折旧等非现金业务的存在，企业预算的利润并不能直接反映现金的余缺。小企业受限于规模，通常进货只能用现款现结，而出货却要赊账，现金流的好坏直接关系到企业能否经营下去。对于小企业而言，"现金为王"一点儿也不夸张。现金流量表是一份显示指定时期（一般为一个月，一个季度，主要是一年的年报）的现金流入和流出的财务报告。作为一种分析的工具，现金流量表可以反映公司短期生存能力，特别是缴付账单的能力。

一、现金流量表内容

现金流量表是反映企业一定时期现金流入和流出动态状况的报表，其组成内容与资产负债表和利润表相互一致，主要包括经营活动产生的现金流量、投资活动产生的现金流量和筹资活动产生的现金流量三个部分（见表5-7）。

表5-7　现金流量表的内容

	分类	注释	构成
现金流量表的内容构成	经营活动	企业某一期间经营活动产生的现金流量净额	现金流入
			现金流出
	投资活动	企业某一期间投资活动产生的现金流量净额	现金流入
			现金流出
	筹资活动	企业某一期间筹资活动产生的现金流量净额	现金流入
			现金流出

（一）现金流量表中的现金

现金流量表以现金及现金等价物为基础编制，划分为经营活动、投资活动和筹资活动的现金流量，按照收付实现制原则编制，将权责发生制下的盈利信息调整为收付实现制下的现金流量信息。

现金流量表中所指的现金包括现金和现金等价物。

1. 现金

现金是指企业库存现金以及可以随时用于支付的存款。不能随时用于支付的存款不属于现金。现金主要包括以下内容：

（1）库存现金。库存现金是指企业持有的可随时用于支付的现金，与"库存现金"科目的核算内容一致。

（2）银行存款。银行存款是指企业存入金融机构、可以随时用于支取的存款，与"银行存款"科目核算内容基本一致，但不包括不能随时用于支付的存款。例如，不能随时支取的定期存款等不应作为现金；提前通知金融机构便可支取的定期存款则应包括在现金范围内。

（3）其他货币资金。其他货币资金是指存放在金融机构的外埠存款、银行汇票存款、银行本票存款、信用卡存款、信用证保证金存款和存出投资款等，与"其他货币资金"科目核算内容一致。

2. 现金等价物

现金等价物是指企业持有的期限短、流动性强、易于转换为已知金额现金、价值变动风险很小的投资。其中，"期限短"一般是指从购买日起3个月内到期。例如可在证券市场上流通的3个月内到期的短期债券等。现金等价物虽然不是现金，但其支付能力与现金的差别不大，可视为现金。例如，企业为保证支付能力，手持必要的现金，为了不使现金闲置，可以购买短期债券，在需要现金时，随时可以变现。

在学习资产负债表时，我们学习了一个重要的会计恒等式：

资产 = 负债 + 所有者权益

如果考虑到现金流的问题，上述会计恒等式可以有一个变形：

现金资产 + 非现金资产 = 负债 + 所有者权益

可将上述会计恒等式进一步转化为：

现金资产 = 负债 + 所有者权益 − 非现金资产

这样就可以看出，现金资产由负债、所有者权益和非现金资产三者共同决定。对于初创企业而言，可能涉及的最重要的非现金资产有三类：应收账款、存货、固定资产。首先是应收账款。初创企业往往需要先给客户铺货，让客户用完了再付钱，很难做到现款现结。一些客户可能用完了，还赖账不给，或者订几个月的账期，初创企业的流动资金就被占用了。其次是存货。如果企业的销路不畅，有大量的产品积压，钱就无法周转回来。最后是固定资产。如果企业购买了厂房、机器、设备等固定资产，现金就会大幅度减少。对于初创企业的管理人员来说，每一次大量减少现金资产的行动，都要考虑到能否使企业正常经营下去。

（二）现金流量

现金流量是企业一定时期的现金流入与流出的数量。造成企业现金流入、流出的活动主要有三大类。包括经营活动、投资活动、筹资活动。

1. 经营活动

企业销售商品、提供劳务、购买材料、接受劳务、广告宣传、促销活动、发放工资等都属于经营活动。因为利润表是考察经营活动绩效的表格，所以，经营活动主要是指所有影响利润表变动的活动。

2. 投资活动

主要是与购买处置固定资产（厂房、土地、机器设备等）、无形资产（商标、专利等）和其他长期资产以及股权投资有关的活动。比如企业处置以公允价值计量且其变动计入当期损益的金融资产，账面价值 100 万元，收到价款 120 万元，则投资的现金流入为 120 万元。又如企业购买债券进行债权性投资而取得的现金利息收入 10 万元，则投资的现金流入为 10 万元。

3. 筹资活动

筹资活动就是跟负债（银行借款、发行债券）和所有者权益（发行股票）有关的活动。如企业以发行股票等方式筹集资金实际收到的款项净额，则为筹资活动的现金流入。又如企业举借各种短期、长期借款而收到的现金，以及发行债券实际收到的款项净额，则为筹资活动的现金流入。企业偿还债务本金所支付的现金，则为筹资活动的现金流出。企业实际支付的现金股利、支付给其他投资单位的利润或用现金支付的借款利息、债券利息等，则为筹资活动的现金流出。

二、现金流量表结构

现金流量表是以现金为基础编制的反映企业财务状况变动的报表，由表头、主表和补充资料三部分构成（见表 5-8）。

表 5-8 现金流量表

企业名称： 时间 单位：万元

项目	本期数	上期数
一、经营活动产生的现金流量		
销售商品、提供劳务收到的现金		
收到的税费返还		
收到的其他与经营活动有关的现金		
现金流入小计		
购买产品、接受劳务支付的现金		
支付给职工以及为职工支付的现金		
支付各项税费		
支付的其他与经营活动有关的现金		
现金流出小计		
经营活动产生的现金流量净额		
二、投资活动产生的现金流量		
收回投资所收到的现金		
取得投资收益所收到的现金		
处置固定资产、无形资产和其他长期资产所收回的现金净额		
收到其他与投资活动有关的现金		
现金流入小计		
购建固定资产、无形资产和其他长期资产支付的现金		
投资支付的现金		
支付其他与投资活动有关的现金		
现金流出小计		
投资活动产生的现金流量净额		
三、筹资活动产生的现金流量		
吸收投资所收到的现金		
取得借款收到的现金		
收到的其他与筹资活动有关的现金		
现金流入小计		
偿还债务所支付的现金		
分配股利、利润或偿付利息所支付的现金		

续表

项目	本期数	上期数
支付的其他与筹资活动有关的现金		
现金流出小计		
筹资活动产生的现金流量净额		
四、汇率变动对现金及现金等价物的影响		
五、现金及现金等价物净增加额		
加：期初现金及现金等价物余额		
六、期末现金及现金等价物余额		

三、现金流量表要解决的问题

利用现金流量表，企业可以解决以下四个问题：

（一）有利于为融资等管理决策提供充分有效的依据

通过该表，创业者可以了解初创企业本期及以前各期现金的流入、流出和结余情况，评价企业当前及未来的偿债能力和支付能力，科学预测企业未来的财务状况，从而为融资等管理决策提供充分有效的依据，帮助创业者做好融资及资金调度工作，最大限度地提高资金使用效率，避免出现现金短缺。

（二）有利于分析、评价和预测企业未来产生现金流量的能力

企业的现金来源主要有三个渠道：经营活动现金流入、投资活动现金流入和筹资活动现金流入。企业不可能长期依靠投资活动现金流入和筹资活动现金流入维持和发展。保持良好经营活动的现金流入才能增强企业的盈利能力，满足长短期负债的偿还需要，使企业保持健全的财务状况。任何时候，内部资金积累才是企业发展的基础。一旦企业经营活动现金流入出现异常，即使是账面利润再高，财务状况依然令人怀疑。所以，通过分析现金流入的各个渠道，帮助潜在投资者和贷款人据以评价初创企业未来的现金生成能力、偿还债务能力和支付投资报酬的能力，对企业未来现金流的大小及稳定性做一些合理的预测。

（三）有利于对企业的财务状况做出合理的评价

在正常的经营过程中，现金流出的变化幅度通常不会太大，如出现较大变动，则需要引起注意，进一步寻找原因。投资活动的现金流出一般是由购买和建设固定资产或对外投资引起。筹资活动的现金流出主要是为偿还到期债务和支付现金股利。债务的偿还意味着企业用于满足经营活动或者投资活动的现金将减少，当然，财务风险也会随之降低。如果短期内筹资活动的现金流出占总现金流出比重太大，也可能引起资金周转困难。因此，通过现金流出的分类分析可以对企业的财务状况做出合理的评价。

（四）有利于分析和评价企业经济活动的有效性

通过扣除投资收益和筹资费用后的利润与经营活动现金流量进行对比，可以揭示会计利润信息质量的好坏。经营活动产生的现金净流量大于或等于该项利润，说明企业经营活动的现金回收率高，收益较好，如果经营活动现金净流量小于该项利润，则在判断企业获利能力和偿债能力时必须慎重，有必要结合其他因素进行更深入的分析。

四、现金流量表编制

关于现金流量表的编制，需要掌握每一项经济业务现金流的分类，采用直接法编制现金流量表相对来说比较容易。同时还会编制一张现金流量表补充资料。在实际工作中，可以把握"以主表信息为准，补充资料信息为参考"的原则来对现金流量表进行分析和应用。

（一）经营活动产生的现金流量项目

经营活动是除了投资活动和筹资活动外的其他活动的总称。

（1）销售商品、提供劳务收到的现金。销售商品、提供劳务收到的现金其来源是企业由于销售商品、提供劳务导致的现金流入，这也是企业经营活动流入现金的绝大部分。确定方法：只要是企业销售商品或者提供劳务所产生的现金，不管是企业本期发生，还是前期发生，或是预收未来的销售商品和提供劳务款，都要确认为本期销售商品和提供劳务收到的现金。

（2）收到的税费返还。是指企业实际收到的以现金形式返还的各种税费。如收到的增值税、所得税、消费税、关税和教育费附加返还款等。

（3）收到的其他与经营活动有关的现金。如罚款收入、违约金、赔偿金、经营租赁固定资产收到的现金、投资性房地产收到的租金收入、流动资产损失中由个人赔偿的现金收入、除税费返还外的其他政府补助收入等。

（4）购买商品、接受劳务支付的现金。购买商品和接受劳务必须支付的现金。

（5）为职工支付的现金。支付给职工的工资和为职工支付的工资、奖金和补贴等。

（6）缴纳各种税费的支出。包括企业本期发生并支付的税费，以及本期支付以前各期发生的税费和本期预交的税费，包括所得税、增值税、消费税、印花税、房产税、土地增值税、车船税、教育费附加、矿产资源补偿费等，但不包括计入固定资产价值、实际支付的耕地占用税，也不包括本期退回的增值税、所得税。本期退回的增值税、所得税在"收到的税费返还"项目反映。

（7）支付的其他与经营活动有关的现金。除了前述各项目之外，其他与经营活动有关的现金流出项目。如经营租赁支付的租金、支付的罚款、差旅费、业务招待费、保险费等。此外，还包括支付的销售费用及支付的制造费用。

（二）投资活动产生的现金流量项目

投资活动是指企业进行长期资产的购买和不包括在现金等价物范围内的投资或者资产处置活动。

（1）收回投资所收到的现金。主要包括投资本金和投资收益。如果是债权投资，切记不能把债券投资利息计算在内。

（2）取得投资收益所收到的现金。包括股权投资和债券投资取得的股利利息以及从子公司联合公司分回的利润。

（3）处置固定资产、无形资产和其他长期资产所收回的现金净额。处置固定资产、无形资产和其他长期资产的所得减去处置过程中产生的费用的净额。

（4）收到的其他与投资活动有关的现金。如一些往来工程款等，一般数额较小。

（5）购建固定资产、无形资产和其他长期资产所支付的现金。购建固定资产、无形资产和其他长期资产所支付的现金是企业为购建长期资产而支付的款项。

（6）投资所支付的现金。进行投资活动所支出的现金包括支付的佣金、手续费和附加费用。

（7）支付的其他与投资活动有关的现金。如支付的工程前期款项等，一般数额较小。

（三）筹资活动产生的现金流量项目

筹资活动是指导致企业资本以及债务规模和构成发生变化的活动。这些活动所产生的现金流出和流入就是筹资活动产生的现金流量。

（1）吸收投资所收到的现金。企业以发行股票等方式筹集资金实际收到的款项净额（发行收入减去支付的佣金等发行费用后的净额）。本项目不再反映发行债券收到的款项。

（2）取得借款所收到的现金。企业举借各种短期借款、长期借款而收到的现金，以及发行债券实际收到的款项净额（发行收入减去直接支付的佣金等发行费用后的净额）。

（3）收到的其他与筹资活动有关的现金，如接受捐赠等此类款项，一般数额相对较小。

（4）偿还债务支付的现金。是指企业以现金偿还债务的本金，包括向银行支付所借款的本金，向债券持有者偿还的债券本金。

（5）分配股利、利润或偿付利息所支付的现金。分配股利、利润或偿付利息所支付的现金是指实际支付的现金股利、支付给投资单位和个人的利润以及支付给银行的借款利息和债券利息等。

（6）支付的其他与筹资活动有关的现金，如融资租入固定资产各期支付的租赁费以分期付款方式购建的固定资产、无形资产各期支付的现金等。

（7）汇率变动对现金的影响。汇率变动能够导致现金数量变化。

【例5-3】根据【例5-1】和【例5-2】的相关信息，综合编制小雯食品贸易有限公司现金流量表（见表5-9）。

表5-9 现金流量表

小雯食品贸易有限公司　　　　　　　　　　20×9年　　　　　　　　　　单位：万元

项目	本期数	上期数
一、经营活动产生的现金流量		
销售商品、提供劳务收到的现金	65	

续表

项目	本期数	上期数
······		
现金流入小计	65	
购买产品、接受劳务支付的现金	32＋5	
支付销售费用的现金	7	
支付管理费用的现金	6	
······		
现金流出小计	50	
经营活动产生的现金流量净额	15	
二、投资活动产生的现金流量		
······		
现金流入小计	0	
购建固定资产、无形资产和其他长期资产支付的现金	30＋13	
······		
现金流出小计	43	
投资活动产生的现金流量净额	－43	
三、筹资活动产生的现金流量		
吸收投资所收到的现金	0	
取得借款收到的现金	0	
······		
现金流入小计	0	
偿还债务所支付的现金	20	
分配股利、利润或偿付利息所支付的现金	2	
······		
现金流出小计	22	
筹资活动产生的现金流量净额	－22	
四、汇率变动对现金及现金等价物的影响	0	
五、现金及现金等价物净增加额	－50	
加：期初现金及现金等价物余额	60	
六、期末现金及现金等价物余额	10	

所编制的现金流量表中的期末现金及现金等价物余额恰好等于资产负债表的货币资金项目的期末余额 10 万元，体现了资产负债表和现金流量表的勾兑关系。

五、现金流量表财务指标分析

现金流量表显示了现金的流量、来源和用处，那么如何通过这些表面信息揭示更多能反映企业财务状况和发展方向的指标呢？这就需要对现金流量表进行深层次的分析。现金流量表的财务分析主要有结构分析、偿债能力分析、资本支出能力分析、盈利能力分析和企业再投资能力分析五个方面。

（一）结构分析

现金流量表结构分析是指同一时期现金流量表中不同项目间的比较与分析，旨在揭示各项数据在企业现金流入量中的相互关系。

1. 定性的结构分析

定性的结构分析主要是观察三大活动（经营活动、投资活动、筹资活动）分别产生的现金流入和现金流出数额，从宏观上对企业的发展状况进行把握。

（1）经营活动现金流量。经营活动现金流量有三种情况：经营活动现金流量小于零、经营活动现金流量等于零和经营活动现金流量大于零。

经营活动现金流量小于零。经营活动现金流入不足以支付现金流出。这种"入不敷出"的状态一般发生在企业开拓市场的初级阶段。在该阶段，企业的各种资源还处于一个磨合期，资源利用率比较低。这种窘困的状态是任何企业在发展过程中不可避免的正常过程。但是，如果发生在一个成熟的企业中，则应该引起足够的重视。

经营活动现金流量等于零。经营活动现金流入刚刚满足支付现金流出。在这种"收支平衡"的状态下，企业正常的经营不需要额外补充流动资金，企业的经营活动也不能为企业的投资活动以及融资活动贡献资金。这种状况和第一种情况一般统称为经营的不健康状况。

经营活动现金流量大于零。经营活动现金流入大于现金流出，这种状况意味着企业生产经营较好。如果这种状况可以弥补非现金消耗成本（如固定资产），那么企业经营还可以为投资活动以及融资活动贡献现金。这种状况就是企业经营的最好状态。

（2）投资活动现金流量。投资活动现金流量有三种情况：投资活动现金流量小于零、投资活动现金流量等于零和投资活动现金流量大于零。

投资活动现金流量小于零。其表现为投资活动所支付的现金之和，大于投资收益、处置固定资产、无形资产和其他长期资产而收到的现金净额之和。

投资活动现金流量等于零和投资活动现金流量大于零。投资活动方面的现金流入量大于流出量，这种情况产生的原因很复杂，必须对企业投资活动的现金流量原因进行具体分析。

（3）筹资活动现金流量。筹资活动现金流量有两种情况：筹资活动现金流量小于零和筹资活动现金流量大于零。

筹资活动现金流量小于零。企业在吸收权益性投资、发行债券以及借款等方面所收到的现金之和小于企业在偿还债务、支付筹资费用、分配股利或者利润、偿付利息、融资租赁所支付的现金以及减少注册资本等方面所支付的现金之和。出现这种情况的主要原因有：第一，企业经营活动或者投资活动效益好，仅此两项活动就可以完成所有支付；第二，企业的投资活动和发展战略没有丝毫良好的表现。

筹资活动现金流量大于零。企业在吸收权益性投资、发行债券以及借款等方面所收到的现金之和大于企业在偿还债务、支付筹资费用、分配股利或者利润、偿付利息、融资租赁所支付的现金以及减少注册资本等方面所支付的现金之和。在企业发展起步阶段，企业经营活动的现金流量一般小于零，企业所需要的资金大部分需要筹借才能得到。分析现金流动大于零是否是正常的，要看企业的经营阶段和具体的情况，主要分析其产生的原因是否合理。

2. 定量的结构分析

通过分析经营活动的现金流量、投资活动的现金流量和筹资活动的现金流量占现金净流量的比率以及其各子项目所占比率，可以了解现金流量结构，利于报表使用者对现金流动原因进行分析，从而从数量上把握企业的财务质量和营运状况，预测企业的发展前景。定量的结构分析包括现金流入结构分析、现金流出结构分析、现金流入流出结构分析。

（1）现金流入结构分析。现金流入结构分析从数量上把握企业现金流入的数额，判断和评价企业经营活动、投资活动、筹资活动是否正常，如表5-10所示。

表5-10　现金流入结构分析

编号	现金流入	计算公式
1	经营活动	经营活动现金流入结构＝经营活动产生的现金流入量÷全部现金流入量
2	投资活动	投资活动现金流入结构＝投资活动产生的现金流入量÷全部现金流入量
3	筹资活动	筹资活动现金流入结构＝筹资活动产生的现金流入量÷全部现金流入量

（2）现金流出结构分析。现金流出结构分析从数量上把握企业现金流出状况以及企业三大活动能力比例是否正常，如表5-11所示。

表5-11　现金流出结构分析

编号	现金流出	计算公式
1	经营活动	经营活动现金流出结构＝经营活动产生的现金流出量÷全部现金流出量
2	投资活动	投资活动现金流出结构＝投资活动产生的现金流出量÷全部现金流出量
3	筹资活动	筹资活动现金流出结构＝筹资活动产生的现金流出量÷全部现金流出量

（3）现金流入流出结构分析。现金流入流出结构分析从数量上把握企业现金流入流出状况，判断企业三大活动开展情况是否正常，如表5-12所示。

表5-12　现金流入流出结构分析

编号	现金流入流出	计算公式	分析
1	经营活动	经营活动产生的现金流入量÷经营活动产生的现金流出量	此值越大越好
2	投资活动	投资活动产生的现金流入量÷投资活动产生的现金流出量	一般而言，处于发展时期的公司，此值较小，而且缺少投资机会的公司该数值较大
3	筹资活动	筹资活动产生的现金流入量÷筹资活动产生的现金流出量	正常经营的企业，此数值保持基本稳定

（二）偿债能力分析

现金流量表偿债能力分析，主要是为了分析和评价企业动态意义上的偿债能力，企业的资产经过一些正常生产过程，转化为现金以及履行企业债契约或者其他付现契约的能力。主要包括现金到期债务比、现金流动负债比和现金债务总额比等指标。

1. 现金到期债务比

现金到期债务比是经营现金净流量与本期到期债务的比值。计算公式为：

现金到期债务比 = 经营现金净流量 ÷ 本期到期债务

此指标越大越好，代表经营现金净流量越大，本期到期债务相对较小，如果该比率小于 1，说明经营现金净流量小于本期到期债务，企业经营活动产生的现金不足以偿还到期债务本息，企业必须融资和出售资产才能偿还债务。

2. 现金流动负债比

现金流动负债比是经营现金净流量与流动负债总额的比值。计算公式为：

现金流动负债比 = 经营现金净流量 ÷ 流动负债总额

根据资产负债表和现金流量表的数据，小雯食品贸易有限公司 20×9 年的经营活动现金净流量为 15 万元，流动负债总额为 10 万元。则 20×9 年小雯食品贸易有限公司现金流动负债比计算如下：

20×9 年现金流动负债比 = 15 ÷ 10 = 1.5

此指标越大，说明越能保障企业按期偿还到期债务，但是，这个指标比率并不是越大越好。通常认为，运作比较好的公司其现金流量比率应该大于 0.4，如果这个指标太大，如大于 1，说明经营现金净流量远远大于流动负债总额，极大地降低了现金的利用率，同时也降低了企业的获利能力。

3. 现金债务总额比

现金债务总额比是经营现金净流量与债务总额的比值。计算公式为：

现金债务总额比 = 经营现金净流量 ÷ 债务总额

根据资产负债表和现金流量表的数据，小雯食品贸易有限公司 20×9 年的经营活动现金净流量为 15 万元，债务总额为 40 万元。则 20×9 年小雯食品贸易有限公司现金债务总额比计算如下：

20×9 年现金债务总额比 = 15 ÷ 40 = 0.375

此指标越高，说明企业承担债务的能力越强。反映了企业经营活动现金流量偿付所有债务的能力。

（三）资本支出能力分析

现金流量表资本支出能力分析，主要用于反映资本的支出能力。代表性指标为普通股每股现金流量和现金股利保障倍数。

1. 普通股每股现金流量

普通股每股现金流量是经营活动现金流量与流动在外普通股股数的比值。计算公式如下：

普通股每股现金流量 = 经营活动现金流量 ÷ 流动在外普通股股数

本指标用来反映企业支付股利的能力和资本支出的能力。该数值越大，表明企业支付股利的能力以及资本支出的能力越强。

2. 现金股利保障倍数

现金股利保障倍数是经营活动净现金流量与现金股利的比值。计算公式如下：

现金股利保障倍数 = 经营活动净现金流量 ÷ 现金股利

此指标反映本年度内，企业经营活动净现金流量用来支付现金股利的能力，该数值越大，说明企业支付现金股利的能力越强，股民获取现金股利也越有保障。

（四）盈利能力分析

现金流量表的盈利能力分析，主要是利用销售净现率和净利润现金比率两个指标反映企业的盈利能力。

1. 销售净现率

销售净现率是经营现金净流量与销售收入的比率。计算公式如下：

销售净现率 = 经营现金净流量 ÷ 销售收入

根据利润表和现金流量表的数据，小雯食品贸易有限公司 20×9 年的经营活动现金净流量为 15 万元，销售收入为 75 万元。则 20×9 年小雯食品贸易有限公司销售净现率计算如下：

20×9 年销售净现率 = 15 ÷ 75 = 0.2

此指标反映主营业务资金回笼的情况。资金回笼率越接近 1，说明资金回笼的速度越快。但是，也不是销售净现率越高越好，如果这个指标太高，势必会影响企业销售量的合理扩大，从而直接影响企业的盈利水平。

2. 净利润现金比率

净利润现金比率是经营现金净流量与净利润的比率。计算公式如下：

净利润现金比率 = 经营现金净流量 ÷ 净利润

根据利润表和现金流量表的数据，小雯食品贸易有限公司 20×9 年的经营活动现金净流量为 15 万元，净利润为 25 万元。则 20×9 年小雯食品贸易有限公司净利润现金比率计算如下：

20×9 年净利润现金比率 = 15 ÷ 25 = 0.6

很显然，该比率越大，表明企业盈利质量越高。如果该指标小，说明企业净利润相对较大，经营现金净流量相对较小，说明在本计算期中，存在很多还没有实现现金收入的收入，这种情况下，即便是业务量大，也可能发生现金短缺，这种短缺如果不能维持企业生产的继续投入，则会影响到企业的正常生产和存续。

（五）企业再投资能力分析

企业再投资能力主要利用了再投资比率指标。该指标是经营现金流量与资本性支出的比值。计算公式为：

再投资比率 = 经营现金流量 ÷ 资本性支出

此指标反映在本计算期内，经营现金流量可以弥补资本性支出的程度，如果该指标大于 1，说明企业扩大生产规模、创造未来现金流量或者利润的能力非常强；如果该指标小于1，说明企业经营现金流量无法弥补资本性支出，企业要完成扩大生产的任务，还必须筹借外部资金。

第四节　创业企业财务能力综合分析

财务报表认知学习和报表相关财务指标的计算，使创业者对企业的财务状况和经营业绩有了较为量化的判断，对企业的财务实力和经营管理水平做出更为准确的评估和分析。在此基础上，创业者还需要掌握常用的财务分析方法，不同分析目的可以采用不同的分析方法，从而对企业做出较为科学的财务评价。

一、比较分析法

比较分析法主要是通过对两个或两个以上的可比数据进行对比，找出企业财务状况、经营成果中的差异与问题。根据比较对象的不同，比较分析法分为趋势分析法、横向比较法和预算差异分析法。

趋势分析法是选取企业自身3～10年的历史数据，展开时间横轴的时间序列分析。如A公司需要对公司的销售收入进行分析，通过分析可以得到2017年、2018年、2019年销售收入的环比动态比率分别为110%、115%和95%。环比动态比率指的是分析期数额除以前期数额。定基动态比率指的是分析期数额除以固定基期数额。趋势分析法主要用于企业发展趋势预测。

横向比较法是企业选取相同时期同类公司或行业平均值进行横向比较。如A公司需要对公司的销售收入进行分析，通过分析可以得到A公司销售收入200万元，生产规模相近竞争者B公司销售收入300万元，行业平均销售收入250万元。横向比较法主要用于企业竞争能力的分析。

预算差异分析法是企业将实际数与事先设定的预算数进行比较，分析是节约差异还是超支差异。如A公司需要对公司产品的单位成本进行分析，通过分析可以得到2019年的产品实际单位成本500元/件，而年初制定的产品预算单位成本是400元/件，通过比较成本存在超支现象，需要进一步分析差异原因，确认责任单位，寻求解决方法。预算差异分析法主要用于成本控制分析。

二、比率分析法

比率分析法是通过计算各种比率指标来确定财务活动变动程度的方法。在前三节介绍财务报表时，已经基于报表介绍对应的指标体系（见表5-13）。

表 5 – 13 主要财务比率分析

财务能力	财务指标		释 义
偿债能力分析	短期	流动比率	流动比率越高，表明企业短期偿债能力越强
		速动比率	速动比率越高，表明短期偿债能力越强，但现金、应收账款占用机会成本高，影响企业的获利能力
		现金比率	表明每 1 元流动负债有多少现金资产作为偿债保障
		现金流量比率	表明每 1 元流动负债的经营活动现金流量保障程度。比率越高，表明偿债能力越强
	长期	资产负债率	比率越低，表明企业资产对负债的保障能力越高，企业的长期偿债能力越强
		产权比率	产权比率高，是高风险、高报酬的财务结构；产权比率低，是低风险、低报酬的财务结构
		权益乘数	表明股东每投入 1 元钱可实际拥有和控制的金额
		利息保障倍数	利息保障倍数小于 1，表明自身产生的经营收益不能支持现有的债务规模
营运能力分析	应收账款周转率（次数）		周转率越高、周转天数越短，表明应收账款管理效率越高
	存货周转率（次数）		存货周转率是衡量和评价企业购入存货、投入生产、销售收回等各环节管理效率的综合性指标
	流动资产周转率（次数）		流动资产周转次数越多，表明以相同的流动资产完成的周转额越多，流动资产利用效果越好
	总资产周转率（次数）		用来衡量企业资产整体的使用效率。分析应结合各项资产的周转情况，以发现影响企业资产周转的主要因素
盈利能力分析	销售毛利率		每 1 元销售收入所包含的毛利润是多少，销售毛利率越高，表明产品的盈利能力越强
	销售净利率		每 1 元销售收入最终赚取了多少利润，用于反映产品最终的盈利能力
	总资产净利率		衡量企业资产的盈利能力。总资产净利率越高，表明企业资产的利用效果越好
	净资产收益率		净资产收益率越高，股东和债权人的利益保障程度越高。但并非越高越好，分析时要注意企业的财务风险
发展能力分析	销售收入增长率		比率越高，企业销售收入的增长速度越快
	总资产增长率		比率越高，表明企业一定时期内资产经营规模扩张的速度越快。但分析时需要关注资产扩张的质和量
	资本保值增值率		在股东投入不变的情况下，比率越高，企业盈利能力越强

比率分析法需要整理报表的相关数据，进行量化分析。

【例5－4】丙公司是一家上市公司，管理层要求财务部门对公司的财务状况和经营成果进行评价。财务部门根据公司20×2年、20×3年和20×4年的年报整理出用于评价的部分财务数据，如表5－14所示。

表 5 - 14　丙公司部分财务数据　　　　　　　　　　　　单位：元

资产负债表项目	20×2 年期末余额	20×3 年期末余额	20×4 年期末余额
货币资金	8000	12000	10000
应收账款	45000	55000	65000
存货	120000	153000	125000
流动资产合计	173000	220000	200000
流动负债合计	150000	110000	120000
负债合计	330000	300000	300000
资产总计	800000	700000	800000
利润表项目	20×2 年	20×3 年	20×4 年
营业收入	380000	375000	420000
营业成本	180000	180000	200000
净利润	45000	45000	67200

要求：

（1）计算 20×3 年末和 20×4 年末的下列财务指标：①流动比率；②速动比率；③资产负债率；④净资产（所有者权益）；⑤权益乘数。

（2）计算 20×3 年和 20×4 年的下列财务指标：①应收账款周转率；②存货周转率；③总资产周转率；④销售净利率；⑤净资产收益率；⑥资本保值增值率。

【解析】

（1）20×3 年末财务指标：

①流动比率 = 220000 ÷ 110000 = 2

②速动比率 = （220000 - 153000）÷ 110000 = 0.6091

③资产负债率 = 300000 ÷ 700000 × 100% = 42.86%

④净资产 = 700000 - 300000 = 400000（元）

⑤权益乘数 = 700000 ÷ 400000 = 1.75

20×4 年末财务指标：

①流动比率 = 200000 ÷ 120000 = 1.67

②速动比率 = （200000 - 125000）÷ 120000 = 0.625

③资产负债率 = 300000 ÷ 800000 × 100% = 37.5%

④净资产 = 800000 - 300000 = 500000（元）

⑤权益乘数 = 800000 ÷ 500000 = 1.6

（2）20×3 年财务指标：

①应收账款周转率 = 375000/[（45000 + 55000）/2] = 7.5

②存货周转率 = 180000/[（120000 + 153000）/2] = 1.3187

③总资产周转率 = 375000/[（800000 + 700000）/2] = 0.5

④销售净利率 = 45000/375000 = 0.12

⑤净资产收益率 $= 45000/[(470000 + 400000)/2] \times 100\% = 10.34\%$

⑥资本保值增值率 $= 400000/470000 \times 100\% = 85.11\%$

20×4 年财务指标：

①应收账款周转率 $= 420000/[(55000 + 65000)/2] = 7$

②存货周转率 $= 200000/[(153000 + 125000)/2] = 1.4388$

③总资产周转率 $= 420000/[(700000 + 800000)/2] = 0.56$

④销售净利率 $= 67200/420000 = 0.16$

⑤净资产收益率 $= 67200/[(400000 + 500000)/2] \times 100\% = 14.93\%$

⑥资本保值增值率 $= 500000/400000 \times 100\% = 125\%$

三、因素替代法

因素替代法是依据分析指标与其影响因素的关系，从数量上确定各因素对分析指标影响方向和影响程度的一种方法。因素替代法分析时需要经过连环替代和差额分析两个步骤。

1. 连环替代

设某一财务指标 N 是由相互联系的 A、B、C 三个因素组成，计划（标准）指标和实际指标的公式是：

计划（标准）指标 $N_0 = A_0 \times B_0 \times C_0$；实际指标 $N_1 = A_1 \times B_1 \times C_1$

该指标实际脱离计划（标准）的差异（$N_1 - N_0 = D$），可能同时是三因素变动的影响。在测定各个因素的变动对指标 N 的影响程度时可按顺序计算：

计划（标准）指标： $\qquad A_0 \times B_0 \times C_0 = N_0 \quad (1)$

第一次替代： $\qquad A_1 \times B_0 \times C_0 = N_2 \quad (2)$

第二次替代： $\qquad A_1 \times B_1 \times C_0 = N_3 \quad (3)$

第三次替代： $\qquad A_1 \times B_1 \times C_1 = N_1 \quad (4)$

2. 差额分析

据连环替代过程测定的结果：

$(2) - (1) = (A_1 - A_0) \times B_0 \times C_0 \qquad$ A 因素变动的影响

$(3) - (2) = A_1 \times (B_1 - B_0) \times C_0 \qquad$ B 因素变动的影响

$(4) - (3) = A_1 \times B_1 \times (C_1 - C_0) \qquad$ C 因素变动的影响

三因素影响合计：

$(2) - (1) + (3) - (2) + (4) - (3) = (4) - (1) = N_1 - N_0$

使用因素分析法需要注意如下问题：①因素分解的关联性；②因素替代的顺序性；③顺序替代的连环性；④计算结果的假定性。分析时应力求使这种假定合乎逻辑、具有实际经济意义，这样，计算结果的假定性才不至于妨碍分析的有效性。

【例 5 - 5】某企业 20×2 年 10 月某种材料费的实际数是 6720 元，而其计划数是 5400元。实际比计划增加 1320 元。由于材料费用是由产品产量、单位产品材料耗用量和材料单价三个因素的乘积构成的。因此，可以把材料费用这一总指标分解为三个因素，然后逐一分析它们对材料费用总额的影响程度。现假设这三个因素的数值如表 5 - 15 所示。

【解析】

根据表 5 – 15 中资料，材料费用总额实际数 6720 元比计划数 5400 元增加 1320 元。运用因素分析法，可以计算各因素变动对材料费用总额的影响。

表 5 – 15　材料费用差异表

项目	单位	计划数	实际数	差异
产品产量	件	120	140	20
材料单耗	千克/件	9	8	– 1
材料单价	元/千克	5	6	1
材料费用	元	5400	6720	1320

计划指标：　　120 × 9 × 5 = 5400（元）　　　（1）
第一次替代：140 × 9 × 5 = 6300（元）　　　（2）
第二次替代：140 × 8 × 5 = 5600（元）　　　（3）
第三次替代：140 × 8 × 6 = 6720（元）　　　（4）
实际指标：
（2）–（1）=（140 – 120）× 9 × 5 = 6300 – 5400 = 900（元）　　产量增加的影响
（3）–（2）= 140 ×（8 – 9）× 5 = 5600 – 6300 = – 700（元）　　材料节约的影响
（4）–（3）= 140 × 8 ×（6 – 5）= 6720 – 5600 = 1120（元）　　价格提高的影响
三因素影响合计：900 – 700 + 1120 = 1320（元）　　　全部因素的影响

四、杜邦财务分析体系

杜邦分析法又称杜邦财务分析体系，简称杜邦体系，是利用各主要财务比率指标间的内在联系，对企业财务状况及经济效益进行综合系统分析评价的方法。该体系是以净资产收益率为起点，以总资产净利率和权益乘数为基础，重点揭示企业盈利能力及权益乘数对净资产收益率的影响，以及各相关指标间的相互影响和作用关系（见图 5 – 1）。因其最初由美国杜邦企业成功应用，故得名。

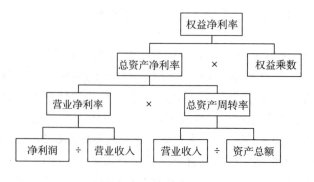

图 5 – 1　杜邦分析图

$$权益净利率 = \frac{净利润}{平均股东权益}$$

$$= \frac{净利润}{平均总资产} \times \frac{平均总资产}{平均股东权益}$$

$$= \frac{净利润}{营业收入} \times \frac{营业收入}{平均总资产} \times \frac{平均总资产}{平均股东权益}$$

$$= 总资产净利率 \times 权益乘数$$

或　　　$= 销售净利率 \times 总资产周转率 \times 权益乘数$

【例5-6】依据【例5-4】，要求同时使用平均数修正计算20×3年和20×4年的权益净利率，并用因素分析法分析权益净利率变动的影响因素。

20×3年末修正后权益乘数 = [(800000 + 700000)/2]/[(470000 + 400000)/2] = 1.7241

20×4年末修正后权益乘数 = [(700000 + 800000)/2]/[(400000 + 500000)/2] = 1.6667

20×4年净资产收益率 = 67200/[(400000 + 500000)/2] × 100% = 14.93%

20×3年净资产收益率 = 45000/[(470000 + 400000)/2] × 100% = 10.34%

20×4年净资产收益率14.93%比20×3年净资产收益率10.34%超支4.59%，根据因素分析法。以20×3年为基期，20×4年为分析期。

根据：销售净利率 × 总资产周转率 × 权益乘数 = 权益净利率

基期指标：　　　0.12 × 0.5 × 1.7241 = 10.34%　　　(1)

第一次替代：　　0.16 × 0.5 × 1.7241 = 13.79%　　　(2)

第二次替代：　　0.16 × 0.56 × 1.7241 = 15.45%　　　(3)

第三次替代：　　0.16 × 0.56 × 1.6667 = 14.93%　　　(4)

20×4年实际指标：

(2) - (1) = (0.16 - 0.12) × 0.5 × 1.7241 = 13.79% - 10.34% = 3.45%

销售净利率增加的影响：

(3) - (2) = 0.16 × (0.56 - 0.5) × 1.7241 = 15.45% - 13.79% = 1.66%

总资产周转率提高的影响：

(4) - (3) = 0.16 × 0.56 × (1.6667 - 1.7241)

　　　　　　= 14.93% - 15.45% = -0.52%

权益乘数下降的影响：

三因素影响合计：3.45% + 1.66% - 0.52% = 4.59%

该企业杜邦分析方法表明，企业净资产收益率的变动是资本结构（权益乘数）变动和资产利用效果（总资产净利率）变动两方面共同作用的结果。总资产利用效果又可以从销售净利率和总资产周转率中予以反映。该企业销售净利率增长4%，对权益净利率增长的贡献值为3.45%，总资产周转率提高0.06，对权益净利率增长的贡献值为1.66%；说明该企业的总资产的利用率较高。权益乘数下降0.0571，对权益净利率增长的贡献值为-0.52%。下降的权益乘数，说明企业的资本结构在20×3年至20×4年发生了变动，20×4年的权益乘数较20×3年有所减小。权益乘数越小，企业负债程度越低，偿还债务能力越强，财务风险有所降低。这个指标同时也反映了财务杠杆对利润水平的影响。

五、财务报表分析的局限性

财务报表分析的数据来源于财务报表,由此在财务报表分析时往往存在其弊端。首先是数据来源问题,报表数据的时效性、真实性、可靠性、可比性、完整性等均影响到数据及计算结果的适用性和准确性。企业在进行财务分析时,分析者往往只注重数据的比较,而忽略经营环境的变化,得出的分析结论是不全面的。创业者在经营过程中通过财务分析掌握基本的量化指标,同时应当结合企业经营实际,做出科学的决策,不能以偏概全。

 财务技能实训

创业者通过本章节的学习,必须理解资产负债表、利润表和现金流量表的含义、构成、结构等内容。读懂财务报表各项目的数据,理解报表间的勾兑关系。掌握财务分析的方法,熟练运用基本财务比率分析。由此,创业者需要掌握的基本财务技能为:财务报表的编制、财务比率分析、杜邦分析体系的运用。

财务技能实训项目一:财务报表的编制

商人王某20×8年12月带30万元到广州注册了广发贸易有限公司,注册资本30万元。12月他用24万元买下一家店面(房屋建筑物的使用年限为12年,残值为零,直线法计提折旧)。由于发展需要,当月广发贸易有限公司从银行借入一笔3年期借款10万元。

20×9年1月正式营业。经过一年的经营,本年采购商品成本支出10万元,其中60%商品卖出,实现全年销售收入25万元;剩余40%商品未卖出,年末库存商品按成本价计;全年劳务支出2万元;水电、办公等管理费用2万元;广告费用支出1万元;支付借款利息1万元;20×9年12月31日,手头现金余额5万元,银行账户的余额20万元。不考虑所得税。

要求:把分析结果填列到表5-16至表5-18中。

表5-16 广发贸易有限公司资产负债表(20×9年12月31日) 单位:元

资产	期末数	负债和所有者权益	期末数
现金		短期借款	
银行存款		应付账款	
应收款		应付职工薪酬	
产成品		长期借款	
原料		负债合计	
固定资产		实收资本(注册资本)	
无形资产		利润留存	

续表

资产	期末数	负债和所有者权益	期末数
		所有者权益合计	
资产总计		负债和所有者权益合计	

表 5 - 17　广发贸易有限公司利润表（20×9年）　　　　　单位：元

项目	本期数	本年合计数（略）
一、营业收入		
减：营业成本		
营业税金及附加		
销售费用		
管理费用		
财务费用		
资产减值损失		
加：投资收益		
二、营业利润		
加：营业外收入		
减：营业外支出		
三、利润总额		
减：所得税费用		
四、净利润		

表 5 - 18　广发贸易有限公司现金流量表（20×9年）　　　　　单位：元

项目		20×9年	……
期初余额			
现金流入	销售收入		
	服务收入		
	其他收入		
	合计		
现金流出	材料支出		
	人工支出		
	管理费用		
	财务费用		
	销售费用		
	税金		
	其他支出		
	合计		
期末现金余额			

财务技能实训项目二：财务比率分析

已知某公司20×2年资产负债表有关资料如表5-19所示。

表5-19 资产负债表
20×2年12月31日 单位：万元

资产	年初	年末	负债及所有者权益	年初	年末
流动资产			流动负债合计	1750	1500
货币资金	500	450	长期负债合计	2450	2000
应收账款	400	800	负债合计	4200	3500
应收票据	200	100			
存货	920	1440			
预付账款	230	360	所有者权益合计	2800	3500
流动资产合计	2250	3150			
固定资产净值	4750	3850			
总计	7000	7000	总计	7000	7000

该公司20×1年、20×2年销售收入分别为4000万元、5200万元。20×2年营业成本为4160万元，息税前利润为1080万元，利息费用为40万元，实现净利润780万元。

20×2年年初和年末的坏账准备余额分别为100万元和150万元。该公司所得税税率25%。

要求：

（1）计算20×2年的销售收入增长率和资本保值增值率。

（2）计算20×2年末的流动比率、速动比率。

（3）计算20×2年末的资产负债率、产权比率、权益乘数及20×2年的利息保障倍数。

（4）计算20×2年的应收账款周转率、存货周转率、流动资产周转率、固定资产周转率和总资产周转率。

（5）计算20×2年的销售净利率、总资产净利率和净资产收益率。

财务技能实训项目三：杜邦分析体系的运用

甲公司20×6年初的资产总额为4500万元、股东权益总额为3000万元，年末股东权益总额为3900万元、年末总资产为6500万元；20×6年实现销售收入8000万元、净利润900万元。

要求：

（1）计算20×6年的销售净利率、总资产周转率和权益乘数（时点指标使用平均数计算）。

（2）已知20×5年销售净利率为12%，总资产周转率为1.2次，权益乘数为1.5，用差额分析法依次分析20×6年的销售净利率、总资产周转率、权益乘数变动对于净资产收益率的影响。

本章小结

本章第一节主要介绍了创业企业资产负债表的构成、结构、编制方法、解决问题和资产负债表相关比率分析。第二节主要介绍了创业企业利润表的构成、结构、编制方法、解决问题和利润表相关比率分析。第三节主要介绍了创业企业现金流量表的构成、结构、编制方法、解决问题和相关比率分析。第四节主要介绍了创业企业比较分析法、比率分析法和因素分析法三种财务分析方法，并重点介绍了杜邦分析体系的原理与运用。第五节为创业者提供了三个与财务报表编制与分析相关的财务技能实训项目。

思考与练习

一、单项选择题

1. 企业所有者作为投资人，主要进行（　　　）。
A. 盈利能力分析　　　　　　　　B. 偿债能力分析
C. 综合分析　　　　　　　　　　D. 营运能力分析

2. 在下列财务分析主体中，必须对企业营运能力、偿债能力、盈利能力及发展能力的全部信息予以详尽了解和掌握的是（　　　）。
A. 短期投资者　　　　　　　　　B. 企业债权人
C. 企业经营决策者　　　　　　　D. 税务机关

3. 下列有关财务分析局限性的说法中，不正确的是（　　　）。
A. 财务报表中的数据用于预测未来发展趋势，只有参考价值，并非绝对合理
B. 财务报表是严格按照会计准则编制的，能准确地反映企业的客观实际
C. 在分析时，分析者往往只注重数据的比较，而忽略经营环境的变化，这样得出的分析结论是不全面的
D. 在不同企业之间用财务指标进行评价时没有一个统一标准，不便于不同行业间的对比

4. 较高的现金比率一方面会使企业资产的流动性较强，另一方面也会带来（　　　）。
A. 存货购进的减少　　　　　　　B. 销售机会的丧失
C. 利息的增加　　　　　　　　　D. 机会成本的增加

5. 已知某企业资产负债率为50%，则该企业的产权比率为（　　　）。
A. 50%　　　　　B. 100%　　　　　C. 200%　　　　　D. 不能确定

6. 产权比率越高，通常反映的信息是（　　　）。

A. 财务结构越稳健　　　　　　　　B. 长期偿债能力越强

C. 财务杠杆效应越强　　　　　　　D. 股东权益的保障程度越高

7. 在下列财务业绩评价指标中，属于企业获利能力基本指标的是（　　　）。

A. 营业利润增长率　　　　　　　　B. 总资产报酬率

C. 总资产周转率　　　　　　　　　D. 资本保值增值率

8. 下列各项中，不属于财务业绩定量评价指标的是（　　　）。

A. 获利能力指标　　　　　　　　　B. 资产质量指标

C. 经营增长指标　　　　　　　　　D. 人力资源指标

二、多项选择题

1. 通过对资产负债表和利润表有关资料进行分析，计算相关指标，可以（　　　）。

A. 了解企业的资产结构和负债水平是否合理

B. 判断企业的偿债能力

C. 判断企业的营运能力

D. 揭示企业在财务状况方面可能存在的问题

2. 在下列各项中，属于影响偿债能力的表外因素有（　　　）。

A. 可动用的银行贷款指标或授信额度　B. 很快变现的长期资产

C. 或有事项和承诺事项　　　　　　D. 经营租赁

3. 在下列有关偿债能力分析的说法中，正确的有（　　　）。

A. 计算营运资金使用的流动资产和流动负债，通常可以直接取自资产负债表

B. 流动比率高则短期偿债能力强

C. 产权比率与资产负债率对评价偿债能力的作用一致

D. 如果企业存在很快变现的长期资产，会增加企业的短期偿债能力

4. 在下列关于杜邦分析体系的说法中，正确的有（　　　）。

A. 该体系以净资产收益率为起点

B. 该体系以总资产净利率和权益乘数为核心

C. 净资产收益率是综合性最强的财务分析指标

D. 提高销售净利率的途径是扩大销售收入

5. 在下列各项中，影响应收账款周转率指标的有（　　　）。

A. 应收票据　　　　　　　　　　　B. 应收账款

C. 预付账款　　　　　　　　　　　D. 销售折扣与折让

6. 在一定时期内，应收账款周转次数多、周转天数少表明（　　　）。

A. 收账速度快　　　　　　　　　　B. 信用管理政策宽松

C. 应收账款流动性强　　　　　　　D. 应收账款管理效率高

7. 一般而言，存货周转次数增加，其所反映的信息有（　　　）。

A. 盈利能力下降　　　　　　　　　B. 存货周转期延长

C. 存货流动性增强　　　　　　　　D. 资产管理效率提高

三、简答题

1. 资产负债表、利润表和现金流量表可以解决什么问题？
2. 请描述出三张报表的基本结构格式，并简单说明它们之间的逻辑关系？
3. 短期偿债能力和长期偿债能力各有哪些指标？
4. 营运能力分析有哪些指标？
5. 盈利能力分析有哪些指标？杜邦分析体系的核心图示是怎样的？

四、案例分析题

【案例1】

M 公司为了适应外部环境变化，拟对当前的财务政策进行评估和调整，董事会召开了专门会议，要求财务部对财务状况和经营成果进行分析。相关资料如表5-20所示。

表5-20　M公司的财务状况有关资料　　　　单位：万元

资产负债表项目	20×8年12月31日	20×9年12月31日
股东权益合计	50000	60000
负债合计	90000	90000
负债和股东权益总计	140000	150000
利润表项目	20×8年	20×9年
营业收入	94000	112000
息税前利润	7200	9000
利息费用	3600	3600
税前利润	3600	5400
所得税	900	1350
净利润	2700	4050
现金股利	1200	1200

该公司所在行业相关指标平均值：资产负债率为40%，利息保障倍数（已获利息倍数）为3倍。为增加公司流动性，董事陈某建议发行公司债券筹资10000万元；董事王某建议，公司以后不再分配利润。

要求： 请结合 M 公司20×9年的资产负债率、权益乘数（用平均值）、利息保障倍数、总资产周转率（用平均值）等指标，与行业指标进行比较评价公司偿债能力状况，并分析董事陈某和王某提出的建议是否合理？说明理由。

【案例2】

D 公司为一家上市公司，已公布的公司财务报告显示，该公司20×8年净资产收益率为 4.8%，较 20×7 年大幅降低，引起了市场各方的广泛关注，为此，某财务分析师详细搜集 D 公司 20×7 年和 20×8 年的有关财务指标，如表 5-21 所示。

表 5-21　D 公司 20×7 年和 20×8 年有关财务指标

项　目	20×7 年	20×8 年
销售净利率	12%	8%
总资产周转率（次数）	0.6	0.3
权益乘数	1.8	2

要求： 请你帮助财务分析师分析 20×7 年净资产收益率是多少，20×8 年比 20×7 年净资产收益率下降了多少？下降的原因是什么？

第六章
创业企业资金需求预算

学习目标与要求

1. 了解创业企业资金需求预算的相关类型
2. 掌握创业企业启动资金的测算原理和方法
3. 理解销售百分比的财务预测方法的原理和不足
4. 掌握创业企业全面预算的编制过程
5. 掌握现金预算、预计利润表和预计资产负债表的编制

导入案例

一家小书店的资金预算

小玲大学毕业后准备开办一家小书店，在经过考察以后，她决定租用一间50平方米的门面房，下面是她开办书店前进行的资金预算（不同城市及地段各项费用有差别，仅作参考）。

（1）店铺装修。普通的中小书店，装修每平方米200元。50平方米的书店约需投入装修费10000元。

（2）书架。中档的报价是每个300元。50平方米的书店放30个书架，共9000元。

（3）营业设备。电脑、扫描仪、打印机、电话、传真等，大约10000元。

（4）首期备货的采购资金。参考其他书店情况初步确定为50000元。

（5）房租。每月租金5000元，一个季度一付，3个月共15000元。

（6）人员工资。50平方米的书店要2个店员，每人每月平均2000元，预备3个月，共12000元。

（7）其他费用预留。如水电、通信、公关、物流等费用，每月预算1000元，预备3个月，共3000元。

（1）基于小玲的调查数据，开办一家小书店需要多少启动资金？

（2）小玲该成立什么类型的企业，如何筹集资金？

第一节　创业企业资金需求预算种类

"凡事预则立，不预则废"。创业企业的资金需求预算对企业的经营运作有着非常重要的作用。预算是将资源分配给特定活动的数字性计划，是一种详细的收支安排。预算是计划的数字化、表格化、明细化的表达。数字化和可执行性是预算最主要的特征。在创业过程中，创业者因缺乏资金需求预算，导致经营运作困难，并进而失败的案例也时有发生。创业者需要熟悉企业资金需求预算的相关方法，科学估计资金需要量，以便制定合理的筹资措施，确保企业平稳运行。

一、长期预算和短期预算

按资金预算期的长短，资金需求预算可以分为长期预算和短期预算。

（一）长期预算

在编制资金需求预算时，对预算指标覆盖时间的长短并没有严格的限制，企业可以根据资金预算的内容和实际需要确定预算期，可以是一周、一月、一季、一年或若干年。通常情况下，将资金预算期在一年以上的预算则称为长期预算。长期预算通常包括长期销售预算、资本预算、长期筹资预算和研究开发预算等。如跨年度建设的大型基本建设投资预算、工程建设单位编制的工程项目预算则属资本预算，一般从项目建设伊始至项目报废终止为整个预算期。长期预算需与企业战略规划接轨，难度加大，有时预算结果难以切合实际。

（二）短期预算

资金预算期在一年以内（含一年）的预算称为短期预算。编制短期预算时一般会尽量与会计期间保持一致，预算期年内再按季度或月度细分。短期预算重点是年内销售预算、生产预算、采购预算、管理费用和销售费用预算等，主要是企业的经营业务预算。因预算期较短，资料较为可靠，预算与实际较为吻合，但如果时间过短，也会加大预算工作量。所以，在资金预算的编制过程中，需要结合各项资金预算的特点，将长期预算和短期预算结合使用。

创业企业资金预算的期间分为短期和长期。短期间的资金预算，让创业者知道自己的每一笔钱都需要花在哪里；长期间的资金预算，让创业者知道维持企业经营运作大概需要多少资金。

二、经营预算、投资预算和财务预算

按预算内容的不同，企业预算可以分为经营预算（日常业务预算）、投资预算（资本预算）和财务预算。

（一）经营预算（日常业务预算）

经营预算是指与企业日常活动直接相关的经营业务的各种预算，又称基本预算或日常业务预算，是反映企业在计划期间日常发生的各种具有实质性的基本活动的预算。日常业务预算的编制是以销售预算的编制为起点，然后依次编制生产预算、直接材料预算、直接人工预算、制造费用预算、生产成本预算、销售预算与管理费用预算。对创业企业而言，销售预算是整个预算工作的起点。如果企业能够保证销售产品的数量，则销售预算是很精确的，用产品数量乘以它的售价即可。但这种情况很难存在，所以创业者必须考虑市场情况，广告预算、销售人员的效率以及其他因素等，还要估计不同价格水平的需求量。

（二）投资预算（资本预算）

投资预算，如企业对生产线、厂房、固定资产等投资称为资本支出，也叫作投资支出。无论从数量上还是时间上，资本支出都属于典型的大宗支出，不经常发生，具有专门一次性决策的特点。该项预算使创业者可以区分出最重要的资本项目，预算未来的资本需求，以保证有适量的库存现金满足到期的资本支出的需要。

（三）财务预算

财务预算是指企业在计划期内反映有关预计现金收支、财务状况和经营成果的预算。主要是关于利润、现金和财务状况的预算，主要包括利润表预算、现金预算和资产负债表预算。财务预算可以总括反映企业经营预算与资本预算的结果，故亦称为总预算。创业者通常为收入、支出等编制预算，目的是为了更加合理、有效地使用资源，统一协调各种经营活动，以期产生更多的利润。

三、启动资金预算、财务预测和全面预算

按照资金需求预算做出的时间点的不同分为启动资金预算、财务预测和全面预算。预算往往在一项经济业务开展之前就要做出，它是零起点。主要包括启动资金预算和全面预算。预测一般是在经济事项已开展一段时间后再做出，往往较多依赖过去的数据来预测未来，预测也可看作是半实际、半预算。

（一）启动资金预算

创业者在创建一个新企业时，首先摆在创业者面前的是要估计创业成本或启动资金需要多少。这是最基础的一项工作，也是非常重要的一项工作。许多创业者往往忽视这一

步，在面对一个好的商业创意或有了创业动机后，往往是以自有资金或者向亲朋好友借款为限开始创业之旅，等到资金快用完时，才想起进行创业融资……

这实质上反映了创业者缺乏创业资金的预算指导所引发的创业现象，其现象的背后隐藏着创业者普遍的困惑，创业启动到底需要多少资金？资金多了，由于获取资金是有较大成本的，会造成浪费。反之，如果创业企业资金少了，可能会导致现金流断裂。对于这些问题的解决，需要创业者做好创业启动资金预算的工作。

（二）财务预测

预测就是指根据过去和现在的已知因素，运用人们的知识、经验和科学方法，对未来进行预计，并推测事物未来的发展趋势。狭义的财务预测仅指估计公司未来的融资需求，广义的财务预测包括编制全部的预计财务报表。财务预测是建立在对企业现有的资产规模、销售业绩等经营数据的基础上，对未来 1～3 年，甚至更长时间的销售和成本进行预测，编制资金需求计划。其预测思路为公司对外提供产品和服务，必须要有一定的资产，销售增加时要相应增加资产，增加资产就需要资本投入，公司就需要筹措资金，一部分可以来自于企业往年创造的利润留存，另一部分则需要进行外部融资。财务预测可以以长期销售预测为起点，预测企业外部融资需求额，编制未来财务报表。

（三）全面预算

全面预算是企业总体规划的数量说明，是企业未来计划和目标等各个方面的总称。全面预算一般以 1 年为预算期，预算期内按季或月细化。大多数企业每年末都要编制下一年的全面预算，以便确保企业短期内的平稳运行。全面预算不仅强调预算内容和全面性，还强调参与编制预算工作人员的全面性，企业各部门各收入和成本主体都要参与预算，涉及企业经营管理的各方面。

四、创业企业资金预算的编制原则

创业企业在编制资金预算的过程中，要遵循以下三条原则：

其一，编制资金预算时要以明确的经营计划为前提。比如，确定了目标利润，就能相应地确定目标成本，编制有关营业收入和费用、成本的预算。

其二，编制资金预算时要做到全面、完整。凡是会影响目标实现的业务、事项，均应以货币或其他计量形式来加以反映，尽量避免由于预算缺乏周详的考虑而影响目标的实现。有关预算指标之间要相互衔接，勾稽关系要明确，以保证整个预算的综合平衡。

其三，资金预算要积极可靠，留有余地。作资金预算要充分估计目标实现的可能性，不要把预算指标定得过高或过低，保证预算能在实际执行过程中充分发挥其指导和控制作用。为了应对实际情况的千变万化，预算又必须留有余地，具有一定的灵活性，以免在意外事项发生时造成被动，影响平衡，以至于影响原定目标的实现。

五、创业企业资金预算的编制方法

预算编制方法有很多，如固定预算、弹性预算、零基预算和滚动预算等。

（一）固定预算

固定预算是按固定业务量编制的预算，一般按预算期的可实现水平来编制。如企业的生产预算、销售预算等就是按预计的某一业务量水平来编制的，属于固定预算。这是一种较为传统的预算编制方法。

固定预算法的优点是编制较为简单。缺点是实际业务水平与预算业务水平相差较大时，就难以发挥预算应有的作用，特别是在市场变化较大的情况下，不宜采用这种方法进行资金预算。

（二）弹性预算

弹性预算伸缩性大，主要用于成本预算和利润预算。用弹性预算的方法来编制成本预算时，其关键在于把所有的成本划分为变动成本与固定成本两大部分。变动成本主要根据单位业务量来控制，固定成本则按总额控制。成本的弹性预算公式如下：

销售成本预算 = 固定成本预算数 + $\sum$（单位变动成本预算数 × 预计业务量）

弹性预算法有很多优点，比固定预算运用范围广泛，一方面能够适应不同经营活动情况的变化，扩大了预算范围，更好地发挥预算的控制作用，避免了在实际情况发生变化时对预算作烦琐的修改；另一方面能够使预算与实际具有可比基础，使预算对实际执行情况的评价与考核建立在更加客观比较的基础上，预算控制和差异分析更具有意义和说服力。

（三）零基预算

零基预算是指在编制资金预算时对于所有的支出均以零为基数，不考虑其以往的情况如何，从根本上研究、分析每项预算是否有支出的必要及支出数额的大小。零基预算是对传统预算缺点的改革，它要求对各个业务项目需要多少人力、物力和财力逐个进行估算，并说明其经济效果，在此基础上按项目的轻重缓急分配预算经费。这种预算不以历史为基础，而是以零为出发点，一切推倒重来，零基预算也因此而得名。

零基预算法既能压缩经费开支，切实把有限的经费用在"刀刃"上，又能不受过去旧制度制约，充分发挥各级人员的积极性和创造性，促使各部门精打细算，合理使用资金。其缺点是，由于一切支出均以零为起点进行研究、分析，导致资金预算编制工作量较大，其所花时间和代价较高。为了简化预算编制工作量，有的企业每隔若干年进行一次零基预算，以后几年内略作调整，这样也能够适当控制费用。一般而言，运用零基预算法控制经费，主要适用于管理费用中的部分费用，如办公费。同时，还可适用于新创企业的资金预算。

（四）滚动预算

滚动预算的特点是预算期是连续不断的，始终保持 12 个月（一年）。每过去一个月，就根据新的情况进行调整和修订后几个月的预算，并在原来的预算期末随即补充一个月的预算。编制资金预算时一般要求在一年中，前几个月预算要详细完整，后几个月可以略粗些，以此往复，不断滚动。滚动预算的优点是，首先保持了预算的完整性和连续性，从动态预算中把握企业未来；其次能够使创业者始终保持对未来 12 个月的生产经营活动作周详考虑和全面规划，促使各项工作有序进行；最后由于资金预算不断进行调整和修订，适应实际情况，有利于充分发挥预算的指导和控制作用。

对于大学生创业者而言，需要选择适合自己创业项目的预算方法对资金的预算。

六、创业企业资金预算的编制时间

资金预算编制的时间因企制宜，主要取决于以下五个因素：

其一，企业规模大小和组织结构、产品结构的复杂程度。企业规模越大，组织结构、产品结构越复杂，开始编制预算的时间就越应提前。

其二，企业对资金预算编制的熟练程度。企业对资金预算编制越生疏，则开始编制资金预算的时间就越要提前。

其三，企业编制资金预算的方法和工具。企业若采用复杂的编制方法和落后的编制工具，编制预算的时间就必然要提前；反之，若采用简便的编制方法或采用先进的计算机信息处理系统编制资金预算，则编制预算的时间就可以稍晚。

其四，企业资金预算管理开展的深度和广度。毫无疑问，资金预算管理开展的范围越广，层次越多、越细，编制预算所花费的时间就会越长，开始编制预算的时间就越早；反之，则可以稍晚。

其五，资金预算审批程序的复杂度。预算审批程度环节多、要求细，所花费的时间就长，开始编制预算的时间就应早安排；反之，则可以稍晚。

总之，资金编制预算的时间太早、太晚都不行。太早，影响预算的准确性；太晚，影响预算的执行。因此，不论哪个企业，确定编制预算的时间均应倒计时，即新的预算期开始时，本期预算已经编制完成并已履行完审批程序，可以付诸实施。一般而言，独立法人企业的年度预算应在上年度的 10～11 月开始编制，集团化企业的年度预算应在上年度的 9～10 月开始编制；月度预算应在上月的 20～25 日开始编制；周预算应在上一周的中旬开始编制。大学生创业者，基本上都是初创者，对于资金预算要越早越好，越详细越好。创业者根据企业规模的大小，创业项目的特点，选择适合自己的资金预算类型、方法和时间等。

第二节　创业企业启动资金预算

对于初设企业，在作经营预算时，可以考虑从企业或项目的启动资金开始作预算。

一、启动资金预算的重要性

每个创业者在筹建项目时，都面临着相同的困境：这个项目需要多少启动资金？大多数情况下，创业者都倾向于只进行最低限额的估算，这也许是因为他们没有考虑到会发生意料之外的费用，或是销售达不到预期的情况。初创项目在最初成立的 3 年里，要确切知道该项目实际到底需要多少资金是很难的，但是进行实际可行的估算还是可以的，这就需要进行财务预测，预编资产负债表、利润表和现金流量表。这些预算方法和内容会告诉我们如何通过财务预算，估算出初创企业的资本需求，同时也使创业者了解财务预测如何为权益融资提供决策依据。

对于初创企业启动资金进行估算，需要丰富的企业管理经验，以及对市场行情的充分了解。为了较为准确地估算出初创项目的启动资金，要根据项目的种类、规模、经营地点等情况分类列个清单，而且是越详细越好。初创团队要集思广益，想出所需要的一切，从有形（如场地、库存、设备和固定设施等）到无形（如服务、广告等），一应俱全。然后，创业者就可以开始逐项预算项目启动需要的资金了。

二、启动资金的分类

启动资金是指开办企业必须购买的物资和必要的其他开支的总费用。任何创业都是需要成本的，就算是最少的启动资金也要包含一些基本的开支。启动资金根据不同的划分标准，有所区别。

 阅读案例 6 - 1

> ### 林芳的饼屋
>
> 大三的林芳，喜爱烘焙。她的阿姨是一名烘焙专家，在市中心开了 3 家饼屋，每家饼屋每天的顾客都是络绎不绝。林芳自小就喜欢阿姨家做的饼，在课余时间，她就往阿姨家跑，从喜欢吃慢慢转为喜欢做各种饼。因此，林芳想在保证学习的情况下开一家饼屋，既能把美味的饼分享给在校的大学生，还能创业做自己喜欢的事情，可谓一举多得。因此，林芳开始着手开饼屋的事情了。那么林芳开饼屋哪些地方需要资金？林芳开饼屋的资金应该如何预算？

（一）一次性资金和非一次性资金

1. 一次性资金

一次性资金是指为企业购买的固定资产以及开办企业而支出的一次性费用，是企业开始营运前的各项可能支出。主要包括土地、厂房、顾问费、通水电、机器与设备、办公设备、车辆、营业执照与许可证费、店面装修、开业前的广告宣传等各项支出。这些支出一部分形成企业固定资产，一部分为开业前一次性费用。它主要包含以下几项内容：

（1）项目本身的费用，即付给所选定项目的直接费用。如学习、购买某项技术的费用，购买机器设备的费用，项目的加盟费用等。

（2）经营设备、工具等购置费用，主要是指项目在经营过程中所需要的辅助设备和工具。例如，林芳开饼屋，需要制作糕点的烘焙设备，还需要冰柜、展示柜等。

（3）开业前的宣传费用和员工培训费等类似费用。开业前需要对企业进行适当的宣传产生的费用。

（4）房屋装修费用。房屋装修费用视项目而定，但通常是一次性付款。如果是开餐馆，要按照当地卫生防疫部门的规定装修，否则不能达标，领取营业执照就比较困难。如果是加盟店一类的装修，如经销产品，还要加上货柜橱窗的费用。

2. 非一次性资金

非一次性资金又叫作流动资金，是项目经营周转所需的资金。运行一个项目，至少要准备 3 ~ 4 个月的经营周转资金，包括人员工资、房屋租金、水电费、电话费、材料费、广告费、保险费、维修费等，如果有分期偿还的借款，本金和利息也要计入。项目在最初运行时，需要经过至少 3 个月的市场培育，期间往往盈利很少，甚至亏损，因此事先必须备足资金。如果是办工厂，除了上述的费用之外，还需要考虑原材料、半成品、产成品等占用的资金。

初创启动资金通常只能大致估算，准确的数字比较难以确定；在经营过程中，也可能还会有一些不确定性情况出现。然而，事前做好调查，制定相对明晰的资金预算表，将有利于项目的正常开展。以林芳开饼屋为例，编制饼屋启动资金预算表（见表 6 - 1）。

根据表 6 - 1 的预算，假设林芳饼屋的一个营业周期为 3 个月，林芳的饼屋需要的启动资金预算是 273500 元，其中投资资金 145100 元，运营资金 128400 元。这就意味着林芳至少要筹备 273500 元的资金，用于饼屋 3 个月的经营运作和周转。

表 6 - 1　启动资金预算表

企业名称：林芳饼屋　　　　　　　　　　20×2 年　　　　　　　　　　单位：元

预算项目	第 1 月	第 2 月	第 3 月	合计
一次性资金				
设备费用	100000	—	—	100000
设备安装费	5000	—	—	5000
店面装修费	40000	—	—	40000
营业执照	100	—	—	100
一次性资金合计	145100	—	—	145100
非一次性资金				
现金	10000	10000	10000	30000
创业者工资	3000	3000	3000	9000
员工工资（2 人）	5000	5000	5000	15000
店面租金	4000	4000	4000	12000
广告费	500	500	500	1500
保险费	1000	1000	1000	3000
水电费	1000	1000	1000	3000

续表

预算项目	第1月	第2月	第3月	合计
非一次性资金				
电话费	500	500	500	1500
设备清理费	2200	2200	2200	6600
原材料成本	15000	15000	15000	45000
包装材料费	600	600	600	1800
非一次性资金合计	42800	42800	42800	128400
总计	187900	42800	42800	273500

注：表格可根据不同创业项目的内容做相应的修改；时间也可根据实际需求而调整。

如果初创者在预算所需启动资金方面仍然有困难，不妨研究一下创业者所在行业和地区的其他同行企业的情况：试着与其他创业者探讨他们是如何计算创业成本的，具体询问他们往往会忽略的费用项目；小企业协会和地方创业协会的工作人员会提供免费的咨询服务。当初创者对自己的预测心存疑虑时，应当宁可高估前期投资成本、低估销售额。美国南加州大学创业中心的 Kathleen Allen 教授建议，使用一个她称为"三角测量"的步骤，就是对于每项费用，从3个不同途径获取3个数字，然后"权衡3个数字，最后得出一个你认为正确的数字"。初创者通过以上的启动成本预算表明确创业项目资金的需求量，为融资做准备。

（二）投资资金和营运资金

按照项目运营时间点，把项目的启动资金分为投资资金和运营资金。

投资资金是企业开始运营之前，所有资金投入。投资资金具有一次性投入的特征，也叫作一次性资金，具体内容和一次性资金一样，并无差别。一部分投资资金可以在运营后一次性计入成本，比如开业前的宣传费和员工培训费等，也可以在企业运营后分期计入会计期间的成本，比如无形资产和固定资产购置费用，可以按使用年限进行摊销和计提折旧，按月计入相关月份的成本中。投资资金按投资所形成的资产类型分为固定资产投资、无形资产投资和其他资产投资。

营运资金有时也叫流动资金，是企业开始运营之后，直到销售收入能够弥补相应的开支时的各项支出。主要包括房租、原材料、办公用品、保险、水电费、通信费、促销、银行费用等各项支出。这些资金是项目经营周转所需的资金，是企业日常运转所需要支出的资金。运营资金要周而复始不断投入，属于非一次性资金，具体内容和上述非一次性资金所指内容一致。

三、创业企业固定资产投资估算

企业进行项目投资，一定会有固定资产的投入，例如建筑工程、设备的购买、设备的安装和一些基础设施的投入等。在做项目预算时，形成固定资产的计算方法及计算依据非常重要，这将直接影响投资总额，具体的估算方法如下：

（一）固定资产投资额估算

固定资产投资额的估算主要包括建筑工程费、设备购置费、设备安装费和其他费用四个项目的估算。

1. 建筑工程费

建筑工程通常为厂房、仓库、码头、道路、水库等建筑类的工程。其估算方法可以按照单位建筑工程投资估算法、单位实务工程量投资估算法和概算投资估算法进行估算。

例如，企业拟投资一个项目，需要平整土地和自盖厂房。厂房建筑工程的实务工程量预计为 3 万平方米，预算的造价为 1200 元/平方米。土地平整的工程量为 15 万平方米，同类单位建筑工程的标准为 20 元/平方米。则该项目的建筑工程费 = 3 × 1200 + 15 × 20 = 3900（万元）。

建筑工程的预算非常不好做，看着公式比较简单，但实际施工时"猫腻"很多，偷工减料的事情也屡见不鲜。预算虽然不能完全解决实际施工的问题，但起码能对施工的进度、质量进行要求和约束。

2. 设备购置费

企业在做预算时，可以将设备分成两类：一类是主要设备，这些设备是企业生产的核心设备；另一类是辅助设备，是除主要设备以外的生产经营所用的工具、器具等。

（1）主要设备的购置费。企业购买的主要设备金额通常都比较大，应考虑技术、厂家、价格、质量等多种因素，多方面进行比较。通常情况下，设备的购置费包括买价、运费、相关的税金及保险费等。例如，企业购买一批设备，不含税的价格为 500 万元，增值税率为 13%，不含税运费 5 万元，不含税保险费 5000 元。设备的购置费 = 500 + 5 + 0.5 = 505.5（万元）。因为，增值税的进项税是可以按照有关规定进行抵扣的，所以，计算投资总额的时候，不考虑进项税额的问题。

（2）辅助设备的购置费。如果辅助设备均可以在项目投资时详细列出需要的项目，并参考市场价格确定价格，那么企业可以按照所需要的数量乘以单价，计算出辅助设备的购置费用，并要考虑相关的运输费、保险费及税金。如果辅助设备不能全部详细列出需要的项目，则可以按照主要设备购置费的一定百分比计算，该百分比的确定可以参考行业或相关部门的规定。例如，该企业投资此项目的辅助设备购置费的行业标准为主要设备购置费的 10%，则辅助设备的购置费 = 505.5 × 10% = 50.55（万元）。

3. 设备安装费

通常采购合同会确定设备的安装费用金额。有的需要根据重量和单价计算，有的需要根据设备购置费的一定百分比计算。具体选择的方法根据企业的实际投资项目情况，由主要负责的技术人员确定。注意：做预算的时候，必须依据合同和实际情况确定，而不能自己闭门造车。例如，企业的设备安装费为购置费的 5%，则设备的安装费 = （505.5 + 5.55）× 5% = 25.55（万元）。

4. 其他费用

该部分费用包括建设单位的管理费、可行性研究费、勘察设计费、环境影响评价费、工程保险费、工厂建设监理费、联合试运转费、绿化费等内容。估计方式可以根据建筑工程费、设备购置费、设备安装费的一定百分比估计。具体比例的确定，依据项目的实际情况，需参考专业的技术指标。例如，企业投资的这个项目，预计固定资产的其他费用为工程费用的15%，则固定资产的其他费用=（505.5+5.55+25.55）×15%=80.49（万元）。

基于以上四个项目的分类，依据上例，则：

固定资产的投资=建设工程费+设备购置费+设备安装费+其他费用=505.5+5.55+25.55+80.49=617.09（万元）。

（二）固定资产折旧

折旧是一种特殊成本，是由于固定资产在使用过程中，其价值在不断地减少，或由于固定资产随着时间的推移而不断贬值产生的一种成本，如设备、工具和车辆等。它虽然不是企业的现金支出，但仍然是一种成本。因为固定资产的价值不是一次转移计入产品成本或费用，而是在长期使用过程中，随着损耗程度，以折旧费用项目分期计入产品成本或费用，并通过取得相应的收入而得到补偿。由于折旧是针对固定资产而做的，所以需要计算固定资产（有较高价值和较长使用寿命的资产）的折旧价值。创业者需要了解固定资产折旧的相关原理和方法，才能为企业开始运营之后各期间的企业利润的计算和分析打下基础。

1. 固定资产折旧计算年限

在估算固定资产折旧年限时，需要结合固定资产的使用寿命，同时还需要结合税法对折旧年限的相关规定。如某新生产设备价值20万元，预计可使用寿命10年，税法规定的计算折旧的最低年限为10年，按理设备投产后每年提取折旧计入成本费用的折旧额为2万元，但企业却采用了5年为折旧年限，每年计提折旧计入成本费用的折旧额为4万元。成本费用的增加会导致企业当期利润减少，企业所得税费用减少。由此，税法对折旧做了最低折旧年限的规定，企业在选择折旧年限时不得低于税法规定的最低折旧年限。

现行《中华人民共和国企业所得税法实施条例》第六十条规定：除国务院财政、税务主管部门另有规定外，固定资产计算折旧的最低年限分别为：①房屋、建筑物，为20年；②飞机、火车、轮船、机器、机械和其他生产设备，为10年；③与生产经营活动有关的器具、工具、家具等，为5年；④飞机、火车、轮船以外的运输工具，为4年；⑤电子设备，为3年。

2. 固定资产折旧方法

固定资产折旧计算最常使用的方法有4种：平均年限法、工作量法、双倍余额递减法和年数总和法。

（1）平均年限法，又称直线法，是按固定资产的使用年限平均计提折旧的方法。按此计算方法所计算的每年的折旧额是相同的，因此，在各年使用资产情况相同时，采用直线法比较恰当。其计算公式为：

固定资产年折旧额=（固定资产原值-预计净残值）÷预计使用年限

【例6-1】某企业购入机械设备一台，价值10万元，按照税法规定的使用年限为10年（按10年计提折旧），预计残值率为5%（企业自行估计）。

【解析】

按平均年限法该设备的每年折旧额=10×（1-5%）÷10=9.5（万元）

（2）工作量法，是指以固定资产能提供的工作量为单位来计算折旧额的方法。工作量可以是汽车的总行驶里程，也可以是机器设备的总工作台班、总工作小时等。适用于那些在使用期间负担程度差异很大，提供的经济效益很不均衡的固定资产。

【例6-2】某项设备原值为90000元，预计净残值为2700元，预计可使用15000小时，其中第5年实际使用3000小时，则采用工作量法第5年应计提折旧多少呢？

【解析】

工作量法需要先计算每工作小时折旧额=原值×（1-预计净残值率）÷工作总小时=（90000-2700）/15000=5.82（元），则第5年折旧额=3000×5.82=17460（元）

（3）双倍余额递减法，是指在不考虑固定资产预计残值的情况下，将每期固定资产的期初账面净值乘以一个固定不变的百分率，计算折旧额的一种加速折旧的方法。我国现行财会制度规定允许的加速折旧法主要有两种：年数总和法和双倍余额递减法。其计算公式为：

年折旧率=2÷预计的折旧年限×100%

年折旧额=固定资产期初账面净值×年折旧率

固定资产期初账面净值=固定资产原值-累计折旧

最后两年，每年折旧额=（固定资产原值-累计折旧-净残值）/2。

【例6-3】某企业一固定资产的原价为10000元，残值率为5%，预计使用年限为5年，按双倍余额递减法计算折旧，则每年的折旧额是多少呢？

【解析】

双倍余额递减法首先要计算双倍余额年折旧率=2/5×100%=40%

第一年折旧额=10000×40%=4000（元）

第二年折旧额=（10000-4000）×40%=2400（元）

第三年折旧额=（6000-2400）×40%=1440（元）

从第四年起改按平均年限法（直线法）计提折旧：

第四年折旧额=（10000-4000-2400-1440-500）/2=830（元）

第五年折旧额=（10000-4000-2400-1440-500）/2=830（元）

（4）年数总和法，是指用固定资产原值减去预计残值后的净额，乘以一个逐年递减的分数（称为折旧率），计算折旧额的一种加速折旧的方法。逐年递减分数的分子代表固定资产尚可使用的年数；分母代表使用年数的逐年数字之总和，假定使用年限为n年，分母即为1+2+3+…+n=n（n+1）÷2，相关计算公式如下：

年折旧率=尚可使用年数/年数总和×100%

年折旧额=（固定资产原值-预计残值）×年折旧率

【例6-4】有一台设备，原值78000元，预计残值2000元，预计可用4年，试用年数总和法计算每年折旧额。

【解析】

年数总和法首先要计算年数总和=1+2+3+4=10（年）

第一年折旧额=（78000-2000）×$\frac{4}{10}$=30400（元）

第二年折旧额=（78000-2000）×$\frac{3}{10}$=22800（元）

$$第三年折旧额 = (78000 - 2000) \times \frac{2}{10} = 15200 \ (元)$$

$$第四年折旧额 = (78000 - 2000) \times \frac{1}{10} = 7600 \ (元)$$

以上4种折旧方法，双倍余额递减法和年数总和法因每年计提折旧额呈递减状态，由此又称为加速折旧法。企业应当根据与固定资产有关的经济利益的预期实现方式，合理选择固定资产折旧方法。固定资产的折旧方法一经确定，不得随意变更。

四、创业企业无形资产投资估算

企业无形资产的投资包括专利权、商标权、非专利技术、土地使用权和特许权等方面。

（1）专利权和商标权。如果是外购的，按照取得的价格计算；如果是投资者投入的，按照约定价格或评估价格计算；如果是内部研创的，按照成本法或市价法评估。

（2）非专利技术。如果是外购的，按照取得的成本计算；如果是投资者投入的，按照市价法或收益法计算。

（3）土地使用权。如果土地使用权是通过有偿转让方式取得的，按照预计发生的取得成本计算；如果土地使用权是投资者转入的，按照合同、协议约定的价格或公允价格计算。

（4）特许权。通常情况下按照特许权的取得成本计算。

无形资产的累计摊销，就是把无形资产的成本分摊到使用的年限中，由于它不是实物的特殊性，所以大多数企业用年限平均法摊销无形资产的成本。

五、创业企业其他资产投资估算

其他资产包括的内容有生产准备费、开办费和预备费。

（一）生产准备费

生产准备费指企业新建项目或新增生产能力时，为确保投产期间能进行生产而发生的费用，包括员工的培训费、生产人员熟悉工艺及设备性能的相关费用。估算方式，可以按照工程费用及生产准备费率计算，生产准备费率可以采用行业标准。

例如，企业投资项目的生产准备费率行业标准为3%，则生产准备费 = 工程费用 × 3% = (505.5 + 5.55 + 25.55) × 3% = 16.1（万元）。

（二）开办费

开办费是企业在筹建期间发生的，不能计入固定资产和无形资产，也不属于生产准备的各项费用。估算方式，可以按照工程费和开办费率估算，开办费率可以采用行业的标准。

例如，企业投资项目的开办费率行业标准为5%，则开办费 = 工程费用 × 5% =

$(505.5 + 5.55 + 25.55) \times 5\% = 26.83$ （万元）。

（三）预备费

预备费是指在项目可行性研究的过程中，难以预料的支出，如自然灾害引发的工程损失，材料涨价引发的成本增加，分为基本预备费和涨价预备费。

1. 基本预备费

基本预备费是指自然灾害可能带来的损失。公式为：

基本预备费 = （固定资产 + 无形资产 + 其他资产）× 基本预备费率

其中，基本预备费率可以根据行业的数据确定。

2. 涨价预备费

涨价预备费是指建设期间由于通货膨胀等引起设备及材料涨价的投资。公式为：

涨价预备费 = 工程费用 × 涨价预备费率

其中，涨价预备费率通常为通货膨胀率。在计入预备费时，需要增加相应的资产价值。

例如，企业投资一条生产线，固定资产为 400 万元，预备费为 40 万元，则固定资产的价值为 400 + 40 = 440 （万元）。

六、创业企业流动资金投资估算

企业投产前期需要垫支流动资金用于日常现金的储备、原材料的购买、支付工资及其他经营费用等。广义的流动资金指企业全部的流动资产，考虑部分流动资产可采用赊购方式取得，由此狭义的流动资金是流动资产减去流动负债后的净流动资金。流动资金估算一般是参照现有同类企业的状况采用分项详细估算法。

公式为：

本年流动资金需要额 = 本年流动资产需要额 − 本年流动负债需要额

说明：

（1）分项详细估算法需要根据流动资产和流动负债的最低周转率来确定其周转额。

（2）使用该方法要确定周转天数、周转次数、周转额，例如，流动资产的周转次数、流动负债的周转次数。

例如，企业投资项目的年平均销售收入为 1 亿元，流动资产的需要额是 1000 万元，流动负债的需要额是 500 万元，则流动资金 = 1000 − 500 = 500 （万元）。

七、创业企业启动资金的预算编制

大学生在进行创业时需要充分估计创业所需的资金，据此推测创业是否具有可行性，也是后续融资策略的一个重要依据。计算开办资金时须注意以下两点：一是所需的营运资金不能被低估，因为我们往往无法准确地预估第一个客户何时出现，客户的货款是否按时支付。二是创业者往往无法将所有的支出项目都考虑完备，建议在计算所需投资资金时，按适当比例提取未考虑到的其他支出项目。

【例6-5】 王军是刚刚毕业的摄影专业大学生，他没有像其他同学一样找一家公司上班，而是选择自主创业。在对项目初步可行性论证后，他拟在市区开一家婚庆摄影公司，主营婚纱摄影，兼营婚庆策划。

万事开头难，王军面对的问题许许多多、千头万绪，如公司选择和场地租借、场地设计与装修、工商税务登记与银行开户、员工招聘及培训等。冷静思考后王军认为，资本才是解决问题的关键。并列出了必须慎重思考的几大重要问题：①婚纱摄影开业需要多少钱？②钱从哪里来？不足部分如何筹措？③公司经营策略如何制定？④公司未来收入来源及增长趋势如何？⑤公司的经营成本如何测算？⑥公司的未来发展规划如何制定？

经过5个月详细调研和测算，他列出了开一家婚纱摄影公司需要的资金明细。所需的机器设备，主要设备的市场价格如下：摄像机36000元、二手冲印设备36000元；收银机、电脑等办公设备14400元。现在有一家比较合适的店铺，每月租金8400元，开业前需要先装修，装修时长1个月，需要花费3000元。该店铺每月物业费、水费和电费共计1200元（装修当月也要支付店面租金、物业费、水费和电费）。王军计划为员工隔出一间休息室，家具费用约10000元。拟聘用5名员工，每月工资要3000元，创业者个人工资5000元。开业前不支付工资，开业前还需要对员工进行培训，要1200元。拍婚纱需要经常出外景，所以需要购置一辆二手车，要80000元。开始营业前需要请广告公司做开业前宣传，大概需要2400元，开业后每月固定投入广告费1000元。企业还得购买婚纱20件，共计10800元。经营周期假定为3个月，每月需要购进制作相片的材料2000元，其他办公用品1000元。每月最低现金余额30000元。

要求： 编制该项目的启动资金预算（见表6-2）。

表6-2　启动资金预算表

企业名称：王军婚纱摄影公司　　　　　　　　202×年　　　　　　　　　单位：元

预算项目	运营前	运营后第1月	运营后第2月	运营后第3月	合计
投资资金（一次性资金）					
摄像机	36000				36000
二手冲印设备	36000				36000
办公设备	14400				14400
开业前租金	8400				8400
店面装修费	3000				3000
开业前物业、水费、电费	1200		—		1200
家具	10000				10000
开业前员工培训	1200				1200
二手车	80000				80000
开业前宣传费	2400				2400
婚纱	10800				10800
投资资金合计	203400	—			203400

预算项目	运营前	运营后第1月	运营后第2月	运营后第3月	合计
运营资金（非一次性资金）					
流动现金		30000	30000	30000	90000
创业者工资		5000	5000	5000	15000
员工工资（5人）		15000	15000	15000	45000
店面租金		8400	8400	8400	25200
广告费		1000	1000	1000	3000
水、电、物业费		1200	1200	1200	3600
原材料成本		2000	2000	2000	6000
办公用品		1000	1000	1000	3000
运营资金合计		63600	63600	63600	190800
总计					394200

基于表6-2的分析，王军婚纱摄影公司营业周期为3个月情景下的启动资金为40万元，如果能缩短营业周期，则启动资金可以降低，因为运营后企业能快速实现销售，会产生现金流入，则可以弥补运营资金的需求。

第三节 创业企业财务预测

对于已经运营一段时间的企业，可以根据过去和现在的已知财务状况和经营成果，运用相关方法，对企业未来的融资需求进行预测。这种基于历史数据的分析可以说是半实际、半预算。主要解决企业未来1~5年的长期资金需求量的预测。财务预测的方法有因素分析法、销售百分比法、资金习性预测法和高低点法等。本节重点介绍销售百分比法和资金习性预测法。

一、销售百分比法

销售百分比法是根据销售收入与资产负债表和利润表项目之间的比例关系，预测各项目资本需要量的方法。

（一）基本原理

销售百分比法在使用过程中，假设某些资产、负债、成本、费用与销售收入存在稳定的百分比关系。企业销售规模扩大，就需要增加流动资产，如果销售规模增加很多，还必须增加长期资产。例如，某企业每年销售200万元货物，需要消耗20万元原材料，即原材料与销售的百分比是10%（20/200）。若销售收入增至400万元，那么，该企业需要消耗 40 万元（400×10%）原材料。由此可以看出，企业销售的增长必然引起资产的增长，而资产的增长必然导致资本投入量的增加。企业需要筹措资金，这些资金一部分来自随销售收入同比例增长的流动负债，另一部分来自预测期的利润留存（留存收益），还有一部分通过外部筹资取得。例如，当销售额从 200 万元增加到 400 万元时，新增 20 万元材料采购成本，按理企业应该投入 20 万元的资金购买材料，但是在现在商业社会中，企业和企业之间业务往来往往存在赊销信用形式，当赊销比例为 20% 时，企业只需要募集 16 万元资金，即可从供应处购买价值 20 万元的材料。

由此，销售百分比法串起销售增长、资产增长和资本增长（负债与所有者权益增长）三者之间的内在关系。其基本原理依据的是会计基本等式：资产 = 负债 + 所有者权益。

（二）计算步骤

第一，确定随销售额而变动的资产项目，计算各敏感资产占销售收入的百分比。凡是随销售变动而变动并呈现一定比例关系的资产项目被称为敏感资产或经营性资产。凡不随销售变动而变动的项目，称为非敏感项目。敏感资产具体包括库存现金、应收账款、存货等项目。

第二，确定随销售额而变动的负债项目（自发性的流动负债），计算各敏感负债占销售收入的百分比。随销售变动而变动并呈现一定比例关系的负债项目被称为敏感负债或经营性负债。经营负债项目包括应付票据、应付账款等项目，不包括短期借款、短期融资券、长期负债等筹资性负债。

第三，计算增加的敏感资产和敏感负债。

增加的敏感性资产 = 增量收入 × 基期敏感资产占基期销售额的百分比

增加的敏感性负债 = 增量收入 × 基期敏感负债占基期销售额的百分比

第四，计算融资总需求。营业收入增加，会导致经营资产增加、经营负债增加，由此导致资金需求量的增加，两者之差即为融资总需求。如果存在非敏感资产的增加，两者之差还需要加上增加的非敏感资产。

融资总需求 = 增加的敏感性资产 − 增加的敏感性负债 + 增加的非敏感性资产

第五，确定预测期的留存收益。留存收益也叫留用利润，可以满足企业资产增长所需的一部分资金需求，留存收益是从净利润中留存的，属于内部融资方式。留存收益的预测可以使用两种方法，一种是编制预计的利润表加以计算，在编制预计利润表时也是依据各成本项目占基期销售收入的百分比保持不变，预测下一年度的净利润。另一种是简化计算。可以根据已知的增加的销售额、预计销售收入、销售净利率和收益留存率等数据计算。

增加的留存收益 = 预计销售收入 × 销售净利率 × 收益留存率

第六，计算外部融资需求额。企业融资总需求可以通过内部融资方式和外部融资方式加以解决。假设企业不存在可以动用的金融资产，内部融资方式指的是企业当年新增的留存收益，将融资总需求扣除新增的留存收益，则为外部融资需求额。

外部融资需求额 = 增加的敏感性资产 − 增加的敏感性负债 + 增加的非敏感性资产 − 增加的留存收益

（三）销售百分比法的假设与不足

销售百分比法是基于以下假设条件下的资金需求的估算，也会存在许多不足。

1. 资产负债表的各项目可以划分为敏感项目与非敏感项目

其隐含的前提：现有的资产负债水平对现在的销售是最优的，即所有的生产能力已经全部使用。这一假设与现实的经济生活可能不符，很多企业当期并没有达到最优的资本结构。

2. 敏感项目与销售额之间呈现正比例关系

线性假设与现实的经济生活可能不相符。如存货应留有一定数量的安全库存以应付意外情况，这也导致存货与销售额并不总呈现正比例关系。

3. 基期与预测期的情况基本不变

即基期与预测期的敏感项目和非敏感项目的划分不变以及敏感项目与销售额之间比例不变与现实的经济生活可能不相符。实际经济总是处于不断变动之中，基期与预测期的情况不可能一成不变。

4. 销售的预测比较准确

销售预测是销售百分比法应用的重要前提之一，只有销售预测准确，才能比较准确地预测资金需要量。但是，产品的销售受市场供求、同业竞争以及国家宏观经济政策等的影响，销售预测不可能是一个准确的数值。

基于此，企业在采用销售百分比法预测时，应结合企业实际情况进行适当的修正。

（四）外部融资需求额预测

销售百分比法通过销售增长、资产增长和资本增长的关系，逻辑思路清晰，计算简便，易于使用。可以用于 1 年的外部融资需求额的测算，也可以用于多年的外部融资需求额的测算，只要企业确定恰当的销售增长率。

【例 6 - 6】量子公司 20 × 2 年 12 月 31 日的简要资产负债表如表 6 - 3 所示。假定量子公司 20 × 2 年销售额 10000 万元，销售净利率为 10%，利润留存率为 40%。20 × 3 年销售额预计增长 20%，公司有足够的生产能力，无须追加固定资产投资。计算 20 × 3 年外部融资需求额。

表 6 - 3   量子公司资产负债表（20 × 2 年 12 月 31 日）   单位：万元

资产	金额	负债及所有者权益	金额
货币资金	500	短期借款	2500
应收账款	1500	应付账款	1000
存货	3000	其他应付款	500
固定资产	3000	公司债券	1000
		实收资本	2000
		留存收益	1000
合计	8000	合计	8000

【解析】

（1）确定随销售额而变动的资产项目，计算各敏感资产占销售收入的百分比。本例中敏感资产为：货币资金、应收账款和存货。

货币资金占销售额百分比 $= 500 \div 10000 \times 100\% = 5\%$

应收账款占销售额百分比 $= 1500 \div 10000 \times 100\% = 15\%$

存货占销售额百分比 $= 3000 \div 10000 \times 100\% = 30\%$

敏感资产占销售额百分比合计 $= 5\% + 15\% + 30\% = 50\%$

（2）确定随销售额而变动的负债项目（自发性的流动负债），计算各敏感负债占销售收入的百分比。本例中敏感负债为：应付账款和其他应付款。

应付账款占销售额百分比 $= 1000 \div 10000 \times 100\% = 10\%$

其他应付款占销售额百分比 $= 500 \div 10000 \times 100\% = 5\%$

敏感负债占销售额百分比合计 $= 15\% + 5\% = 15\%$

（3）计算增加的敏感资产和敏感负债。

增加的敏感性资产 $= 10000 \times 20\% \times 50\% = 1000$（万元）

增加的敏感性负债 $= 10000 \times 20\% \times 15\% = 300$（万元）

（4）计算融资总需求。

融资总需求 $= 1000 - 300 + 0 = 700$（万元）

（5）确定预测期的留存收益。可以使用两种方法：一种为编制预计利润表法，根据利润成本与销售收入的固定比例关系推测下一年的成本预计数，与敏感资产和敏感负债的方法一致。另一种为利用销售净利率和留存收益率简化计算。

增加的留存收益 $= 10000 \times (1 + 20\%) \times 10\% \times 40\% = 480$（万元）

（6）计算外部融资需求额。

外部融资需求额 $= 1000 - 3000 - 480 = 220$（万元）

220万元的外部融资需求企业可以通过债务筹资、股权筹资或股权债务混合三种融资方式予以筹集。比如通过银行借款筹集220万元，或股东追加投入资本220万元，或银行借款借入100万元和股东投入120万元混合筹集。

二、资金习性预测法

资金习性预测法是根据资金习性预测未来资金需求量的一种方法。

（一）基本原理

资金习性是指资金的变动同产销量变动之间的依存关系。按照资金同产销量之间的依存关系，可以把资金区分为不变资金、变动资金和半变动资金。

不变资金是指在一定范围内产销量变动，不受产销量变动的影响而保持固定不变的那部分资金，如为维持营业而占用的最低数额的现金、原材料的保险储备、必要的成品储备、厂房设备等固定资产占用的资金。

变动资金是指随产销量的变动而同比例变动的那部分资金。如原材料、外购件占用的资金、最低储备以外的现金、存货、应收账款等。

半变动资金是指虽然受产销量变化的影响，但不成同比例变动的资金。比如一些辅助材料占用的资金。半变动资金可以分解为不变资金和变动资金，最终将资金总额分成不变资金和变动资金两部分，即：

资金总额（y）＝不变资金（a）＋变动资金（bx）

设产销量为自变量x，资金占用量为因变量y，可用下式表示：

$y = a + bx$

根据资金总额（y）和产销量（x）的历史资料，利用回归分析法可以估计出资金总额和产销量直线方程中的两个参数a和b。

$$a = \frac{\sum X_t^2 \sum Y_t - \sum X_t \sum X_t Y_t}{n \sum X_t^2 - (\sum X_t)^2}$$

$$b = \frac{n \sum X_t Y_t - \sum X_t \sum Y_t}{n \sum X_t^2 - (\sum X_t)^2}$$

（二）资金习性法的运用

资金习性法是根据历史上企业资金占用总额与产销量之间的关系，把资金分为不变和变动两部分，然后结合预计的销售量来预测资金需要量。

【例6-7】某企业20×1年至20×6年历年产销量和资金变化情况如表6-4所示。20×7年预计销售量为1500万件，需要预计20×7年的资金需要量。

表6-4　产销量与资金变化情况

年份	产销量 X（万件）	资金占用 Y（万元）
20×1	1200	1000
20×2	1100	950
20×3	1000	900
20×4	1200	1000
20×5	1300	1050
20×6	1400	1100

【解析】

根据历史上企业资金占用总额与产销量之间的关系，把资金分为不变和变动两部分，通过回归分析求出线性模型。由此：

n = 6

$\sum X = 1200 + 1100 + 1000 + 1200 + 1300 + 1400 = 7200$

$\sum Y = 1000 + 950 + 900 + 1000 + 1050 + 1100 = 6000$

$\sum XY = 1200 \times 1000 + 1100 \times 950 + 1000 \times 900 + 1200 \times 1000 + 1300 \times 1050 +$
$\qquad 1400 \times 1100 = 7250000$

$$\sum X^2 = 8740000$$

通过：$a = \dfrac{\sum X_t^2 \sum Y_t - \sum X_t \sum X_t Y_t}{n \sum X_t^2 - (\sum X_t)^2} = 400$

$b = \dfrac{n \sum X_t Y_t - \sum X_t \sum Y_t}{n \sum X_t^2 - (\sum X_t)^2} = 0.5$

解得：$Y = 400 + 0.5X$

把 20×7 年预计销售量 1500 万件代入上式，得出 20×7 年资金需要量为：

$400 + 0.5 \times 1500 = 1150$（万元）

第四节　创业企业全面预算

全面预算是通过企业内外部环境的分析，在预测与决策基础上，调配相应的资源，对企业未来一定时期的经营和财务做出一系列具体计划。全面预算主要解决企业未来 1 年内的短期资金需求量的计算。

一、全面预算体系

全面预算需要把全部经济活动均纳入预算体系，而且需要各部门、各单位、各岗位、各级人员共同参与预算编制和实施。基于企业未来的收入和成本费用情况构建预算体系。

（一）收入来源

收入指企业在日常活动中形成的、会导致所有者权益增加的、与所有者投入资本无关的经济利益的总流入。包括销售商品收入、提供劳务收入和让渡资产所有权收入。收入根据不同的来源，划分为主营业务收入、其他业务收入、营业外收入、投资收益。

1. 主营业务收入

主营业务收入来自企业为完成其经营目标而从事的日常活动中的主要项目，如工商企业的销售商品、银行的贷款和办理结算等。

2. 其他业务收入

其他业务收入来自主营业务以外的其他日常活动，如工业企业销售材料，提供非工业性劳务等。

3. 营业外收入

营业外收入是指企业确认与企业生产经营活动没有直接关系的各种收入。营业外收入并不是由企业经营资金耗费所产生的，不需要与有关费用进行配比。

4. 投资收益

投资收益是指企业对外投资所取得的收益减去发生的投资损失后的净额。

对于大多数企业而言，都把生产经营取得的收入计入主营业务收入；投资收益业务存在收益不固定且为投资活动产生收益，非经营活动，编制预算时并未将其作为重点；营业外收入产生于非日常活动，具有偶发性，不经常发生，编制预算时一般不予考虑。由此，企业进行全面预算时关于企业收入的预算主要集中于销售收入的预算。

（二）费用种类

费用（广义）是指企业在日常经营活动中发生的、会导致所有者权益减少的、与向所有者分配利润无关的经济利益的总流出。费用包括两个方面内容：成本和费用。

1. 成本

成本指企业为生产产品、提供劳务而发生的各种耗费，包括为生产产品、提供劳务而发生的直接材料费用、直接人工费用和各种间接费用。

2. 费用

费用（狭义）一般指日常活动中发生的营业税费、期间费用（管理费用、销售费用、财务费用）等。

管理费用指为组织和管理企业生产经营所发生的费用，如在经营管理中发生的公司经费（包括行政管理部门职工工资、修理费、物料消耗、低值易耗品摊销、办公费和差旅费等）、工会经费、待业保险费、劳动保险费、聘请中介机构费、咨询费（含顾问费）、诉讼费、业务招待费、技术转让费、无形资产摊销、职工教育经费、研究与开发费、排污费、存货盘亏或盘盈（不包括应计入营业外支出的存货损失）、计提的坏账准备、存货跌价准备等。

销售费用指企业在销售产品、自制半成品和提供劳务等过程中发生的费用，包括由企业负担的包装费、运输费、广告费、装卸费、保险费、委托代销手续费、展览费、租赁费（不含融资租赁费）和销售服务费、销售部门人员工资、职工福利费、差旅费、办公费、折旧费、修理费以及其他经费等。

财务费用是指企业为筹集生产经营所需资金等而发生的费用。具体项目有：利息净支出（利息支出减利息收入后的差额）、汇兑净损失（汇兑损失减汇兑收益的差额）、金融机构手续费以及筹集生产经营资金发生的其他费用等。

税金及附加：反映企业经营主要业务应负担的消费税、城市维护建设税、资源税、土地增值税和教育税附加等。

（三）全面预算体系构成

全面预算是由经营预算、资本预算和财务预算等一系列预算构成的体系。虽然业务（经营）预算、财务预算和专门决策预算（资本预算）各有侧重，但在实际编制时却是前后衔接、密不可分的。经营预算也称作业务预算、营业预算，是预算期内企业日常生产经营活动的预算，主要包括销售预算、生产预算、供应预算、期间费用预算等生产经营活动预算。营业预算通常是在销售预测的基础上，首先对企业的产品销售进行预算，然后再以"以销定产"的方法，逐步对生产、材料采购、存货和费用等方面进行预算。业务（经营）预算和专门决策预算是财务预算的基础，财务预算是业务预算和资本支出预算的现金流量总结。各项预算之间的关系见图 6-1。

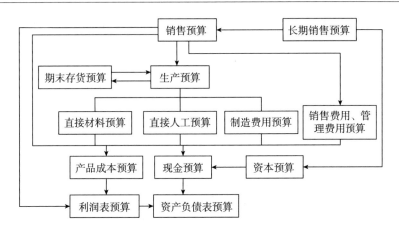

图 6-1 全面预算体系

二、销售预算

销售预算是指在销售预测的基础上编制的，用于规划预算期销售活动的一种业务预算。销售预算是整个预算的编制起点，其他预算的编制都是以销售预算作为基础。销售预算的主要内容是销售数量、销售单价的测算。创业者可根据实际情况，选择购买动机调查、推销人员意见综合、专家咨询、时间序列分析等多种预测方法。

销售预算通常可以分品种、分月份、分销售区域、分客户等来编制，样表格式多样化。以林芳开饼屋为例，编制饼屋销售收入预算表见表6-5。

表 6-5 销售收入预算表

林芳饼屋　　　　　　　　　　　　20×9年9月1日　　　　　　　　　　　　单位：元

	项目	第1月	第2月	第3月	……	总计
个人客户	销售数量（件）	900	1 000	1 100		3 000
	平均单价	20	20	20		
	月销售额	18 000	20 000	22 000		60 000
团队客户	销售数量（件）	100	150	200		450
	平均单价	18	18	18		
	月销售额	1 800	2 700	3 600		8100
合计	销售总量（件）	1 000	1 150	1 300		3 450
	销售总收入	19 800	22 700	25 600		68 100

注：表格可根据不同销售对象和产品品种做相应修改；时间也可根据实际需求而延长。

初创期对未来3个月成本的预算，是为筹集启动阶段的资金，解决短暂的资金需求。事实上，从初始净资本投入到实现盈利，可能需要经历12～42个月不等甚至更长的时间。因此销售收入的预算要比较谨慎，不能浮夸。

在实际工作中，销售预算还需要考虑现金流量的问题。因为表6-6销售预测按照权责发生制估算的收入，主要用于利润表的编制，在企业经营过程中，很多企业往往存在赊销行为，很多销售收入都体现为企业当期的应收账款，为了能准确估算现金需求，可以对销售预算表格进行修改，综合考虑现金流实际流入情况。假设 K 公司销售收入当季收款 60%，下季收款 40%（见表 6 - 6）。

表 6 - 6　K 公司 20 × 2 年销售预算　　　　　　　　　　　　　　单位：元

	第一季度	第二季度	第三季度	第四季度	全年
预计销售量（件）	100	150	200	180	630
预计单位售价	200	200	200	200	200
销售收入	20000	30000	40000	36000	126000
预计现金收入					
上年应收账款	6200				6200
第一季度（销货 20000 元）	12000	8000			20000
第二季度（销货 30000 元）		18000	12000		30000
第三季度（销货 40000 元）			24000	16000	40000
第四季度（销货 36000 元）				21600	21600
现金收入合计	18200	26000	36000	37600	117800

因此，企业当期销售现金流量的公式为：

当期销售现金流量 = 本期销售收入 × 本期收现比例 + 以前某期销售收入 × 以前某期收入在本期的收现比例

三、成本预算

产品成本预算是最为复杂的，一种产品的成本主要是指产品所含的制造成本。包括直接材料、直接人工和制造费用。这些成本耗费资金的多少与产品的产量息息相关，由此，成本预算是在销售预算的基础上编制而来的，一般采用由销定产方式，通过销售量推定产量，再推定材料采购量和成本、人工量和成本及耗用的制造费用，综合计算出产品的总成本和单位成本，最后根据销售量推定产品的销售成本。

（一）生产预算

生产预算是为规划预算期生产规模而编制的一种业务预算，它是在销售预算的基础上编制的。比如某企业第一季度的销售量是 1000 件，年初企业库存 500 件，企业每月末保险库存量是 100 件，显然企业第一季度并不需要生产 1000 件，只需要生产 600（1000 + 100 - 500）件即可满足销售要求，避免造成期末存货量过高。预计生产量的公式为：

预计生产量 = 预计销售量 + 预计期末结存量 - 预计期初结存量

假设 K 公司期末产成品存货按下期销售量的 10% 安排。20 × 3 年第一季度预计销售量为 200 件，则生产预算表编制样例见表 6 - 7。

表 6 – 7　K 公司 20 × 2 年生产预算表　　　　　　　　　　　单位：件

	第一季度	第二季度	第三季度	第四季度	全年
预计销售量	100	150	200	180	630
加：预计期末产成品存货	15	20	18	20	20
合计	115	170	218	200	650
减：预计期初产成品存货	10	15	20	18	10
预计生产量	105	155	198	182	640

（二）直接材料预算

直接材料是为了规划预算期直接材料采购金额的一种业务预算。直接材料预算是以生产预算为基础编制的，同时要考虑原材料存货水平以及材料采购过程的赊销商业信用情况，以便准确估算现金流出需求。直接材料预算涉及以下两个公式：

某种材料耗用量 = 产品预计生产量 × 单位产品定额耗用量

预计采购量 = 生产需用量 + 期末存量 – 期初存量

假设 K 公司各季度"期末材料存量"根据下季度生产量的 20% 确定。20 × 3 年第一季度预计产量 200 件。材料采购的货款有 50% 在本季度内付清，另外 50% 在下季度付清。则直接材料采购预算表编制样例见表 6 – 8。

表 6 – 8　K 公司 20 × 2 年直接材料采购预算表

	第一季度	第二季度	第三季度	第四季度	全年
预计生产量（件）	105	155	198	182	640
单位产品材料用量（千克/件）	10	10	10	10	10
生产需用量（千克）	1050	1550	1980	1820	6400
加：预计期末存量（千克）	310	396	364	400	400
减：预计期初存量（千克）	300	310	396	364	300
预计材料采购量（千克）	1060	1636	1948	1856	6500
单价（元/千克）	5	5	5	5	5
预计采购金额（元）	5300	8180	9740	9280	32500
预计现金支出					
上年应付账款	2350				2350
第一季度（采购 5300 元）	2650	2650			5300
第二季度（采购 8180 元）		4090	4090		8180
第三季度（采购 9740 元）			4870	4870	9740
第四季度（采购 9280 元）				4640	4640
现金流出合计	5000	6740	8960	9510	30210

（三）直接人工预算

直接人工成本预算是一种既反映预算期内人工工时消耗水平，又规划人工成本开支的业务预算，直接人工预算也是以生产预算为基础编制的。直接人工成本的预算主要是利用企业单位产品耗费的工时数和单位工时成本进行计算。比如制造某一件产品，需要 2 小时，每小时需要支付给工人的成本是 300 元，则生产这件产品的人工成本为 600 元（见表 6-9）。

产品直接人工工时总数 = 单位产品定额工时 × 产品预计生产量

预计直接人工总成本 = 单位工时工资率 × 产品直接人工工时总数

表 6-9　K 公司 20×2 年直接人工预算表

	第一季度	第二季度	第三季度	第四季度	全年
预计产量（件）	105	155	198	182	640
单位产品工时（小时/件）	10	10	10	10	10
人工总工时（小时）	1050	1550	1980	1820	6400
每小时人工成本（元/小时）	2	2	2	2	2
人工总成本（元）	2100	3100	3960	3640	12800

（四）制造费用预算

制造费用预算分为变动制造费用和固定制造费用预算两部分，变动制造费用随产量的变动而变动，以生产预算为基础来编制，而固定制造费用在一定业务量范围内保持不变，需要逐项进行预计，通常与本期产量无关，按每季实际需要的支付额预计（见表 6-10）。

表 6-10　K 公司 20×2 年制造费用预算表　　　　　单位：元

		第一季度	第二季度	第三季度	第四季度	全年
变动制造费用	间接人工（1 元/件）	105	155	198	182	640
	间接材料（1 元/件）	105	155	198	182	640
	修理费（2 元/件）	210	310	396	364	1280
	水电费（1 元/件）	105	155	198	182	640
	小计	525	775	990	910	3200
固定制造费用	修理费	1000	1140	900	900	3940
	折旧	1000	1000	1000	1000	4000
固定制造费用	管理人员工资	200	200	200	200	800
	保险费	75	85	110	190	460
	维护费	100	100	100	100	400
	小计	2375	2525	2310	2390	9600
合计		2900	3300	3300	3300	12800
减：折旧		1000	1000	1000	1000	4000
现金支出的费用		1900	2300	2300	2300	8800

为便于以后编制产品成本预算，需要计算小时费用率。

变动制造费用小时费用率 = 全年变动制造费用/人工总工时 = 3200 ÷ 6400 = 0.5（元/小时）

固定制造费用小时费用率 = 全年固定制造费用/人工总工时 = 9600 ÷ 6400 = 1.5（元/小时）

为便于以后编制现金预算，需要预计现金支出。在制造费用中，除折旧费外都需支付现金，所以，根据每个季度制造费用数额扣除折旧费后，即可得出"现金支出的费用"。

（五）产品成本预算

产品成本预算是对材料预算、人工预算、制造费用预算的汇总，产品成本预算要求按成本计算对象计算出每一种产品的总成本和单位成本（见表 6 – 11）。

表 6 – 11　K 公司 20 × 2 年产品成本预算表　　　　　　　　单位：元

项目	单位成本			生产成本（640 件）	期末存货（20 件）	销货成本（630 件）
	每千克或每小时	投入量	成本			
直接材料	5	10 千克	50	32000	1000	31500
直接人工	2	10 小时	20	12800	400	12600
变动制造费用	0.5	10 小时	5	3200	100	3150
固定制造费用	1.5	10 小时	15	9600	300	9450
合计			90	57600	1800	56700

成本的计算公式如下：

单位产品成本 = 单位材料成本 + 单位直接人工 + 单位制造费用

产品成本（生产成本）= 单位产品成本 × 产量

期末存货 = 单位产品成本 × 存货量

销售成本 = 单位产品成本 × 销售量

四、管理费用预算

管理费用是企业经营过程中必不可少的一项成本，比如管理人员工资、办公费、差旅费、业务招待费等支出，管理费用一般以过去实际开支为基础，在编制时考虑预算期的业务水平和变化，再加以调整。对于此项费用，编制时要尽量考察每种费用支出的必要性，避免虚增费用（见表 6 – 12）。

表6-12　K公司20×2年管理费用预算表　　　　　　　　　单位：元

项目	上年实际	本年预算				
		第一季度	第二季度	第三季度	第四季度	全年
职工薪酬（工资、福利、保险、公积金等）	40000	10000	10030	10050	10040	40120
折旧费	3200	800	830	850	840	3320
保险费	400	100	130	150	140	520
办公费	2000	500	530	550	540	2120
会议费	2400	600	630	650	640	2520
差旅费	3200	800	830	850	840	3320
车辆使用费	2000	500	530	550	540	2120
业务招待费	6000	1500	1530	1550	1540	6120
培训费	4000	1000	1030	1050	1040	4120
水电费	800	200	230	250	240	920
通信费	400	100	130	150	140	520
修理费	400	100	130	150	140	520
物料消耗	400	100	130	150	140	520
存货盘盈	7200	1800	1830	1850	1840	7320
周转材料摊销	1200	300	330	350	340	1320
长期待摊费用摊销	400	100	130	150	140	520
无形资产摊销	1200	300	330	350	340	1320
租赁费	2800	700	760	800	780	3040
聘请中介机构费	2000	500	530	550	540	2120
研发支出	3600	900	930	950	940	3720
物业费	1600	400	430	450	440	1720
……	800	200	230	250	240	920
支出总计	86000	21500	22190	22650	22420	88760
减：折旧	3200	800	830	850	840	3320
实际现金流出	82800	20700	21360	21800	21580	85440

五、销售费用预算

销售费用以销售预算为基础，要分析销售收入、销售利润和销售费用的关系，力求实现销售费用的最有效使用（见表6-13）。

表6-13 K公司20×2年销售费用预算表 单位：元

项目	上年实际	本年预算				
		第一季度	第二季度	第三季度	第四季度	全年
职工薪酬（工资、福利、保险、公积金等）	12000	3000	3030	3050	3040	12120
折旧费	800	200	230	250	240	920
保险费	400	100	130	150	140	520
包装费	2000	500	530	550	540	2120
运输费	2400	600	630	650	640	2520
装卸费	3200	800	830	850	840	3320
仓储保管费	2000	500	530	550	540	2120
展览费	6000	1500	1530	1550	1540	6120
广告费	4000	1000	1030	1050	1040	4120
售后服务费	800	200	230	250	240	920
委托代销手续费	400	100	130	150	140	520
修理费	400	100	130	150	140	520
样品及产品损耗	400	100	130	150	140	520
促销费	7200	1800	1830	1850	1840	7320
报关费	1200	300	330	350	340	1320
质检费	400	300	130	150	140	720
支出总计	43600	11100	11380	11700	11540	45720
减：折旧	800	200	230	250	240	920
实际现金流出	42800	10900	11150	11450	11300	44800

六、资本预算

资本预算又称投资预算或专门决策预算，是企业在预算期内进行资本性投资活动的预算，主要是针对企业的长期项目投资。在通常情况下，项目投资所涉及的资金投资比较大，而回收期却比较长，整个预算期间要跨多个年度。编制资本预算的主要目的是，能够给项目财务可行性分析提供必要的依据，同时，也可以为企业筹资决策提供重要的资料。资本预算相关内容会在第八章加以详细介绍。

在编制全面预算时需要综合考虑资本预算的情况。比如20×5年在编制20×6年全面预算时，20×6年刚好有一个资本投资项目，需要投资新建一条生产线，分两年投入：20×6年需要投资500万元，20×7年需要投资300万元。而资本预算资金需求在经营预算编制过程中并没有加以反映。企业资金的总需求量应该综合考虑经营预算和资本预算需要量。

七、财务预算

财务预算是企业的综合性预算，是全面预算的最后一环，是对业务预算和资本预算的综合体现，包括现金预算、利润表预算和资产负债表预算。三张报表的顺序要按现金预算表、利润表和资产负债表编制。

现金预算表与实际现金流量表的格式不同，实际现金流量表将现金流分成经营现金流、投资现金流和筹资现金流，表格看起来比较复杂，而全面预算中的现金预算使用更为简洁的格式，只将资金分成现金流入和现金支出两大类，依据资金等式设计。全面预算中现金预算由四部分组成：可供使用现金、现金支出、现金多余或不足、现金的筹措和运用。

期初现金余额 + 本期现金收入 − 本期现金支出（经营性支出 + 资本性支出）= 现金余缺

利润表预算与实际利润表的内容、格式相同，只是数据是面向预算期的。通过利润表预算，可以了解企业预期的盈利水平。

资产负债表预算与实际的资产负债表内容、格式相同，只不过数据是反映预算期末的财务状况。该表是利用本期期初会计的资产负债表，根据有关营业和财务预算的有关数据加以调整编制的。

八、全面预算编制综合案例

基于全面预算体系，开展从销售预算、生产预算、采购预算、人工预算、制造费用预算、生产成本预算、管理费用预算、销售费用预算、财务预算、其他费用预算、资本预算到预计现金表、利润表和资产负债表三大报表的编制过程。

【例 6 – 8】甲公司是一个生产番茄酱的公司，该公司只生产一种 50 千克桶装番茄酱。每件产品单件售价 120 元，该公司每年都要在 12 月编制下一年度全面预算（按季度细分）。20 × 2 年初的资产负债表见表 6 – 14。

表 6 – 14　甲公司资产负债表（20 × 1 年 12 月 31 日）　　　　单位：元

资产	金额	负债及所有者权益	金额
货币资金	540000	应付账款	20000
应收账款	800000	长期借款	2000000
库存产品	1500000	实收资本	5020000
库存原材料	20000	留存收益	820000
固定资产	5000000		
合计	7860000	合计	7860000

20 × 2 年有关经济业务预测情况如下：

（1）每季度的销售收入预计如下：第一季度销售 50000 件，第二季度销售 120000 件，第三季度销售50000件，第四季度销售50000件。桶装番茄酱120元/件。

（2）所有销售均为赊销。应收账款期初余额为800000元，预计可以在第一季度收回。每个季度的销售有1/3在本季度内收到现金，另外2/3于下一季度收回。

（3）由于原料采购的季节性，只在第一季度和第二季度进行生产，而销售全年都会发生。20×2年初，桶装番茄酱库存有20000件，总价值1500000元。企业要求每季末桶装番茄酱库存保险储备量是10000件。因第三季度和第四季度无生产，则在第二季度需生产第三季度和第四季度销售量。

（4）1件桶装番茄酱需要耗用原材料30千克，材料每千克采购单价1元。采购材料采用赊销方式，每季度采购资金当季度支付40%，下季度支付60%。20×2年第一季度有20000元货款须支付。原材料每季度末的最低保险储备量为10000千克，20×2年初库存原材料有20000千克，总价值20000元。

（5）直接人工费用预计单位产品工时2小时/件，每小时10元。

（6）变动制造费用间接人工成本1元/件；间接材料成本1元/件；修理费2元/件；水电费1元/件。每季固定性制造费用包括修理费300000元，折旧500000元，管理人员工资470000元，保险费30000元。付现制造费用均在发生的季度支付。

（7）每季度发生管理费用510000元，具体包括行政人员工资300000元、折旧费100000元、保险费10000元、办公费50000元、业务招待费20000元、培训费20000、水电费10000元。付现管理费用均在发生的季度支付。

（8）第一季度发生销售费用120000元，具体包括广告费60000元、折旧费30000元、展览费30000元。第二到第四季度，每季度发生销售费用80000元，其中广告费40000元、折旧费30000元、展览费10000元。付现销售费用均在发生的季度支付。

（9）全年预计所得税1600000元，分4个季度预交，每季度支付400000元。

（10）公司计划在下半年安装一条新的生产线，第三季度、第四季度各支付设备款2000000元。

（11）企业年初有一笔长期借款2000000元，借款年利率为8%，剩余借款期限3年，每季度支付利息。

（12）期初现金余额为540000元，公司需要保留的最低现金余额为100000元。现金不足最低现金余额时需向银行借款，超过最低现金余额时需偿还短期借款，借款和还款数额均为10000元的倍数。借款年利率为10%，每季度支付一次利息，计算借款利息时，假定借款均在季度初发生，还款均在季度末发生。

【解析】

按照全面预算体系，以销售预算为起点，对成本项目进行逐项分析，并编制预计现金预算表、预计资产负债表和预计利润表。

第一步：根据预测（1）与预测（2）编制销售预算表（见表6-15）。

表6-15 甲公司20×2年销售预算表 单位：元

	第一季度	第二季度	第三季度	第四季度	全年
预计销售量（件）	50000	120000	50000	50000	270000
预计单位售价	120	120	120	120	120

	第一季度	第二季度	第三季度	第四季度	全年
销售收入	6000000	14400000	6000000	6000000	32400000
预计现金收入					
上年应收账款	800000				800000
第一季度（销货6000000元）	2000000	4000000			6000000
第二季度（销货14400000元）		4800000	9600000		14400000
第三季度（销货6000000元）			2000000	4000000	6000000
第四季度（销货6000000元）				2000000	2000000
现金收入合计	2800000	8800000	11600000	6000000	29200000

销售预算表编制说明：由于存在赊销商业信用行为，本例中当季度销售收回1/3，下季度收回2/3。

第二步：根据预测（3）编制生产预算表（见表6-16）。

表6-16　甲公司20×2年生产预算表　　　　　　　　　　　　　单位：件

	第一季度	第二季度	第三季度	第四季度	全年
预计销售量	50000	120000	50000	50000	270000
加：预计期末产成品存货	10000	110000	60000	10000	10000
合计	60000	230000	110000	60000	280000
减：预计期初产成品存货	20000	10000	110000	60000	20000
预计生产量	40000	220000	0	0	260000

生产预算表说明：根据下列公式编制

预计期初产成品存货＋预计生产量－预计销售量＝预计期末产成品存货

预计生产量＝预计期末产成品存货＋预计销售量－预计期初产成品存货

第一季度预计生产量＝10000＋50000－20000＝40000（件）

第二季度预计生产量＝110000＋120000－10000＝220000（件）

第三步：根据预测（4）编制直接材料采购预算表（见表6-17）。

表6-17　甲公司20×2年直接材料采购预算表　　　　　　　　　单位：元

	第一季度	第二季度	第三季度	第四季度	全年
预计生产量（件）	40000	220000	0	0	260000
单位产品材料用量（千克/件）	30	30	30	30	30
生产需用量（千克）	1200000	6600000	0	0	7800000
加：预计期末存量（千克）	10000	10000	10000	10000	10000
减：预计期初存量（千克）	20000	10000	10000	10000	20000
预计材料采购量（千克）	1190000	6600000	0	0	7790000
单价（元/千克）	1	1	1	1	1

续表

	第一季度	第二季度	第三季度	第四季度	全年
预计采购金额（元）	1190000	6600000	0	0	7790000
预计现金支出					
上年应付账款	20000				20000
第一季度（采购1190000元）	476000	714000			1190000
第二季度（采购6600000元）		2640000	3960000		6600000
第三季度（采购0元）				0	0
第四季度（采购0元）				0	0
现金流出合计	496000	3354000	3960000	0	7810000

材料采购预算表说明：材料采购预算表根据下列公式编制：

预计材料生产需要量＝材料生产量×单位产品材料消耗量

预计期初材料存货量＋预计材料采购量－预计材料生产需要量＝预计期末材料存货量

预计材料采购量＝预计期末材料存货量＋预计材料生产需要量－预计期初材料存货量

第一季度材料采购生产量＝10000＋1200000－20000＝1190000（千克）

第二季度材料采购生产量＝10000＋6600000－10000＝6600000（千克）

由于存在赊销商业信用行为，本例中当季赊销材料当季支付40%，下季度支付60%。

第四步：根据预测（5）编制直接人工预算表（见表6－18）。

表6－18　甲公司20×2年直接人工预算表

	第一季度	第二季度	第三季度	第四季度	全年
预计产量（件）	40000	220000	0	0	260000
单位产品工时（小时/件）	2	2	2	2	2
人工总工时（小时）	80000	440000	0	0	520000
每小时人工成本（元/小时）	10	10	10	10	10
人工总成本（元）	800000	4400000	0	0	5200000

直接人工预算表说明：根据下列公式编制：

人工总成本＝预计产量×单位产品工时×每小时人工成本

第五步：根据预测（6）编制制造费用预算表（见表6－19）。

表6－19　甲公司20×2年制造费用预算表　　　　　　　　单位：元

		第一季度	第二季度	第三季度	第四季度	全年
变动制造费用	间接人工（1元/件）	40000	220000	0	0	260000
	间接材料（1元/件）	40000	220000	0	0	260000
	修理费（2元/件）	80000	440000	0	0	520000
	水电费（1元/件）	40000	220000	0	0	260000
	小计	200000	1100000	0	0	1300000

		第一季度	第二季度	第三季度	第四季度	全年
固定制造费用	修理费	300000	300000	300000	300000	1200000
	折旧	500000	500000	500000	500000	2000000
	管理人员工资	470000	470000	470000	470000	1880000
	保险费	30000	30000	30000	30000	120000
	小计	1300000	1300000	1300000	1300000	5200000
合计		1500000	2400000	1300000	1300000	6500000
减：折旧		500000	500000	500000	500000	2000000
现金流出合计		1000000	1900000	800000	800000	4500000

制造费用预算表说明：制造费用分为变动制造费用和固定制造费用。为便于核算单位产品成本需要计算制造费用小时费用率。

变动制造费用小时费用率＝全年变动制造费用/人工总工时＝1300000÷520000＝2.5（元/小时）

固定制造费用小时费用率＝全年固定制造费用/人工总工时＝5200000÷520000＝10（元/小时）

第六步：根据第三步、第四步和第五步编制产品成本预算表（见表6-20）。

表6-20　甲公司20×2年产品成本预算表　　　　　　　　　单位：元

项目	单位成本			全年生产成本（260000件）	年末存货（10000件）	全年销货成本（270000件）
	每千克或每小时	投入量	成本			
直接材料	1	30千克	30	7800000	300000	8100000
直接人工	10	2小时	20	5200000	200000	5400000
变动制造费用	2.5	2小时	5	1300000	50000	1350000
固定制造费用	10	2小时	20	5200000	200000	5400000
合计			75	19500000	750000	20250000

产品成本预算表说明：

生产成本＝260000×75＝19500000（元）

本月生产了260000件，上月库存20000件，本月销售270000件。本例中假设期初20000件产品存货的单位生产也是75元/件。销货成本＝270000×75＝20250000（元）

年末存货成本＝10000×75＝750000（元）

第七步：根据预测（7）编制管理费用预算表（见表6-21）。

表6-21 甲公司20×2年管理费用预算表 单位：元

项目	本年预算				
	第一季度	第二季度	第三季度	第四季度	全年
行政人员职工薪酬	300000	300000	300000	300000	1200000
折旧费	100000	100000	100000	100000	400000
保险费	10000	10000	10000	10000	40000
办公费	50000	50000	50000	50000	200000
业务招待费	20000	20000	20000	20000	80000
培训费	20000	20000	20000	20000	80000
水电费	10000	10000	10000	10000	40000
合计	510000	510000	510000	510000	2040000
减：折旧费	100000	100000	100000	100000	400000
实际现金流出	410000	410000	410000	410000	1640000

第八步：根据预测（8）编制销售费用预算表（见表6-22）。

表6-22 甲公司20×2年销售费用预算表 单位：元

项目	本年预算				
	第一季度	第二季度	第三季度	第四季度	全年
广告费	60000	40000	40000	40000	180000
折旧费	30000	30000	30000	30000	120000
展览费	30000	10000	10000	10000	60000
合计	120000	80000	80000	80000	360000
减：折旧费	30000	30000	30000	30000	120000
实际现金流出	90000	50000	50000	50000	240000

第九步：根据预测（9）编制税费预算表（见表6-23）。

表6-23 甲公司20×2年税费预算表 单位：元

项目	本年预算				
	第一季度	第二季度	第二季度	第四季度	全年
所得税	400000	400000	400000	400000	1600000

第十步：根据预测（10）编制资本预算表（见表6-24）。

表6-24 甲公司20×2年资本预算表 单位：元

项目	本年预算				
	第一季度	第二季度	第三季度	第四季度	全年
安装设备	0	0	2000000	2000000	4000000

第十一步：根据以上十个步骤、预测（11）和预测（12）编制现金预算表（见表6-25）。

表6-25　甲公司20×2年现金预算表　　　　单位：元

项目	第一季度	第二季度	第三季度	第四季度	全年
期初现金余额	540000	104000	105000	2200000	540000
加：现金收入					
应收账款收回	800000	4000000	9600000	4000000	18400000
销售收入	2000000	4800000	2000000	2000000	10800000
可使用现金合计	3340000	8904000	11705000	8200000	29740000
减：现金支出					0
采购直接材料	496000	3354000	3960000	0	7810000
支付直接人工	800000	4400000			5200000
付现制造费用	1000000	1900000	800000	800000	4500000
付现管理费用	410000	410000	410000	410000	1640000
付现销售费用	90000	50000	50000	50000	240000
预交所得税	400000	400000	400000	400000	1600000
购置固定资产			2000000	2000000	4000000
现金支出合计	3196000	10514000	7620000	3660000	24990000
现金结余（或不足）	144000	-1610000	4085000	4540000	4750000
融资					
向银行借款（期初）		1800000			1800000
归还借款（期末）	0		1800000		1800000
往年借款支付利息	40000	40000	40000	40000	160000
本年借款利息支付	0	45000	45000	0	90000
融资合计	-40000	1715000	-1885000	-40000	-250000
期末现金余额	104000	105000	2200000	4500000	4500000

现金预算表说明：因企业存在一笔长期借款，所以"往年借款支付利息"所填列的每季度长期借款利息额计算过程为：2000000×8%÷12×3＝40000（元）。

第二季度现金不足1610000元，需向银行进行短期借款，借款为10000元的整数，考虑期末保底现金余额100000元，由此在第二季度初需要向银行借款1800000元，在第三季度末可以归还该笔短期借款。假定借款均在季度初发生，还款均在季度末发生。第二季度和第三季度需支付的短期借款利息额计算过程为：1800000×10%÷12×3＝45000（元）。

第十二步：编制利润预算表（见表6-26）。

表 6 - 26　甲公司 20 × 2 年利润预算表　　　　　　　　　　　　　　单位：元

项目	本年金额	上年金额
一、营业收入	32400000	
减：营业成本	20250000	
管理费用	2040000	
销售费用	360000	
财务费用	250000	
二、营业利润	9500000	
加：营业外收入	0	
减：营业外支出	0	
三、利润总额	9500000	
减：所得税费用（25%）	2375000	
四、净利润	7125000	

利润预算表说明：利润表按照权责发生制编制，营业收入为本年销售 270000 件产品，每件 120 元。营业成本为本年实现销售 270000 件产品所对应的生产成本，每件 75 元，共 20250000 元。管理费用和财务费用从各自预算表中获取数据，财务费用从现金预算表中获取数据。

财务费用 = 往年借款支付利息 + 本年借款利息支付 = 160000 + 90000 = 250000（元）

第十三步：编制预计资产负债表（见表 6 - 27）。

表 6 - 27　甲公司预计资产负债表（20 × 2 年 12 月 31 日）　　　　　　单位：元

资产	年末数	年初数	负债及所有者权益	年末数	年初数
货币资金	4500000	540000	应付账款	0	20000
应收账款	4000000	800000	长期借款	2000000	2000000
库存产品	750000	1500000	应交税费	775000	0
库存原材料	10000	20000	实收资本	5020000	5020000
在建工程	4000000	0	留存收益	7945000	820000
固定资产	2480000	5000000			
合计	15740000	7860000	合计	15740000	7860000

预计资产负债表说明：①货币资金年末数从现金预算表年末余额获取。②应收账款年末数从销售收入预计表计算分析。本例为第四季度销售额的 2/3。③库存产品年末数从生产成本预算表期末存货中获取。④库存原材料年末数从材料采购预算表中获取，材料年末余 10000 千克，每千克 1 元。⑤在建工程年末数从资本预算表中获取。因生产线还在建设中，不转为固定资产。⑥应付账款年末数从材料采购预算表中获取，因材料款全部付清，故为零。⑦长期借款年末尚未归还。⑧应交税费年末数从利润表预算中所得税费用获取。因企业应交的所得税费用为 2375000 元，已经预交 1600000 元，故还欠 775000 元未缴，

体现为年末负债。⑨实收资本保持不变。⑩留存收益年末数从利润预算表中获取。留存收益年末数包含了年初 820000 元加上本年新增利润 7125000 元。

💼 财务技能实训

创业者通过本章节的学习，必须熟悉创业企业不同发展阶段的资金需求特性，掌握不同发展阶段未来资金预算的编制方法以及优缺点。由此，创业者需要掌握的基本财务技能为：能根据企业实际情况测算创业企业的启动资金、根据以往数据进行创业企业财务预算、理解创业企业全面预算的编制过程。

财务技能实训项目一：创业企业启动资金测算

小王毕业时想自己开办一家会计公司，在开办公司前，他进行了简单的市场调查，觉得这个行业有很大的市场空间，他对开办公司的必要支出进行了如下估算。

在北京市海淀区苏州街租一间约 20 平方米的办公室，每月需要 3000 元左右的租金；购置两台电脑，每台 5000 元；购买一套最基本的财务软件，大约需要 3000 元；购置两台打印机，一台针式打印机用来打印输出的会计凭证和账簿，另一台打印一般的办公文件，两台打印机大概需要 3500 元；购置一台税控机（用于帮助客户进行纳税申报），价格 3000 元；购置一台传真机，价格 1000 元；购置 3 套办公桌椅，每套 300 元；购置 1 台饮水机，需要 500 元，每月大约需要 4 桶水，每桶水 15 元；置办一些办公用品及办公耗材，需支出 1000 元，大约可供 1 个月使用；电话费、网费每月 320 元左右；水电费每月 200 元；同类会计服务公司的广告费一般每月 1200～2000 元，小王准备每月花费 1500 元。

公司开办初期需雇 1 名会计和 1 名外勤人员，两人的工资每月合计为 6500 元，社会保险费每月合计为 1000 元。开业前 1 个月已经到岗工作需支付工资。开户、刻章直至办完整套开业手续，大约需要 1 个月，需要的开业前基本费用为 1000 元。每家客户每月可以收取 250 元的服务费，为每个客户服务的基本支出大约为 20 元/月。另外，客户在 60 户以内时基本上不用增加会计和外勤人员。

于是，小王简单算了一下，他创办会计公司所需要的资金为 36480 元。由于开办公司需要的资金不是太多，而每一户的利润也较为可观，加上小王对自己的专业知识和开拓市场的能力非常自信，他觉得自己的公司一定会开办得很红火。

但是，为了以防万一，怕哪些项目考虑不周全，小王在筹集资金时还准备了一些风险资金，共筹集了 50000 元。可是，小王没想到的是，公司刚刚经营了几个月资金就出现了断流，连支付房屋租金的钱都不够了。

请结合上述案例：

（1）编制启动资金预算表。

（2）帮小王分析一下公司资金断流的原因。

财务技能实训项目二：创业企业财务预测

祥兴公司20×5年实际资产负债表如表6−28所示，该企业20×5年销售收入15000万元，净利润270万元，20×5年利润留存率为50%。假设20×6年预计销售收入增长30%。销售净利率与上一年度保持不变，20×6年因销售增长预计安排新建固定资产投资50万元。

表6−28　祥兴公司资产负债表（20×5年12月31日）　　单位：万元

资产	金额	负债及所有者权益	金额
货币资金	75	短期借款	500
应收账款	2400	应付账款	2640
存货	2610	其他应付款	105
预付账款	10	公司债券	55
固定资产净值	285	实收资本	1250
		留存收益	830
合计	5380	合计	5380

要求：假设货币资金、应收账款、存货、应付账款和其他应付款为敏感项目采用销售百分比法预测20×6年祥兴公司外部融资需求额。

财务技能实训项目三：创业企业全面预算编制

华东有限公司是一家贸易公司，仅销售一种甲商品，20×7年12月31日的资产负债表如表6−29所示。

表6−29　华东有限公司资产负债表（20×7年12月31日）　　单位：元

资产	金额	负债及所有者权益	金额
货币资金	10000	应付账款	24000
应收账款	50000	应交税费	2600
存货	20000	长期借款	10000
固定资产	76600	实收资本	100000
		留存收益	20000
合计	156600	合计	156600

20×8年1月发生的经济业务如下：

（1）20×8年1月，公司预计销售甲产品10000件，销售单价为9元，其中现销40%，其余为赊销，下个月收款。

（2）甲商品的进价与存货成本都是每件 4 元；20×8 年 1 月的期末存货预计为 4000 件，期初存货 5000 件，总价值 20000 元。

（3）甲商品的进价与存货成本都是每件 4 元，购入商品时，30% 当月支付现金，其余下个月付款。

（4）20×8 年 1 月预计将发生以下管理费用。具体包括：职工工资 15000 元、办公费用 4300 元、水电费 5000 元、保险费用 2000 元、固定资产折旧 700 元。

（5）20×8 年 1 月预计将发生以下销售费用。具体包括：广告费用 3000 元。

（6）20×8 年 1 月须支付上个月所得税 2600 元，企业所得税率为 25%。

（7）20×8 年 1 月将购买一台设备，价格为 30000 元。下月才开始计提折旧。

（8）20×8 年 1 月现金的最低库存限额为 10000 元。如果不足，可以向银行借款，借款期限一般为 1 年的短期借款，借款起借金额 5000 元，借款额是 1000 的倍数。每月付息，到期还本，年利率为 12%，年初长期借款，年利率为 6%，每月支付利息。

要求： 按全面预算的编制过程，逐步填写表 6-30 至表 6-35。编制 1 月现金预算表、预计利润和预计资产负债表。

表 6-30　销售预算表（20×8 年）　　　　　　　　　　　　单位：元

项目		第 1 月	第 2 月	第 3 月	……	全年
预计销售数量（件）						
销售单价（元/件）						
预计销售金额						
预计现金收入计算表	期初应收账款					
	第 1 月销售收入					
	第 2 月销售收入					
	第 3 月销售收入					
	……					
	现金收入合计					

表 6-31　生产预算表（20×8 年）　　　　　　　　　　　　单位：件

项目	第 1 月	第 2 月	第 3 月	……	全年
预计销售需要量					
加：预计期末存货量					
预计需要量合计					
减：期初存货量					
预计采购量					

表 6 – 32　产品采购预算表（20 × 8 年）　　　　　　　　　单位：元

项目		第1月	第2月	第3月	……	全年
预计采购数量（件）						
采购单价（元/件）						
预计采购金额						
预计现金支出计算表	期初应付账款					
	第1月采购材料支出					
	第2月采购材料支出					
	第3月采购材料支出					
	……					
	现金支出合计					

表 6 – 33　现金预算表（20 × 8 年）　　　　　　　　　单位：元

项目	第1月	第2月	…	全年
期初现金余额				
加：现金收入				
应收账款收回				
销售收入				
可使用现金合计				
减：现金支出				
采购产品支出				
付现管理费用				
付现销售费用				
缴纳所得税				
购置固定资产				
现金支出合计				
现金结余（或不足）				
融资				
向银行借款（期初）				
归还借款（期末）				
往年借款支付利息				
本年借款利息支付				
融资合计				
期末现金余额				

表 6 – 34　预计利润表（20 × 8 年 1 月）　　　　　　　　　　　　　　单位：元

项目	本月金额	上月金额
一、营业收入		
减：营业成本		
管理费用		
销售费用		
财务费用		
二、营业利润		
加：营业外收入		
减：营业外支出		
三、利润总额		
减：所得税费用（25%）		
四、净利润		

表 6 – 35　预计资产负债表（20 × 8 年 1 月 31 日）　　　　　　　　　单位：元

资产	月末数	月初数	负债及所有者权益	月末数	月初数
货币资金			短期借款		
应收账款			应付账款		
存货			应交税费		
固定资产			长期借款		
			实收资本		
			留存收益		
合计			合计		

本章小结

　　本章第一节主要介绍了创业企业资金需求预算的类型，重点分析了经营预算、资本预算和财务预算的区别与联系。并按照创业企业不同发展阶段资金需求的差异性将创业企业资金需求预算分为创业企业启动资金需求预算、已运营企业销售预测和零起点全面预算三大类。第二节主要介绍了创业企业启动资金需求预算的编制特点和过程。第三节主要介绍了创业企业基于历史数据基础上财务预测方法，重点分析了销售百分比法和资金习性法的运用。第四节主要介绍了创业企业全面预算的编制原理，以案例详细剖析了从销售预算、生产预算、采购预算、人工预算、制造费用预算、生产成本预算、管理费用预算、销售费用预算、财务预算、其他费用预算、资本预算到预计现金表、利润表和资产负债表三大报表的编制过程。第五节为创业者提供了三个与资金需求预算编制相关的财务技能实训项目。

思考与练习

一、单项选择题

1. 某新创业企业对 2019 年的经营情况进行预测，得到以下财务数据：销售收入为 1293 万元，销售成本为 1046 万元，销售与管理费用为 129 万元，固定资产折旧为 20 万元，所得税为 51 万元。根据以上数据，预算年末的净利润是（　　）万元。

A. 47　　　　　　B. 52　　　　　　C. 57　　　　　　D. 45

2. 某新创业企业对启动成本进行估算，估算的结果是一次性资金需求量是 10 万元，非一次性资金需求量是 30 万元，请问该企业需要（　　）万元的启动资金？

A. 10　　　　　　B. 30　　　　　　C. 40　　　　　　D. 20

3. 某创新企业向金融机构借款 50 万元，自有资产（流动资产＋非流动资产）共有 80 万元，现在企业有（　　）万元资产？

A. 80　　　　　　B. 50　　　　　　C. 30　　　　　　D. 130

4. 根据全面预算体系的分类，下列预算中，属于财务预算的是（　　）。

A. 销售预算　　　　　　　　　　B. 现金预算

C. 材料采购预算　　　　　　　　D. 直接人工预算

5. 下列各项中，不属于业务预算内容的是（　　）。

A. 生产预算　　　　　　　　　　B. 产品成本预算

C. 销售及管理费用预算　　　　　D. 投资支出预算

6. 直接材料预算的主要编制基础是（　　）。

A. 生产预算　　　　　　　　　　B. 销售预算

C. 现金预算　　　　　　　　　　D. 产品成本预算

7. 根据资金需要量预测的销售百分比法，下列负债项目中，通常会随销售额变动而呈正比例变动的是（　　）。

A. 应付票据　　　　　　　　　　B. 长期负债

C. 短期借款　　　　　　　　　　D. 短期融资券

8. 在财务管理中，将资金划分为变动资金、不变资金和半变动资金，并据以预测企业未来资金需要量的方法称为（　　）。

A. 定额预测法　　　　　　　　　B. 比率预测法

C. 资金习性预测法　　　　　　　D. 成本习性预测法

9. 某公司 2015 年的经营性资产为 1360 万元，经营性负债为 520 万元，销售收入为 2400 万元，经营性资产、经营性负债占销售收入的百分比不变，预计 2016 年销售增长率为 5%，销售净利率为 10%，股利支付率为 75%，则 2016 年需要从外部筹集的资金为（　　）万元。

A. 21　　　　　　B. 20　　　　　　C. 9　　　　　　D. 0

二、多项选择题

1. 资金预算的编制方法有（　　）。

A. 固定预算　　　B. 弹性预算　　　C. 零基预算　　　D. 滚动预算

2. 资产负债表三大内容构成是（　　）。

A. 收入　　　　B. 负债　　　　C. 资产　　　　D. 所有者权益

3. 利润表的计算步骤有（　　）。

A. 计算费用　　B. 计算营业利润　C. 计算利润总额　D. 计算净利润

4. 属于现金流量表的项目构成的是（　　）。

A. 经营活动产生的现金流量　　　　B. 投资活动产生的现金流量

C. 筹资活动产生的现金流量　　　　D. 现金及现金等价物净增加额

5. 下列各项中，不属于全面预算体系最后环节的有（　　）。

A. 业务预算　　　　　　　　　　B. 财务预算

C. 专门决策预算　　　　　　　　D. 生产预算

6. 下列各项中，属于财务预算内容的有（　　）。

A. 现金预算　　　　　　　　　　B. 预计利润表和预计资产负债表

C. 产品成本预算　　　　　　　　D. 销售及管理费用预算

7. 编制资产负债表预算时，下列预算中，能够直接为"存货"项目年末余额提供数据来源的有（　　）。

A. 销售预算　　　　　　　　　　B. 生产预算

C. 直接材料预算　　　　　　　　D. 产品成本预算

三、简答题

1. 经营预算包括哪些内容？

2. 财务预算包括哪些内容？

3. 创业企业启动资金预测时如何区分投资资金和营运资金？

4. 销售百分比法的预测原理是什么？

5. 描画出全面预算体系构成？

四、案例分析题

【案例1】

林琳从大学管理系毕业后被分配到金属零件厂工作已有两个多月了，领导让她编制科室下一个财政年度的预算。参考本厂上年度的各项财政指标，并与科室其他的同事商量之后，林琳起草了一个预算报告并交给了科长，下一步就是向科长说明自己各项计算的依据，这个报告被科长送到了厂部。林琳的上司康科长是这样与她会谈的：

"林琳，你坐下。我看了你起草的预算报告，有几个问题想问你一下，例如，你估计行政费用是 7716 元？"

"是的，康科长。如果你不信，可以看我的计算根据。"

"噢，不必。我之所以问这个问题是因为我觉得这个数字太不显眼。让我们把它改成 8000 元，其他几个地方也有这样的问题，我帮你都改过来。"

"这样总金额是多少？"

"正好 74000 元。"

"这比我申请的要高一些。这样合适吗？"

"当然，你不知将来什么东西会比你预算的要贵一些。顺便问一声，你是怎么得来这些数据的？"

"我首先考虑今年我们科要干什么事，然后再看各项活动大约需要多少钱。我手上有一本厂里编制预算的一个手册，我的计算公式都是从那里得来的。"

"这是一种做预算的方法，但是我建议你在每一项经费里加一个保险系数。"

"保险系数？"

"是的。你知道，万一有意外事情出现也好对付。而且，你不知道厂长们会把什么经费砍掉。比你真正需要的多一点总没错。你懂我的意思吗？"

"我懂。"

"好。这里是你的预算报告。除了把各个数字变成整数之外，另加 20%，然后交给我，由我送到厂里去。"

思考与讨论：

你认为这种制定预算的方法合理吗？为什么？

【案例2】

甲企业 20×6 年末的资产负债表（简表）如表 6-36 所示。

表 6-36 甲企业 20×6 年末资产负债表 单位：万元

流动资产合计	295	短期借款	46
长期投资净额	13	应付款项	43
固定资产合计	300	预计负债	7
无形资产等	12	长期负债合计	132
		股东权益合计	392
资产总计	620	负债及权益总计	620

根据历史资料考察，销售收入与流动资产、应付款项和预计负债等项目成正比，企业 20×6 年销售收入 4000 万元，实现净利 100 万元，支付股利 60 万元。预计 20×7 年销售收入 5000 万元，该企业增加固定资产投资 100 万元，销售净利率、股利支付率与 20×6 年相同。

要求： 采用销售百分比法预测企业 20×7 年外部融资额。

【案例3】

已知：某企业 20×5 年 10~12 月实际销售额分别为 35000 万元、40000 万元和 50000 万元，预计 20×6 年 1 月销售额为 46000 万元。每月销售收入中有 60% 于当月收现，30% 于次月收现，10% 于第三个月收讫，不存在坏账。

假定该企业销售的产品在流通环节只需缴纳消费税，税率为 10%，并于当月以现金缴纳。该企业 20×5 年 12 月末现金余额为 80 万元，应付账款余额为 4500 万元（需在 2016 年 1 月付清），不存在其他应收应付款项。

20×6 年 1 月有关项目预计资料如下：采购材料 8000 万元（当月付款 80%）；工资及其他支出 7500 万元（用现金支付）；制造费用 7800 万元（其中折旧等非付现费用为 4200 万元）；销售费用和管理费用 900 万元（用现金支付）；预交所得税 1710 万元；购买设备 17800 万元（用现金支付）。现金不足时，通过向银行临时短期借款解决。20×6 年 1 月末现金余额要求不低于 90 万元。

要求：

根据上述资料，计算该企业 20×6 年 1 月的下列预算指标

（1）经营性现金流入。

（2）经营性现金流出。

（3）资本性现金支出。

（4）现金余缺。

（5）应向银行借款的最低金额。

（6）1 月末应收账款余额。

第七章

创业企业融资管理

学习目标与要求

1. 理解创业企业不同发展阶段的融资需求
2. 了解创业企业常见的融资方式和选择原则
3. 能对各种融资方式的资本成本进行测算
4. 能对创业企业资本结构进行科学决策
5. 能对创业企业的杠杆效应进行测算并判定相关风险

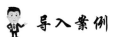

导入案例

阿里巴巴的融资始末

阿里巴巴，中国最大的网络公司和世界第二大网络公司，是由马云于 1999 年创立的 B2B 网上贸易市场平台。2003 年 5 月，阿里巴巴公司投资 1 亿元人民币建立个人网上贸易市场平台——淘宝网。2004 年 10 月，阿里巴巴投资成立支付宝公司，面向中国电子商务市场推出基于中介的安全交易服务。阿里巴巴在香港成立公司总部，在中国杭州成立中国总部，并在美国硅谷、伦敦等设立分支机构、合资企业三家，在中国北京、上海、浙江、山东、江苏、福建、广东等地设立分公司、办事处十多家。

一、融资过程

阿里巴巴经历了以下几次大的融资。

（一）创业伊始，第一笔风险投资救急

1999 年初，马云决定回到杭州创办一家能为全世界中小企业服务的电子商务站点。阿里巴巴成立初期，公司是小到不能再小，18 个创业者往往是身兼数职。好在网站的建立让阿里巴巴开始逐渐被很多人知道。来自美国的《商业周刊》和英文版的《南华早报》最早主动地报道了阿里巴巴，令这个名不见经传的小网站开始在海外有了一定的名气。

有了一定名气的阿里巴巴很快也面临资金瓶颈：公司账上没钱了。当时马云开始寻找一些投资者，但他并不是有钱就要，而是精挑细选。即使囊中羞涩，他还是拒绝了38家投资者。马云后来表示，他希望阿里巴巴的第一笔风险投资除了带来钱以外，还能带来更多的非资金要素，例如进一步的风险投资和其他海外资源，而被拒绝的投资者并不能给他带来这些。

就在这个时候，以高盛为主的一批投资银行向阿里巴巴投资了500万美元。这一笔"天使资金"让马云喘了口气。

（二）第二轮投资，挺过互联网寒冬

1999年秋，日本软银总裁孙正义约见了马云。孙正义当时是亚洲首富，他直截了当地问马云想要多少钱，而马云的回答却是他不需要钱。孙正义反问道："不缺钱，那么来找我干什么？"马云的回答是："又不是我要找你，是人家叫我来见你的。"

这个经典的回答并没有触怒孙正义。第一次见面之后，马云和蔡崇信很快就在东京又见到了孙正义。孙正义表示将给阿里巴巴投资3000万美元，占30%的股份。但是马云认为钱太多了，经过6分钟的思考，马云最终确定了2000万美元的软银投资，阿里巴巴管理团队仍绝对控股。

从2000年4月起，纳斯达克指数暴跌，长达两年的熊市寒冬开始了，很多互联网公司陷入困境，甚至关门大吉，但是阿里巴巴却安然无恙，很重要的一个原因是阿里巴巴获得了2500万美元的中小企业融资。

那个时候，全社会对互联网产生了一种不信任感，阿里巴巴尽管不缺钱，但业务开展却十分艰难。马云提出关门把产品做好，等到春天再出去。冬天很快就过去了，互联网的春天在2003年开始慢慢到来。

（三）第三轮中小企业融资，完成上市目标

2004年2月17日，马云在北京宣布，阿里巴巴再获得8200万美元的巨额战略投资。这笔投资是当时国内互联网金额最大的一笔私募投资。2005年8月，雅虎、软银再向阿里巴巴投资数亿美元。

之后，阿里巴巴创办淘宝网，创办支付宝，收购雅虎中国，开发阿里软件，直到阿里巴巴上市。

2007年11月6日，全球最大的B2B公司阿里巴巴在香港联交所挂牌上市，正式登上全球资本市场的舞台。随着这家B2B航母登陆香港资本市场，此前一直受外界争论的"B2B能不能成为一种商务模式"也有了结果。2007年11月6日10时，港交所开盘，阿里巴巴以30港元，较发行价13.5港元上涨122%的高价拉开上市序幕。小幅震荡企稳后，一路单边上冲。最后以39.5港元收盘，较发行价上升192.59%，成为香港上市公司上市首日涨幅最高的"新股王"，创下香港7年以来科技网络股神话。当日，阿里巴巴交易量达到14.4多万宗。输入交易系统的买卖盘为24.7万宗，两项数据都打破了工商银行在2006年10月创造的纪录。按收盘价估算，阿里巴巴市值约280亿美元，超过百度、腾讯，成为中国市值最大的互联网公司。

在此次全球发售过程中，阿里巴巴共发行了 8.59 亿股，占已发行 50.5 亿总股数的 17%。按每股 13.5 港元计算，共计融资 116 亿港元（约 15 亿美元）。加上当天 1.13 亿股超额配股权获全部行使，融资额将达 131 亿港元（约 16.95 亿美元），接近谷歌纪录（2003 年 8 月，谷歌上市融资 19 亿美元）。

阿里巴巴的上市，成为全球互联网行业第二大规模中小企业融资。在此次路演过程中，许多投资者表示，错过了谷歌，不想再错过阿里巴巴。

二、马云评风险投资：VC 永远是舅舅

马云的口才很好。马云说："跟风险投资谈判，腰挺起来，但眼睛里面是尊重。你从第一天起就要理直气壮，腰板挺硬。当然，别空说。你用自己的行动证明，你比资本家更会挣钱。我跟 VC（风险投资家）讲过很多遍，你觉得你比我有道理，那你来干，对不对？"

马云认为："创业者和风险投资家是平等的，VC 问你 100 个问题的时候，你也要问他 99 个。在你面对 VC 的时候，你要问他投资你的理念是什么？我作为一个创业者，在企业最倒霉的时候会怎么做？如果你是好公司，当七八个 VC 追着你转的时候，你让他们把对你投资的计划和方法写下来，同时他的承诺是什么也要写下来，这是互相的约束，是婚姻合同。跟 VC 之间的合作是点点滴滴，你告诉他我这个月会亏、下个月会亏，但是只要局势可控 VC 都不怕，最可怕的是局面不可控。所以跟 VC 之间的沟通交流非常重要，不一定要找大牌。在与 VC 沟通的过程中，不要觉得 VC 是爷，VC 永远是舅舅。你是创业这个孩子的爸爸妈妈，你知道把这个孩子带到哪儿去。舅舅可以给你提供建议、给你钱，但是肩负着把孩子养大职责的人是你，VC 不是来替你救命的，只是把你的公司养得更大。"

（资料来源：http：//finance.sina.com.cn/leadership/sxylk/20090614/01526345645.Shtml 和 http：//baike.baidu.com/view/2296.html？wtp－55.）

思考与讨论：

（1）阿里巴巴获得资金的渠道有哪些？

（2）如果阿里巴巴没有获得孙正义提供的 2000 万美元的投资，结果会怎样？

第一节　创业企业融资需求

俗话说："兵马未动，粮草先行。"钱，对于任何一个人尤其是创业者来说它的重要性不言而喻。在创业前期，钱是创业的基础（资本）；在创业中期，钱是创业的血管（流动资产）；在创业后期，钱则是创业的主要目的之一（利润）。对一个企业来说，无论是它的初创，还是它的成长乃至成功，融资都是最重要的助力。

一、创业融资的含义

创业融资是指企业在创业初期，通过科学的预测和决策，采用一定的方式，通过一定的渠道从公司的投资者和债权人那里筹集资金，组织资金的供应，以保证公司正常生产和经营管理活动需要的理财行为。创业融资不是一次性融资，而是包括了整个创业过程的所有融资活动。

无论企业规模大小，无论企业经营什么，不同的企业管理者总是通过不同的融资、投资、经营活动来实现"获得最大经济利益"的目标。为此，企业必须首先通过各种融资方式获得一定的资金，然后通过投资活动运用资金，并通过经营管理获得收入，从而使资金增值、获利。因此，可以说融资是筹措资金的行为，投资是运用资金的行为，经营是管理资金或资产的行为，企业能否盈利，能否实现利润最大化的目标，最终取决于这三大基本经营活动的综合效果。在这三个基本经营活动中，融资活动是起点，是企业经营活动中不可或缺的组成部分。因此，创业企业必须重视提高自身的融资能力，拓宽融资渠道，更高效地获得资金，从而实现企业的最终经营目标。

二、创业融资的特征

（一）创业融资难度大

创业企业与一般企业相比，存在着不成熟性、不稳定性和发展的不确定性等特征，而且外部环境和内部条件决定了创业期企业的风险要远大于一般企业，无论是选择权益融资还是债务融资，信用的缺失与地位规模的弱小都导致创业企业在融资市场资本与信贷的"双缺口"。尤其是那些处于并不吸引人的行业或刚刚起步的新创企业，寻找外部资金支持的确比较困难。

（二）创业融资阶段性

创业企业的发展，一般要经过种子期、初创期、成长期、扩张期和成熟期等不同阶段。在每个阶段，资金的需求和风险程度有所不同。了解不同阶段的特点，做到融资阶段、融资数量与融资渠道的合理匹配，才能有的放矢，化解融资难题。

三、创业企业不同发展阶段的融资需求

任何一个企业从提出构想到企业创立、发展、成熟，存在一个成长的生命周期，一般可以分为种子期、创建期、成长期、扩张期、成熟期。不同发展阶段的中小企业对融资有不同要求，为此，企业必须从战略的高度对企业各个阶段的融资问题拟定整体性规划，并根据自身所处的阶段，有针对性地开展融资活动。

（一）种子期的融资需求

在这一时期，创业者需要投入一定数量的资金来开发自己的企业产品，从而来验证自己创业创意的可行性。由于此时的企业还处于孕育阶段，因此就不具备相应的法人结构等，对资金的需求也仅会体现在企业的开办费用、可行性研究费用、一定程度的技术研发费用上。总的来说，这一阶段的企业发展，对资金的需求量并不是很高，投资主要用于新技术或新产品的开发、测试。

在企业发展种子期，由于公司暂时没有销售收入，因此现金便只见流出不见流入，加之创业产品和创新理念均处在起步设计阶段，还未经受市场的检验，在种子期内，企业的创业者们可能只有一个创意或一项尚停留在实验室还未完全成功的科研项目，创办企业也许还是一种梦想。因此在这一发展阶段，产品开发风险较大，面临技术、市场、财务以及创业团队的风险，创业企业能否成功也具有很大的不确定性。

对于多数种子期的创业企业来说，暂时的无盈利状态，使其承担风险的能力也极为有限，因此，依靠创业者自身或是亲友相助，以及私人的股权资本，成为这一阶段创业企业最为青睐的融资方式。在这个时期，如果这个创意或科研项目十分吸引人，很有可能吸引被西方称为"天使"的个人风险投资者。个人风险投资者的作用不容小觑，尽管其提供的资金可能不多，但其丰富的阅历和经验能够为创业者们提供很好的建议和勾勒未来的蓝图，这一点对于初出茅庐的中小企业创业者而言尤为重要。此外，中小企业的创业者也可以向政府寻求一些资助。

（二）创建期的融资需求

一旦产品研制成功，中小企业的创业者为了实现产品的经济产业价值，着手筹建公司并进行试生产。

在创建期，企业产品研发成功，企业运营对于资金的需求量也会加大。创建期需要一定数量的"门槛资金"（数量由项目和企业的规模决定），资金主要用于购买机器、厂房、办公设备、生产资料、后续的研究开发和初期的销售等，只靠创业者的资金往往是不能支持这些活动的，并且由于没有过去的经营记录和信用记录，从银行申请贷款的可能性也甚小。

由于销售收入现金回流十分有限，资产规模小，对于资金的需求又极为迫切，企业能否获得足够的资金来占领市场充满了不确定性，创业者也无法对现金流预计做到精准估计，这一状况就决定了在创立期，企业所面临的各种风险较大，其抵御风险的能力也较低，多数创业公司会选择风险投资机构来进行融资。投融资双方对企业的价值在很多情况下会出现分歧，对于股权比例的争夺也较为激烈。

因此，这一阶段的融资重点是创业者需要向新的投资者或机构进行权益融资，这里吸引机构风险投资者是非常关键的融资内容。因为此时面临的风险仍然十分巨大，是一般投资者所不能容忍的。更为重要的是，由于机构风险投资者投资的项目太多，一般不会直接干预企业的生产经营活动，因而特别强调未来的企业能够严格按现代企业制度科学管理、规范运作，在产权上也要求非常明晰，这一点从长远来说对企业是很有好处的，特别是对未来的成功上市融资。

（三）成长期的融资需求

成长期，企业销售规模迅速扩大，创业及管理队伍也已经成型，公司在生产、销售、服务方面也有了较大进步。在这一阶段，创业者往往会抱有扩充队伍，扩大生产线的愿景，以进一步开拓企业发展的市场。要实现规模效益的目标，就决定了在该阶段，企业会对外部资本产生较大需求。同时，在成长期，由于技术和市场的不确定性依旧很大，因此创业企业仍旧面临着诸多风险，但是相较于前两个阶段，其风险性正在逐步降低。

成长期需要大量的资金，用于市场推广。中小企业大多处于这个阶段，资金困难是中小企业在这一阶段面临的最大问题。产品刚投入市场，销路尚需开拓，产品还存在积压，现金的流出经常大于现金的流入。为此，企业必须非常仔细地安排每天的现金收支计划，稍有不慎就会陷入资金周转困难的境地中；同时还需要多方筹集资金以弥补现金的短缺，此时融资组合显得非常重要。由于股权结构在公司成立时已确定，再想利用权益融资一般不宜操作；在这一阶段，由于享有了一定的商誉，拥有了一定的资产可以抵押或者关联企业的担保，因此该时期的融资渠道除了股权融资以外，企业也可选择债务融资。因此，此阶段的融资重点是充分利用负债融资。

（四）扩张期的融资需求

进入扩张期的创业企业，虽然现金流已经能够满足公司发展的大部分需求，企业的生存问题已基本解决，现金入不敷出和要求注入资金局面已经扭转，但新的机会仍旧在不断出现。因此在扩张期，企业仍需要大量的资金投入，用于进一步开发和加强行销能力，企业需要外部资金来实现自身的高速发展，直至发展成为一个成熟企业。从风险的角度来看，本阶段的创业企业资产规模迅速扩大，企业的市场前景相对比较明朗，企业的盈利与抵押能力也在提升，这些都增强了其抗风险的能力，企业拥有较为稳定的顾客和供应商以及比较好的信用记录，取得银行贷款或利用信用融资相对来说比较容易。但由于企业发展非常迅速，原有资产规模已不能满足需要。为此，企业必须增资扩股，注入新的资本金。原有的股东如果能出资当然最好，但通常情况下是需要引入新的股东。此时，企业可以选择的投资者相对较多。因此专为创业企业融资提供服务的创业板市场便会自愿提供支持。在进入创业板市场之后，创业企业即有望成为公众公司，在公众市场上筹集进一步发展所需的资金。需要提醒的是，这一阶段融资工作的出发点是为企业上市做好准备，针对上市所需的条件进行调整和改进。

（五）成熟期的融资需求

在成熟期，企业已有自己较稳定的现金流，对外部资金需求不像前面阶段那么迫切。成熟期的工作重点是完成企业上市的工作。

中小企业的成功上市，如同鲤鱼跳龙门，会发生质的飞跃。企业融资已不再成为长期困扰企业发展的难题。因此，从融资的角度来看，上市成功是企业成熟的标志。同时，企业上市也可以使风险投资成功退出，使风险投资得以进入良性循环。

由于国内主板过高的门槛和向国有企业、大型企业倾斜的政策，中小企业、民营企业比较适宜在中小板、创业板市场上市，这也和其主要针对中小企业的市场定位是相符合的。

掌握以上的企业融资需求规律，对于不同发展期自身不同的融资需求进行合理与科学的预判，这都将有利于创业企业作出最佳的融资决策。不同的发展时期，面对不同的融资需求，遵循科学的需求规律，对于新创企业来说，不乏为一种成功获得融资的好方式，创业企业的发展阶段及资金需求如表 7 – 1 所示。

表 7 – 1　创业企业的发展阶段及资金需求

阶段	主要活动	资金需求和风险特征	资金来源
种子期	可行性技术研究、技术开发、市场研究	需求量较小、风险很大	自有资金
创立期	样品研制和中试，产品小规模问世，有待于进一步发展	需求量大，风险大	创业投资
成长期	企业规模迅速扩大	需求量大，风险较大	创业投资
扩张期	继续开发产品，加强市场营销能力，扩大市场份额	需求量大，早期风险大，后期风险较小	创业资本
成熟期	生产销售达到规模经济	需求量大，风险大	股票市场融资

第二节　创业企业融资方式与选择

融资方式是指企业融通资金的具体形式。融资方式越多意味着可供企业选择的融资机会越多。如果一个企业既能够获得商业信用和银行信用，又能够同时通过发行股票和债券直接进行融资，还能够利用贴现、租赁、补偿贸易等方式融资，那么就意味着该企业拥有更多的机会筹集到生产经营所需资金。

一、创业企业融资方式

从融资主体角度，可以对创业融资方式作三个层次的划分：第一层次为外源融资与内源融资；第二层次根据资金供求双方的交易选择方式是否通过金融中介的代理选择，将外源融资划分为直接融资与间接融资；第三层次则是对直接融资和间接融资再作进一步的细分，根据金融工具的法律性质，可分为权益融资（又称股权融资）与债务融资。

（一）外源融资与内源融资

1. 外源融资

外源融资是指企业通过一定方式从企业外部融入资金用于投资，包括来自金融中介机构的贷款、企业间的商业信用、通过公开市场或私人市场发行股票、债券和票据等。外源融资的特点见表 7 – 2。

表 7 - 2　外源融资的特点

分类		来源渠道	特点	投资者
外源融资	股权融资	私募方式 创业投资	20 年来发展迅速，中小型高科技企业的融资方式	创业投资家或机构
		私募方式 场外发行和交易市场	机构投资者、有限合伙制机构参与的投资场所，以股权交易和发行新股筹资，是中小企业股权整合的市场	个人和各种机构投资者
		公募方式 主板市场	只有少数的中型企业采用	各种投资者
		公募方式 二板市场	成长性较好的中小企业融资和创业投资的重要场所	
	债务融资	直接债务融资 发行商业票据	少数信用级别较高的中型企业采用	相关客户
		直接债务融资 发行债券	少数发展良好，社会信誉较好的中小型企业融资方式	社会公众
		直接债务融资 商业信用	供货方以延期收款或购货方以预付方式供给企业的信贷	相关交易客户
		直接债务融资 其他借款	在企业发展初期较为常见。透明度高，灵活性强，少有信息不对称问题，但利息成本较高	股东亲友、内部职工等
		间接债务融资 银行信用	传统的、主要的融资途径，存在信息不对称、道德风险	商业银行
		间接债务融资 非银行金融机构贷款	银行以外的其他金融机构提供的贷款	非银行金融机构
		间接债务融资 融资租赁	常见，风险、成本较低，方便灵活	相关金融机构

2. 内源融资

从企业的角度看，内源融资是指企业经营活动创造的利润和扣除股利后的剩余部分留存收益。留存收益是企业内源融资的重要组成部分，是企业再投资或债务清偿的主要资金来源。留存盈余就是指企业用缴纳所得税后形成的、所有权属于股东的未分配利润再次投入企业自身经营的一种内部融资行为。内源融资的特点见表 7 - 3。

表 7 - 3　内源融资的特点

来源渠道	特点	投资者
保留盈余（公积金、公益金和未分配利润）	来自于企业的税后利润，无风险，融资成本较低，但数量有限	现有股东

3. 二者关系

外源融资要靠企业外部的机构或个人获得资金。它对企业的资本形成具有高效性、灵活性、大量性和集中性等特点。

内部融资的资本形成具有自主性、低成本性、抗风险性、有限性等特点，是企业生存与发展不可或缺的组成部分。

一般来说，内源融资的成本低，但来源有限且不稳定，如果仅依靠内源融资，企业的发展会受到很大限制。企业要实现其潜在增长率，必须要有外源融资。

相对于外源融资，内源融资可以减少信息不对称问题以及与此相关的激励问题，节约企业的交易费用，降低融资成本，也可以增强企业的剩余控制权。

内源融资在企业的生产经营和发展壮大过程中的作用是相当重要的。但是，内源融资能力及其增长，要受到企业的盈利能力、净资产规模和未来收益预期等方面的制约。现实中的资金供求矛盾总是存在的，并推动着外源融资的发展。任何企业在创业发展过程中，都有一个确定内源融资与外源融资的合理比例问题。

（二）直接融资与间接融资

1. 直接融资

直接融资指企业作为资金需求者向资金供给者直接融通资金的方式，一般是指发行股票和债券等。间接融资则是企业通过金融中介机构间接向资金供给者融通资金的方式，一般是指银行或非银行金融机构的贷款等。

直接融资是指企业和资金所有者建立资金融通关系，融资活动在两者之间直接进行。企业最主要的直接融资方式是股票融资和债券融资。企业发行股票或债券融资时，投资者通过购买股票和债券对企业进行投资。对企业来说，直接融资具有以下特点：①发行股票筹资的制度约束条件相当严格，企业发行筹资的规模受到许多限制。②融资过程复杂，持续时间较长，效率不高。企业进行直接融资，需要完成发行准备，包括制定发行计划、提出发行申请、委托金融机构代售证券、收集资金、办理变更并公告等环节，从发行筹划到筹资完成持续时间较长。③企业发行筹资存在发行风险。当市场对企业未来收益预期不佳时，企业可能面临发行风险，即证券无法完全售出、筹资目标无法实现。④企业通过发行证券融资，除了支付资金使用成本外，还需要支付行政、法律费用，以及支付证券承销机构大量的佣金，因此融资费率高。

2. 间接融资

间接融资是指企业从银行或金融机构获得资金，常用的方式是长期借款。对企业来说，间接融资有以下特点：①融资过程简便快捷，融资效率高。通常情况下，企业向外借款只需要与银行或金融机构对借款数量、利率、偿还方式等问题进行协商，双方达成一致即可完成融资过程。②融资限制性条款较多，对企业约束性较大，企业在融资过程中的主动权较弱。

（三）权益融资与债务融资

1. 权益融资

权益融资又称股权融资或所有权融资，是指企业采用自己出资、政府有关部门投资、吸收直接投资、与其他企业合资、吸引投资基金以及公开向社会募集发行股票等方式，通过出让企业的股权来为企业融得资金的经济活动。在股权融资中，投资者以资金换取公司的股权后，便使企业股东之间的关系发生了变化，股东的权利和义务也将进行重新调整，企业发展模式和经营方式随之相应地改变。权益融资的主要缺点：企业所有者要放弃部分所有者利益，并可能失去某些企业控制权。权益融资的主要优点：因为投资者成为所投资企业的部分所有者，他们常常通过提供经验和援助来设法帮助这些企业。此外，与贷款不同，从权益投资者获得的资金不必偿还，投资者通过股利支付以及出售股票获取其投资回报。权益融资最常见的形式有以下三种：

（1）天使投资。天使投资是由自由投资者或非正式机构对有创意的创业项目或小型初创企业进行的一次性的前期投资，是一种非组织化的创业投资形式。与其他投资相比，天使投资是最早介入的外部资金，即便企业还处于创业构思阶段，只要有发展潜力，就能获得资金，而其他投资者很少对这些尚未诞生或嗷嗷待哺的"婴儿"感兴趣。

一般认为天使投资起源于纽约百老汇的演出，原指富有的个人出资，以帮助一些具有社会意义的文艺演出，后来被运用到经济领域。20世纪80年代，新罕布什尔大学的风险投资中心首先用"天使"来形容这类投资者。天使投资有三个方面的特征：一是直接向企业进行权益投资。二是不仅提供现金，还提供专业知识和社会资源方面的支持。惠普公司创业时，斯坦福大学的弗雷德里克·特曼教授不仅提供了538美元的天使投资帮助惠普公司生产振荡器，而且帮助惠普公司从帕洛阿尔托银行贷款1000美元，并在业务技术等方面给予创业者很大的支持。三是投资程序简单，短时期内资金就可到位。

天使投资人一般有两类：一是创业成功者；二是企业的高管或高校科研机构的专业人员。他们有富余的资金，也具有专业的知识或丰富的管理经验，由于年龄或职业、社会地位等因素的制约，不太可能从零开始单独创业，他们希望以自己的资金和经验帮助那些有创业精神和创业能力的志同道合者创业，以延续或完成他们的创业梦想，冒着可以承担的风险，在自己熟悉或感兴趣的行业进行投资，获取回报。

（2）风险资本。风险资本也称创业投资，其最早可以追溯到15世纪英国、葡萄牙、西班牙等西欧国家创建远洋贸易企业时期，19世纪美国西部创业潮时期"创业投资"一词在美国开始流行。世界上第一个成型的创业投资概念是1973年美国创业投资协会成立时所给出的，即由专业机构提供的、投资于极具增长潜力的创业企业并参与其管理的权益资本。

创业投资的本质内涵体现在三个方面：第一，以股权方式投资于具有高增长潜力的未上市创业企业，从而建立适应创业内在需要的"共担风险、共享收益"机制。第二，积极参与所投资企业的创业过程，一方面弥补所投企业在创业管理经验上的不足；另一方面主动控制创业投资的高风险。第三，并不经营具体的产品，而是以整个创业企业为经营对象，即通过支持创建企业并在适当时机转让所持股权，来获得资本增值收益。创业投资的投资对象大多为新企业或中等规模的企业，对目标企业有严格考察，创业投资所接触的企业，只有2%~4%能最终获得融资。

前面提到的天使投资也是广义的创业投资的一种，但狭义的创业投资主要是指机构投资者，天使投资与创业投资都是对新兴的具有巨大增长潜力的企业进行权益资本投资。其不同点：天使投资的资金是投资人自己的，并且自己进行管理，而创业投资机构的资金则来自外部投资者，他们把资金交给创业投资机构，由专业经理人管理；天使投资一般投资于企业的早期或种子期，投资规模较小，决策快，创业投资的投资时间相对要晚，投资规模较大。

创业者要想提高获得创业投资的成功率，需要了解创业投资家选择项目的标准，有人总结了创业投资家进行决策的三条原则，也被称为创业投资三大定律。

第一定律：绝不选取含有超过两个风险因素的项目。创业投资项目通常有五种风险因素，即研究开发风险、产品风险、市场风险、管理风险、创业成长风险。如果创业投资家认为申请投资的项目存在两个以上的风险因素，通常是不会考虑对其进行投资的。

第二定律：$V = P \cdot S \cdot E$。其中，V 代表总的考核值；P 代表产品的市场规模；S 代表产品（或服务）的独特性；E 代表管理团队的素质。根据这一定律，创业投资家在考核项目时，必须综合考虑产品的市场规模、产品的独特性和管理团队的素质三个因素。

第三定律：投资 V 值最大的项目。在收益和风险相同的情况下，将首先选择那些总的考核值最大的项目。

（3）上市融资。上市融资的另一种来源是，通过发起首次公开募股（Initial Public Offering，IPO）向公众出售股票。首次公开募股是企业股票面向公众的初次销售。当企业上市后，它的股票要在某个主要股票交易所挂牌交易。多数上市的创业企业，在非常倾向于科技、生物技术和小企业股票的纳斯达克交易。首次公开募股是企业发展的重要里程碑。通常，企业只有证明自己可行并具有光明未来时，才能够公开上市。

企业决定上市有几个原因：第一，它是筹集权益资本以资助当前和未来经营的途径。例如，亚马逊网站在 1977 年 5 月上市，通过向公众出售股票筹集了 4000 多万美元资金。第二，首次公开募股提升了企业的公众形象，使它易于吸引高质量顾客、联盟伙伴和员工。第三，首次公开募股是一个流动性事件，能为企业股东（包括投资者）提供将投资变现的机制。第四，通过首次公开募股，企业创造了另一种可被用来促进企业成长的流通形式。一家企业用股票而非现金支付购买另一家企业的款额，是很平常的事情。股票是"法定股本，而非已流通股票"，这实际意味着企业要发行新股来完成收购。实际上，思科系统公司 70 多项购并的绝大部分，就是以这种方式支付的。

我国股市发行除了有侧重于大型企业的上海证券交易所和侧重于中小企业的深圳证券交易所外，2009 年 10 月，已开设创业板。创业板设立目的：第一，为高科技企业提供融资渠道；第二，通过市场机制，有效评价创业资产价值，促进知识与资本的结合，推动知识经济的发展；第三，为风险投资基金提供"出口"，分散风险投资的风险，促进高科技投资的良性循环，提高高科技投资资源的流动和使用效率；第四，增加创新企业股份的流动性，便于企业实施股权激励计划等，鼓励员工参与企业价值创造；第五，促进企业规范运作，建立现代企业制度。

2. 债务融资

债务融资是以利用发行债券、银行借贷方式向企业的债权人取得资金的方式。从企业融资的渠道来看，债务融资可以分为直接债务融资（企业直接发行债券、票据等）与间接债务融资（主要是通过银行中介获得的贷款）。债务融资也是一种非常常见的融资模式，主要包括民间借贷、国内银行贷款、外国银行贷款、融资租赁、发行债券等方式；其中比较适合新创企业的，有民间借贷、国内银行贷款、融资租赁等。

（1）民间借贷。民间借贷是指新创企业不通过金融机构而私下向老百姓进行借贷的行为。民间借贷的资金来源通常是亲朋好友。民间借贷的优点：第一，迅捷方便；第二，对实际经营限制较小。但民间借贷也有缺点：第一，成本高，尤其是国内当前环境下成本更高；第二，期限短，而且到期还本付息，对实际经营者压力太大，经常会迫使经营者做出冒险行为。民间借贷是一种原始的直接信贷形式。

（2）银行贷款。国内银行贷款是指国内银行将一定额度资金出借给新创企业，企业在约定的期限按事先确定的利率还本付息的行为。国内银行贷款优点是手续较简单、融资速度较快、融资成本较低、贷款利息可计入企业成本；国内银行贷款的缺点：第一，对资金的使用限制非常多，还本期限要求也极为严格；第二，通常银行要求企业提供相应的担保，这些担保的方式有不动产抵押、动产和货权质押、权利质押、外汇抵押、专业担保公司担保、票据贴现等，对于没有多少有形资产的中小企业而言，获得贷款非常困难。

外国银行贷款是指新创企业向在中国经营的外国银行进行贷款。2006 年后，我国允许在国内经营的外国银行开展人民币业务，所以新创企业可以向在国内经营的外国银行申请贷款。向外国商业银行贷款的特点：一是外国商业银行通常不限贷款用途，不限贷款金额，不限贷款的币种；二是外国商业银行贷款利率通常稍高；三是外国商业银行贷款通常更看重借款人信誉。国内很多经营者认为，向外国银行申请贷款是一件很神秘的事，但如果新创企业是一家按照国际通行标准设立的高新技术企业，有符合国际标准的公司治理构架，有良好的信用记录，这种融资方式也值得尝试。

（3）融资租赁。融资租赁（Financial Leasing）又叫设备租赁（Equipment Leasing）或现代租赁（Modern Leasing），是指出租人（通常是融资租赁公司）根据承租人（即融资人）提出的对租赁物件的特定要求来选择特定的供货人，出资向供货人购买事先选定的租赁物件后出租给承租人使用，承租人在租赁期限内分期向出租人支付租金并拥有租赁物件的使用权，租赁物件在租赁期期满后所有权归承租人的一种融资方式。融资租赁和传统经营租赁的本质区别是，传统经营租赁以承租人使用租赁物件的时间计算租金，而融资租赁以承租人占用融资成本的时间计算租金。

融资租赁是自 20 世纪 50 年代产生于美国的一种新型融资方式，20 世纪六十七年代迅速在全世界发展起来，已成为当今企业融资购买或更新大型设备的主要融资手段之一。国内最早是 1980 年中国国际信托投资公司引进租赁方式，1981 年 4 月第一家合资租赁公司中国东方租赁有限公司成立；到 2012 年底，国内注册的融资租赁公司约 560 家，年度租赁合同金额约 15500 亿元人民币。如果新创企业经营中非常依赖于某项大型设备，那么融资租赁也是可以考虑的融资方式之一。

（4）通过信用担保体系融资。信用担保体系主要指企业在向银行融资的过程中，根据合同约定，由依法设立的担保机构以保证的方式为债务人提供担保，在债务人不能依约履行债务时，由担保机构承担合同约定的偿还责任，从而保障银行债权实现的一种金融支持制度。从国外实践和我国实际情况看，信用担保可以为中小企业创业和经营融资提供便利，分散金融机构信贷风险，推进银企合作，是解决中小企业融资难的突破口之一。

从 20 世纪 20 年代起，许多国家为了支持本国中小企业的发展，先后成立了为中小企业提供融资担保的信用机构。例如，美国专门成立了中小企业管理局（SBA），通过协调贷款、担保贷款等形式，帮助解决中小企业发展资金不足的问题。日本在第二次世界大战后相继成立的中小企业金融公库、国民金融公库和工商组合中央公库，专门向中小企业提供低息融资。各个国家和地区的中小企业信用担保体系由于资金运作方式、操作主体和目的不同，其模式和类型也有所不同。但是它们有共同的特征：一是政府出资、资助和承担一定的补偿责任；二是绝大部分由政府负责中小企业的组织和管理。目前，我国已经形成了以中小企业信用担保为主体的担保业和多层次中小企业信用担保体系，但仍需逐步规范和完善。

（四）其他模式

1. 内部融资和贸易融资

内部融资和贸易融资模式主要包括留存盈余、资产管理、票据贴现、资产典当、商业信用、国际贸易、补偿贸易等方式，其中比较适合新创企业的有留存盈余、商业信用等。

商业信用融资是企业在实际经营的商业交易过程中，交易双方通过延期付款或延期交货的模式，形成双方认可的商业信用管理来达到实质筹措资金的目的。商业信用融资在实践中最常见的模式有应付账款融资、预付账款融资和商业票据融资三种。商业信用融资实质的资金来源，也就是和企业有交易的上游或下游合作伙伴。

商业信用融资的优点：一是方便快捷，这种方式与商业交易同时进行，属于交易双方协议性融资，不用作非常正规的制度安排；二是金额、期限等没有限制；三是通常和交易折扣相关联，但若企业不放弃折扣就不会发生资金成本；四是可多次延续。

商业信用融资的缺点：一是通常期限较短，且企业若享有现金折扣则期限更短；二是融资数量有限；三是若放弃现金折扣后计算，融资成本极高。

2. 项目融资和政策融资

项目融资和政策融资模式主要包括项目包装融资、高新技术融资、BOT项目融资、IFC国际融资、专项资金融资、产业政策融资等，这些融资方式由于条件比较严苛，对大多数新创企业都不太适合，就不详细介绍了。

3. 政府资助

政府资助在许多国家风险投资发展中起到了重要作用，尤其是在风险投资的种子期，政府会给予特别的支持。政府为了鼓励创业投资的发展，向创业投资者和创业投资的企业提供无偿补助。这种补助实质上是政府部门共同出资筹集创业资本，分担创业投资者的创业风险，鼓励民间创业投资。目前，我国的个人资本和企业资本相对缺乏，各级政府应对创业资本给予比其他国家更大力度的扶持，例如，财政贴息贷款，建立若干担保基金和创业种子基金等。但政府支持风险投资的发展主要不是投入资金，而是应该侧重提供税收优惠、财政贴息、贷款担保和提供种子资金等，以及制定一系列法律和政策来保障和促进创业投资业的发展。目前，我国的"星火计划"和"火炬计划"就是国家风险资本投入比较成功的项目。

4. 战略合作伙伴

战略合作伙伴是新创企业的另一个资本来源。实际上，战略合作伙伴经常在帮助年轻企业获得运营资本以及完善商业模式方面发挥至关重要的作用。例如，生物科技企业就极其依赖战略合作伙伴的财务支持。那些规模非常小的生物科技企业，常与较大的医药企业结成战略合作伙伴来进行临床试验以及将产品推向市场。这种安排多数会包括许可证经营协议。典型的许可证经营协议运作如下：生物科技企业将处于开发状态的产品特许给制药企业，以换取产品开发期间及以后的财务支持。这种安排为生物科技企业在药品开发时期提供了运营资本。例如：因为戴尔公司构筑了能给它提供重要支持的伙伴网络，它才能专注于培养装配电脑的核心能力，如英特尔公司给它提供芯片，微软公司给它提供软件，UPS公司给它提供运输服务，等等。虽然戴尔公司是一个熟悉的例子，但你要知道新创企业在努力地寻找战略合作伙伴，去执行那些它们自己实施会很昂贵且易于分心的职能。

最后，许多战略合作伙伴关系的形成，在于分担产品或服务开发成本、获得特殊资源以及推进产品面市速度。为了换取厂房和设备以及建成分销渠道，新创企业将创业精神和新创意带入这种战略合作伙伴关系。这些安排可以帮助新创企业减少对融资或资助的需要。

二、创业融资方式选择的基本原则

当企业慢慢成长时，它对资金的胃口也会很自然地变大。对于一个创业型企业来说，选择合适的融资方式与选择创业团队及创业型企业的所在地一样重要，这个决定甚至会影响企业的前途。创业融资方式是指创业企业筹措资金所采取的具体形式，体现着资金的属性。企业的融资方式与融资渠道有着密切的关系。一定的融资方案可能只适用于某一特定的融资渠道，但是同一渠道的资金往往可以采取不同的方式取得，而同一融资方式又往往适用于不同的融资渠道。因此，企业融资时必须实现两者的合理配合。

(一) 收益与风险相匹配原则

企业融资的目的是将所融资金投入企业运营，最终获取经济效益，实现股东价值最大化。在每次融资之前，企业往往会预测本次融资能够给企业带来的最终收益，收益越大往往意味着企业利润越多，因此融资总收益最大似乎应该成为企业融资的一大原则。

然而，"天下没有免费的午餐"，实际上在融资取得收益的同时，企业也要承担相应的风险。对企业而言，尽管融资风险是不确定的，可一旦发生，企业就要承担百分之百的损失。

新创企业的特点之一就是规模小，抗风险能力低，一旦风险演变为最终的损失，必然会给企业经营带来巨大的不利影响。因此新创企业在融资时千万不能只把目光集中于最后的总收益，还要考虑在既定的总收益下，企业要承担何种风险以及这些风险一旦演变成最终的损失，企业能否承受，即融资收益要和融资风险相匹配。

怎样才能使融资收益与融资风险相匹配呢？首先测算融资的最终收益有多大，然后列举企业可能支出的融资成本以及可能遇到的风险因素，并用经验预测这些风险一旦转变为损失，损失到底有多大。如果融资的最终收益大于损失，并且企业能够承受这样的损失，那么企业的融资行为就是可行的，也就基本实现了融资收益与融资风险相匹配。当然，风险的接受程度因企业而异，并没有确定的量上的规定，风险和收益怎样才算匹配还需要管理者自己做出判断。

(二) 控制融资成本最低原则

融资成本则是指企业实际承担的融资代价（或费用），具体包括两部分：融资费用和使用费用。融资费用是企业在资金筹集过程中发生的各种费用，如向中介机构支付中介费；使用费用是指企业因使用资金而向其提供者支付的报酬，如股票融资向股东支付的股息、红利，发行债券和借款向债权人支付的利息。企业资金的来源渠道不同，则融资成本的构成不同。企业融资成本是企业融资效率的决定性因素，对于新创企业选择哪种融资方式有着重要意义。由于融资成本的计算涉及很多因素，具体运用时有一定的难度。一般情况下，按照融资来源划分的各种主要融资方式的融资成本从低到高的排列顺序依次为：财政融资、商业融资、内部融资、银行融资、债券融资、股票融资。

以上仅是不同融资方式融资成本高低的大致顺序，具体分析时还要根据具体情况而定。比如，财政融资中的财政拨款不仅没有成本，而且有净收益，政策性银行低息贷款则要支付较少的利息成本。对于商业融资，如果企业在现金折扣期内使用商业信用，则没有资金成本；如果放弃现金折扣。那么资金成本就会很高。再如，对股票融资来说，其中发行普通股与发行优先股的融资成本也不同。

（三）保持企业有控制权原则

企业控制权是指相关主体对企业施以不同程度的影响力。控制权的掌握具体体现：控制者拥有进入相关机构的权利，如进入公司制企业的董事会或监事会；能够参与企业决策，并对最终决策具有较大的影响力；在有要求时，利益能够得到体现，如工作环境得以改善、有权参与分享利润等。

企业融资行为造成的这种控制权或所有权的变化不仅直接影响到企业生产经营的自主性、独立性，还会引起企业利润分流，损害原有股东的利益，甚至可能会影响到企业的近期效益与长远发展。比如，发行债券和股票两种融资方式相比较，增发新股将会削弱原有股东对企业的控制权，除非原股东也按相应比例购进新发股票；而债券融资则只增加企业的债务，并不影响原有股东对企业的控制权。因此，在考虑融资的代价时，只考虑成本是不够的。创业者开办企业一个很大的初衷就是要把"自己"的企业做大做强，如果到头来"为他人作嫁衣"则不是创业者愿意看到的。因此，创业者在进行融资的时候一定要掌握各种融资方式的特点，精确计算各种融资方式的融资量对企业控制权产生的影响，这样才能把企业牢牢地控制在自己的手中。

当然，在某些特殊情况下，也不能一味固守控制权不放。比如，对于一个急需资金的小型高科技企业，当它在面临某一风险投资公司较低成本的巨额投入，但要求较大比例的控股权，而此时企业又面临破产的两难选择时，一般来说，企业还是应该从长计议，在股权方面适当做些让步。其实这种情况在高科技企业并不少见，这类企业在初创时往往拥有的是一个当时并不为人们所接受，但是很有发展前景的核心技术、一种前卫的产品，甚至只是一个很好的想法。在这种情况下，通过银行取得贷款发展企业是根本行不通的，此时一些风险投资公司就出现了，既然承担了巨大的风险，风险投资公司一般都会对企业提出较高的要求，取得股权就是一个很重要的要求，而这恰恰影响企业的控制权和所有权。在这种情况下，企业别无选择，要么接受风险投资出让部分控制权和所有权，要么企业破产，一个理性的管理者无疑会选择前者。其实，即使接受了风险投资公司的要求，企业管理者也不必过分担心，风险投资公司投资的目的并不在于最终拥有企业，而是在该企业上市后将其拥有的股权出让取得收益。

（四）确定最佳的融资期限原则

企业融资方式按照期限进行划分，可分为短期融资和长期融资。如何在两者之间选择，主要取决于融资的用途和融资人的风险偏好。

从资金用途上来看，如果融资是用于企业流动资产，则根据流动资产具有周期快，易于变现，经营中所需补充数额较小及占用时间短等特点，应选择短期融资方式，如商业信用、短期贷款等；如果融资是用于长期投资或购置固定资产，则根据这类用途要求的资金数额大、占用时间长的特点，选择中长期融资方式，如长期贷款、企业内部积累、租赁融资、发行债券、股票等。

从融资者的风险偏好来看，在做融资期限决策时，可以分为中庸型、激进型和稳健型三种类型。中庸型的表现：对波动性资产采用短期融资方式筹资，对永久性资产则采用长期融资方式筹资。这里，永久性资产是指固定资产和部分流动资产，波动性资产指流动资产中扣除属于永久性资产的流动性资产。中庸型偏好的选择既可以避免因资金来源期限太短引起的还债风险，也可以减少由于过多地介入长期资金而导致付高额利息。激进型资产的表现是，企业用长期资金来满足部分永久性资产对资金的需求，余下的永久性资产和全部波动性资产都靠短期资金来融通。选择这种偏好要承担较大的风险，既有旧债到期难以偿还，新债难以借到的风险，又有利率上升，再融资成本升高的风险。当然，高风险能获得高收益，如果企业的融资环境比较宽松，或者企业正遇上利率下调的好时机，则具有更多短期融资的企业会更多地减少利率成本，这也是为什么一些企业愿意采取短期融资的原因。稳健型的表现是，企业不但用长期资金融通永久性资产，还融通一部分甚至全部波动性资产。这样当企业处于经营淡季时，一部分长期资金用于满足波动性资产的需要，在经营旺季时，波动性资产的另一部分资金需求可以用短期资金解决。对于风险性偏好的选择，虽然受到融资环境因素的影响，但主要还是由企业决策者的个人偏好决定的。因为对世界的认识不同决定了每个人都有其独特的风险态度，对风险偏好就有不同的选择。

（五）融资规模量力而行原则

确定企业的融资规模，在新创企业的融资过程中也非常重要。筹资过多，可能造成资金闲置浪费，增加融资成本，或者可能导致企业负债过多，使其无法承受，偿还困难，增加经营风险。而如果企业筹资不足，又会影响企业投融资计划及其他业务的正常开展。因此，企业在进行融资决策之初，要根据企业对资金的需要、企业自身的实际条件以及融资的难易程度和成本情况，量力而行来确定企业合理的融资规模。

（六）把握最佳融资机会原则

所谓融资机会，是指由有利于企业融资的一系列因素所构成的有利的融资环境和时机。企业选择融资机会的过程，就是企业寻求与企业内部条件相适应的外部环境的过程。从企业内部来讲，过早融资会造成资金闲置，而过晚融资又会造成投资机会的丧失。从企业外部来讲，由于经济形势瞬息万变，这些变化又将直接影响中小企业融资的难度和成本。因此，中小企业若能抓住企业内外部变化提供的有利时机进行融资，会使企业比较容易地获得资金成本较低的资金。

三、创业融资方式选择应注意的问题

（一）新创企业所处的阶段与融资类型的匹配

创业融资需求具有阶段性特征，不同阶段的资金需求量和风险程度存在差异，不同的融资渠道所能提供的资金数量和要求的风险程度也不相同。创业者在融资时必须将不同阶段的融资需求与融资渠道进行匹配，才能高效地开展融资工作，获得创业活动所需的资金，化解融资难题。

在种子期和启动期，企业处在高度的不确定环境中，只能依靠自我融资或亲戚朋友的支持，以及从外部投资者处获取"天使资本"。创业投资很少在此时介入，而从商业银行获得贷款支持的难度更大。建立在血缘和信任关系基础上的个人资金是该阶段融资的主要渠道。

企业进入成长期后，已经有了前期的经营基础，发展潜力逐渐显现，资金需求量也比以前增大。成长期前期，在企业获得正向现金流之前，创业者获得债务融资的难度较大，即使获得，也很难支付预定的利息，这时创业者往往倾向于通过股权融资这种不要求他们做出固定偿付的方式来筹集资金。成长期后期，企业表现出较好的成长性，且具有一定的资产规模，可以寻求银行贷款、商业信用等债务融资方式。

企业进入成熟期后，债券、股票等资本市场可以为企业提供丰富的资金来源。如果创业者选择不再继续经营企业，则可以选择公开上市、管理层收购或其他股权转让方式退出企业，收获自己的成果。

总而言之，新创企业由于规模小、风险大、资产少，大多是通过私募的方式来获得创业的初始资本金。因市场需求的不确定性和生产规模有限，难以承担高额负债成本，因而一定要高度重视企业的内部积累，避免过度地负债经营。随着企业生产经营规模逐步扩大，内源融资可能无法满足企业生产经营的需要，此时，外源融资将成为保障企业扩张的主要融资手段。如果企业的管理不够规范、透明度还不高，则间接融资将是新创企业的主要外源融资方式。

（二）新创企业特征与融资类型的匹配

创业活动千差万别，所涉足的行业、初始资源禀赋、面临的风险、预期收益都有较大的差异，不同行业面临不同的竞争环境、行业集中度及经营战略等，创业企业对资本结构的要求是不同的，不同的资本结构产生了不同的融资要求。由于从事高科技产业或有独特商业创意的企业经营风险较大，预期收益也较高，若创业者有良好的相关背景，可考虑股权融资的方式；而从事传统产业类的企业经营风险较小，预期收益较易预测，可主要考虑债权融资的方式。

表7-4提供了对新创企业三个一般特征以及适合于每个特征的融资类型的概述。表7-4说明了多数新创企业在开始时为什么必须依赖个人资金、亲朋好友和自力更生，以及为什么必须等到后来才能获得权益融资或债务融资。大部分新创企业不具备银行家或投资者要求的那些特征，直到它们能证明自己的产品或服务创意，并获得在市场中成功的确定性评估为止。

实践中，有的中小企业在融资过程中没有明确的计划，盲目性很大，似无头苍蝇一样，抱着侥幸的心理误打误撞，对投资方不加鉴别，没有全面接触，让许多招摇行骗的投资中介或者投资公司有机可乘。结果严重地导致企业蒙受重大损失，影响了企业的正常发展，轻者也使企业浪费了不少的人力和财力。此外，由于有的中小企业对融资的难度缺乏充分的心理准备，一旦几次融资活动受挫，便放弃了融资计划，错失了一些可以成功的融资机会，延缓了企业发展的步伐，颇为遗憾。因此，中小企业在决定融资前，应对自身的优势和劣势有清醒的认识，摆正融资行为在企业经营战略中的位置，对融资的难度和长期性应做充分的估计，然后制订相应的融资计划，使融资行动具有计划性和可操作性，做到有的放矢，增加融资成功的可能性。在融资受挫后，不能灰心丧气，需要总结经验，改进企业经营管理水平，提高企业效率和业绩，采取更为合理的融资策略。

表7-4 新创企业特征与适当融资类型的匹配

新创企业特征	适当的融资类型
具有高风险、不确定回报的企业 较弱的现金流 高负债率 低、中等成长 未经证明的管理层	自我融资、向亲朋好友融资
具有低风险、更可预期回报的企业 强大的现金流 低负债率 优秀的管理层 健康的资产负债表	债务融资
提供高回报的企业 独特的商业创意 高成长 利基市场 得到证明的管理层	权益融资

第三节 创业企业资本成本

资本成本是资金所有权与资金使用权分离的产物，资本成本的实质是资金使用者支付给资金所有者的报酬。市场经济条件下，没有免费使用的资金。企业的资金无论来源于哪种渠道，采用哪种形式都要付出代价，这种代价就是资本成本。

一、资本成本的概念

所谓资本成本，是指企业为筹集和使用资金而付出的各种费用。严格地讲，资本成本有广义和狭义之分。从广义的角度讲，资本成本是企业为筹集和使用全部资金（包括短期资金和长期资金）而付出的各种费用；从狭义的角度讲，资本成本是企业为筹集和使用长期资金（包括权益资金和长期债务资金）而付出的各种费用。本节所讨论的资本成本是狭义的资本成本，探讨长期资金的资本成本。

资本成本包括资金筹集费和资金占用费两部分。资金筹集费是企业在筹集资金过程中支付的各种费用，主要包括银行借款手续费、股票和债券的发行费用等。资金占用费是企业在生产经营过程中因占用和使用资金而支付的各种费用，如股票融资付出的股利、借款和债券融资付出的利息等。相比之下，资金占用费经常发生，并需要定期支付；而资金筹集费通常在筹集资金过程中一次性支付，实际上是资金筹集总额的减少。因此，在计算资本成本时通常把资金筹集费作为筹集资金总额的一项扣除。

在实务中，为便于计算和比较，资本成本通常用相对数表示（称为资本成本率，在计算时有时二者相互替代）。用相对数表示的资本成本就是资金占用费与实际筹得资金数额（即筹资净额）的比率。用公式表示如下：

$$资本成本率 = \frac{资金占用费}{筹集金额 - 资金筹资费} = \frac{资金占用费}{筹集金额 \times (1 - 筹资费率)}$$

该公式是资本成本计算确定的理论公式，不同融资方式的资本成本是在此理论公式的基础上，根据各自的特点加以调整而计算确定的。

二、资本成本的意义

资本成本是企业财务管理中的重要概念，确定资本成本对企业财务管理具有重要的意义。

其一，从融资角度讲，资本成本是选择融资方式，进行资本结构决策的重要依据。企业融资方式多种多样，不同的融资方式，其资本成本也各不相同，企业一般通过计算和比较不同融资方式的资本成本，以选择资本成本最低的融资方式。资本结构是由债务资金和权益资金组合而成，这种组合又有多个融资方案可供选择，企业一般通过计算不同融资方案的综合资本成本，选择综合资本成本最低的融资方案，以使资本结构最优。

其二，从投资角度讲，资本成本是评价投资项目，决定投资项目是否可行的重要标准。任何投资项目，只有在其投资预期报酬率超过其资本成本时，企业才有利可图，投资项目才可接受；否则企业将无利可图，投资也就失去了实际意义。可见，资本成本实际上是企业投资项目必须达到的最低报酬率，是企业投资决策的重要经济标准。国际上通常将资本成本视为是否采用投资项目的"取舍率"。

其三，从经营管理角度讲，资本成本是衡量企业经营业绩的重要标准。资本成本是企业运用资产经营必须取得的最低收益水平。企业可以将资产息税前利润率与综合资本成本相比，只有企业的资产息税前利润率超过其综合资本成本时，才可认为企业经营有利；反之，企业经营不利，业绩不佳，企业需要改善经营管理，提高资产息税前利润率。

三、个别资本成本的测算

在实际财务活动中，由于运用的场合不同，资本成本可有多种形式。在比较各种融资方式时，使用个别资本成本；在进行资本结构决策时，使用加权平均资本成本；在进行追加融资决策时，使用边际资本成本。

个别资本成本是指使用各种长期资金的成本。它主要包括长期借款资本成本、长期债券资本成本以及优先股资本成本、普通股资本成本、留存收益资本成本等。一般将长期借款和债券的资金成本称为债务成本；而将优先股、普通股和留存收益资本成本统称为权益成本。

（一）长期借款资本成本

长期借款资本成本是指借款利息和融资费用，但由于利息费用是税前列支，故借款资金实际承担的年用资费用额是年利息费用扣除由扣减的利息而少交的所得税之后的净额。

年用资费用额 = 年用资费用 × （1 − 所得税率）

长期借款资本成本的测算有不考虑货币时间价值的原理公式和考虑货币时间价值折现公式两种方法。

（1）不考虑货币时间价值的资本成本率。在不考虑货币时间价值时，长期借款的资本成本率是年资金占用额与筹资净额的比率，具体公式如下：

$$K_l = \frac{L \times i \times (1-t)}{L \times (1-f_l)}$$

式中，K_l 为长期借款资本成本率；L 为长期借款筹资额；i 为长期借款年利率；t 为企业所得税利率；f_l 为长期借款融资费用率。

【例 7 − 1】某企业长期借款 200 万元，年利率 8%，借款期限 3 年，筹资费用率 1%，每年付息一次，到期一次还本。企业所得税率 25%。这笔长期借款的资本成本率计算如下：

$$K_l = \frac{200 \times 8\% \times (1-25\%)}{200 \times (1-1\%)} = \frac{8\% \times (1-25\%)}{(1-1\%)} = 6.06\%$$

由于长期借款的融资费用主要是手续费，当其相关数额不大时，可忽略不计。其计算公式为：

$$K_l = i(1-t)$$

在手续费忽略不计的情况下，长期借款的资本成本率为：

$$8\% \times (1-25\%) = 6\%$$

（2）考虑货币时间价值的折现资本成本率。在考虑货币时间价值时，长期借款的资本成本率是借款未来现金流出的现值等于筹资净额时的折现率。

【例 7 − 2】依据【例 7 − 1】长期借款折现资本成本率为：

$$200 \times (1-1\%) = 200 \times 8\% \times (1-25\%) \times (P/A, i, 3) + 200 \times (P/F, i, 3)$$

查阅"复利终值系数表"用内插法测算：i 在 6% 和 7% 之间。

$$\left. \begin{array}{c} 6\% \\ i \\ 7\% \end{array} \right\} \left. \begin{array}{c} 199.9960 \\ 198 \\ 194.7516 \end{array} \right\}$$

$$\frac{i-6\%}{7\%-6\%} = \frac{198-199.9960}{194.7516-199.9960}$$

求出结果：i = 6.38%

（二）债券资本成本

发行债券的资本成本主要是指债券利息和融资费用。发行债券属于债务筹资，其利息费用可以税前列支，故债券资金实际承担的年用资费用额是年利息费用扣除由扣减的利息而少交的所得税之后的净额。

年用资费用额 = 年用资费用 × (1 - 所得税率)

债券利息的处理与长期借款利息的处理相同，应以税后的债务成本为计算依据。债券的融资费用一般比较高，计算中不可忽略。债券资金成本率的计算同长期借款一样可以采用两种方法，考虑货币时间价值的方法与长期借款考虑货币时间价值的计算原理相同，不再介绍。基本原理的计算公式为：

$$K_b = \frac{B \times i \times (1 - t)}{B \times (1 - f_b)}$$

式中，K_b 为债券的资金成本率；B 为债券融资额，当债券面值不等于发行价时，分子中 B 为面值，分母中 B 为发行价；i 为债券年利率；t 为所得税率；f_b 为债券融资费用率。

【例7-3】某公司平价发行总面额为 500 万元的 10 年期债券，票面利率 8%，发行费用率为 3%，公司所得税率为 25%，该债券的资金成本（资本成本）率为：

$$K_b = \frac{500 \times 8\% \times (1 - 25\%)}{500 \times (1 - 3\%)} = 6.19\%$$

或

$$K_b = \frac{8\% \times (1 - 25\%)}{1 - 3\%} = 6.19\%$$

若债券溢价或折价发行，为更精确地计算资金成本，应以实际发行价格作为债券融资额。

【例7-4】假定上述公司溢价发行面值 500 万元的债券，其他条件不变，发行价格 600 万元，该债券的资金成本为：

$$K_b = \frac{500 \times 8\% \times (1 - 25\%)}{600 \times (1 - 3\%)} = 5.15\%$$

【例7-5】假设上述公司折价发行债券，其他条件不变，发行价格 400 万元，该债券的资金成本为：

$$K_b = \frac{500 \times 8\% \times (1 - 25\%)}{400 \times (1 - 3\%)} = 7.73\%$$

以上计算的长期借款资本成本和债券资本成本，由于两者的利息费用均于所得税前扣除，故成本都比较低。应当指出，计算长期债券的税后成本是以假设企业有利润为前提的，如果企业没有利润，就不能享受利息方面的所得税利益，这时企业长期债务成本将为其税前成本。

长期借款成本与债券成本相比，一般前者低于后者，这主要是由于债券利率和融资费用都较高。

（三）优先股资本成本

优先股资本成本属于权益资金成本。权益资金的资金占用费是向股东分派的股利，而股利是以所得税后净利支付的，不能抵减所得税，所以权益资金成本与前两种债务资金成本的显著不同在于计算时不扣除所得税的影响。

企业发行优先股，需花费融资费用，并定期支付股利。其计算公式为：

$$K_p = \frac{D_p}{P_p(1-f_p)}$$

式中，K_p 为优先股资本成本率；D_p 为优先股每年的股利；P_p 为优先股发行总额；f_p 为优先股融资费用率。

【例7-6】某股份有限公司发行优先股100万元，融资费用率为3%，每年向优先股股东支付10%的固定股利。优先股成本计算如下：

$$\frac{100 \times 10\%}{100 \times (1-3\%)} = 10.31\%$$

（四）普通股资本成本

普通股是构成股份公司原始资本和权益的主要成分。同优先股类似，普通股股利的支付也是在税后进行的，所以不用考虑所得税的因素。计算普通股成本，常用的方法有股利估价法和资本资产定价模型法。

（1）股利估价法。股利估价法是确定股票价值的一种方法，通常称股利估价模型。将此模型简化，则普通股资金成本的计算公式如下：

$$K_s = \frac{D_1}{P_s(1-f_s)} + G$$

式中，K_s 为普通股资本成本率；D_1 为预期第1年股利额；P_s 为普通股融资额；f_s 为普通股融资费用率；G 为普通股利年增长率。

【例7-7】某公司发行面额1元的普通股5000万股，每股发行价格为5元，融资费用率为全部发行所得资金的5%，预计第1年的股利为发行收入的10%，以后每年递增4%，则可计算普通股的资金成本如下：

$$K_s = \frac{5000 \times 5 \times 10\%}{5000 \times 5 \times (1-5\%)} + 4\% = 14.53\%$$

根据【例7-7】若题目更改为：某公司发行面额1元的普通股5000万股，每股发行价格为5元，融资费用率为全部发行所得资金的5%，预计第1年的每股股利0.5元，以后每年递增4%，则可计算普通股的资金成本如下：

$$K_s = \frac{0.5}{5 \times (1-5\%)} + 4\% = 14.53\%$$

此题中因为分子使用的是每股股利，则分母对应的是每股筹资净额。

（2）资本资产定价模型法。普通股股利实际上是一种风险报酬，它的高低取决于投资者所冒风险的大小，所以只需要计算某种股票在证券市场的组合风险系数，就可以根据这一风险来预计股票的资金成本。计算公式如下：

$$K_s = R_f + \beta(R_m - R_f)$$

式中，R_f 为无风险报酬率；β 为股票的贝塔系数；R_m 为平均风险股票必要报酬率。

【例7-8】某期间市场无风险报酬率为10%，市场平均风险股票必要报酬率为14%，某公司普通股 β 值为1.2。该普通股的资金成本为：

$$K_s = 10\% + 1.2 \times (14\% - 10\%) = 14.8\%$$

（五）留存收益资本成本

留存收益是所得税后形成的，其所有权属于股东，实质上相当于股东对公司的追加投资。股东将留存收益用于公司，是想从中获取投资报酬，所以留存收益也有资金成本。它的资金成本是股东失去向外投资获得收益的机会成本，因此与普通股成本计算基本相同，只是不考虑融资费用。其计算公式如下：

$$K_r = \frac{D_1}{P_s} + G$$

式中，K_r 为留存收益资金成本；D_1 为预期第 1 年股利额；P_s 为普通股融资额；G 为普通股利年增长率。

【例 7-9】某公司发行普通股共计 800 万元，预计第 1 年股利率为 14%，以后每年增加 1%，则留存收益的资金成本为：

$$K_r = \frac{800 \times 14\%}{800} + 1\% = 15\%$$

经过计算可以看出，由于所得税和风险等因素，权益资金成本要大于债务资金成本，所以在长期资金的各来源中，普通股成本最高。

综上分析，一般情况下股权资本成本率高于债务资本成本率。五种筹资方式中资本成本率的大小一般呈现出：长期借款资本成本＜债券资本成本＜优先股资本成本＜留存收益资本成本＜普通股资本成本。

四、综合资本成本的测算

由于受多种因素的影响，企业不可能只采用一种融资方式筹集资金，以求资本成本最低，往往需要通过多种融资方式融通资金。企业在采用多种融资方式融资时，就需要计算综合资本成本。

（一）综合资本成本计算过程

综合资本成本是指全部长期资金的总成本，通常以各种长期资金占全部资金的比重为权数，对其资本成本进行加权加以确定，为此，综合资本成本又称加权平均资本成本。其计算公式为：

$$K_w = \sum_{j=1}^{n} K_j W_j$$

式中，K_w 为综合资本成本；K_j 为第 j 种融资方式的资本成本；W_j 为第 j 种资金占全部资金的比重，即资金权数。

从上述公式中可以看出，综合资本成本的计算由各种融资方式的资本成本和该种资金的权数两大因素确定。在各种融资方式的资本成本已确定的情况下，取得企业各种资金占全部资金的比重，即可计算企业的综合资本成本。

【例 7-10】某公司拟筹集长期资金为 2500 万元，采用四种融资方式：

（1）举借长期借款 500 万元，年利率为 8%，手续费忽略不计。

（2）面值发行债券 500 万元，票面利率为 10%，筹资费率为 2%。

（3）面值发行优先股 500 万元，年股利率为 7%，筹资费率为 3%。

（4）面值发行普通股 1000 万元，预计第一年股利率为 10%，以后每年增长 4%，筹资费率为 4%。该公司的所得税税率为 25%。

要求：计算综合资本成本。

【解析】

第一步，计算各种长期资金占总资金的比重：

长期借款的比重 = 500/2500 = 20%

债券的比重 = 500/2500 = 20%

优先股的比重 = 500/2500 = 20%

普通股的比重 = 1000/2500 = 40%

第二步，计算各种长期资金的资本成本：

长期借款成本 = 8% × (1 − 25%) = 6%

债券成本 = 10% × (1 − 25%)/(1 − 2%) = 7.65%

优先股成本 = 7%/(1 − 3%) = 7.22%

普通股成本 = 10%/(1 − 4%) + 4% = 14.42%

第三步，计算综合资本成本：

$$K_w = 20\% × 6\% + 20\% × 7.65\% + 20\% × 7.22\% + 40\% × 14.42\%$$
$$= 1.2\% + 1.53\% + 1.44\% + 5.77\%$$
$$= 9.94\%$$

（二）综合资本成本计算中资金权数的选择

在综合资本成本计算中，资金权数的选择主要有三种：账面价值、市场价值和目标价值。

账面价值权数是指以账面价值为依据确定各种长期资金的权数。按账面价值确定资金权数，其资料直接从资产负债表上取得，数据真实。但当债券、股票等的市场价格与账面价值差别较大时，仍用账面价值确定的资金权数可能造成综合资本成本的误估，进而影响企业做出正确的融资决策。为了克服账面价值权数的缺陷，企业也可以按市场价值或目标价值来确定资金权数。

市场价值权数是指债券、股票及留存收益以现行的市场价格确定资金权数，以计算综合资本成本。这样计算的综合资本成本能反映企业目前的实际情况，有利于做出融资决策。但是，由于证券市场价格经常处于变动中，因而市场价值权数不易确定。

目标价值权数是指债券、股票等以未来预计的目标市场价格确定资金权数，以计算综合资本成本。这种权数能体现企业未来的目标资本结构，而不是像账面价值权数和市场价值权数那样只反映过去和现在的资本结构，所以按目标价值权数计算的综合资本成本更适用于企业未来融资决策的需要。但是，企业对于证券的目标市场价值更难客观合理地确定，所以仍有不少企业坚持用账面价值权数。

五、边际资本成本的测算

边际资本成本是企业筹措新资的成本。具体地讲，是指企业资金再增加一个单位而增加的成本。例如，新增 1 元资金，其成本为 0.10 元。

边际资本成本是加权资金成本的一种形式，亦按加权平均法计算。它是企业追加融资和投资时必须考虑的问题。

（一）追加筹资额确定的边际资本成本

【例 7-11】 甲公司现有资本构成及成本资料如下：

（1）银行借款 240 万元，资本成本率 8%。

（2）普通股 180 万元，资本成本率 10%。

（3）留存收益 180 万元，资本成本率 9%。

目前公司准备新筹集资金 400 万元，其中发行股票筹资 220 万元，资本成本率为 10%，向银行借款 180 万元，资本成本率为 6%。

要求：请计算企业新增资金的边际资本成本和筹资后企业的加权平均资本成本。

【解析】

新增资金的边际资本成本 = 10% × 220/400 + 6% × 180/400 = 8.2%

筹资后企业的加权平均资本成本 = 8% × 240/1000 + 6% × 180/1000 + 10% × （180 + 220）/1000 + 9% × 180/1000 = 8.62%

（二）追加筹资额不确定的边际资本成本

追加筹资额不确定的边际资本成本的计算过程如下：

1. 确定目标资本结构

财务人员经分析确定目前的资本结构置于目标范围内，以便在今后增资时应予以保持。

2. 确定目标资本成本

财务人员分析了资本市场状况和企业融资能力，随着企业融资规模的增大，各种资金成本也会发生变动，财务人员需要测算不用融资规模下的资本成本。

3. 计算融资总额分界点

融资总额分界点也称融资突破点，是指特定融资方式成本变化的分界点。根据目标资本结构和各种资金成本变化的分界点，计算融资总额分界点。其计算公式为：

$$BP_j = \frac{TF_j}{W_j}$$

式中，BP_j 为融资总额分界点；TF_j 为第 j 种资金成本分界点；W_j 为目标资本结构中第 j 种资本的比重。

4. 计算边际资金成本

根据上一步骤计算出的融资分界点，测算新的筹资范围，并计算相关成本。

【例 7-12】 某公司现有资本 100 万元，其中长期负债 20 万元、优先股 5 万元、普通股（含留存收益）75 万元。为了满足追加投资需要，公司拟筹措新资，试确定筹措新资的资金成本。

可按下列步骤进行：

（1）确定目标资本结构。假定公司今后增资时长期负债 20%、优先股 5%、普通股 75% 应予以保持。

（2）确定目标资本成本。测算资料见表 7 - 5。

表 7 - 5　某公司融资资料

资本种类	目标资本结构（%）	新融资的数量范围（元）	资本成本率（%）
长期负债	20	10000 以内	6
		10000 ~ 40000	7
		40000 以上	8
优先股	5	2500 以内	10
		2500 以上	12
普通股	75	22500 以内	14
		22500 ~ 75000	15
		75000 以上	16

（3）计算融资总额分界点。融资分界点测算如表 7 - 6 所示。

表 7 - 6　融资分界点计算表

资本种类	资本成本率（%）	新融资的数量范围（元）	融资总额分界点（元）	融资总额的范围（元）
长期负债	6	10000 以内	10000/0.2 = 50000	50000 以内
	7	10000 ~ 40000	40000/0.2 = 200000	50000 ~ 200000
	8	40000 以上	—	200000 以上
优先股	10	2500 以内	2500/0.05 = 50000	50000 以内
	12	2500 以上		50000 以上
普通股	14	22500 以内	22500/0.75 = 30000	30000 以内
	15	22500 ~ 75000	75000/0.75 = 100000	30000 ~ 100000
	16	75000 以上	—	100000 以上

表 7 - 6 显示了特定融资方式成本变化的分界点。例如，长期债务在 10000 元以内时，其成本为 6%，而在目标资本结构中，债务的比重为 20%，这表示债务成本由 6% 上升到 7% 之前，企业可筹集 50000 元资金。当融资总额多于 50000 元时，债务成本就上升到 7%。

（4）计算边际资金成本。根据融资分界点，重新组合筹资范围。

根据上一步骤计算出的融资分界点，可得出下列 5 组新的筹资范围：①30000 元以内；②30000 ~ 50000 元；③50000 ~ 100000 元；④100000 ~ 200000 元；⑤200000 元以上。

对上面五个融资范围分别计算加权平均资金成本，即可得到各种融资范围的边际资本成本，计算过程可通过表7-7进行。

表7-7 融资分界点计算表

序号	融资总额的范围（元）	资金种类	资本结构（%）	资本成本率（%）	边际资本成本
1	30000 以内	长期负债	20	6	20%×6%+5%×10%+75%×14%=12.2%
		优先股	5	10	
		普通股	75	14	
2	30000~50000	长期负债	20	6	20%×6%+5%×10%+75%×15%=12.95%
		优先股	5	10	
		普通股	75	15	
3	50000~100000	长期负债	20	7	20%×7%+5%×12%+75%×15%=13.25%
		优先股	5	12	
		普通股	75	15	
4	100000~200000	长期负债	20	7	20%×7%+5%×15%+75%×16%=14%
		优先股	5	15	
		普通股	75	16	
5	200000 以上	长期负债	20	8	20%×8%+5%×12%+75%×16%=14.2%
		优先股	5	12	
		普通股	75	16	

第四节 创业企业资本结构决策

资本结构对企业的影响表现在收益和风险两个方面，最优的资本结构应满足收益最大化和风险最小化的要求。在资本结构中，最重要的是长期负债与权益资本的比例关系。通常情况下，债务资本成本低于权益资本成本，扩大债务资本的比例特别是长期负债比例，会降低综合资本成本，增大企业价值。但是较高的负债比例，会加大企业的财务风险和现金流量风险，因此，确定最优资本结构就是要处理好风险与收益的关系，寻求债务资本与权益资本之间的最佳结合点。

一、资本结构的含义

资本结构是指企业各种资金的构成和比例关系，通常是指企业各种长期资金构成和比例关系。因为短期资金的需要量和筹集是经常变化的，且在整个资金总量中所占的比重不稳定，因此，一般不将其列为资本结构管理范围，而作为营运资本管理。

资本结构是由于企业同时采用权益融资和负债融资引起的。在资本结构中，合理利用负债融资，安排负债比率对企业具有重要的影响：①利用负债融资，可以降低企业的综合资本成本；②负债融资具有财务杠杆作用，可以增加每股收益；③负债融资将会加大财务风险。

二、资本结构的类型

企业资本结构的基本类型一般有以下几种：

（一）单一资本结构

单一资本结构是指企业的长期资金仅由单一性质的资金构成，一般是指企业的长期资金均由权益资金构成。这种资本结构的特点是：在无优先股的情况下，企业没有固定还本付息负担，可提高企业的资信和融资能力；但资本成本很高，且不能获得财务杠杆利益。

（二）混合资本结构

混合资本结构是指企业的长期资金由长期债务资金和权益资金构成。这种资本结构的特点是：由于债务成本一般低于权益成本，这种资本结构的综合资本成本较低，在企业资产息税前利润率高于长期债务成本率的情况下，企业可获得财务杠杆利益；但长期负债的固定利息支付和固定的偿还期限，形成企业固定负担，财务风险较大。

（三）最佳资本结构

按照现代资本结构理论，最佳资本结构是企业的综合资本成本最低，同时企业价值最大的资本结构，其核心是确定最佳的负债比率。而在实际工作中，企业如何确定最佳资本结构是一个复杂和困难的问题，也没有一个公认的负债比率的数量化标准，可以认为最佳的资本结构在不同国家、不同时期、不同企业是各不相同的。但是，最佳资本结构的确定仍然是企业融资决策的重要内容，为此企业可以资本结构理论为指导，在研究内外部融资环境的基础上，从企业的所有者或股东、债权人和经营者的不同利益和需要出发，采用不同的评价标准和方法加以确定。

三、最佳资本结构测算方法

目前，确定最佳资本结构常用的定量分析法包括比较资本成本法、每股收益分析法和比较公司价值法等。这些方法可帮助企业的财务管理人员对资本结构的合理性进行评价，但不能将它们作为确定最佳资本结构的绝对标准，实践中还应考虑影响资本结构的其他因素，并根据财务管理人员的经验加以确定，力争使资本结构趋于最佳。下面以股份有限公司为例介绍这三种方法。

（一）比较资本成本法

比较资本成本法是以综合资本成本的高低为标准来衡量资本结构是否合理的方法。企业在做出融资决策之前，先拟定若干备选融资方案，并计算各方案的综合资本成本，以其中综合资本成本最低的融资方案所确定的资本结构为最佳的资本结构。

1. 初始筹资的资本结构决策

【例7－13】甲企业初始成立时需要资本总额7000万元，三种筹资方案如表7－8所示。试确定该公司的最佳资本结构。

表7－8　甲企业初始成立时三种筹资方案　　　　　　　单位：万元

筹资方式	方案一		方案二		方案三	
	筹资金额	资本成本（％）	筹资金额	资本成本（％）	筹资金额	资本成本（％）
长期借款	500	4.5	800	5.25	500	4.5
长期债券	1000	6	1200	6	2000	6.75
优先股	500	10	500	10	500	10
普通股	5000	15	4500	14	4000	13
资本合计	7000		7000		7000	

其他资料：表中债务资本成本均为税后资本成本，所得税税率为25%

【解析】

根据上述资料，三个方案的综合资本成本分别计算如下：

方案一：$K_w = 500/7000 \times 4.5\% + 1000/7000 \times 6\% + 500/7000 \times 10\% + 5000/7000 \times 15\%$

$= 12.61\%$

方案二：$K_w = 800/7000 \times 5.52\% + 1200/7000 \times 6\% + 500/7000 \times 10\% + 4500/7000 \times 14\%$

$= 11.34\%$

方案三：$K_w = 500/7000 \times 4.5\% + 2000/7000 \times 6.75\% + 500/7000 \times 10\% + 4000/7000 \times 13\%$

$= 10.39\%$

通过比较计算结果，方案三的综合资本成本最低，可认为方案三为最佳融资方案，其所确定的资本结构为最佳资本结构。

2. 追加筹资的资本结构决策

追加筹资的资本结构决策有两种方法：一是边际资本成本比较法。直接测算比较各备选追加筹资方案的边际资本成本，从中选择最优筹资方案。二是汇总的综合资本成本比较法。将备选追加筹资方案与原有最佳资本结构汇总，测算汇总资本结构的综合资本成本，比较确定最优追加筹资方案。

【例7－14】ABC公司拟追加筹资1000万元，现有两个追加筹资方案可供选择，有关资料经测算整理后列入表7－9。

表7-9　ABC公司追加筹资方案　　　　　　　　　　　　　　单位：万元

筹资方式	原资本结构	资本成本率（%）	方案一		方案二	
			筹资金额	资本成本（%）	筹资金额	资本成本（%）
长期借款	500	6.5	500	7	600	7.5
长期债券	1500	8				
优先股	1000	12	200	13	200	13
普通股	2000	16	300	16	200	16
资本合计	5000		1000		1000	

【解析】

方法一：边际资本成本比较法。

方案一：边际资本成本 = 500/1000 × 7% + 200/1000 × 13% + 300/1000 × 16% = 10.9%。

方案二：边际资本成本 = 600/1000 × 7% + 200/1000 × 13% + 300/1000 × 16% = 10.3%。

采用边际资本成本比较法不考虑原有资本结构，根据上述计算过程，应选择方案二。

方法二：汇总的综合资本成本比较法。

方案一：综合资本成本 = 500/6000 × 6.5% + 500/6000 × 7% + 1500/6000 × 8% + 1000/6000 × 12% + 200/6000 × 13% + 2300/6000 × 16% = 11.69%。

方案二：综合资本成本 = 500/6000 × 6.5% + 600/6000 × 7.5% + 1500/6000 × 8% + 1000/6000 × 12% + 200/6000 × 13% + 2200/6000 × 16% = 11.59%。

采用汇总的综合资本成本比较法需考虑原有资本结构，根据上述计算过程，应选择方案二。

（二）每股收益分析法

每股收益分析法也称每股收益无差别点分析法，是财务管理中常用的分析资本结构和进行融资决策的方法。它通过分析负债融资与每股收益之间的关系，为确定最佳资本结构提供依据。对股份有限公司来讲，财务管理的目的就是要不断提高普通股每股收益。因此，资本结构合理性的评价也离不开对每股收益的测定。从这一点来看，资本结构是否合理要通过每股收益的变化来分析，考虑的是股东的利益和需要。在这种方法下，只要能提高每股收益的资本结构就是合理的，反之就是不合理的。

1. 息税前利润（EBIT）

息税前利润（EBIT）是指不扣利息和所得税之前的利润。其计算公式为：

EBIT = 净利润 + 所得税 + 利息费用

假设把企业的总成本按成本习性分为固定成本和变动成本。固定成本（F）是指在一定期间和一定的营业规模内，不受营业总额的变动而保持相对固定不变的成本。变动成本（C）是随着营业总额的变动而变动的成本。假设固定成本中不含利息费用，则息税前利润的计算公式为：

EBIT = 总收入 − 固定成本 − 变动成本

2. 每股收益（EPS）

普通股每股收益 = （净利润 − 优先股股利）/普通股股数

将息税前利润代入公式为：

$$EPS = \frac{（息税前利润 - 利息费用）\times（1 - 所得税税率）- 优先股股利}{流通在外普通股股数}$$

3. 每股收益无差别点（$\overline{EBIT}$）

每股收益分析方法的核心是确定每股收益无差别点。所谓的每股收益无差别点，是指每股收益不受任何融资方式影响的息税前利润水平。每股收益是指普通股的每股收益，按照某一息税前利润水平计算的每股收益的公式为：

$$\frac{(\overline{EBIT} - I_1)(1 - t) - D_{p1}}{N_1} = \frac{(\overline{EBIT} - I_2)(1 - t) - D_{p2}}{N_2}$$

式中，$\overline{EBIT}$ 为息税前利润平衡点（每股收益无差别点）；I_1、I_2 为两种筹资方案下的年利息；t 为企业所得税税率；D_{p1}、D_{p2} 为两种筹资方式下的年优先股股利；N_1、N_2 为两种筹资方式下流通在外的普通股股数。

在每股收益无差别点上无论是采用负债融资，还是采用普通股融资；或无论采用优先股融资，还是采用普通股融资，每股收益都是相等的。下面举例说明该方法的运用。

【例 7 - 15】 某公司原有资本 1000 万元，均为普通股资本，流通在外的普通股为 20 万股。为了扩大生产，需要追加融资 500 万元，有以下两种可能的融资方案：

方案 1 全部发行普通股，售价每股 50 元，增发 10 万股。

方案 2 全部举借长期债务，债务年利率为 10%。

根据财务人员测算，追加筹资后销售额可望达到 1200 万元，变动成本率 50%，固定成本为 200 万元，所得税税率 25%，不考虑筹资费用因素。

【解析】

方案 1 普通股融资与方案 2 债务融资方案的每股收益无差别点

$$\frac{(\overline{EBIT} - 0)(1 - 25\%) - 0}{20 + 10} = \frac{(\overline{EBIT} - 50)(1 - 25\%) - 0}{20}$$

得：$\overline{EBIT} = 150$（万元）

在每股收益无差别点的息税前利润下，两个方案的每股收益相等。

方案 1 的每股收益 = （150 - 0）× （1 - 25%）÷ （20 + 10）= 3.75 （元）

方案 2 的每股收益 = （150 - 50）× （1 - 25%）÷ 20 = 3.75 （元）

预计的息税前利润（预计 EBIT）= 1200 - 200 - 1200 × 50% = 400 （万元）

当公司预期获利 200 万元，高于无差别点 150 万元，应当采用财务风险较小的方案 2，即债务融资方案。因为在 1000 万元销售额水平上：

方案 1 的每股收益（EPS）= （400 - 0）× （1 - 25%）÷ （20 + 10）= 10 （元）

方案 2 的每股收益（EPS）= （400 - 50）× （1 - 25%）÷ 20 = 13.125 （元）

方案 2 的每股收益高于方案 1 的每股收益，所以选择方案 2。

由此，每股收益分析法的决策规则为：如果预期的息税前利润大于每股收益无差别点的息税前利润，则运用负债筹资方式；如果预期的息税前利润小于每股收益无差别点的息税前利润，则运用权益筹资方式。

【例 7 - 16】 某公司原有资本 1000 万元，均为普通股资本，流通在外的普通股为 20 万股。为了扩大生产，需要追加融资 500 万元，有以下三种可能的融资方案：

方案 1　全部发行普通股，售价每股 50 元，增发 10 万股。

方案 2　全部举借长期债务，债务年利率为 10%。

方案 3　全部发行优先股，年股利率为 12%。

根据财务人员测算，追加筹资后销售额可望达到 1200 万元，变动成本率 50%，固定成本为 200 万元，所得税税率 25%，不考虑筹资费用因素。

【解析】

对于组合筹资方式进行比较时，需要画图进行分析。

（1）方案 1 普通股融资与方案 2 债务融资方案的每股收益无差别点

$$\frac{(\overline{EBIT}-0)(1-25\%)-0}{20+10}=\frac{(\overline{EBIT}-50)(1-25\%)-0}{20}$$

得：$\overline{EBIT}=150$（万元）

（2）方案 1 普通股融资与方案 3 优先股融资方案的每股收益无差别点

$$\frac{(\overline{EBIT}-0)(1-25\%)-0}{20+10}=\frac{(\overline{EBIT}-0)(1-25\%)-60}{20}$$

$\overline{EBIT}=240$（万元）

上述的每股收益无差别点分析，也可用图 7-1 来描述。

从图 7-1 可以看出，债务融资与普通股融资方案之间的每股收益无差别点为 150 万元的息税前利润。如果预计息税前利润高于这一点（150 万元），利用债务融资可获得更高的每股收益；如果低于这一点（150 万元），利用普通股融资可获得比利用债务融资更高的每股收益。优先股融资与普通股融资方案之间的每股收益无差别点为 240 万元的息税前利润，如果预计息税前利润高于这一点（240 万元），利用优先股融资可获得更高的每股收益；如果低于这一点（240 万元），利用普通股融资比利用优先股融资可获得更高的每股收益。而在债务融资与优先股融资之间并不存在无差别点，由于债务融资其固定的利息具有抵减所得税的作用，所以在所有的息税前利润水平上，债务融资都比优先股融资产生更高的每股收益。也就是说，财务杠杆要发挥作用就需要有较多的息税前利润来补偿固定的融资成本，而一旦达到平衡，普通股每股收益将随着息税前利润的增长较快地增长。

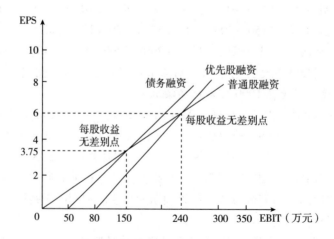

图 7-1　每股收益无差别点分析图

假设该公司融资扩大生产后息税前利润将上升为每年 400 万元，则三种融资方案下的每股收益如表 7 - 10 所示。

表 7 - 10　三种融资方案下的每股收益　　　　　　　　单位：元

项目	普通股	债务	优先股
息税前利润	4000000	4000000	4000000
利息	—	500000	—
税前利润	4000000	3500000	4000000
企业所得税	1000000	875000	1000000
税后利润	3000000	2625000	3000000
优先股股利	—	—	600000
流通在外的普通股股数（股）	300000	200000	200000
每股收益	10	13. 125	12

从表 7 - 10 可看出，由于该公司的息税前利润水平高于每股收益无差别点，债务融资方案下的每股收益是最高的，债务融资方案最优。债务融资方案比优先股融资方案高出 1. 125 元的每股收益。

从上述分析可知，当预期息税前利润水平超过每股收益无差别点时，选择债务融资对企业是有利的，可增加每股收益。同时可对企业现有的资本结构作出相应调整，适当提高负债比率，使资本结构更趋于合理。

（三）比较公司价值法

比较公司价值法是以综合资本成本最低和公司价值最大为标准来衡量资本结构是否合理的方法，即综合资本成本最低，同时公司价值最大的资本结构为最佳资本结构。其基本思路为：

1. 确定公司的价值

公司市场总价值 V 等于普通股市场价值 S 和债务市场价值 B 之和。为了简化计算，假设债务的市场价值等于它的面值，则公司市场价值的计算公式为：

$$V = S + B$$

假设公司无优先股，公司的息税前利润预期不会增长（公司处于零成长），而且税后利润都以股利的形式支付给股东（股利增长率为零）。由此，普通股的股利表现为永续年金形式。普通股市场价值 = 每年净利润/普通股资本成本率，将 EBIT 代入计算公式变更为：

$$S = \frac{(\overline{EBIT} - I)(1 - t)}{K_s}$$

式中，$\overline{EBIT}$ 为每年的息税前利润；I 为每年支付的债务利息；t 为企业所得税税率；K_s 为普通股资本成本或普通股所要求的报酬率。

K_s 采用资本资产定价模型确定，则：

$$K_s = R_s = R_F + \beta(R_M - R_F)$$

2. 确定公司的综合资本成本

综合资本成本 K_w 的计算公式为：

$$K_w = \frac{B}{V}K_b(1-T) + \frac{S}{V}K_s$$

式中，K_b 为长期负债年利率（税前资本成本）。

由上式可知，$V = \dfrac{BK_b(1-t) + SK_s}{K_w}$

将 $S = \dfrac{(EBIT-I)(1-T)}{K_s}$ 代入上式，可得：

$$V = \frac{EBIT(1-T)}{K_w}$$

该式反映了资本结构与资本成本和公司价值的关系，当企业的综合资本成本最低时，企业的价值将达到最大。

3. 确定最佳资本结构

运用上述公司价值和综合资本成本的计算原理，并以公司价值最大和综合资本成本最低为标准，就可以比较确定公司的最佳资本结构。下面举例说明比较公司价值法的运用。

【例7-17】某公司无负债，资本全部由普通股资本构成，其账面价值5000万元。该公司年息税前利润为500万元，年税后利润全部以股利的形式支付给股东，公司所得税税率为25%。无风险报酬率为6%，股票市场平均投资报酬率为14%。该公司认为，目前的资本结构不合理，拟举借长期债务，通过利用债务融资来增加公司的价值。经测算公司在不同负债额时的债务利率和权益成本如表7-11所示。试测算公司的最佳资本结构。

表7-11 不同债务水平下的债务年利率和普通股成本

债务市场价值（万元）	债务年利率（%）	股票β值	权益成本（%）
0		1.1	$6 + 1.1 \times (14\% - 6\%) = 14.8$
100	8	1.15	$6 + 1.15 \times (14\% - 6\%) = 15.2$
300	10	1.2	$6 + 1.2 \times (14\% - 6\%) = 15.6$
500	12	1.3	$6 + 1.3 \times (14\% - 6\%) = 16.4$
700	14	1.4	$6 + 1.4 \times (14\% - 6\%) = 17.2$
1000	16	1.6	$6 + 1.6 \times (14\% - 6\%) = 18.8$

根据表7-11中的数据资料，运用上述相关公式即可计算出不同债务额下公司的市场总价值和综合资本成本，如表7-12所示。

表7-12 不同债务额下的公司价值和综合资本成本

债务价值（万元）	债务利率（%）	权益成本（%）	股票价值（万元）	公司价值（万元）	综合资本成本（%）
0		14.8	$(500-0) \times (1-25\%)/14.8\% = 2534$	2534	14.8
100	8	15.2	$(500-100 \times 8\%) \times (1-25\%)/15.2\% = 2378$	2478	14.83

债务价值（万元）	债务利率（%）	权益成本（%）	股票价值（万元）	公司价值（万元）	综合资本成本（%）
300	10	15.6	$(500 - 300 \times 10\%) \times (1 - 25\%)/15.6\% = 2260$	2560	14.65
500	12	16.4	$(500 - 500 \times 12\%) \times (1 - 25\%)/16.4\% = 2012$	2512	14.93
700	14	17.2	$(500 - 700 \times 14\%) \times (1 - 25\%)/17.2\% = 1753$	2453	15.29
1000	16	18.8	$(500 - 1000 \times 16\%) \times (1 - 25\%)/18.8\% = 1356$	2356	15.91

【解析】

综合资本成本的计算过程：

$$\frac{2534}{2534} \times 14.8\% = 14.8\%$$

$$\frac{100}{2478} \times 8\% \times (1 - 25\%) + \frac{2378}{2478} \times 15.2\% = 14.83\%$$

$$\frac{300}{2560} \times 10\% \times (1 - 25\%) + \frac{2260}{2560} \times 15.6\% = 14.65\%$$

$$\frac{500}{2512} \times 12\% \times (1 - 25\%) + \frac{2012}{2512} \times 16.4\% = 14.93\%$$

$$\frac{700}{2453} \times 14\% \times (1 - 25\%) + \frac{1753}{2453} \times 17.2\% = 15.29\%$$

$$\frac{1000}{2356} \times 16\% \times (1 - 25\%) + \frac{1356}{2356} \times 18.8\% = 15.91\%$$

从表7-12中可以看出，在没有负债的情况下，公司总价值就是原有股票的市场价值，而当公司举借债务并且随着债务额的增加，公司的价值上升，综合资本成本下降，当债务额达到300万元时，公司价值最大，综合资本成本最低；当债务额超过300万元后，随着债务额的增加，公司的价值下降，综合资本成本上升。因此，当债务为300万元时的资本结构为该公司的最佳资本结构。

第五节　融资的杠杆效应和财务风险

财务管理中的杠杆效应，是指由于特定固定支出或费用的存在，当某一财务变量以较小幅度变动时，另一相关变量会以较大幅度变动的现象。企业经营过程中存在营业杠杆、财务杠杆和联合杠杆三大类。三大杠杆效应匹配三种风险，财务风险在融资决策中必须给予高度重视。广义的财务风险可理解为财务活动中一切融资、用资和收益分配等理财活动引起的各类风险。但本节研究的财务风险是狭义的，是指企业利用了财务杠杆，而使企业可能丧失偿债能力，最终导致企业破产的风险。

一、营业杠杆与经营风险

营业杠杆指的是由于固定成本存在导致息税利润增长率大于营业收入增长率。这种作用力的大小通常用营业杠杆系数来衡量。营业杠杆系数是指企业息税前利润的变动率相当于营业额变动率的倍数。

【例7-18】假设某公司20×8年营业收入为100万元，变动成本率为60%，固定成本总额为10万元（不包含财务费用），所得税税率为25%。

（1）假设单价不变，销售量增加10%（即营业收入增加10%），则息税前利润增加幅度是大于、小于还是等于10%？

【解析】

变动前：

营业收入100万元；

息税前利润＝营业收入－变动成本总额－固定成本＝100－100×60%－10＝30（万元）。

变动后：

营业收入110万元；

息税前利润＝营业收入－变动成本总额－固定成本＝100×（1＋10%）－100×（1＋10%）×60%－10＝34（万元）。

息税前利润增长率＝（34－30）/30＝13.33%，大于营业收入增长率10%。

营业杠杆系数＝息税前利润增长率/营业收入增长率＝13.33%/10%＝1.33。

营业杠杆大于1，说明息税前利润增长速度大于营业收入增长速度。

（2）假设单价不变，销售量下降10%（即营业收入下降10%），则息税前利润增加幅度是大于、小于还是等于10%？

【解析】

变动前：

营业收入100万元；

息税前利润＝营业收入－变动成本总额－固定成本＝100－100×60%－10＝30（万元）。

变动后：

营业收入90万元；

息税前利润＝营业收入－变动成本总额－固定成本＝100×（1－10%）－100×（1－10%）×60%－10＝26（万元）。

息税前利润下降率＝（26－30）/30＝－13.33%%，下降幅度大于10%。

营业杠杆系数＝息税前利润增长率/营业收入增长率＝（－13.33%）/（－10%）＝1.33。

营业杠杆大于1，说明息税前利润下降速度大于营业收入下降速度。

总体来说，营业杠杆有正负双效应，营业杠杆系数越大，经营风险就越大，反之亦然。在基期和变动期单价、固定成本保持不变的条件下，营业杠杆系数测算可使用简化公式。

$$营业杠杆系数 = \frac{营业收入 - 变动成本}{营业收入 - 变动成本 - 固定成本}$$

注意：公式中全部使用基期数据。

依据【例7-18】，营业杠杆系数 = $(100 - 100 \times 60\%)/(100 - 100 \times 60\% - 10) = 1.33$。

二、财务杠杆与财务风险

由于企业债务资本成本的存在而导致企业税后利润的变动率（普通股每股收益变动率）大于息税前利润变动率的杠杆效应。债务成本主要是债务利息或优先股股息等固定性融资成本。这种作用力的大小通常用财务杠杆系数来衡量。财务杠杆系数是指企业税后利润的变动率相当于息税前利润变动率的倍数。

【例7-19】假设某公司20×8年营业收入为100万元，变动成本率为60%，固定成本总额为10万元（不包含财务费用），财务费用5万元，所得税税率为25%。

（1）假设单价不变，销售量增加10%（即营业收入增加10%），则税后利润的增加幅度是大于、小于还是等于10%？

【解析】

变动前：

营业收入100万元；

息税前利润 = 营业收入 - 变动成本总额 - 固定成本 = $100 - 100 \times 60\% - 10 = 30$（万元）；

税后利润(净利润) = 息税前利润 - 利息 - 所得税 = $(30 - 5) \times (1 - 25\%) = 18.75$（万元）。

变动后：

营业收入110万元；

息税前利润 = 营业收入 - 变动成本总额 - 固定成本 = $100 \times (1 + 10\%) - 100 \times (1 + 10\%) \times 60\% - 10 = 34$（万元）；

净利润 = (息税前利润 - 利息费用) × (1 - 所得税税率) = $(34 - 5) \times (1 - 25\%) = 21.75$（万元）。

息税前利润增长率 = $(34 - 30)/30 = 13.33\%$，大于营业收入增长率10%。

净利润增长率 = $(21.75 - 18.75)/18.75 = 16.00\%$，大于息税前利润增长率13.33%。

财务杠杆系数 = 净利润增长率/息税前利润增长率 = $16.00\%/13.33\% = 1.2$。

财务杠杆大于1，说明净利润增长速度大于息税前利润增长速度。

（2）假设单价不变，销售量下降10%（即营业收入下降10%），则税后利润的下降幅度是大于、小于还是等于10%？

【解析】

变动前：

营业收入100万元；

息税前利润 = 营业收入 - 变动成本总额 - 固定成本 = $100 - 100 \times 60\% - 10 = 30$（万元）；

税后利润（净利润）＝息税前利润－利息－所得税＝（30－5）×（1－25%）＝18.75（万元）。

变动后：

营业收入90万元；

息税前利润＝营业收入－变动成本总额－固定成本＝100×（1－10%）－100×（1－10%）×60%－10＝26（万元）；

净利润＝（息税前利润－利息费用）×（1－所得税税率）＝（26－5）×（1－25%）＝15.75（万元）。

息税前利润下降率＝（26－30）/30＝－13.33%，大于营业收入下降幅度10%。

净利润下降率＝（15.75－18.75）/18.75＝－16.00%，大于息税前利润下降幅度13.33%。

财务杠杆系数＝净利润增长率/息税前利润增长率＝（－16.00%）/（－13.33%）＝1.2。

财务杠杆大于1，说明净利润下降速度大于息税前利润下降速度。

总体来看，财务杠杆有正负双效应。财务杠杆系数越大，表明财务杠杆作用越大，财务风险也就越大；反之亦然。在基期和变动期，单价、固定成本、普通股股数保持不变的条件下，财务杠杆系数测算可使用简化公式。

$$财务杠杆系数 = \frac{息税前利润}{息税前利润 - 利息费用}$$

注意：公式中全部使用基期数据。

依据【例7－19】，财务杠杆系数＝（100－100×60%－10）/（100－100×60%－10－5）＝1.2。

三、联合杠杆（总杠杆）与整体风险

联合杠杆效应：由于固定成本和债务成本的共同存在而导致的每股收益变动率大于营业收入变动率的杠杆效应。这种作用力的大小通常用联合杠杆系数来衡量。联合杠杆系数是指企业税后利润的变动率相当于营业收入变动率的倍数。

【例7－20】依据【例7－19】分析得：

（1）假设单价不变，销售量增加10%（即营业收入增加10%）。

联合杠杆系数＝净利润增长率/营业收入增长率＝16.00%/10%＝1.6

或　联合杠杆系数＝营业杠杆×财务杠杆＝1.33×1.2＝1.6

（2）假设单价不变，销售量下降10%（即营业收入下降10%）。

联合杠杆系数＝净利润增长率/营业收入增长率＝（－16.00%）/（－10%）＝1.6

或　联合杠杆系数＝营业杠杆×财务杠杆＝（－1.33）×（－1.2）＝1.6

总体来说，联合杠杆＝营业杠杆×财务杠杆，是二者共同作用的结果。联合杠杆综合了企业的经营风险与财务风险，用以评价企业的整体风险。联合杠杆越大，企业的总风险越大；反之亦然。在基期和变动期单价、固定成本保持不变的条件下，联合杠杆系数测算可使用简化公式，即营业杠杆系数和财务杠杆系数的乘积。

企业为取得财务杠杆利益，需要加大债务融资，这就会导致利息等固定费用的增加。

由于财务杠杆的作用，当息税前利润下降时，普通股每股收益会下降得更快。另外，利用营业杠杆带来的营业风险，也会加大财务风险。也就是说，营业杠杆、财务杠杆及复合杠杆都对财务风险产生影响。

财务技能实训

创业者通过本章节的学习，必须理解创业企业不同发展阶段的融资需求，熟悉创业企业常见的融资方式，学会测算各种不同融资方式的融资成本，学会合理安排企业资本结构，能运用杠杆效应测定相关风险。由此，创业者需要掌握的基本财务技能为：资本成本测算、筹资方案的选择、杠杆效应测算。

财务技能实训项目一：资本成本测算

甲公司 20×9 年拟筹集资金 6000 万元，主要如下：

（1）向银行借款 800 万元，借款年利率为 5%，借款期限 5 年，手续费率借款额为 2%。

（2）按溢价发行债券，债券面值 2000 万元，溢价发行价格为 2200 万元，票面年利率为 6.86%，期限 5 年，每年付息一次，到期一次还本，筹资费用率为 2%。

（3）发行优先股筹资 1000 万元，固定股息率为 7.76%，筹集费用率为 3%。

（4）发行普通股 1500 万元，每股发行价格 15 元，筹资费率为 6%，今年刚发放的每股股利为 0.9 元，以后每年按 8% 递增。

（5）不足部分用企业留存收益补足。

假设不考虑筹资费用对资本结构的影响，发行债券和优先股不影响借款利率和普通股股价。

要求：

（1）计算甲公司长期银行借款的资本成本。

（2）假设不考虑货币时间价值，计算甲公司发行债券的资本成本。

（3）计算甲公司发行优先股的资本成本。

（4）利用股利折现模型计算甲公司普通股筹资的资本成本。

（5）计算留存收益的筹资额及其资本成本

（6）计算甲公司 20×9 年新增筹资的综合资本成本。

财务技能实训项目二：筹资方案的选择

东方公司计划 20×3 年上马一个新项目，投资额为 8000 万元，无投资期。经测算，公司原来项目的息税前利润为 500 万元，新项目投产后，新项目会带来 1000 万元的息税前利润。

现有甲、乙两个筹资方案：甲方案为增发面值5000万元，票面利率8%，发行价为6000万元的公司债券；乙方案为增发2000万股普通股。两个方案均在20×2年12月31日发行完毕，并立即购入新设备投入使用。

东方公司现在普通股股数为3000万股，负债1000万元，平均利息率为10%，公司所得税税率为25%。

要求：

（1）计算甲、乙两个方案的每股收益无差别点息税前利润。

（2）用每股收益分析法判断应采取哪个方案。

（3）简要说明使用每股收益无差别点法如何做出决策。

财务技能实训项目三：杠杆效应测算

A公司是一个生产和销售通信器材的股份公司，假设该公司适用的所得税税率为25%。对于明年的预算出现三种方案：

方案1：维持目前的生产和财务政策。预计销售45000件，售价为240元/件，单位变动成本为200元，固定成本为120万元。公司的资本结构为400万元负债（利息率5%），20万股普通股。

方案2：更新设备并用负债筹资。预计更新设备需投资600万元，生产和销售量不会发生变化，但单位变动成本将降低至180元/件，固定成本将增加至150万元。借款筹资600万元，预计新增借款的利率为6.25%。

方案3：更新设备并用股权筹资。更新设备后的情况与方案2相同，不同的只是用发行新的普通股筹资。预计新股发行价为每股30元，需要发行20万股，以筹集600万元资金。

要求：

（1）计算三种方案下的每股收益、经营杠杆、财务杠杆和联合杠杆（请将结果填写在给定的"三种方案下的每股收益、经营杠杆、财务杠杆和联合杠杆"表7-13中，不必列示计算过程）。

表7-13　三个方案下的每股收益、经营杠杆、财务杠杆和联合杠杆　　单位：万元

方案	方案1	方案2	方案3
营业收入			
变动成本			
边际贡献			
固定成本			
息税前利润			
利息			
税前利润			
所得税			

续表

方案	方案1	方案2	方案3
税后净利润			
股数			
每股收益			
经营杠杆			
财务杠杆			
联合杠杆			

（2）根据上述结果分析：哪种方案的总风险最大？哪种方案的报酬最高？

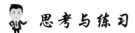 本章小结

本章第一节主要介绍了创业企业融资需求的含义、特征、不同发展阶段的融资需求的差异性。第二节主要介绍了创业企业常见的融资方式。第三节主要介绍了资本成本的含义、五种筹资方式资本成本测算。第四节主要介绍了资本结构的概念、三种合理资本结构的确定方法。第五节主要介绍了企业三种杠杆效应和财务风险的测定。第六节为创业者提供了三个与创业融资成本与风险测算相关的财务技能实训项目。

思考与练习

一、单项选择题

1. 将筹资分为直接筹资和间接筹资的分类标准是（　　　）。

A. 按所取得资金的权益特性

B. 按是否借助于金融机构为媒介来获取社会资金

C. 按资金的来源范围

D. 按所筹集资金的使用期限

2. 公司在创立时首先选择的筹资方式是（　　　）。

A. 融资租赁　　　B. 向银行借款　　　C. 吸收直接投资　　　D. 发行企业债券

3. 某公司向银行借款 2000 万元，年利率为 8%，筹资费率为 0.5%，该公司适用的所得税税率为 25%，则该笔借款的资本成本是（　　　）。

A. 6.00%　　　　B. 6.03%　　　　C. 8.00%　　　　D. 8.04%

4. 某企业发行了期限为 5 年的长期债券 10000 万元，年利率为 8%，每年年末付息一次，到期一次还本，债券发行费率为 1.5%，企业所得税税率为 25%，该债券的资本成本率为（　　　）。

A. 6%   B. 6.09%   C. 8%   D. 8.12%

5. 甲公司某笔长期借款的筹资费用为筹资总额的 5%，年利率为 4%，所得税税率为 25%。假设用一般模式计算，则该长期借款的资本成本为（   ）。

A. 3%   B. 3.16%   C. 4%   D. 4.21%

6. 假设在资本市场中，平均风险股票报酬率为 14%，权益市场风险溢价为 4%，某公司普通股 β 值为 1.5。该公司普通股的成本为（   ）。

A. 18%   B. 6%   C. 20%   D. 16%

7. 某企业经批准平价发行优先股，筹资费率和年股息率分别为 6% 和 10%，所得税税率为 25%，则优先股成本为（   ）。

A. 7.98%   B. 10.64%   C. 10%   D. 7.5%

8. H 公司目前的股票市价为 30 元，筹资费用率为 3%，预计该公司明年发放的股利额为 6 元，股利增长率为 5%，则该股票的资本成本为（   ）。

A. 26.65%   B. 25.62%   C. 25%   D. 26%

9. 某公司普通股目前的股价为 10 元/股，筹资费率为 6%，刚刚支付的每股股利为 2 元，股利固定增长率 2%，则该企业利用留存收益的资本成本为（   ）。

A. 22.40%   B. 22.00%   C. 23.70%   D. 23.28%

10. 在某企业的资本结构中，产权比率（负债/所有者权益）为 2/3，债务税前资本成本为 14%。目前市场上的无风险报酬率为 8%，市场上所有股票的平均收益率为 16%，公司股票的 β 系数为 1.2，所得税税率为 30%，则平均资本成本为（   ）。

A. 14.48%   B. 16%   C. 18%   D. 12%

11. 某公司息税前利润为 700 万元，债务资金为 300 万元，债务利率为 8%，所得税税率为 25%，权益资金为 2000 万元，普通股的资本成本为 15%，则在价值分析法下，公司此时股票的市场价值为（   ）万元。

A. 3000   B. 3340   C. 3380   D. 2740

12. 某企业某年的财务杠杆系数为 2.5，息税前利润（EBIT）的计划增长率为 10%，假定其他因素不变，则该年普通股每股收益（EPS）的增长率为（   ）。

A. 4%   B. 5%   C. 20%   D. 25%

13. 甲公司 2016 年销售收入 1000 万元，变动成本率 60%，固定成本 200 万元，利息费用 40 万元。假设不存在资本化利息且不考虑其他因素，该企业联合杠杆系数是（   ）。

A. 1.25   B. 2   C. 2.5   D. 3.75

二、多项选择题

1. 按照企业所取得资金的权益特性不同，企业筹资可分为（   ）。

A. 股权筹资   B. 债务筹资   C. 外部筹资   D. 内部筹资

2. 下列各种筹资方式中，最有利于降低公司财务风险的是（   ）。

A. 发行普通股   B. 发行优先股

C. 发行公司债券   D. 发行可转换债券

3. 下列各资本成本计算中，需要考虑筹资费用的有（   ）。

A. 银行借款　　　B. 长期债券　　　C. 普通股　　　　　D. 留存收益

4. 在计算个别资本成本时，需要考虑所得税抵减作用的筹资方式有（　　）。

A. 银行借款　　　B. 长期债券　　　C. 留存收益　　　D. 普通股

5. 下列关于资本结构的说法中，正确的有（　　）。

A. 在最佳资本结构下，平均资本成本率是最低的

B. 在最佳资本结构下，企业价值最大

C. 资本结构及其管理是企业投资管理的核心问题

D. 资本结构优化的目标，是降低平均资本成本率或提高企业价值

三、简答题

1. 创业企业不同发展阶段的融资需求有何特点？各阶段采用的主要融资方式有哪些？

2. 股票融资有什么优缺点？

3. 长期债券融资有什么优缺点？

4. 什么是资本成本？资本成本有什么作用？

5. 什么是资本结构？最佳资本结构如何确定？

四、案例分析题

【案例1】

ABC 公司正在着手编制明年的财务计划，公司财务主管请你协助计算其加权平均资本成本。有关信息如下：

（1）公司银行借款利率当前是 9%，明年将下降为 8.93%，并保持借新债还旧债维持目前的借款规模，借款期限为 5 年，每年付息一次，本金到期偿还。

（2）公司债券面值为 1 元，票面利率为 8%，期限为 10 年，按年付息，当前市价为 0.85 元。假设按公司债券当前市价发行新的债券。

（3）公司普通股面值为 1 元，普通股股数为 400 万股，当前每股市价为 5.5 元，本年派发现金股利 0.35 元，预计每股收益增长率维持在 7%，并保持 25% 的股利支付率。

（4）公司当前（本年）的资本构成情况如下：

银行借款	150 万元
长期债券	650 万元
普通股	400 万元
留存收益	420 万元

（5）公司所得税税率为 25%。

（6）公司普通股的 β 值为 1.1。

（7）当前短期国债的收益率为 5.5%，市场上普通股平均收益率为 13.5%。

要求：

（1）计算银行借款的税后资本成本。

（2）计算债券的税后资本成本（一般模式）。

（3）分别使用股利增长模型和资本资产定价模型估计股权资本成本，并计算两种结果的平均值作为股权资本成本。

（4）如果仅靠内部融资，明年不增加外部融资规模，计算其加权平均资本成本（计算时单项资本成本百分数保留 2 位小数）。

【案例 2】

乙公司息税前利润为 400 万元，资本总额账面价值 2000 万元。假设无风险报酬率为 6%，证券市场平均报酬率为 10%，所得税税率为 25%。债务市场价值等于面值，经测算，不同债务水平的权益资本成本率和税前债务利息率（假设税前债务利息率等于税前债务资本成本）如表 7-14 所示。

表 7-14　债券和股票市场相关信息

债务市场价值（万元）	税前债务利息率（%）	股票 β 系数	权益资本成本率（%）
0		1.50	12.0
200	8.0	1.55	12.2
400	8.5	1.65	12.6
600	9.0	1.80	13.2
800	10.0	2.00	14.0

要求：

当债务市场价值分别为 0、200 万元、400 万元、600 万元和 800 万元时，计算相关指标并填列表 7-15，并选择最佳资本结构的筹资方案。

表 7-15　乙公司最佳资本结构计算表

债务市场价值（万元）	净利润	股票市场价值	公司总价值	税后债务资本成本	平均资本成本
0					
200					
400					
600					
800					

【案例 3】

某公司目前的资本来源包括每股面值 1 元的普通股 800 万股和平均利率为 10% 的债

务 3000 万元。该公司现在拟投产一项新产品，该项目需要投资 4000 万元，预期投产后每年可增加息税前利润 400 万元。该项目备选的筹资方案有两个：

（1）按 11% 的利率平价发行债券；

（2）按 20 元/股的价格增发普通股。

该公司目前的息税前利润为 1600 万元；公司适用的所得税税率为 25%；证券发行费可忽略不计。

要求：

（1）计算增发普通股和债券筹资的每股收益无差别点。

（2）计算筹资前的财务杠杆系数和按两个方案筹资后的财务杠杆系数。

（3）根据以上计算结果分析，该公司应当选择哪一种筹资方案？理由是什么？

第八章
创业企业投资管理

 学习目标与要求

1. 了解创业企业投资类型及财务评价的内容与步骤
2. 掌握创业企业投资项目静态和动态各项财务评价指标的含义和计算过程
3. 理解投资项目现金流量的分类与内容
4. 掌握投资各阶段现金净流量的计算、现金净流量图绘制和表格运用
5. 掌握投资项目财务可行性评价指标综合分析结论

导入案例

赚了10亿美元，陌陌却不是阿里的成功案例

在一般的 VC 机构里，衡量一个项目的投资是好是坏，是一道算术题，投资回报率几乎可以回答全部问题，但是在产业资本里，由于投资的出发点不一样，情况就要复杂得多。从财务角度来讲，阿里资本曾经赚了几十亿美元，可能比大多数的投资基金都要好很多，甚至能与红杉、启明、晨兴这些回报最好的基金相提并论。因为我们投资了很多的公司，包括美团、陌陌、微博、百世物流、滴滴（快的）、宝尊……这些都是有几十倍甚至上百倍的回报。

比如投资陌陌时我们不到 1 亿美元的估值进去，现在大概 60 亿美元，通过几次退出，陌陌一案至少为阿里带来了超过 10 亿美元的回报。美团当时估值 1.5 亿美元，现在大概 500 亿美元左右，翻的倍数很多。快的就更不用说了，几百万元人民币就占了 20%，那时候是非常非常低的估值进去的。阿里资本四年投资下来整体拥有十几倍的回报。但是，这个评判标准是对产业资本的第一个挑战——"赚钱"是不是投资评估成败的关键性指标？

显然不是。特别自从 2014 年、2015 年之后，阿里对投资的主流观点就是根本不要考虑财务回报，"战略价值"是投资对阿里意义唯一的指标。

从对一个上市公司的短期评估而言，这个观点无可厚非。因为财务投资产生的利润是"dollar for dollar"，不会和经营利润一样按市盈率放大到公司市值上，而经营性利润是以

市盈率放大几十倍反映到整体市值上的，而公司的市值是评价公司最重要的指标。所有的人都在看运营产生的利润。

问题在于，战略投资的价值如何评估？是否有可量化的评估标准？财务意义上"赚钱"的投资和战略投资是矛盾的，还是可以是一枚硬币的两面？

产业资本需要给公司整体业务提供最大的价值，但如何给公司提供最大价值，有时候并不那么清晰。比如，阿里内部有人认为，尽管在陌陌身上，阿里赚了超过 10 亿美元，但这并非阿里一次成功的产业投资。这里提出的一个问题是，业务上没有深度合作的产业投资是不是就不成功？

既然衡量产业资本投资成败的并非单纯的财务维度，那就需要根据具体情况明确投资目标。

例如，就陌陌这个项目来说，当时的阿里对其团队、产品都是相当乐观的，一是公司本身比较强，二是阿里希望能在无线社交领域扶植一些公司，跟腾讯做一些平衡，至少不是腾讯一家独大的局面。这是一个大的宏观战略，产业投资的一部分必须脱离具体业务考量，投资时不必去想未来能否有业务合作，只要判断是对格局可能产生影响的公司，产业资本就要尽早布局，即使只能小比例参与也比零参与要好，而且这样做的另一个好处是，会提高未来对同类投资的灵活度。而且事实上，未来对格局能产生影响的公司也往往是"赚钱"，甚至是"赚大钱"的财务投资项目。从这个意义上，财务投资实际上可以看成一个可能有财务回报的宏观长远战略投资，正是依循着这个投资逻辑，阿里投了陌陌、投了新浪微博。

（资料来源：节选《阿里投资：一个昔日操盘者的回忆和思考》的第五篇，https：//tech. sina. com. cn/i/2018 – 09 – 23/doc – ihkmwytn6656954. shtml. ）

💡 **思考与讨论：**

（1）投资如何进行财务评价？
（2）如何理解项目投资、产业资本投资和战略投资？

第一节　创业企业投资项目与财务评价

投资是指特定经济主体（包括政府、企业和个人）以本金收回并获利为基本目的，将货币、实物资产等作为资本投资于一个具体对象，以在未来较长期间内获得预期经济利益的经济行为。投入是当期投入一定数额的资金而期望在未来获得回报，所得回报应该能补偿投入资金被占用的时间、预期的通货膨胀率和未来收益的不确定性。

一、创业投资与创业企业投资

从投资行为的主体来看，创业投资和创业企业投资不同。

（一）创业投资

创业投资又称为风险投资，是一种通过向创业企业进行股权投资，并为其提供管理和经营服务，以期所投企业发育成熟后主要通过股权转让收取高额中长期收益的投资行为。创业投资行为的主体主要是创业投资公司、风险投资者、专业投资者等。这些创投公司或风险资本家拥有较多的资本，在市场中会不断寻找投资机会，筛选投资项目，投入资本并在适当时机选择投资退出。高增值特性的高科技企业或新兴的互联网企业往往是被创投公司青睐的对象。与企业的创始人不同的，这些创投企业或风险投资人多数情况下仅负责给企业输出资本，对企业的控制权并不感兴趣。创业投资为中小型企业融资提供了重要渠道。

（二）创业企业投资

创业企业投资是站在企业角度，以企业所有者、经营者、公司法人为投资行为主体，做出企业投资活动的相关决策，确保企业长期健康、稳定发展。与创业投资行为主体的资本扶持有着本质上的区别。企业作为营利性组织，需要通过投资配置资产，如新建厂房、购买设备、购买原材料与劳动力资源等，并将这些生产要素有机地结合起来，形成综合生产能力，才能取得未来的经济利益。从投资的对象上看，所有生产要素的资本配置都属于投资行为。

二、创业企业投资类型

将企业投资的类型进行科学的分类，有助于分清投资的性质，按不同的投资特点进行投资决策，有利于提高决策的有效性。

（一）长期投资和短期投资

从财务管理角度分析，企业的投资活动与经营活动是不相同的。企业的投资活动一般涉及企业未来的经营发展方向和生产能力、规模等问题，如新设一个企业、厂房设备的新建与更新、新产品的研制和开发、无形资产的研发和购买、对其他企业的股权控制等。企业投资活动主要是长期资产的投资，长期资产投资的现金流出至现金流入的时间超过 1 年，需要一次性地投入大量的资金，并在一段较长的时期内发生作用，逐步取得投资回报。投资活动的直接目的是获取生产经营所需的固定资产等劳动手段，以便运用这些资源赚取利润，而不是获取固定资产的再出售收益。

企业的经营活动都是日常的例行性、重复性的活动。如原材料的购买、人力的雇佣、产品生产制造、产成品销售与存货库存管理等问题。企业经营活动主要是短期资产的投资，短期资产投资的现金流出至现金流入的时间不超过 1 年，库存现金、银行存款、应收账款、存货等均属于短期资产。由此，企业的投资活动先于经营活动。本章所要研究的是长期资产的投资行为决策，而把短期资产投资行为决策归属于经营活动，将在第九章中论述。

（二）直接投资和间接投资

按投资活动与企业本身的生产经营活动的关系，创业企业投资可分为直接投资和间接投资。

直接投资是指把资金投放于形成生产经营能力的实体性资产，直接谋取经营利润的投资。其具体形式表现为：一是投资者将货币资金直接投入投资项目，形成实物资产。包括对现金、厂房、机械设备、交通工具、通信、土地或土地使用权等各种有形资产的投资和对专利、商标、咨询服务等无形资产的投资。二是购买现有企业股权，一家企业直接投资另一家企业。通过直接投资，投资者便可以拥有全部或一定数量的企业资产及经营的所有权，直接进行或参与管理。

间接投资是指将资金投放于股票、债券等权益性资产上，通过股票、债券上所约定的收益分配权利，获取股利和利息收入的投资。之所以称为间接投资，是因为股票、债券的发行方，在筹集到资金后，再把这些资金投放于形成生产经营能力的实体性资产，投资者一般不直接介入具体生产经营过程。间接投资的形式主要是购买各种各样的有价证券，因此也被称为证券投资。

（三）项目投资和证券投资

按投资对象的存在形态和性质，企业投资可以分为项目投资和证券投资。

项目是指一系列独特的、复杂的并相互关联的活动，这些活动有着一个明确的目标或目的，必须在特定的时间、预算、资源限定内，依据规范完成。项目投资是购买具有实质内涵的经营资产，包括有形资产和无形资产，形成具体的生产经营能力，开展实质性的生产经营活动，谋取经营利润。在财务决策中，常见的有三类项目投资决策：一是新设企业投资项目决策；二是新产品开发或现有产品的规模扩张项目决策；三是设备或厂房的更新项目决策。

证券投资是将资金投放于股票、债券等权益性资产上，通过证券资产上所赋予的权利，间接控制被投资企业的生产经营活动，获取投资收益，即购买属于综合生产要素的权益性权利资产的企业投资。

由此，两种投资分类方式的内涵和范围是一致的。项目投资属于直接投资，证券投资属于间接投资。

（四）对内投资和对外投资

按投资活动资金投出的方向，企业投资可以划分为对内投资和对外投资。

对内投资是在本企业范围内部的资金投放，用于购买和配置各种生产经营所需要的经营性资产。即购建固定资产、无形资产和其他长期资产。对内投资都是直接投资。

对外投资是向本企业范围以外的其他单位的资金投放。对外投资可以采取与其他单位联合投资、合作经营、换取股权等直接投资方式，也可以采用购买其他单位证券资产等间接投资方式。从理论上讲，对内投资的风险要低于对外投资，对外投资的收益应高于对内投资，随着市场经济的发展，企业对外投资机会越来越多。

（五）独立投资与互斥投资

按投资项目之间的相互关系，企业投资可以划分为独立投资与互斥投资。

独立投资是指各个投资项目互不关联、互不影响，可以同时并存。比如现有资本投资额均为 100 万元的 A、B 两个投资项目。若投资者现持有的资本额有 200 万元，那么投资者对 A、B 两个投资项目的选择就不受资本量的限制，可选择其中任何一个项目，或者两个项目一起投资。此时，A、B 项目属于独立投资项目。独立项目投资决策考虑的是方案是否满足某种决策标准。

互斥投资是非相容性投资，各个投资项目之间相互关联、相互替代，不能同时并存。比如现有资本投资额均为 100 万元的 A、B 两个投资项目。若投资者现持有的资本额有 120 万元，那么投资者在对 A、B 两个投资项目选择时受资本量的限制，只能二选一。此时，A、B 项目属于互斥投资项目。互斥投资项目决策考虑的是各方案之间的互斥性，互斥决策需要从每个可行方案中选择最优方案。

三、创业企业投资项目的可行性研究

选择什么样的项目来进行投资，是创业企业投资运作的第一步，它关系到投资的成败。创业企业投资项目的可行性研究就显得尤为重要。项目可行性研究是投资决策之前，充分调查、研究与拟建项目有关的自然、社会、经济、技术资料，比较分析可能的建设方案，预测评价项目建成后经济和社会效益，财务上的盈利性和经济上的合理性，技术上的先进性和适用性以及建设条件上的可能性和可行性，从而为投资决策提供科学依据的一项重要工作。项目评价是项目可行性研究的重要组成部分，它包括技术评价、经济评价和社会评价三个部分。

（一）技术评价

技术评价主要是根据市场需求预测和原材料供应等生产条件的调查，确定产品方案和合理生产规模，根据项目的生产技术要求，对各种可能拟定的建设方案和技术方案进行技术经济分析、比较、论证，从而确定项目在技术上的可行性。技术评价过程中需要重点把握市场和技术两大关键要素。任何一项技术和产品如果没有广阔的市场潜力，就不能达到投资所追求的将项目由无到有、由小到大、由弱到强孵化哺育成长的目标。因此，创业企业在进行投资时，必须根据自己的经验和对市场的认识，分析判断其投资项目和技术的市场前景，如产品是否能被市场接受和喜欢？其市场渗透力有多大？市场前景有多广阔？市场寿命有多长？市场是否有同类但技术不同的产品？项目技术是否具有超前性和突破性？项目技术是否具备转化为实用产品的可能性？生产成本是否具有可控性？技术是否具有壁垒优势等？

（二）经济评价

经济评价是项目评价的核心，分为企业经济评价和国民经济评价。

企业经济评价亦称财务评价，主要关注项目在财务上的可行性。投资项目财务评价是指在项目财务预测的基础上，根据国家现行财税制度和现行价格，从企业的角度分析测算项目的效益和费用，考察项目的获利能力、偿债能力以及外汇效果等财务状况，以判断项目财务上是否可行的经济评价方法。

国民经济评价从国家和社会的角度出发，按照影子价格、影子汇率和社会折现率，计算项目的国民经济效果，以说明项目在经济上的可行性。国民经济评价以经济内部收益率作为主要指标，以经济净现值、经济净现值率和投资效益率作为辅助指标。财务评价从企业角度分析评价项目对企业的财务盈利水平和利润额。考察项目的盈利能力，以企业净利润为目标。国民经济评价从国家和社会角度评价项目对国家经济发展和社会福利的贡献。考察项目的经济合理性，以对社会、国家发展的贡献、资源的有效利用和合理分配为目标。二者在评价角度和目标上不同。

（三）社会评价

社会评价是分析项目对国防、政治、文化、环境、生态、劳动就业、储蓄等方面的影响和效果。社会评价旨在系统调查和预测拟建项目的建设、运营产生的社会影响与社会效益，分析项目所在地区的社会环境对项目的适应性和可接受程度，通过分析项目涉及的各种社会因素，评价项目的社会可行性，提出项目与当地社会协调关系，规避社会风险，促进项目顺利实施，保持社会稳定的方案。

四、创业企业投资项目财务评价的内容与步骤

创业企业投资项目可行性分析是投资管理的重要组成部分。财务可行性是在相关的环境、技术、市场可行性完成的前提下，着重围绕技术可行性和市场可行性而开展的专门经济性评价。财务可行性分析是投资项目可行性分析的最核心内容，因为投资项目的根本目的是经济效益，市场和技术上可行性的落脚点也是经济上的效益。

（一）创业企业投资项目财务评价的内容

创业企业投资项目财务评价的主要内容包括：
（1）收入、费用和利润等经营成果指标的分析。
（2）资产、负债、所有者权益等财务状况指标的分析。
（3）资金流转和回收等资金运动过程的分析。
（4）项目现金流量、净现值、内含报酬率等项目经济型指标的分析。
（5）项目收益与风险关系的分析。

（二）创业企业投资项目财务评价的步骤

投资项目的财务评价一般包含下列基本步骤：
（1）提出各种项目的投资方案。
（2）估计投资方案的相关现金流量。
（3）计算投资方案的价值指标，如净现值、内含报酬率等。
（4）比较价值指标与可接受标准。

（5）对已接受的方案进行再评价。

五、创业企业投资项目评价的财务观念

（一）货币时间价值观念在投资决策中的运用

不需要借助数学和模型，大多数人凭直觉都能明白，今天的 1 元钱比将来的 1 元钱更值钱，这就是货币的时间价值观念。因为，今天的 1 元钱可以用于储蓄以获取利息，可用于投资以赚取利润。这种由于时间差而产生的价值增长就是利润，对预期利润的追求是企业从事投资活动最直接也是最本质的动机。比如企业有一个投资方案，需要投资 7 万元，寿命周期 4 年，根据市场预测，每年可回收 2 万元。如果不考虑时间价值，那么这是一个可行的项目，因为 4 年内该企业的资金将变为 8 万元。在扣除投资成本之后，还有 1（2 × 4 − 7）万元的利润。但是，如果考虑资金时间价值，又假定目前市场上同期银行储蓄的存款利率为 8%，那么，这就是一个失败的投资方案。因为如果将 7 万元用于储蓄，按单利计息，则 4 年后资金总额将变为 9.24（7 + 7 × 4 × 8%）万元。因此，货币的时间价值成为评价投资方案是否可行的基本标准。投资项目评价过程中需要对投资项目的折现率进行估算。此处的 8% 即为项目的折现率。

1. 折现率的含义

折现率是根据资金具有时间价值这一特性，按复利计息原理把未来一定时期的预期收益折合成现值的一种比率。在投资决策中，必须事先确定一个恰当的折现率作为投资评价的依据，才能将投资方案的收益和风险折算到同一个时点上，做到时间上的可比性。

折现率在投资决策中代表的是投资项目可以被接受的最小收益率，也就是项目投资所必须达到的最低报酬水平。它是投资者期望的最低投资收益率。若项目的投资收益率高于这一水平，则项目可被接受；若低于这一水平，则项目将遭拒绝。由此，投资项目评价时折现率的正确与否直接关系到决策的科学性和正确性。

2. 折现率的估算

投资者要求的"最低投资收益率"估算时要考虑哪些因素呢？一般来说，影响最低投资收益率的基本因素有资金成本、投资项目的性质、经营风险、通货膨胀、经济周期、投资者的风险态度等。折现率的选择可参照的标准如下：

（1）以市场利率为标准。可以参照银行同期的贷款利率来确定。资本市场的市场利润是整个社会投资报酬率的最低水平，可以视为一般最低报酬要求。

（2）本行业或本部门的基准收益率。

（3）企业投资所需要的资金，不管是自有资金还是借入资金或多或少地具有资本成本，企业筹资承担的资本成本率水平，给投资项目提出了最低报酬率要求。

在实际中，投资项目的财务评价，通常按项目的资本成本来确定。

（二）风险价值观念在投资决策中的运用

不需要借助数学和模型，大多数人凭直觉都能明白，确定的 1 元钱比不确定的 1 元钱更值钱，这就是风险价值观念的体现。现实中，风险与报酬就像一对孪生兄弟，形影相

随，投资者要想取得较高的报酬，就必然要冒较大的风险，而如果投资者不愿承担较大的风险，就只能取得较低的报酬。风险—报酬均衡原则是指决策者在进行财务决策时，必须对风险和报酬做出科学的权衡，使所冒的风险与所取得的报酬相匹配。比如上述投资方案，假定目前市场上同期银行储蓄的存款利率为8%。很显然，项目的风险明显高于银行存款理财，这个项目的投资报酬率必须高于8%，投资这个项目才有意义。因此，报酬率是评价投资方案是否可行的又一重要指标。长期投资决策中的净现值法、现值指数法和内含报酬率法，都要运用到货币时间价值观念和风险价值观念，涉及项目折现率和报酬率的计算。

第二节 创业企业投资项目现金流量的估算

虽然企业投资的最高目标是获得利润，投资利润水平是决定企业投资规模和方向的基本依据，但是项目的现金流量状况比会计期间盈亏状况更为重要。因为现金流量是投资项目财务可行性分析的主要分析对象，净现值、内含报酬率、投资回收期等财务指标的计算，均是以现金流量为对象进行可行性评价的。

一、投资项目计算期

项目计算期是指投资项目从投资建设开始到最终清理结束整个过程的全部时间，即该项目的有效持续时间，通常以年为单位。项目计算期按不同时间节点分为建设期和运营期，运营期又进一步分为试产期和达产期。

（1）建设期是指项目资金正式投入开始到项目建成投产为止所需要的时间，建设期的第一年初称为建设起点（记作第0年），建设期的最后一年年末称为投产日。在实践中，通常应参照项目建设的合理工期或项目的建设进度计划合理确定建设期。

（2）项目计算期的最后一年年末称为终结点，假定项目最终报废或清理均发生在终结点（但更新改造除外），从投产日到终结点之间的时间间隔称为运营期。运营期又包括试产期和达产期（完全达到设计生产能力）两个阶段。试产期是指项目投入生产，但生产能力尚未完全达到设计能力时的过渡阶段。达产期是指生产运营达到设计预期水平后的时间。

（3）运营期一般应根据项目主要设备的经济使用寿命期确定。项目计算期、建设期和运营期之间存在以下关系：

项目计算期 n ＝建设期＋运营期
　　　　　　＝建设期＋（试产期＋达产期）

【例8－1】A企业拟投资新建一个项目，在建设起点开始投资，历经两年后投产，试产期1年，主要固定资产的预计使用寿命为10年。试问：项目的建设期几年？项目的运营期几年？试产期几年？达产期几年？项目计算期几年（见图8－1）？

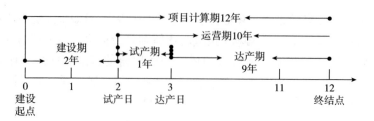

图 8 - 1　项目计算期构成

由图 8 - 1 可以看出：项目的建设期 2 年，项目的运营期 10 年，项目试产期 1 年，项目达产期 9 年，项目计算期 12 年。

二、投资项目现金流量构成

现金流量是投资项目在其整个计算期内所发生的现金收支，叫作现金流量（Cash Flow）。这里的现金是广义的概念，既包括库存现金、银行存款等货币性资产，也包括相关非货币性资产（如原材料、设备等）的变现价值。按现金的流向，现金收入称为现金流入量；现金支出称为现金流出量；现金流入量与现金流出量相抵后的余额，称为现金净流量（Net Cash Flow，NCF）。在一般情况下，投资决策中的现金流量通常指现金净流量（NCF）。

在估算投资项目的现金流量时，结合项目计算期建设期、运营期和终结点构成，项目的现金流量可以分成三个类别现金流量：①项目初始现金流量；②项目营业现金流量（项目寿命期内现金流量）；③项目终结期现金流量（项目寿命期末现金流量）。

三、项目初始现金流量估算

项目初始现金流量发生在投资项目建设期，也被称为建设期现金流量，即对投资项目进行原始投资。原始投资引起企业的现金流出，主要包括以下几项：

（一）固定资产、无形资产上的投资

固定资产、无形资产上的投资包括固定资产的购入或建造成本、运输成本和安装成本、无形资产的购置成本等。

（二）流动资产上的投资

流动资产上的投资（又叫垫支营运资金）包括对材料、在产品、产成品和现金等流动资产上的投资。垫支的营运资金一般发生在投产日。比如企业在投产日投资 5 万元购买原材料，加工成价值 20 万元产成品，在一个营业周期内销售产品收回 20 万元（含投入的材料成本 5 万元），接着继续把收回的 5 万元投出再次购买原材料，周而复始，等到了项目终结点日，所有产品实现销售，5 万元营运资金收回。由此，流动资产上的投资，属于项目垫支的款项，在项目终结时期作为一笔现金流入量收回。在大多数企业，原材料的购

买可以采用赊销的方式，会补充一部分日常营运资金的需要，因此，垫支的营运资金是追加的流动资产扩大量与结算性流动负债扩大量的净差额。

（三）其他投资费用

其他投资费用指与长期投资有关的职工培训费、谈判费、注册费用等。

（四）原有固定资产的变价收入

原有固定资产的变价收入主要是指固定资产更新时原有固定资产的变卖所得的现金收入。为何把变价收入作为现金流出呢？主要是因为企业在固定资产更新决策中采用了更新改造旧设备的决策，就丧失了对固定资产变卖所得，是固定资产更新决策的机会成本。

为了投资决策量化分析的需要，在一般情况下，投资项目现金流估算假设各年投资都在投资当年年初发生。建设期项目还未运营，一般无现金流入量，因此，建设期现金净流量为负值。

【例8-2】庆红公司拟投资建设一条生产线，建设期3年。第1年拟投入20万元，第2年拟投入30万元，第3年拟投入50万元，第3年年末项目完工投产，投产日投入垫支营运资金10万元。生产线建成后，其寿命期为5年，预计利用生产线生产新产品，每年销售收入300万元，付现成本120万元，设备采用直线法计提折旧，预计残值为零。第8年年末项目结束，固定资产账面价值为0元。企业出售固定资产，取得变现收入5万元，另支付固定资产清理费用1万元。企业所得税税率为25%，项目折现率10%（假设每年的建设投入均发生在年初，垫支营运资金发生在建设期期末，项目结束时收回）。

【解析】

建设期现金净流量的计算过程如下，项目初始现金净流量（见图8-2）。

$NCF_0 = -20$（万元）（建设期第1年的投入资本，发生在第1年年初）

$NCF_1 = -30$（万元）（建设期第2年的投入资本，发生在第2年年初）

$NCF_2 = -50$（万元）（建设期第3年的投入资本，发生在第3年年初）

$NCF_3 = -10$（万元）（建设期期末垫支营运资金，发生在第3年年末）

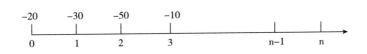

图8-2 项目初始现金净流量

四、项目营业现金流量估算

（一）营业现金流量的概念

运营期（营业阶段）是投资项目的主要阶段，该阶段既有现金流入量，也有现金流出量。营业现金流量是指投资项目投入使用后，在其寿命周期内由于生产经营所带来的现金流入和流出的数量。这里现金流入一般是指营业现金收入（销售收入）。现金流出是指营业现金支出（成本和费用）和交纳的税金（企业所得税）。这种现金流量一般以年为单位进行计算，营业现金流量估算就转化为每年的年营业现金净流量的估算。

（二）年营业现金流量的计算过程

年营业现金净流量的计算并不需要逐项求出每年现金流入量和现金流出量，然后相减得出营业现金净流量。其实，年营业现金净流量是从当年的利润指标上转化而来的。利润是投资项目经济评价最关键的指标，但是在实务中为何不直接使用利润指标直接评价项目，因为会计上的利润是按照权责发生制的原理计算。假设当年实现的收入全部是应收账款，则企业当年利润再高，也只是面上的数据，企业可能穷得连工资都发不起，更何谈持续生产经营。而现金流量是按照收付实现制计算，充裕的现金流才能保证日常经营的持续进行。

在将利润转化为现金流过程中，需要把投资项目的成本分为付现成本和非付现成本两大类。付现成本是指需要现金支付的成本；非付现成本是指不需要支付现金的成本（折旧和摊销）。如固定资产折旧、无形资产摊销和开办费摊销等，在投资项目中非付现成本主要是折旧费，一般假设摊销为零。根据会计上利润的计算公式：

$$净利润 = 收入 - 成本 - 所得税$$
$$= 收入 - （付现成本 + 非付现成本）- 所得税$$
$$= 收入 - 付现成本 - 非付现成本 - 所得税$$
$$= 收入 - 付现成本 - 所得税 - 非付现成本$$

由此，年营业现金流量的计算公式就可以转化为：

公式1：年营业现金流量（NCF）= 收入 - 付现成本 - 所得税

公式2：年营业现金流量（NCF）= 净利润 + 非付现成本

公式3：年营业现金流量（NCF）= 税后收入 - 税后付现成本 + 非付现成本抵税

公式3是在公式1的基础上变形而来，其推导过程如下：

$$
\begin{aligned}
年营业现金流量（NCF） &= 收入 - 付现成本 - 所得税 \\
&= 收入 - 付现成本 - （收入 - 成本）× 所得税税率 \\
&= 收入 - 付现成本 - （收入 - 付现成本 - 非付现成本）× 所得税税率 \\
&= 收入 ×（1 - 所得税税率）- 付现成本 ×（1 - 所得税税率）+ 非付现成本 × 所得税税率 \\
&= 税后收入 - 税后付现成本 + 非付现成本抵税
\end{aligned}
$$

为了投资决策量化分析的需要，在一般情况下，投资项目现金流估算各年的营业现金流量假设都在各年年末一次实现。

【例8-3】依据【例8-2】计算营运期的年营业现金净流量，项目建设期和运营期现金净流量见图8-3。

【解析】

项目投产后需先计算生产线每年折旧额，为本项目非付现成本。

每年折旧额 =（20 + 30 + 50）/5 = 20（万元）

$$NCF_4 = 300 \times (1 - 25\%) - 120 \times (1 - 25\%) + 20 \times 25\% = 140 \text{（万元）}$$
（运营期第 1 年年营业现金流量，发生在第 4 年年末）
$$NCF_5 = 300 \times (1 - 25\%) - 120 \times (1 - 25\%) + 20 \times 25\% = 140 \text{（万元）}$$
（运营期第 2 年年营业现金流量，发生在第 5 年年末）
$$NCF_6 = 300 \times (1 - 25\%) - 120 \times (1 - 25\%) + 20 \times 25\% = 140 \text{（万元）}$$
（运营期第 3 年年营业现金流量，发生在第 6 年年末）
$$NCF_7 = 300 \times (1 - 25\%) - 120 \times (1 - 25\%) + 20 \times 25\% = 140 \text{（万元）}$$
（运营期第 4 年年营业现金流量，发生在第 7 年年末）
$$NCF_8 = 300 \times (1 - 25\%) - 120 \times (1 - 25\%) + 20 \times 25\% = 140 \text{（万元）}$$
（运营期第 5 年年营业现金流量，发生在第 8 年年末）

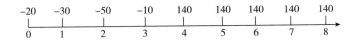

图 8-3　项目建设期和运营期现金净流量

五、项目终结期现金流量估算

项目终结期现金流量主要是与项目终止有关的现金流量。投资项目在终结阶段，原有固定资产将退出生产经营，企业对固定资产进行清理处置所产生的现金流量。同时伴随着固定资产的出售或报废，投资项目的经济寿命结束，企业将与该项目相关的存货出售，应收账款收回，并偿付所有应付账款，项目开始时垫支的营运资金在项目结束时将收回。此时期的现金流量一般是现金流入量。主要包括：

（1）固定资产变价净收入。固定资产出售或报废时的出售价款（残值收入）扣除清理费用后的净额。固定资产出售或报废时取得的净收入，若考虑所得税影响，则需要将净收入与固定资产的账面价值进行比较后，对固定资产出售或报废时的现金流量进行调整。如果实现净收益（账面价值小于变现收入），则需要缴纳企业所得税，税收缴纳会增加企业现金流出，减少企业现金净流量；反之如果实现净损失（账面价值大于变现收入），则可以少缴纳企业所得税，减少企业现金流出，增加企业现金净流量。例如，某固定资产变价净收入为 20 万元，账面价值为 16 万元，则变现净收益为 4 万元，需要缴纳 1（4 × 25%）万元企业所得税，则变现现金流入为 19（20 - 1）万元。

固定资产的账面价值 = 固定资产原值 - 按照税法规定计提的累计折旧

固定资产变现净损益对现金流量的影响 =（账面价值 - 变价净收入）× 所得税税率

（2）垫支营运资金的收回。项目结束时企业垫支的流动资产支出将全部收回。假定新建项目的回收额发生在终结点。

为了投资决策量化分析的需要，在一般情况下，终结期现金流量假设发生在终结点。

【例 8-4】依据【例 8-2】计算项目终结期的现金净流量，项目计算期内的现金净流量见图 8-4。

【解析】

$$NCF'_8 = 变价净收入 + 变现净收益影响 + 垫支营运资金收回$$
$$= (5-1) + (0-4) \times 25\% + 10 = 13 （万元）$$

（终结期现金流量发生在第8年年末）

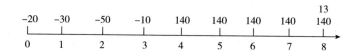

图8-4 项目计算期内的现金净流量

在实务中，通常通过编制"投资项目现金流量表"来测算投资项目的相关现金流量。依据【例8-2】编制投资项目现金净流量计算表（见表8-1）。

表8-1 投资项目各年末的现金净流量以及净现值计算表 单位：万元

项目	0点时	第1年	第2年	第3年	第4年	第5年	第6年	第7年	第8年
固定资产投资	-20	-30	-50						
营运资金				-10					10
销售收入					300	300	300	300	300
税后销售收入					225	225	225	225	225
付现成本					-120	-120	-120	-120	-120
税后付现成本					-90	-90	-90	-90	-90
年折旧额					20	20	20	20	20
折旧抵税					5	5	5	5	5
项目结束时固定资产账面价值									0
项目结束时固定资产变价净收入									4
变现收益									4
变现收益纳税									-1
现金净流量	-20	-30	-50	-10	140	140	140	140	153
折现系数（假设折现率10%）	1	0.9091	0.8264	0.7513	0.6830	0.6209	0.5645	0.5132	0.4665
折现值	-20	-27.273	-41.32	-7.513	95.62	86.926	79.03	71.848	71.3745
净现值	308.6925								

在投资项目管理实践中，由于所得税的影响，营业阶段的现金净流量计算比较复杂，在设计计算表格时也可以设计两张表格分别计算。

【例8-5】新华公司计划增添一条生产流水线，以扩充生产能力。需要投资52万元（建设起点一次性投入），预计使用寿命均为5年，折旧均采用直线法，预计残值为2万元，甲方案预计年销售收入为 100 万元，第一年付现成本为 66 万元，以后在此基础上每年增加维修费 1 万元。方案投入营运时，需垫支营运资金 20 万元。公司所得税税率为 20%。

【解析】

折旧额 $= (52 - 2) \div 5 = 10$ （万元）

$NCF_0 = -52 - 20 = -72$ （万元）

$NCF_1 = 100 \times (1 - 20\%) - 66 \times (1 - 20\%) + 10 \times 20\% = 29.2$ （万元）

$NCF_2 = 100 \times (1 - 20\%) - 67 \times (1 - 20\%) + 10 \times 20\% = 28.4$ （万元）

$NCF_3 = 100 \times (1 - 20\%) - 68 \times (1 - 20\%) + 10 \times 20\% = 27.6$ （万元）

$NCF_4 = 100 \times (1 - 20\%) - 69 \times (1 - 20\%) + 10 \times 20\% = 26.8$ （万元）

$NCF_5 = 100 \times (1 - 20\%) - 70 \times (1 - 20\%) + 10 \times 20\% = 26$ （万元）

$NCF'_5 = 2 + 20 = 22$ （万元）

若用表格计算，其过程如表 8 - 2 和表 8 - 3 所示。

表 8 - 2   营业期现金流量计算表 单位：万元

项目	第 1 年	第 2 年	第 3 年	第 4 年	第 5 年
销售收入 （1）	100	100	100	100	100
付现成本 （2）	66	67	68	69	70
折旧 （3）	10	10	10	10	10
营业利润 （4）=（1）-（2）-（3）	24	23	22	21	20
所得税 （5）=（4）×20%	4.8	4.6	4.4	4.2	4
税后营业利润 （6）=（4）-（5）	19.2	18.4	17.6	16.8	16
营业现金净流量 （7）=（6）+（3）	29.2	28.4	27.6	26.8	26

表 8 - 3   投资项目现金流量计算表 单位：万元

项目	0 时点	第 1 年	第 2 年	第 3 年	第 4 年	第 5 年
固定资产投资	-52					
营运资金垫支（或收回）	-20					20
营业现金流量		29.2	28.4	27.6	26.8	26
固定资产变价净收入						2
现金净流量合计	-72	29.2	28.4	27.6	26.8	48

注：本题假定固定资产按预计残值变现取得收入 2 万元，无处置费用，固定资产变现净收入 2 万元，固定资产账面价值等于 2 万元，则不存在固定资产变现净损益对现金流量的影响。

六、投资项目现金流量估算实例分析

甲公司是一家多元化经营的民营企业，投资领域涉及医药、食品等多个行业。受当前

创业企业财务管理

经济型酒店投资热的影响，公司正在对是否投资一个经济型酒店项目进行评价，有关资料如下：

（1）经济型酒店的主要功能是为一般商务人士和工薪阶层提供住宿服务，通常采取连锁经营模式。甲公司计划加盟某知名经济型酒店连锁品牌 KJ 连锁，由 KJ 连锁为拟开设的酒店提供品牌、销售、管理、培训等支持服务。加盟 KJ 连锁的一次加盟合约年限为 8 年，甲公司按照加盟合约年限作为拟开设酒店的经营年限。加盟费用支出如表 8-4 所示。

表 8-4 加盟费用说明

费用内容	费用标准	支付时间
初始加盟费	按加盟酒店的实有客房数量收取，每间客房收取 3000 元	加盟时一次性支付
特许经营费	按加盟酒店收入的 6.5% 收取	加盟后每年末支付
特许经营保证金	10 万元	加盟时一次性支付，合约到期时一次性归还（无息）

（2）甲公司计划采取租赁旧建筑物并对其进行改造的方式进行酒店经营。经过选址调查，拟租用一幢位于交通便利地段的旧办公楼，办公楼的建筑面积为 4200 平方米，每平方米每天的租金为 1 元，租赁期为 8 年，租金在每年年末支付。

（3）甲公司需按 KJ 连锁的统一要求对旧办公楼进行改造、装修，配备客房家具用品，预计支出 600 万元。根据税法规定，上述支出可按 8 年摊销，期末无残值。

（4）租用的旧办公楼能改造成 120 间客房，每间客房每天的平均价格预计为 175 元，客房的平均入住率预计为 85%。

（5）经济型酒店的人工成本为固定成本。根据拟开设酒店的规模测算，预计每年人工成本支出 105 万元。

（6）已入住的客房需发生客房用品、洗涤费用、能源费用等支出，每间入住客房每天的上述成本支出预计为 38.625 元。除此之外，酒店每年预计发生固定付现成本 30 万元。

（7）根据拟开设经济型酒店的规模测算，经济型酒店需要的营运资本预计为 50 万元。

（8）由于经济型酒店改造需要的时间较短，改造时间可忽略不计。为简化计算，假设酒店的改造及装修支出均发生在年初（零时点），营业现金流量均发生在以后各年年末，垫支的营运资本在年初投入，在项目结束时收回。一年按 365 天计算。甲公司与 KJ 连锁适用的企业所得税税率均为 25%。

对于甲公司投资项目，按以下三个步骤进行估算：

步骤一：计算经济型酒店项目的税后利润（不考虑财务费用，见表 8-5）。

表8-5 酒店项目运营期间的净利润估算

项目	单价（元/间·天）	年销售数量（间）	金额（元）
销售收入	175	120×365×85%=37230	6515250
变动成本			1861500
其中：特许经营费			6515250×6.5%=423491.25
客房运营成本	38.625	120×365×85%=37230	1438008.75
固定成本	—	—	3678000
其中：初始加盟费	—	—	3000×120÷8=45000
房屋租金	—	—	4200×1×365=1533000
装修费摊销	—	—	6000000÷8=750000
固定付现成本	—	—	300000
人工成本	—	—	1050000
税前利润	—	—	975750
所得税	—	—	243937.50
税后利润	—	—	731812.50

步骤二：估算经济型酒店项目的初始（零时点）现金流量、每年的现金净流量、终结点现金净流量。本例题可使用两种方法计算年营业现金净流量，所涉及的计算表格也不一样。

第一种方法：年营业现金净流量＝净利润＋折旧和摊销

酒店项目现金净流量估算表见表8-6。

表8-6 酒店项目现金净流量估算表　　　　单位：元

项目	0	1	2	3	4	5	6	7	8
税后利润		731812.5	731812.5	731812.5	731812.5	731812.5	731812.5	731812.5	731812.5
加盟费摊销		45000	45000	45000	45000	45000	45000	45000	45000
装修支出摊销		750000	750000	750000	750000	750000	750000	750000	750000
营业现金毛流量		1526812.5	1526812.5	1526812.5	1526812.5	1526812.5	1526812.5	1526812.5	1526812.5
初始加盟费	-360000								
保证金	-100000								100000
装修支出	-6000000								
营运资本	-500000								500000
现金净流量	-6960000	1526812.5	1526812.5	1526812.5	1526812.5	1526812.5	1526812.5	1526812.5	2126812.5

说明：加盟费摊销＝120×3000÷8=45000（元）

装修支出摊销＝6000000÷8=750000（元）

营业现金毛流量＝税后净利＋加盟费摊销＋装修支出摊销=1526812.5（元）

初始加盟费 = 120 × 3000 = 360000（元）

第二种方法：年营业现金流量（NCF）= 税后收入 − 税后付现成本 + 非付现成本抵税

非付现成本包括加盟费摊销、装修支出摊销，具体见表8 − 7。

表8 − 7　酒店项目现金净流量估算表

项目	0	1	2	3	4	5	6	7	8
初始加盟费	− 360000								
加盟费摊销		45000	45000	45000	45000	45000	45000	45000	45000
加盟费摊销抵税		11250	11250	11250	11250	11250	11250	11250	11250
保证金	− 100000								100000
装修支出	− 6000000								
装修支出摊销		750000	750000	750000	750000	750000	750000	750000	750000
装修支出摊销抵税		187500	187500	187500	187500	187500	187500	187500	187500
营运资本	− 500000								500000
销售收入		6515250	6515250	6515250	6515250	6515250	6515250	6515250	6515250
税后收入		4886437.5	4886437.5	4886437.5	4886437.5	4886437.5	4886437.5	4886437.5	4886437.5
房屋租金		− 1533000	− 1533000	− 1533000	− 1533000	− 1533000	− 1533000	− 1533000	− 1533000
税后租金		− 1149750	− 1149750	− 1149750	− 1149750	− 1149750	− 1149750	− 1149750	− 1149750
税后人工成本		− 787500	− 787500	− 787500	− 787500	− 787500	− 787500	− 787500	− 787500
税后客房运营成本		− 1078506.56	− 1078506.56	− 1078506.56	− 1078506.56	− 1078506.56	− 1078506.56	− 1078506.56	− 1078506.56
税后特许经营支出		− 317618.44	− 317618.44	− 317618.44	− 317618.44	− 317618.44	− 317618.44	− 317618.44	− 317618.44
税后固定付现成本		− 225000	− 225000	− 225000	− 225000	− 225000	− 225000	− 225000	− 225000
现金净流量	− 6960000	1526812.5	1526812.5	1526812.5	1526812.5	1526812.5	1526812.5	1526812.5	2126812.5

说明：加盟费摊销抵税 $=45000 \times 25\% = 11250$（元）

房屋租金 $=4200 \times 1 \times 365 = 1533000$（元）

税后租金 $=1533000 \times (1 - 0.25) = 1149750$（元）

装修支出摊销抵税 $=750000 \times 25\% = 187500$（元）

销售收入 $=120 \times 365 \times 85\% \times 175 = 6515250$（元）

税后收入 $=6515250 \times (1 - 0.25) = 4886437.5$（元）

税后人工成本 $=1050000 \times (1 - 0.25) = 787500$（元）

税后客房运营成本 $=38.625 \times 37230 \times (1 - 0.25) = 1078506.56$（元）

税后特许经营支出 $=175 \times 37230 \times 6.5\% \times (1 - 0.25) = 317618.44$（元）

税后固定付现成本 $=300000 \times (1 - 0.25) = 225000$（元）

0 点初始现金净流量 $=(-360000) + (-100000) + (-6000000) + (-500000) = -6960000$（元）

1 点营业现金净流量 $=$ 税后收入 $-$ 税后租金 $-$ 税后人工成本 $-$ 税后客房运营成本 $-$ 税后特许经营支出 $-$ 税后固定付现成本 $+$ 加盟费摊销抵税 $+$ 装修支出摊销抵税 $=4886437.5 - 1149750 - 787500 - 1078506.56 - 317618.44 - 225000 + 11250 + 187500 = 1526812.5$（元）

8 点现金净流量 $=8$ 点营业现金净流量 $+$ 终结点现金净流量 $=1526812.5 + 100000 + 500000 = 2126812.5$（元）

步骤三：假设该项目的资本成本率为 12%，计算项目的净现值，现值指数、静态回收期以及内含报酬率等指标，并根据净现值和现值指数判断项目是否可行并说明原因。

第三节　创业企业投资项目财务评价指标

投资决策分析的常用财务评价指标可分为两大类：一类是不考虑货币时间价值的静态评价指标，又称非贴现指标，包括静态投资回收期、平均报酬率；另一类是考虑货币时间价值的动态评价指标，又称贴现指标，包括净现值、现值指数、净现值率、年金净流量、内含报酬率等。其分类如图 8 - 5 所示。

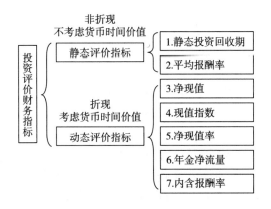

图 8 - 5　财务评价指标分类

一、投资回收期

投资回收期（Payback Period，PP）是指投资项目收回投资支出所需要的时间，也即投资项目预期现金流量的累计值等于其初始现金流出量所需要的时间。它反映的是投资回收的速度。

（一）静态投资回收期

1. 计算公式

投资回收期的计算，因每年的净现金流量是否相等而有所不同。

其一，每年现金净流量相等：回收期＝原始投资额÷每年现金净流量。

其二，每年现金净流量不相等：投资回收期要根据每年年末尚未收回的投资额加以确定。可采用列表法进行计算。

2. 判定标准

用回收期指标评价方案时，回收期越短越好。

【例8-6】大华公司计划期有A、B两个投资项目可供选择，它们的原始投资及现金流量如表8-8所示。

表8-8　A项目、B项目现金流量表　　　　　　　　　　单位：万元

项目	0	1	2	3	4
A	−8000	4000	4000	4000	4000
B	−8000	6000	5000	0	0

【解析】

A项目由于各年的现金流量相等，其回收期为：PP = 8000 ÷ 4000 = 2（年）。

B项目由于各年的现金流量不相等，通过列表法计算，见表8-9。

表8-9　B项目投资回收期　　　　　　　　　　单位：万元

t	0	1	2	3	4
NCF	−8000	6000	5000	0	0
尚未回收		−2000			

则回收期为：PP = 1 + 2000 ÷ 5000 = 1.4（年）。

结论：如以回收期作为评价指标，因为B＜A，因此，B优于A。

3. 对指标的评价

（1）回收期法的优点。计算简便且直观，判断容易，并能促使投资者想方设法缩短回收期，以避免投资风险。因此，在实践中，它是一个运用相当普遍的指标。当企业将投资回收期作为首要标准来评判项目的可行性时，通常要设定一个可接受的投资回收期，称作基准回收期，若投资方案的回收期小于基准回收期，则该方案可行；反之，不能接受。

（2）回收期法的缺点。没有考虑资金时间价值，更没有考虑回收期以后的现金流量和盈利能力。如 A 项目和 B 项目，单纯从回收期看，B 项目优于 A 项目，但如考虑回收期以后或整个项目生命期内的现金流量，则显然 A 项目优于 B 项目。因此，回收期法更适合于作为一种辅助决策的方法。如可将其作为制定决策的一个限制条件（设定项目必须达到 10% 以上的报酬水平，以及 8 年以下的回收期）。

（二）动态投资回收期

为了克服投资回收期不考虑货币时间价值的缺点。人们提出了折现回收期，即动态投资回收期（DPP）的计算。动态回收期的计算直接采用列表法。

【例 8-7】根据【例 8-6】动态投资回收期的计算见表 8-10 和表 8-11。

表 8-10 A 项目投资回收期 单位：万元

t	0	1	2	3	4
NCF	-8000	4000	4000	4000	4000
折现系数（假设 10%）	1	0.9091	0.8264	0.7513	0.6830
折现后 NCF	-8000	3636.40	3305.60	3005.20	2732.00
尚未回收		-4363.60	-1058.00		

则 A 项目的动态投资回收期为：DPP = 2 + 1058 ÷ 3005.2 = 2.35（年）。

表 8-11 B 项目投资回收期 单位：万元

t	0	1	2	3	4
NCF	-8000	6000	5000	0	0
折现系数（假设 10%）	1	0.9091	0.8264	0.7513	0.6830
折现后 NCF	-8000	5454.60	4132.00		
尚未回收		-2545.40			

则 B 项目的动态投资回收期为：DPP = 1 + 2545.4 ÷ 4132 = 1.62（年）。

二、平均投资报酬率

报酬和收益这两个词有时在财务指标中是可以相互替换的。平均投资报酬率（Average Return Rate on Investment，ARR）是指一项投资项目在其生产经营期正常年度的年均净收益与原始投资额的比率，由于其使用的是会计收益的概念，所以又称平均会计收益率。财务评价中还有一个指标总投资收益率，又称投资报酬率（记作 ROI，即 Return On Investment）。其计算原理与平均投资报酬率是一样的。

平均投资报酬率 = 年均净收益 ÷ 原始投资额 × 100%

【例 8-8】某项目的建设期为 2 年，建设期第 1 年投入 100 万元，建设期第 2 年投入60 万元，投产日垫支营运资 50 万元，项目寿命期 8 年，运营期内每年实现净利润 60 万元。预计净残值为0，按平均年限法计提折旧，无变价净收入。计算项目的投资回收期和平均会计收益率。

【解析】

年折旧额 = $(100+60)/8 = 20$（万元）

$NCF_0 = -100$（万元）

$NCF_1 = -60$（万元）

$NCF_2 = -50$（万元）

$NCF_{3\sim10} = 净利润 + 折旧 = 60 + 20 = 80$（万元）

$NCF'_{10} = 50$（万元）

根据现金净流量，使用投资回收期计算表计算，见表8-12。

表8-12　项目投资回收期计算表　　　　　　　　单位：万元

t	0	1	2	3	4	5	6	7	8	9	10
NCF	-100	-60	-50	80	80	80	80	80	80	80	130
尚未回收		-160	-210	-130	-50						

包含建设期的项目的投资回收期（PP）= $4 + 50/80 = 4.625$（年）

不包含建设期的项目的投资回收期 = $2 + 50/80 = 2.625$（年）

平均投资报酬率使用的是利润指标，ARR = $(60 \times 8/8)/(100+60) = 37.50\%$

平均投资报酬率法的主要优点：简单直观，并能反映整个投资期限内的全部盈利水平，因此，在实践中的运用也较广，与投资回收期一样，在以平均投资报酬率法作为主要评价指标时，需预先设定一个基准收益率或行业平均收益率。如果项目预期报酬率大于设定报酬率，则方案可行。

平均投资报酬率法的主要缺点：一是没有考虑资金时间价值因素；二是使用会计账面的净收益与账面投资净值为计算基础，当折旧和存货计价方式改变时，净收益将随之改变，因而存在一定程度的主观随意性。

三、净现值

净现值（Net Present Value，NPV）是指未来现金净流量的总现值与初始投资额总现值之间的差额。净现值的实质是项目所有现金净流量的现值之和，反映了投资项目的投资收益额的多少。对任何一项长期投资，投资者总是希望未来获取的报酬能超过原始投资额，超过越多，获利越多。由于未来获得报酬的时间与原始投资额发生的时间不一致，而根据货币时间价值的原理，不同时期的现金流量具有不同的经济价值。因此，在计算净现值时，需将未来投资报酬与现时投资额统一到一个时点上。

（一）计算公式

净现值（NPV）= 未来现金净流量的总现值 - 初始投资额总现值

$$NPV = \sum_{t=m+1}^{n} \frac{I_t}{(1+i)^t} - \sum_{t=0}^{m} \frac{O_t}{(1+i)^t}$$

式中，n 为项目期限；m 为项目建设期限；I_t 为运营期及终结点第 t 年的现金净流量；O_t 为建设期第 t 年的现金流出量；i 为项目的折现率。折现率可以采用项目的资本成本率或者投资者所要求的必要报酬率。

（二）判定标准

（1）NPV > 0，表明投资报酬率超过所要求的报酬率（或资本成本率），应予采纳。

（2）NPV = 0，没有必要采纳。

（3）NPV < 0，表明投资报酬率低于所要求的报酬率（或资本成本率），项目不能增加股东财富，应予放弃。净现值如果小于 0，并不说明投资没有收益。比如您现在有 100 万元，把这 100 万元存入银行，一年后可以获得 105 万元，该项目的资本成本为 10%，则项目净现值 = -100 + 105/(1 + 10%) = -4.55（万元），净现值虽然小于 0，但不能说明是没有收益的，收益率是 105/100 - 1 = 5%，小于资本成本，说明投资不可行。

【例 8-9】某企业现有甲、乙两个投资方案，其现金流量如表 8-13 所示，折现率为 10%，求该项目的净现值。

表 8-13 甲方案、乙方案投资现金净流量 单位：万元

t	0	1	2	3	4	5
甲方案 NCF	-20000	6912	6832	4752	4672	6792
乙方案 NCF	-6000	-600	2000	2975	3000	3500

【解析】

甲方案净现值（NPV）

= 6912 × (P/F，10%，1) + 6832 × (P/F，10%，2) + 4752 × (P/F，10%，3) + 4672 × (P/F，10%，4) + 6792 × (P/F，10%，5) - 20000

= 6912 × 0.9091 + 6832 × 0.8264 + 4752 × 0.7513 + 4672 × 0.683 + 6792 × 0.6209 - 20000

= 2907.97（万元）

由于甲方案净现值大于 0，方案可行。

乙方案净现值（NPV）

= 2000 × (P/F，10%，2) + 2975 × (P/F，10%，3) + 3000 × (P/F，10%，4) + 3500 × (P/F，10%，5) - [6000 + 600 × (P/F，10%，1)]

= 2000 × 0.8264 + 2975 × 0.7513 + 3000 × 0.683 + 3500 × 0.6209 - (6000 + 600 × 0.9091)

= 1564.61（万元）

由于乙方案净现值大于 0，方案可行。

也可以使用表格计算 NPV，如表 8-14 所示。

表 8 - 14　甲方案、乙方案净现值的计算　　　　　　　　单位：万元

t	0	1	2	3	4	5
甲方案 NCF	-20000	6912	6832	4752	4672	6792
折现率（10%）	1	0.9091	0.8264	0.7513	0.683	0.6209
甲方案折现后 NCF	-20000.00	6283.70	5645.96	3570.18	3190.98	4217.15
甲方案净现值	2907.97					
乙方案 NCF	-6000	-600	2000	2975	3000	3500
乙方案折现后 NCF	-6000.00	-545.46	1652.80	2235.12	2049.00	2173.15
乙方案净现值	1564.61					

在该企业里，甲方案、乙方案的净现值都大于零，说明两者都是可取方案。但若要从两个方案中二选一，则无法直接按净现值的大小进行取舍。甲方案用 20000 万元投资，5 年时间取得较多净现值；乙方案用 6000 万元投资，5 年时间取得较少净现值，两个净现值没有可比性。

（三）对指标的评价

净现值法的主要优点：考虑了货币的时间价值，对各期的现金流量进行了合理的折现；同时，它结合考虑了整个项目寿命周期内的现金流量，将产生的收益与支出进行对比，实际上体现了公司价值的创造过程，它与公司的总体目标是一致的，因此，净现值法无论在理论上还是在实务上，都是一种被广为推崇的决策指标。

净现值法的主要缺点：它是一个绝对值指标，无法区别对待不同投资规模的项目。在比较具有不同寿命期且相互竞争的项目时，也无法充分考虑不同项目的不同寿命期，而往往倾向于接受期限长的投资项目。解决投资额不同的项目之间的比较问题，可以使用现值指数法。

四、现值指数

现值指数（Present Value Index，PVI）亦称获利能力指数，是指投资项目的未来现金净流量的总现值与初始投资额总现值之比。

（一）计算公式

现值指数（PVI）= 未来现金净流量的总现值 ÷ 初始投资额总现值

$$PVI = \sum_{t=m+1}^{n} \frac{I_t}{(1+i)^t} \div \sum_{t=0}^{m} \frac{O_t}{(1+i)^t}$$

式中，n 为项目期限；m 为项目建设期限；I_t 为运营期及终结点第 t 年的现金净流量；O_t 为建设期第 t 年的现金流出量；i 为项目的折现率。折现率可以采用项目的资本成本率或者投资者所要求的必要报酬率。

（二）判定标准

其一，若现值指数 > 1（即净现值 > 0），表明投资报酬率超过所要求的报酬率（或资

本成本率），方案可行。

其二，若现值指数 = 1（即净现值 = 0），没有必要采纳。

其三，若现值指数 < 1（即净现值 < 0），表明投资报酬率小于所要求的报酬率（或资本成本率），方案不可行。

【例 8 – 10】 根据【例 8 – 9】的资料：

甲方案现值指数（PVI）

= [6912 × (P/F，10%，1) + 6832 × (P/F，10%，2) + 4752 × (P/F，10%，3) +

　4672 × (P/F，10%，4) + 6792 × (P/F，10%，5)] ÷ 20000

= (6912 × 0.9091 + 6832 × 0.8264 + 4752 × 0.7513 + 4672 × 0.683 + 6792 × 0.6209) ÷ 20000

= 1.15

由于甲方案现值指数大于 1，方案可行。

乙方案现值指数（PVI）

= [2000 × (P/F，10%，2) + 2975 × (P/F，10%，3) + 3000 × (P/F，10%，4) +

　3500 × (P/F，10%，5)] ÷ [6000 + 600 × (P/F，10%，1)]

= 2000 × 0.8264 + 2975 × 0.7513 + 3000 × 0.683 + 3500 × 0.6209 ÷ (6000 + 600 × 0.9091)

= 1.24

由于乙方案现值指数大于 1，说明它们的实际报酬率都高于设定的最低报酬率 10%，都是可行方案。

由此，甲方案、乙方案的现值指数都大于 1，说明两者都是可取项目。乙方案现值指数（PVI）高出甲方案，可考虑选乙方案。

（三）对现值指数的评价

现值指数的优点：考虑了货币的时间价值，能真实反映投资项目的获利能力。由于现值指数是一个相对指标，因此，有利于评价不同投资规模、不同寿命周期的投资方案。

在投资规模相同的情况下，以净现值和现值指数得出的结论是相同的，但在投资规模不同的情况下，以净现值和现值指数得出的结论有时相互矛盾（如【例 8 – 9】甲方案净现值大于乙方案，而【例 8 – 10】甲方案的现值指数小于乙方案）。相比而言，净现值指标反映的是对总投资的回收额，体现投资的效益；现值指数反映的是每 1 元投资的回收额，体现投资的效率。以净现值法作为评价指标，往往倾向于那些投资盈利高的项目；以现值指数作为评价指标，往往倾向于那些投资少的项目。

现值指数的缺点：现值指数是相对数，反映投资的效率；净现值是绝对数，反映投资的效益。现值指数消除了投资额的差异，却没有消除项目期限的差异。投资期限不同的两个方案也不适合采用现值指数比较法，而应采用年金净流量法（ANCF）。

五、净现值率

净现值率（Net Present Value Rate，NPVR）又称净现值比、净现值指数，是指项目净现值与初始投资额总现值的比率，又称"净现值总额"。净现值率是一种动态投资收益指标，用于衡量不同投资方案的获利能力大小，说明某项目单位投资现值所能实现的净现值大小。净现值率小，单位投资的收益就低；净现值率大，单位投资的收益就高。

计算公式为：

净现值率（NPVR）＝净现值÷初始投资额总现值

$$NPVR = \frac{NPV}{\sum\limits_{t=0}^{m} \frac{O_t}{(1+i)^t}}$$

式中，NPV为项目的净现值；m为项目建设期限；O_t为建设期第t年的现金流出量；i为项目的折现率。折现率可以采用项目的资本成本率或者投资者所要求的必要报酬率。

【例8-11】根据例【例8-9】的资料：

甲方案净现值率（NPVR）＝2907.97÷20000＝14.54%

乙方案净现值率（NPVR）＝1564.61÷[6000+600×(P/F,10%,1)]＝23.90%

净现值率的经济含义是，单位投资现值所能带来的净现值，是一个考察项目单位投资盈利能力的指标，常作为净现值的辅助评价指标。

六、年金净流量

年金净流量法（Annual NCF，ANCF）是指将项目期间内全部净流量总额的总现值折算为等额年金的平均年金净流量，即已知现值为项目净现值NPV，期限是项目计算期，求年金。年金净流量法对限期不同和投资额不同方案比较时都适用。

（一）计算公式

$$年金净流量 = \frac{现金净流量总现值}{年金现值系数} = \frac{NPV}{(P/A, i, n)}$$

（二）判定标准

其一，年金净流量指标的结果大于零，说明每年平均的现金流入能抵补现金流出，投资项目的净现值（或净终值）大于零，方案可行。

其二，在寿命期不同的投资方案比较时，年金净流量越大，方案越好。

【例8-12】某企业现有A、B两个投资方案，其现金流量如表8-15所示，假设公司资本成本是10%，求两个方案的年金净流量。

表8-15　A方案、B方案投资现金净流量　　　　　　　　　　　单位：万元

t	0	1	2	3	4	5	6
A方案NCF	-40000	13000	8000	14000	12000	11000	15000
B方案NCF	-17800	7000	13000	12000			

【解析】

计算过程如下：

A方案的净现值＝-40000+13000×(P/F, 10%, 1)+8000×(P/F, 10%, 2)+

$$14000 \times (P/F, 10\%, 3) + 12000 \times (P/F, 10\%, 4) + 11000 \times$$
$$(P/F, 10\%, 5) + 15000 \times (P/F, 10\%, 6)$$
$$= -40000 + 13000 \times 0.9091 + 8000 \times 0.8264 + 14000 \times 0.7513 +$$
$$12000 \times 0.683 + 11000 \times 0.6209 + 15000 \times 0.5645$$
$$= 12441.1（万元）$$

A 方案的年金净流量 = NPV/(P/A, 10%, 6) = 12441.1/4.3553 = 2856.54（万元）

B 方案的净现值 = $-17800 + 7000 \times (P/F, 10\%, 1) + 13000 \times$
$$(P/F, 10\%, 2) + 12000 \times (P/F, 10\%, 3)$$
$$= -17800 + 7000 \times 0.9091 + 13000 \times 0.8264 + 12000 \times 0.7513$$
$$= 8322.5（万元）$$

B 方案的年金净流量 = NPV/(P/A, 10%, 3) = 8322.5/2.4869 = 3346.54（万元）

可知 A 方案的净现值大于 B 方案的净现值，但是 A 方案的年金净流量小于 B 方案的年金净流量。两个方案若为互斥方案，则在寿命期不同的投资方案比较时，年金净流量越大，方案越好，选择 B 方案较好。

七、内含报酬率

利用净现值法和现值指数法虽然考虑了时间价值，可以说明投资项目的报酬率高于或低于资本成本，但没有揭示项目本身可以达到的报酬率是多少，即项目的内含报酬率。

内含报酬率（Internal Rate of Return，IRR）是指能够使未来现金流入量现值等于现金流出量现值的折现率，或者说是使投资项目净现值等于零的折现率（报酬率）。

（一）计算公式

令净现值 = 0 时，求出 i，此时的 i 就是项目的内含报酬率。

内含报酬率的计算，通常采取"逐次测试法"。根据投资方案的实际情况估计一个大致的折现率，用它来计算方案的 NPV。若 NPV > 0，则说明方案本身的报酬率大于估计的折现率，应提高折现率进一步测试；若 NPV < 0，则说明方案本身的报酬率小于估计的折现率，应降低折现率后进一步测试。直到找到一个使净现值为 0 的折现率为止。

（二）判断标准

（1）IRR > 资本成本，应予采纳。
（2）IRR = 资本成本，没有必要采纳。
（3）IRR < 资本成本，应予放弃。

【例 8-13】 兴达公司有一个投资方案，需一次性投资 120000 元，使用年限为 4 年，每年现金净流量分别为 30000 元、40000 元、50000 元、35000 元。

【解析】

令 NPV = 0

$$-120000 + 30000 \times (P/F, i, 1) + 40000 \times (P/F, i\%, 2) + 50000 \times (P/F, i, 3) +$$
$$35000 \times (P/F, i, 4) = 0$$

因为该方案每年的现金净流量不相同，需逐次测试计算方案的内含报酬率。

（1）当 i = 8% 时：

NPV = − 120000 + 30000 × (P/F,8%,1) + 40000 × (P/F,8%,2) + 50000 × (P/F,8%,3) + 35000 × (P/F,8%,4) = 7484.00（净现值为正数，说明方案的内含报酬率高于 8%）

（2）当 i = 12% 时：

NPV = − 120000 + 30000 × (P/F,12%,1) + 40000 × (P/F,12%,2) + 50000 × (P/F,12%,3) + 35000 × (P/F,12%,4) = − 3492.50（净现值为负数，说明方案的内含报酬率低于 12%）

（3）当 i = 10% 时：

NPV = − 120000 + 30000 × (P/F,10%,1) + 40000 × (P/F,10%,2) + 50000 × (P/F,10%,3) + 35000 × (P/F,10%,4) = 1799.00（净现值为正数，说明方案的内含报酬率高于 10%，但已较接近于零）

（4）当 i = 11% 时：

NPV = − 120000 + 30000 × (P/F,11%,1) + 40000 × (P/F,11%,2) + 50000 × (P/F,11%,3) + 35000 × (P/F,11%,4) = − 894.5（净现值为负数，说明方案的内含报酬率低于 11%）

通过测试方案，找到最靠近零的一个大于零和一个小于零的两个贴现率。该方案的内含报酬率在 10% ~ 11% 之间。进一步运用插值法，得出方案的内含报酬率。

10%   NPV = 1799.00

i   NPV = 0

11%   NPV = − 894.5

$$\frac{i - 10\%}{11\% - 10\%} = \frac{0 - 1799}{-894.5 - 1799}$$

i = 10.67%

注意：内含报酬率的测试过程也可以使用表格测算，如表 8 − 16 所示。

表 8 − 16　净现值的逐次测试　　　　　　　　　　　　　　　　　　　单位：元

年份	NCF	第一次测算 (i = 8%)		第二次测算 (i = 12%)		第三次测算 (i = 10%)		第四次测算 (i = 11%)	
0	− 120000	1	− 120000	1	− 120000	1	− 120000	0.9009	27027
1	30000	0.9259	27777	0.8929	26787	0.9091	27273	0.8116	32464
2	40000	0.8573	34292	0.7972	31888	0.8264	33056	0.7312	36560
3	50000	0.7938	39690	0.7118	35590	0.7513	37565	0.6587	23054.5
4	35000	0.735	25725	0.6355	22242.5	0.683	23905	0.9009	27027
净现值（NPV）		7484		− 3492.5		1799		− 894.5	

（三）对指标的评价

内含报酬率法的优点：内含报酬率法反映的是投资项目的实际报酬水平，尽管在得出实际内含报酬率之后，还应与基准收益率或市场平均报酬率进行对比，但它基本排除了净现值法和现值指数法在设定折现率时主观人为因素的干扰。因此，它更适合于那些无法获知折现率情况下的项目决策。同时，内含报酬率的估算也为投资项目的资金筹措提供了一个预先的警示，因为，要保证投资项目的获利空间，筹资成本必须控制在内含报酬率之下，否则，还本付息之后，投资项目将一无所获，甚至亏本。

内含报酬率法的缺点：与现值指数一样，内含报酬率是一个相对指标，以此作为决策指标，往往会偏向于小型项目，因为它们比大投资项目更易产生较高的回报率。在某些情况下，如当投资额分散于整个寿命周期时，由于数学计算方法的原因，有时会产生多个内含报酬率，使决策者无从选择。

综上分析考虑货币时间价值的三个指标之间的关系：

（1）净现值＞0，现值指数＞1，内含报酬率＞项目资本成本。

（2）净现值＜0，现值指数＜1，内含报酬率＜项目资本成本。

（3）净现值＝0，现值指数＝1，内含报酬率＝项目资本成本。

第四节　投资项目财务可行性分析

投资项目在科学估算现金流量和财务指标的基础上，应根据所计算的财务指标，对投资项目进行财务可行性分析，是项目投资决策的最后一个重要环节。

一、投资项目财务可行性分析的结论

一个项目的动态指标和静态指标都计算后，可以综合这些指标，得出以下四种项目财务可行性分析结论：

（一）完全具备财务可行性

完全具备财务可行性判断标准：

动态指标可行（NPV≥0；IRR≥资本成本率或投资必要报酬率；获利指数≥1）。

且静态指标也可行（PP≤计算期的一半；会计平均收益率≥基准收益率）。

（二）完全不具备财务可行性

完全不具备财务可行性判断标准：

动态指标不可行（NPV＜0；IRR＜资本成本率或投资必要报酬率；获利指数＜1）。

且静态指标也不可行（PP＞计算期的一半；会计平均收益率＜基准收益率）。

（三）基本具备财务可行性

基本具备财务可行性判断标准：

动态指标可行（NPV≥0；IRR≥资本成本率或投资必要报酬率；获利指数≥1）。

且静态指标不可行（PP>计算期的一半；会计平均收益率<基准收益率）。

（四）基本不具备财务可行性

基本不具备财务可行性判断标准：

动态指标不可行（NPV<0；IRR<资本成本率或投资必要报酬率；获利指数<1）。

且静态指标可行（PP≤计算期的一半；会计平均收益率≥基准收益率）。

由此，企业在进行项目投资决策时，只有项目完全具备财务可行性和基本具备财务可行性时，项目投资才有意义。

【例8-14】甲公司拟投资100万元购置一台新设备，年初购入时支付20%的款项，剩余80%的款项下年初付清；新设备购入后可立即投入使用，使用年限为5年，预计净残值为5万元（与税法规定的净残值相同），按直线法计提折旧。新设备投产时需垫支营运资金10万元，设备使用期满时全额收回。新设备投入使用后，该公司每年新增净利润11万元，该项投资要求的必要报酬率为12%。请评价该方案的财务可行性。

【解析】

（1）测算项目现金净流量。

年折旧额 $=(100-5)/5=19$（万元）

$NCF_0 = -100 \times 20\% - 10 = -30$（万元）

$NCF_1 = -100 \times 80\% + (11+19) = -50$（万元）

$NCF_{2\sim5} = 11 + 19 = 30$（万元）

$NCF'_5 = 5 + 10 = 15$（万元）

（2）测算项目动态指标。

①净现值（NPV）$= -30 - 50 \times (P/F,12\%,1) + 30 \times (P/F,12\%,2) + 30 \times$
$\qquad (P/F,12\%,3) + 30 \times (P/F,12\%,4) + 45 \times (P/F,12\%,5)$
$\qquad = -30 - 50 \times 0.8929 + 30 \times 0.7972 + 30 \times 0.7118 + 30 \times 0.6355 +$
$\qquad 45 \times 0.5674$
$\qquad = 15.22$（万元）

②内含报酬率（IRR）。

令 NPV=0 时，求出 i。

$0 = -30 - 50 \times (P/F,i,1) + 30 \times (P/F,i,2) + 30 \times (P/F,i,3) + 30 \times (P/F,i,4) + 45 \times (P/F,i,5)$

当 i=19% 时，NPV=0.789

当 i=20% 时，NPV=-0.9175

利用插值法 $\dfrac{i-19\%}{20\%-19\%} = \dfrac{0-0.789}{-0.9175-0.789}$，求出 i=19.46%

③获利指数（PVI）$= [30 \times (P/F,12\%,1) + 30 \times (P/F,12\%,2) + 30 \times (P/F,12\%,3) + 30 \times$
$\qquad (P/F,12\%,4) + 45 \times (P/F,12\%,5)] / [-30 - 80 \times (P/F,12\%,1)]$
$\qquad = 116.66/101.43 = 1.15$

（3）测算项目静态指标。

投资回收期（PP）$= 3 + 20/30 = 3.67$

会计平均收益率（ARR）＝11/100＝11.00%

结论：通过以上指标计算，动态指标可行，静态指标不可行，则该项目基本具备财务可行性。

二、独立投资方案决策

独立投资方案是指两个或两个以上项目互不依赖，可以同时并存，各方案的决策也是独立的。所谓独立项目，是指被选项目之间是相互独立的，采用一个项目时不会影响另外项目的采用或不采用。

独立投资方案之间比较时，决策要解决的问题是如何确定各种可行方案的投资顺序，即各独立方案之间的优先次序。独立投资方案的决策属于筛分决策，评价各方案本身是否可行，即方案本身是否达到某种要求的可行性标准，衡量指标为效率。决策方法一般采用内含报酬率法进行比较决策。

【例8－15】某企业有足够的资金准备投资于三个独立投资项目。A项目原始投资额10000元，期限5年；B项目原始投资额18000元，期限5年；C项目原始投资额18000元，期限8年。贴现率为10%，其他有关资料如表8－17所示。

问：如何安排投资顺序？

表8－17 独立投资方案的可行性指标 单位：元

项目	A项目	B项目	C项目
原始投资额现值	-10000	-18000	-18000
每年NCF	4000	6500	5000
期限	5年	5年	8年
净现值（NPV）	5164	6642	8675
现值指数（PVI）	1.52	1.37	1.48
内含报酬率（IRR）	28.68%	23.61%	22.28%
年金净流量（ANCF）	1362	1752	1626

由表8－17分析可知：

净现值（NPV）：C＞B＞A

内含报酬率（IRR）：A＞B＞C

年金净流量（ANCF）：B＞C＞A

在独立投资方案比较性决策时，内含报酬率指标综合反映了各方案的获利程度，在各种情况下的决策结论都是正确的。原始投资额的大小并不影响决策结论。应按A＞B＞C安排投资顺序。

三、互斥投资方案决策

互斥投资项目决策考虑的是各方案之间的互斥性，互斥决策思路是从多个备选方案中选择最优方案，衡量指标为效果。

决策方法一般会根据项目期选择评价指标，寿命期相同的情况下，可以用净现值评价，其决策方法是不论方案的原始投资额大小如何，能够获得更大获利数额即净现值的，即为最优方案。在寿命期不相同的情况下，可以用年金净流量指标来决策。不管寿命期是否相同，均可以用年金净流量指标来评价。

【例 8 – 16】 以【例 8 – 15】为例计算三个项目的年金净流量。

A 项目年金净流量（ANCF）= 5164/（P/A，10%，5）= 5164/3.7908 = 1362.25（元）

B 项目年金净流量（ANCF）= 6642/（P/A，10%，5）= 6642/3.7908 = 1752.14（元）

C 项目年金净流量（ANCF）= 8675/（P/A，10%，8）= 8675/5.3349 = 1226.08（元）

根据三个项目的年金净流量，因三个项目互斥，选择年金净流量最大的 B 项目。

 财务技能实训

创业者通过本章节的学习，必须理解投资项目财务评价的相关过程，学会对投资项目进行现金流的估算，并通过财务可行性指标分析得出可行性的评价结论。由此，创业者需要掌握的基本财务技能为：创业企业投资项目现金流估算、创业企业投资项目财务指标计算与评价和创业企业投资项目比较分析。

财务技能实训项目一：创业企业投资项目现金流估算

甲公司是一家建设投资公司，业务涵盖市政工程绿化、旅游景点开发等领域。近年来，夏日纳凉休闲项目受到青睐，甲公司计划在位于市郊的 A 公园开发 W 峡谷漂流项目（简称"W 项目"），目前正在进行项目评价，有关资料如下：

（1）甲公司与 A 公园进行洽谈并初步约定，甲公司一次性支付给 A 公园经营许可费 700 万元（税法规定在 5 年内摊销，期满无残值），取得 W 项目 5 年的开发与经营权；此外，甲公司还需每年按营业收入的 5% 向 A 公园支付景区管理费。

（2）W 项目前期投资包括：修建一座蓄水池，预计支出 100 万元；漂流景区场地、设施等固定资产投资 200 万元；购入橡皮艇 200 艘，每艘市价 5000 元。按税法规定，以上固定资产可在 10 年内按直线法计提折旧，期满无残值。5 年后，A 公园以 600 万元买断 W 项目，甲公司退出 W 项目的经营。

（3）甲公司经调研预计 W 项目的游客服务价格为 200 元/人次，预计第 1 年可接待游客 30000 人次；第 2 年及以后年度项目将满负荷运营，预计每年可接待游客 40000 人次。

（4）预计 W 项目第 1 年的人工成本支出为 60 万元，第 2 年增加 12 万元，以后各年人工成本保持不变。

（5）漂流河道、橡皮艇等设施的年维护成本及其他营业开支预计为 100 万元。

（6）为维持 W 项目正常运营，预计需垫支营运资金 160 万元。

（7）预计 W 项目短时间可建成，可以假设没有建设期。为简化计算，假设经营许可费、项目初始投资均发生在第 1 年年初（零时点），项目营业收入、付现成本等均发生在以后各年年末，垫支的营运资金于各年年初投入，在项目结束时全部收回。

（8）假设项目的资本成本率为9%，甲公司适用的公司所得税税率为25%。

要求：估算W项目的初始（零时点）现金流量、每年的现金净流量及项目的净现值（计算过程及结果填入表8-18），判断项目是否可行并说明理由。

表8-18 W项目现金流估算表　　　　　　　　　　单位：万元

项目	零时点	第1年	第2年	第3年	第4年	第5年
经营许可费						
固定资产投资						
许可费摊销抵税						
固定资产折旧抵税						
税后营业收入						
税后人工成本						
税后营运及维护成本						
税后景区管理费						
项目残值收入						
残值净收入纳税						
垫支营运资金						
现金净流量						
折现系数						
现金净流量的现值						
净现值						

财务技能实训项目二：创业企业投资项目财务指标计算与评价

某企业计划进行某项投资活动，该投资活动需要在投资起点一次投入固定资产200万元，无形资产25万元。该项目年平均净收益为24万元。资本市场中的无风险收益率为2%，该企业股票的风险收益率为8.625%。该企业权益债务比为8·2（假设资本结构保持不变），债务利息率为10%，该企业适用的所得税税率为25%。企业各年的现金流量如表8-19所示。

表8-19 企业各年的现金流量

NCF_0	NCF_1	NCF_2	NCF_3	$NCF_{4\sim6}$	NCF_7
-225	0	-20	18.4	88.4	184.8

要求：

（1）计算投资决策分析时适用的折现率。

（2）计算该项目营业期（终结期为0）。

（3）计算该项目包括投资期的静态回收期和动态回收期。

（4）计算该项目的净现值、现值指数、净现值率。

（5）计算该项目的年金净流量。

（6）计算该项目的内含报酬率（提示：12%～14%）。

（7）评价该项目的财务可行性。

财务技能实训项目三：创业企业投资项目比较分析

ABC公司为一家上市公司，适用的所得税税率为20%。该公司20×2年有一项固定资产投资计划（资本成本为10%），拟定了两个方案：

甲方案：需要投资50万元，预计使用寿命为5年，按直线法计提折旧，预计净残值为5万元。当年投产当年完工并投入运营。投入运营后预计年销售收入120万元，第1年付现成本80万元，以后在此基础上每年都比前一年增加维修费2万元。

乙方案：需要投资80万元，在建设期起点一次性投入，当年完工并投入运营，项目寿命期为6年，预计净残值为8万元，折旧方法与甲方案相同。投入运营后预计每年的税后营业利润25万元。

要求：

（1）分别计算甲、乙两方案每年的现金净流量。

（2）分别计算甲、乙两方案的净现值。

（3）如果甲、乙两方案为互斥方案，请选择恰当方法选优。

本章小结

本章第一节介绍了创业企业投资类型、创业项目财务评价的内容、步骤和观念。第二节主要介绍了投资项目现金流构成及初始现金流量、营业现金流和终结期现金流估算。第三节主要介绍了创业企业投资项目财务评价静态指标和动态指标的计算与运用。第四节主要介绍了投资项目财务可行性分析结论。第五节为创业者提供了三个与投资项目财务评价相关的财务技能实训项目。

思考与练习

一、单项选择题

1. 将企业投资划分为项目投资与证券投资的依据是（　　）。

A. 投资对象的存在形态和性质

B. 投资活动与企业本身的生产经营活动的关系

C. 投资活动资金投出的方向

D. 投资项目之间的相互关联关系

2. 某投资方案，当折现率为 10% 时，其净现值 40 万元；当折现率为 12% 时，其净现值为 –15 万元。该方案的内含报酬率为（　　）。

　　A. 10.55%　　　　B. 10%　　　　C. 11.45%　　　　D. 12%

3. 当资本成本为 8% 时，某项目的净现值为 200 元，则说明该项目的内含报酬率（　　）。

　　A. 高于 8%　　　B. 低于 8%　　　C. 等于 8%　　　D. 无法界定

4. 已知某投资项目的原始投资额现值为 100 万元，净现值为 25 万元，该项目的现值指数为（　　）。

　　A. 0.25　　　　B. 0.75　　　　C. 1.05　　　　D. 1.25

5. 下列评价指标中，属于非折现指标的是（　　）。

　　A. 现值指数　　B. 会计报酬率　　C. 内含报酬率　　D. 净现值

6. 某公司预计 M 设备报废时的净残值为 3500 元，税法规定的净残值为 5000 元，该公司适用的所得税税率为 25%，则该设备报废引起的预计现金净流量为（　　）元。

　　A. 3125　　　　B. 3875　　　　C. 4625　　　　D. 5375

7. 某公司计划投资建设一条新生产线，投资总额为 60 万元，预计新生产线投产后每年可为公司新增税后营业利润 4 万元，生产线的年折旧额为 6 万元，则该投资的静态回收期为（　　）年。

　　A. 5　　　　B. 6　　　　C. 10　　　　D. 15

8. 各个投资项目之间相互关联、相互替代，不能同时并存的投资是（　　）。

　　A. 对内投资　　B. 对外投资　　C. 独立投资　　D. 互斥投资

9. 在下列有关投资项目财务评价指标的表述中，错误的是（　　）。

A. 内含报酬率反映了投资项目实际可能达到的报酬率

B. 可以用净现值法对原始投资额现值不同的独立投资方案进行比较和评价

C. 回收期法是一种较为保守的方法

D. 如果现值指数大于 1，则净现值大于 0

10. 某公司有 A、B、C、D 四个投资项目可供选择，其中 A 与 D 是互斥项目，有关资料如表 8-20 所示。

表 8-20　A、B、C、D 四个项目投资相关财务指标　　　　　单位：元

投资项目	原始投资	净现值	现值指数
A	120000	67000	1.56
B	150000	79500	1.53
C	300000	111000	1.37
D	160000	80000	1.50

如果项目总投资限定为 60 万元，则最优的投资组合是（　　）。

A. A + C + D

B. A + B + C

C. A + B + C + D

D. B + C + D

二、多项选择题

1. 下列各项中，属于间接投资的有（　　）。

A. 股票投资　　　B. 债券投资　　　C. 固定资产投资　　　D. 流动资产投资

2. 下列关于净现值和现值指数的说法，正确的有（　　）。

A. 净现值反映投资的效益

B. 现值指数反映投资的效率

C. 现值指数消除了不同项目间投资额的差异

D. 现值指数消除了不同项目间项目期限的差异

3. 在考虑所得税影响的情况下，下列可用于计算营业现金净流量的算式中，正确的有（　　）。

A. 税后营业利润 + 非付现成本

B. 营业收入 – 付现成本 – 所得税

C. （营业收入 – 付现成本）×（1 – 所得税税率）

D. 营业收入 ×（1 – 所得税税率）+ 非付现成本 × 所得税税率

4. 下列各项中，构成项目终结期现金流量的有（　　）。

A. 设备运输安装费

B. 固定资产变价净收入

C. 垫支营运资金的收回

D. 原材料购置费

5. 如果按折现率 12% 计算的某项目的净现值为 280 万元，下列说法中正确的有（　　）。

A. 现值指数大于 1

B. 内含报酬率大于 12%

C. 各年的现金净流量都大于 0

D. 会计报酬率大于 12%

6. 下列关于内含报酬率法的说法中，正确的有（　　）。

A. 内含报酬率法没有考虑货币的时间价值

B. 内含报酬率是项目本身的投资报酬率

C. 内含报酬率是使投资项目净现值为零的折现率

D. 当内含报酬率大于资本成本时，项目可行

三、简答题

1. 创业企业投资项目的现金净流量的构成及估算方法是什么？

2. 创业企业投资项目的评价指标有哪些？如何分类？

3. 创业企业投资项目财务评价结论有几种？

4. 创业企业投资存在哪些风险？如何应对？

四、案例分析题

【案例1】

C公司是一家家电生产企业，拟新建一条生产线。

（1）预计建设生产线的固定资产投资成本为1200万元。该工程将承包给其他公司，工程款在完工投产时一次付清，即可以将建设期视为零。另外，生产线投产时需要营运资本800万元。

（2）该生产线投入运营后，每年生产和销售30万台产品，售价为200元/台，单位产品变动成本为160元；预计每年发生其他付现成本250万元。

（3）公司所得税税率为25%。新生产线固定资产折旧年限平均为8年（净残值为零）。土地不提取折旧。

（4）该生产线在运营5年后将整体出售，预计出售价格为600万元。假设投入的营运资本在生产线出售时可全部收回。

（5）管理当局要求的项目报酬率为10%。

要求：

（1）计算项目的初始投资（零时点现金流出）。

（2）计算项目的年营业现金毛流量。

（3）计算该工厂在5年后处置时的税后现金净流量。

（4）计算项目的净现值并判断项目是否可行。

【案例2】

某企业拟进行一项固定资产投资，该项目的现金流量表（部分）如表8-21所示。

表 8-21　现金流量表（部分）　　　　　　　　　　　　单位：万元

年限项目	建设期		经营期				
	0	1	2	3	4	5	6
净现金流量	-1000	-1000	100	1000	（B）	1000	1000
累计净现金流量	-1000	-2000	（A）	-900	900	1900	2900
折现净现金流量	-1000	-943.4	89	839.6	1425.8	747.3	705
累计折现净现金流量	-1000	-1943.4	-1854.4	-1014.8	411	1158.3	1863.3

要求：

（1）计算表8-21中用英文字母表示的项目的数值。

（2）计算或确定下列指标：①不包括建设期的动态投资回收期；②净现值；③现值

指数；④该项目为公司增加的财富。

【案例3】

C公司准备投资一个新项目，资本成本为10%，分别有甲、乙、丙三个方案可供选择。

（1）甲方案的有关资料如表8－22所示。

表8－22 甲方案净现金流量 金额单位：元

计算期	0	1	2	3	4	5
净现金流量	－60000	－5000	30000	30000	20000	20000
累计净现金流量	－60000	－65000	A	－5000	15000	35000
折现净现金流量	－60000	B	24792	22539	3660	12418

（2）乙方案的项目寿命期为8年，内含报酬率为8%。

（3）丙方案的项目寿命期为10年，净现值为16000元。

已知：（P/F，10%，1）＝0.9091，（P/F，10%，2）＝0.8264，（P/A，10%，5）＝3.7908，（P/A，10%，10）＝6.1446，（P/F，10%，5）＝0.6209

要求：

（1）计算甲方案的①静态回收期；②A和B的数值；③动态回收期；④净现值。

（2）评价甲、乙、丙方案是否可行。

（3）按等额年金法选出最优方案。

第九章
创业企业营运资本管理

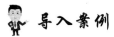 学习目标与要求

1. 了解企业现金管理的重要性
2. 掌握现金流量管理的基本方法
3. 掌握现金预算规划方法
4. 掌握应收账款管理的基本方法
5. 掌握存货管理的基本方法
6. 掌握短期筹资的决策方法

导入案例

Be Our Guest 公司的资金困局

斯蒂文·利齐臭（Stephen Lizio）、阿尔·洛瓦塔（AI Ovata）和西蒙·威廉姆森（Simone Williamson）想尽了所有的融资方案，但是，他们的公司（Be Our Guest）仍然还有315000美元的长期贷款本金余额，这已经远远超过了他们的最大循环信用额度140000美元。同时，这一年公司年销售额取得22%的巨大增速。高额的应收账款反映了过多的客户欠款，公司面临着巨大的债务压力，他们却束手无策、无能为力。

Be Our Guest是一家派对用品租赁商，公司业务具有很强的季节性。公司每年有两次业务旺季，分别为每年的6月和12月，6月是婚礼集中的季节，而12月则是假期派对的高峰。可是，在其他月份，尤其是第一季度，公司营业收入却一直低于营业费用。Be Our Guest面临现金流问题的原因是，虽然繁忙的12月带来了高额的销售收入，但也积累了大量的应收账款，一旦客户不能及时偿付欠款，公司在1月将面临巨大的资金压力。即使欠款客户最终会偿付账款，但是当下，Be Our Guest公司却为日常运营所需要的现金愁苦不堪。

公司的银行信用额度已使用完毕，额外的银行借款也不可行。现在，公司的所有者对于当前的问题束手无策。虽然可以用应收账款抵押借贷，但这并不是一个有吸引力的选

择。由于许多应收账款已超过了账期，债权方支付的对价不会超过应收账款账面余额的70%。同时，那些逾期的应收账款在债权人享有20%高额年利率的基础上，还有5%以上的费用。另外一种可行的方法是，削减支付给所有者的金额，将更多的钱支付给债权方，不过这也是所有者最不愿意采取的方法。因为从理论上讲，公司实际上拥有足够的钱——他们的可转售资产的价值远高于他们的负债，仅仅是 Be Our Guest 现金不足而已。

"我们现在该怎么办？"他们不断地问自己。

当前，他们不知道该何去何从。一方面，他们继续依靠可能产生的现金流勉强度日；另一方面，不断地削减可能减少的费用和开支。只要等到盛夏的旺季，现金问题就会自然而然地解决。鉴于以上公司财务问题，公司所有者采取了一系列措施，希望找出一个永久的解决方案，以应对季节性的现金流入高峰和低谷。首先，在公司销售收入增长良好的年份，公司将其信贷额度增加至200000美元。也就是说，在原来140000美元信贷额度的基础上，增加了60000美元的信贷额度。其次，在接下来的一年，将信用额度再融资，把它转换为长期的债务，这样就能够降低融资的利率，从而减少现金流出。

现在，公司（http：//www.Beourguestpartyrental.com）的业务状况良好且持续增长，每年的6月和12月仍然是业务的高峰季。不同的是，公司已经找到了有效的应对方式，确保当公司需要现金时可以获得足够的现金。

💡 思考与讨论：

（1）为什么公司现有债务的数量会限制企业解决资金链断裂问题时可以借贷的规模？

（2）鉴于一些客户到1月才支付欠款，为什么使用这部分应收账款作抵押，成本会十分昂贵？

（3）公司所有者是否应降低自身的报酬以增加对销售商和供应商的支付？

（4）如何理解公司"拥有很多钱"，但仍然无法偿付债务？

第一节　创业企业的营运资金管理

企业的经营活动都是日常的例行性、重复性的活动。如原材料的购买、人工的雇用、产品生产制造、产成品销售与存货库存管理等问题。一个企业要维持正常的运转就必须要拥有适量的营运资金，因此，营运资金管理是企业财务管理的重要组成部分。

一、营运资金的概念

创业企业营运资金是企业经营过程中用于日常运营周转的资金。从企业运营的外在形态上看，营运资金为占用在全部流动资产上的资金。从会计的角度来看，营运资金是指流动资产与流动负债的净额。比如，在1个营业周期内企业需要购入200万元的材料，假设全部为赊购，体现为企业的应付账款，则在本营业周期内占用在原材料流动资产上的资金为 0（200－200）元。

流动资产指可以在 1 年以内或超过 1 年的一个营业周期内变现或运用的资产。流动资产和长期资产相比具有占用时间短、周转快、易变现等特点。企业拥有较多的流动资产，能及时变现，偿还短期债务，在一定程度上降低企业的财务风险。流动资产在资产负债表上主要包括货币资金、短期投资、应收票据、应收账款和存货等项目。

流动负债指需要在 1 年或超过 1 年的一个营业周期内偿还的债务，又称短期负债或短期融资，和长期负债相比其具有成本低、偿还期短的特点。流动负债在资产负债表上主要包括短期借款、应付票据、应付账款、应付工资、应付税金及未交利润等项目。

二、营运资金管理的目标

营运资金管理从本质上看是对企业流动资产及流动负债两个方面的管理。对流动资产的管理主要是研究应该投资多少在流动资产上，主要包括现金管理、应收账款管理和存货管理，体现为资金的运用管理。对流动负债的管理主要是研究应该怎样进行流动资产的融资，即资金筹措的管理。包括银行短期借款的管理和商业信用的管理，体现为资金的筹措管理。从企业动态经营过程来看，企业营运资金管理是对采购与付款、销售预收款、存货收发存和货币资金收支等业务的循环的动态管理与控制。

营运资金管理的主要目标如下：

其一，满足正常合理的资金需求是营运资金管理的首要任务。企业生产经营与市场需求紧密相关，当市场需求处于畅销状态时，营运资金需求急剧增加，而当市场需求处于滞销状态时，营运资金需求下降。为了保证生产的正常运行，必须科学分析市场需求，采用一定的方法预测营运资金的需要量。

其二，实现资金价值最大化。资金占用需要考虑占用资金的机会成本。机会成本是指当把一定的经济资源用于生产某种产品时放弃的另一些产品生产上最大的收益。例如，当一个厂商决定利用自己所拥有的经济资源生产一辆汽车时，这就意味着该厂商不可能再利用相同的经济资源来生产 200 辆自行车。于是，可以说，生产一辆汽车的机会成本是所放弃生产的 200 辆自行车。如果用货币数量来代替对实物商品数量的表述，且假定 200 辆自行车的价值为 10 万元，则可以说，一辆汽车的机会成本是价值为 10 万元的其他商品。因此，加快现金、存货和应收账款的周转速度，尽量减少资金的过分占用，可以降低资金占用成本，提高资金使用效益。

三、营运资金管理的管理策略

（一）营运资本的投资策略

企业营运资金投资的相关成本主要为持有成本和短缺成本。

持有成本是指随着流动资产投资上升而增加的成本。持有成本主要是与流动资产相关的机会成本。持有成本与流动资产投资同向变化。增加流动资产投资，会增加流动资产的持有成本，降低资产的收益性，但会提高资产的流动性。反之减少流动资产投资，会减少流动资产的持有成本，增加资产的收益性，但会降低资产的流动性。

短缺成本是指随着流动资产投资水平降低而增加的成本。短缺成本与流动资产投资反向变化。因此，从理论上来说，最优的流动资产投资规模等于营运资金的持有成本与短缺成本之和最低时的流动资产占用水平。

（二）营运资本的筹资策略

营运资本筹资策略，是指在总体上如何为流动资产筹资，采用短期资金还是长期资金，或者兼而有之。短期筹资方式与长期筹资方式相比，短期筹资的资本成本较大，但短期偿债压力大，财务风险大；长期筹资资本成本高，但短期偿债压力小，财务风险小。如三个月借款和三年借款，三个月借款的贷款利率低于三年借款，但对借款人而言，短期的还款压力高于三年借款，财务风险大。因此，从理论上来说，要尽可能贯彻筹资的匹配原则，长期投资由长期资金支持，短期投资由短期资金支持。

第二节　创业企业现金管理

现金是企业中流动性最强的资产，同时也是盈利能力最差的资产。属于现金内容的项目包括库存现金、各种形式银行存款和银行本票、银行汇票。这里的现金不包括有价证券（股票、债券等），有价证券是企业现金的一种转换形式。因有价证券的变现能力较强，在企业现金短缺时，可以较容易出售有价证券换取现金。

一、现金管理的重要性

当开展一项新的业务时，需要投入资金，需要购买运营该业务所需的相关资源，比如，原材料、日常用品、房屋租赁以及劳动力。这些资源中的一部分需要支付现金，剩下部分可以暂时赊购，这样就出现了应付账款，但这些应付账款需要在以后的月份支付。通过使用劳动力，原材料转化成产品或者服务，之后，将这些产品或服务销售给客户，客户可能会立即付款，也可能承诺过一段时间支付。客户承诺支付就形成了应收账款，这些账款将在未来的某个时点收取。然后再利用获得的资金去购买业务所需的资源，周而复始，循环往复。完成这样一个循环周期所需的时间，短则数小时，也可能长达数年之久，循环周期的长短取决于所从事的行业类型。

很多创业企业遭遇困难甚至失败，一是因为现金回收与现金支出时点不匹配；二是回收款项的金额与支付金额不匹配。在一些行业中，比如酒店业，现金回收受到经济形式、季节、星期及天气的影响，同时，费用发生的频率要稍低一些，但是数额往往比较大，比如按月支付供货商费用，按周支付雇员酬劳。其他行业，如建筑公司、管道承包商、滑雪场和设备制造商，它们的现金流入虽然不规律，但往往数额巨大。不过，这些企业每月需要支付的现金数额相对较小。有效地管理企业的资金，对于实现企业目标至关重要。

二、创业企业现金规划

对于创业企业而言，做好现金规划是解决现金不足和现金流问题的关键。通过规划可以及时掌握企业在哪个时点会出现现金流不足，以便及时做好资金筹措的准备，避免现金流中断。

现金规划的关键是现金预算。创业者需要准确估计日常经营过程中的各项收入和支出，若存在赊销商业信用行为，需进一步分析实际现金流入和流出，才能提高现金管理的效益。现金预算关注期初现金余额、本期流入量、本期流出量和月末现金余额四项重要内容，如表9-1所示。当预算中发现月末现金余额过多或过少时，需要采取恰当的现金投资和融资策略，确保现金管理目标的实现。

【例9-1】某图书销售公司，20×9年1月的销售预测与20×8年12月的实际销售一致，单位价格不变。20×9年第一季度的现金预算如表9-1所示。

表9-1　某图书销售公司现金预算简表　　　　　　单位：元

月/季度	1月	2月	3月	第一季度总计
期初现金余额	19800	19800	40700	19800
现金收入：				
数量（万册）	12000	20000	25000	57000
单价	40	40	40	40
本期销售本期收款（60%）	288000	480000	600000	1368000
上期销售本期收款（40%）	192000	192000	320000	704000
现金收入合计	480000	672000	920000	2072000
现金支出：				
材料支出	309000	320000	360000	989000
人工支出	100000	100000	200000	400000
销售费用	100000	60000	100000	260000
管理费用	80000	40000	80000	200000
购买设备支出	0	0	200000	200000
税费支出	9800	9900	12000	31700
……				0
现金支出合计	598800	529900	952000	2080700
现金多余或不足	-99000	161900	8700	11100
本月还款	0	-120000		-120000
短期借款	120000		11213	131213
短期借款利息	-1200	-1200	-112.13	-2512.13
月末余额	19800	40700	19800.87	19800.87

创业企业财务管理

【解析】

（1）1月的现金流分析。从表9-1的数据来看，1月的现金流估算结果为期初现金余额加上本期现金收入减去本期现金支出后出现现金不足99000（19800+480000-598800）元，1月即将出现现金流中断，企业在本年末就要考虑1月资金短缺的解决方案。比如现有期限2个月的短期借款的融资方案。那么需要向银行借款多少合适呢？假设所借款项月初1日打款，月末付息，到期还本，月利率1%。那么企业借款金额是99000元吗？显然不对，99000元仅仅满足了企业不足的现金，到月末还有一笔该借款利息990元需要付现，企业少考虑了借款本身的利息支付需求。若仅借入99000元，1月末现金仍出现不足900元。由此，考虑利息支付需求后，企业至少要借入100000〔99000/（1-1%）〕元。企业按预算需求借入100000元后，重新估算1月末现金余额为0（19800+480000+100000-598800-1000）元。此时企业的现金持有成本最低，但是现金的短缺成本却是最高的，无法满足日常持有现金的预防性需求和投机性需求，此时并非最优的现金持有量。

由此，企业现金管理过程中还存在一个目标现金余额的确定问题。假设该企业最佳现金持有量为19800元。那么此时，需要向银行借入的金额为120000〔（99000+19800）/（1-1%）〕元。1月末的现金余额等于19800（19800+480000+120000-598800-1200）元。

（2）2月的现金流分析。从表9-1的数据来看，2月的现金流估算结果为期初现金余额加上本期现金收入减去本期现金支出后出现的现金多余161900（19800+672000-529900）元，本月不需要筹资。再扣除到期的短期借款的本息，2月的现金余额为40700（161900-120000-1200）元。2月末的现金余额大于企业目标现金余额，多出的金额为20900（40700-19800）元。此时现金的持有成本高于现金的短缺成本，也并非最佳的流动资产投资策略，企业可以考虑把超额的现金转化为有价证券，提高现金的收益。

（3）3月的现金流分析。从表9-1的数据来看，3月的现金流估算结果为期初现金余额加上本期现金收入减去本期现金支出后出现的现金多余8700（40700+920000-952000）元，本月基本满足现金流出需要，但是如果考虑目标现金余额19800元，还是需要向银行借入短期资金，需要借入的金额为11213〔（19800-8700）/（1-1%）〕元。3月的现金余额为19800.87（40700+920000-952000+11213-112.13）元。

对于许多创业企业而言，销售预测就是现金收入预测。很多小店，如理发店、电器修理店、餐馆和各种零售采购商，都不接受赊欠，它们所有销售收入都是以现金或信用卡支付。尽管如此，当销售收入不足以支付所需款项时，这种商业模式仍然会出现现金流问题。不同的业务类型具有不同的销售及现金收入模式。企业应当准确估算现金流量，确保企业运转。

三、创业企业目标现金余额确定

现金管理除了要确保现金流不中断，加速现金流周转外，还需要控制好现金持有的规模，即确定适当的现金持有量做企业目标现金余额。现金管理就是在现金的流动性与收益性之间进行权衡的选择。下面介绍较常用的成本模式和存货模式。

（一）成本模式

成本模式的基本思路是，最优的现金持有量是使得现金持有成本最小化的持有量。成本模式下持有现金涉及的主要成本如下：

1. 机会成本

机会成本是指保留一定现金余额而丧失的再投资收益。保留的现金余额越多，机会成本越高，一般与现金持有量正相关。

2. 管理成本

管理成本是指持有一定数量的现金而发生的管理费用。比如现金管理人员工资、安全措施费用等，管理成本一般不会随现金持有量变化而波动，比较固定，可当作固定成本。

3. 短缺成本

短缺成本是指缺乏必要的现金，不能应付业务开支所需，使企业蒙受损失或为此付出的转换成本等代价。保留的现金余额越多，发生短缺的概率越低，一般与现金持有量负相关。

在成本分析模式下，机会成本、管理成本、短缺成本之和最小的现金持有量是最佳现金持有量（见图9－1）。其决策公式为：

最佳现金持有量 = min（管理成本 + 机会成本 + 短缺成本）

从图9－1中可以看出，随着现金持有量增加，机会成本越来越高，短缺成本越来越低，机会成本线向右上方倾斜，短缺成本线向右下方倾斜，管理成本与现金持有量不相关，为一条平行线。总成本是一条抛物线，抛物线最低点为最佳现金持有量。因管理成本是一种固定成本，与现金持有量之间无明显的变动关系，因此机会成本和短缺成本之和最小时的现金持有量为最佳现金持有量，此时机会成本等于短缺成本。

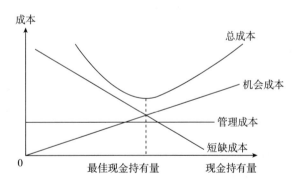

图9－1 成本模式下的最佳现金持有量

【例9－2】某企业有四种现金持有方案，它们各自的持有量、管理成本、短缺成本如表9－2所示。假设现金的机会成本率为12%。要求确定现金最佳持有量。

表9－2 现金持有方案 单位：元

方案项目	甲	乙	丙	丁
现金平均持有量	25000	50000	75000	100000
机会成本	3000	6000	9000	12000
管理成本	20000	20000	20000	20000
短缺成本	12000	6750	2500	0

【解析】

甲方案持有现金总成本 = 3000 + 20000 + 12000 = 35000（元）

乙方案持有现金总成本 = 6000 + 20000 + 6750 = 32750（元）

丙方案持有现金总成本 = 9000 + 20000 + 2500 = 31500（元）

丁方案持有现金总成本 = 12000 + 20000 + 0 = 32000（元）

将以上各方案的总成本加以比较可知，丙方案的总成本最低，故75000元是该企业的最佳现金持有量。

（二）存货模式

成本模式的基本思路是交易成本和机会成本之和最小的每次现金转换量，就是最佳现金持有量。存货模式下持有现金涉及的成本主要有机会成本和交易成本。

1. 机会成本

机会成本是指保留一定现金余额而丧失的再投资收益。保留的现金余额越多，机会成本越高，一般与现金持有量正相关。

2. 交易成本

又称为变现成本或转换成本。交易成本指的是用现金购入有价证券或转让有价证券换取现金时支付的固定性交易费用。如经纪人费用等。现金的交易成本与现金的转换次数、每次转换量有关。

【例9-3】某企业每年需要使用现金100万元，每次转换量为10万元，每次转换的成本为0.02万元，资金成本率为5%，机会成本和交易成本为多少？

【解析】

因为企业转换10万元现金后，10万元现金会随着生产经营逐渐被消耗，直至为0时，再次转换10万元现金，周而复始。所以该企业现金持有量平均数就是每次现金转换量的一半，即5万元，即现金的平均占用余额为5万元。

机会成本 = 现金的平均占用余额 × 机会成本率 = 10/2 × 5% = 0.25（万元）

交易成本 = 现金转换次数 × 每次转换成本 = 100/10 × 0.02 = 0.2（万元）

在现金持有量的存货模型下，机会成本、交易成本之和最小的现金持有量是最佳现金持有量（见图9-2）。其决策公式为：

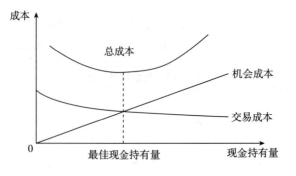

图9-2 存货模式下最佳现金持有量

最佳现金持有量 = min（机会成本 + 交易成本）

从图 9 - 2 中可以看出，随着现金持有量增加，机会成本越来越高，交易成本越来越低，机会成本线向右上方倾斜，交易成本线向右下方倾斜。总成本是一条抛物线，抛物线最低点为最佳现金持有量。因此机会成本和交易成本之和最小时的现金持有量为最佳现金持有量，此时机会成本等于交易成本。

最佳现金持有量 C^* 应当满足：机会成本 = 交易成本，即

$$(Q^* / 2) \times K = (T / Q^*) \times F$$

可知：$Q^* = \sqrt{(2T \times F) / K}$

$$C = \sqrt{(2T \times F) \times K}$$

式中，Q^* 为最佳现金持有量；T 为计算周期内现金总需求；F 为转换一次的转换成本；K 为有价证券利息率（机会成本）；C 为最佳现金持有量下的相关总成本。

【例 9 - 4】乙公司使用存货模型确定最佳现金持有量。根据有关资料分析，20 × 9 年该公司全年现金需求量为 8100 万元，每次现金转换的成本为 0.2 万元，持有现金的机会成本率为 10%。

要求：

（1）计算最佳现金持有量。

（2）计算最佳现金持有量下的现金转换次数。

（3）计算最佳现金持有量下的现金交易成本。

（4）计算最佳现金持有量下持有现金的机会成本。

（5）计算最佳现金持有量下的相关总成本。

【解析】

（1）最佳现金持有量 = $\sqrt{\dfrac{2 \times 8100 \times 0.2}{10\%}}$ = 180（万元）

（2）最佳现金持有量下的现金转换次数 = 8100 / 180 = 45（次）

（3）最佳现金持有量下的现金交易成本 = 45 × 0.2 = 9（万元）

（4）最佳现金持有量下持有现金的机会成本 = (180 / 2) × 10% = 9（万元）

（5）最佳现金持有量下的相关总成本 = 9 + 9 = 18（万元）

也可以按照公式计算，最佳现金持有量下的相关总成本 = $\sqrt{2 \times 8100 \times 0.2 \times 10\%}$ = 18（万元）。

第三节　创业企业应收账款管理

这里所说的应收账款主要是指因对外销售产品、材料、供应劳务及其他原因，应向购货单位或接受劳务的单位及其他单位收取的款项。在企业经营过程中，现销的方式能够避免资金在应收账款项目上的堆积，但在市场竞争日益激烈的时期，赊销可以为企业提供一定的竞争基础。

一、应收账款管理的重要性

应收账款本质上是企业为客户提供的一种短期信用贷款。企业合理地对外提供信用业务，一方面，能加快货物流转，扩大销售，增加利润，有利于扩大再生产；另一方面，对提高企业声誉起积极的促进作用。

然而应收账款会给企业带来较大的经营风险：一是顾客在购货之后的很长时间才付款；二是顾客根本不付款，即形成企业的坏账。企业必须在由赊销所带来的额外收益与风险之间做出权衡。

许多创业企业在成立初期，都将扩大销售作为其工作重点，但创业企业必须充分认识到，随着销售的增长，存货将增加，垫支的应收账款也将增加，当大量的利润只以应收账款形式表现，且累积过大、无法及时收回时，企业便会遭遇增长危机。因此，成长之中的创业企业在努力促进销售的同时，必须时刻关注企业的应收账款水平，并对其进行合理安排和控制。

二、应收账款收益与相关成本

应收账款是企业的一项资金投放，一方面扩大销售和盈利；另一方面投放一定要发生成本。

（一）边际收益

边际收益（Marginal Revenue）是指增加一单位产品的销售所增加的收益，即最后一单位产品的售出所取得的收益。在赊销行为中，考虑到在某一产能范围内，生产数量的增加并不会引起固定成本的增加，企业多赊销1个单位的产品，所产生的利润仅需要考虑变动成本。在管理会计中经常使用边际收益（边际贡献）的概念，它是指销售收入减去变动成本后的余额。其计算公式为：

边际收益 = 销售量的增加 × 单位边际贡献 = 销售量的增加 × （单价 − 单位变动成本）

如果销售量的增加突破了固定成本的相关范围，此时需要考虑固定成本的增加问题。可以在计算信用成本税前收益的时候，扣除增加的固定成本。

【例9−5】某服装企业，年产能500万件，全年固定成本20000元。每件产品售价300元，单位变动成本120元，变动成本率40%。若全部采用现销方式，全年销售量200件，若新增赊销方式，全年可新增销量100件。全年以360天计算。则产生的应收账款的边际收益是多少？

【解析】

边际收益 = 销售量的增加 × 单位边际贡献 = 100 × （300 − 120） = 18000 （元）

在应收账款决策中，考虑边际收益的原因是在固有产能下，固定成本不变，可以被更多产品所均摊，导致单位成本下降。提供赊销前：企业利润 = 200 × 300 − 20000 − 200 × 300 × 40% = 16000 （元）；新增赊销后：企业利润 = 300 × 300 − 20000 − 300 × 300 × 40% = 34000 （元）。提供赊销可以新增利润 = 34000 − 16000 = 18000 （元）。

（二）机会成本

应收账款的机会成本是指因资金投资在应收账款而丧失的其他投资收益。准确地说，应收账款的机会成本是应收账款占用资金的应计利息。具体公式如下：

应收账款占用资金的应计利息 = 应收账款占用资金 × 资本成本

其中：应收账款占用资金 = 应收账款平均余额 × 变动成本率

应收账款平均余额 = 日销售额 × 平均收现期

应收账款占用资金的应计利息 = 日销售额 × 平均收现期 × 变动成本率 × 资本成本

1. 应收账款平均收账期（周转天数）确定

在没有现金折扣条件的情况下，以信用期作为平均收现期；在有现金折扣条件的情况下，则用加权平均数作为平均收账天数。如某企业的信用条件为 n/30 时，则表示企业无现金折扣，信用期为 30 天，企业给客户的赊销天数为 30 天，即平均收账期 30 天。如企业的信用条件为 2/10，1/20，n/30 时，则表示在 10 天内付款可以有 2% 的折扣，在 20 天内付款可以有 1% 的折扣，在 20 ~ 30 天内付款无折扣，需全额付款。在这样的折扣条件下，可以通过估算客户的付款概率，来确定收账期。假设有 20% 的客户将在 10 天付款，有 30% 的客户将在 20 天付款，有 40% 的客户将在 30 天付款，有 10% 的客户将在 40 天付款，则应收账款平均收账期为 24（10 × 20% + 20 × 30% + 30 × 40% + 40 × 10%）天。

2. 变动成本率计算

按成本习性划分，变动成本是指成本总额随着业务量的变动而成正比例变动的成本，固定成本是指在一定的范围内不随产品产量或商品流转量变动的那部分成本。变动成本率是指变动成本占销售收入的百分比。

3. 应收账款占用资金

企业应收账款是销售收入的一部分，应收账款占用资金并不等于赊销收入。因为赊销收入主要包括固定成本、变动成本和利润。在未取得赊销收入前，利润没有占用企业的资金，固定成本在未取得赊销收入前，已经存在（除非新增固定资产），并不会因新增赊销收入而增加固定成本，固定成本是应收账款决策的非相关成本（产能受限除外），可以不考虑。由此，应收账款所占用资金就只剩该部分赊销收入所对应的产品的变动成本，只有应收账款中的变动成本才占用企业资金。即赊销业务所需的资金，是应收账款平均余额中的变动成本部分，可以通过日销售额乘以平均收现期再乘以变动成本率计算得出。

【例 9 - 6】根据【例 9 - 5】：

（1）假设应收账款的收账天数为 1 年，则应收账款会占用企业多少资金？

（2）假设应收账款的收账天数为 30 天，则应收账款会占用企业多少资金？

【解析】

当企业采用赊销方式时，需要新增资金生产 100 件赊销产品，那么企业需要投入 30000（300 × 100）元吗？显然不用，因为 300 元是产品售价，要把 100 件赊销产品做出来，在产能不受限的前提条件下，企业只需要支付因追加生产 100 件赊销产品而新增的直接材料支出、直接人工支出和其他支出等。假设应收账款的收账天数为 1 年，应收账款占用资金就是新增赊销产品的变动成本部分 12000（100 × 300/360 × 360 × 40%）元。假设应收账款的收账天数为 30 天，全年 360 天，则应收账款占用资金就是新增赊销产品的变动成本部分 1000 （100×300/360×30×40%） 元。

4. 应收账款机会成本计算

应收账款机会成本就是应收账款占用资金的应计利息。

应收账款占用资金的应计利息 = 日销售额×平均收现期×变动成本率×资本成本

【例 9-7】某企业预计下年度销售净额为 1800 万元，应收账款周转天数为 90 天（一年按 360 天计算），变动成本率为 60%，资本成本为 10%，则应收账款的机会成本是多少万元？

【解析】

应收账款占用资金的应计利息 = 日销售额×平均收现期×变动成本率×资本成本 = 1800/360×90×60%×10% = 27 （万元）

（三）管理成本及收账费用

企业对应收账款进行管理而耗费的开支。包括对客户的信用状况调查费用、收账费用和其他费用。

（四）坏账成本

应收账款基于商业信用而产生，存在无法收回的可能性，由此而给应收账款持有企业带来的损失，即为坏账成本。因此应收账款的坏账成本的公式为：

坏账成本 = 赊销额×预计坏账损失率

（五）存货占用资金应计利息增加

在经济活动中，企业提供赊销业务，并非仅仅生产客户需要的赊销量，而是要为新增的赊销量再准备一定的存货量。比如企业新增 1 个赊销客户的订单量是 100 万件，企业为了满足客户市场变动的需求，生产量可能达到 110 万件，由此导致新的 10 万件存货的增加，则要考虑存货增加而多占用资金带来的机会成本的增加。因此存货占用资金应计利息增加的公式为：

存货占用资金应计利息增加 = 存货增加量×单位变动成本×资金成本

（六）应付账款增加导致的应计利息减少（增加成本的抵减项）

在经济活动中，如果更进一步地细致分析，还应考虑存货增加引起的应付账款的增加。这种负债的增加会节约企业的营运资金，减少营运资金的"应计利息"，降低应收账款的成本。因此，应付账款增加导致的应计利息减少的公式为：

应付账款增加导致的应计利息减少 = 应付账款平均余额增加×资金成本

应收账款的管理目标就是在应收账款信用政策所增加的盈利和这种政策的成本之间做出权衡。收益大于成本时，应收账款的信用可行，反之不可行。

三、应收账款管理的主要内容

企业应收账款管理的主要内容，就是根据企业的实际经营情况和客户的信誉情况制定企业合理的信用政策，这是企业财务管理的一个重要组成部分，也是企业为达到应收账款管理目的必须合理制定的方针策略。信用政策是应收账款管理制度的主要组成部分，包括信用标准、信用条件和收账政策三个方面。

（一）信用标准

信用标准是指顾客获得企业的交易信用所应具备的条件，如果顾客达不到信用标准，便不能享受企业的信用或只能享受较低的信用优惠。如果企业的信用标准较严，只对信誉很好的用户采用赊销，则会减少坏账损失，减少应收账款的机会成本，但这不利于扩大销售量，甚至使销售量减少；反之，如果信用标准较为宽松，虽然会增加销售，但会相应地增加坏账损失和应收账款的机会成本。

信用标准是对客户资信情况进行要求的最低评判标准，通常以预期的坏账损失率作为判别标准。因此，信用标准的管理，就是在宽与严之间进行权衡，实质上就是在应收账款成本与收益之间寻求平衡。它的关键是估计客户拖延付款或拒付账款而给企业带来坏账损失的可能性。企业在设定某一顾客的信用标准时，往往先要评估他赖账的可能性。这可以通过"5C"系统进行。

1. 品质

品质（Character）指顾客或客户努力履行其偿债义务的可能性，是评估顾客信用品质的首要指标，品质是应收账款的回收速度和回收数额的决定因素。因为每一笔信用交易都隐含了客户对公司的付款承诺，如果客户没有付款的诚意，则该应收账款的风险势必加大。品质直接决定了应收账款的回收速度和回收数额，因而一般认为品质是信用评估最重要的因素。

2. 能力

能力（Capacity）指顾客或客户的偿债能力，即其流动资产的数量和质量以及与流动负债的比例，其判断依据通常是客户的偿债记录、经营手段以及对客户工厂和公司经营方式所做的实际调查。

3. 资本

资本（Capital）指顾客或客户的财务实力和财务状况，表明顾客可能偿还债务的背景，如负债比率、流动比率、速动比率、有形资产净值等财务指标等。

4. 抵押

抵押（Collateral）指顾客或客户拒付款项或无力支付款项时能被用作抵押的资产，一旦收不到这些顾客的款项，便以抵押品抵补，这对于首次交易或信用状况有争议的顾客或客户尤为重要。

5. 条件

条件（Condition）指可能影响顾客或客户付款能力的经济环境，如顾客或客户在困难时期的付款历史、顾客或客户在经济不景气情况下的付款可能。

企业掌握客户以上5个方面的状况后，基本上可以对客户的信用品质进行综合评估了。对综合评价高的客户可以适当放宽标准，而对综合评价低的客户就要严格信用标准，甚至可以拒绝提供信用以确保经营安全。

（二）信用条件

信用条件是指企业要求用户支付赊销款项的条件，包括信用期限、折扣期限和现金折扣。

1. 信用期限

信用期限是企业为用户、客户规定的最长付款时间，是企业给顾客从购货到付款之间的时间。信用期间过短，不足以吸引客户，在竞争中会使销售额下降；信用期间过长，对销售额固然有利，但如果盲目放宽信用期，可能影响资金周转，使相应的费用增加，风险增加，甚至造成利润的减少。

2. 折扣期限

折扣期限是为用户规定的可享受现金折扣的付款时间。

3. 现金折扣

现金折扣是在用户提前付款时给予的优惠。建立现金折扣政策的主要目的是为了吸引客户为享受优惠而提前付款，缩短平均收现期。另外，现金折扣也能招揽一些视折扣为减价出售的顾客前来购货，借此扩大销售量。现金折扣同样会对企业的收益和费用产生影响。如果制定方法不当，也会使企业得不偿失。

（三）收账政策

收账政策是指信用条件被违反时，企业采取的收账策略。企业如果采用较积极的收账政策，可能会减少应收账款成本，减少坏账损失，但要增加收账成本。如果采用较消极的收账政策，则可能会增加应收账款成本，增加坏账损失，但会减少收账费用。在制定收账政策时，应权衡增加收账费用与减少应收账款机会成本和坏账损失之间的得失。合理的信用政策应把信用标准、信用条件、收账政策结合起来，考虑三者的综合变化对销售额、应收账款机会成本、坏账成本和收账成本的影响。

四、应收账款日常管理方法

创业企业可以从事前、事中、事后几方面做好应收账款的日常管理工作。

（一）事前管理

从企业内部角度来看，建立和完善企业内部应收账款控制制度是一项基础工作。企业应按照"相互牵制"的原则合理安排从销售签约直至产品出厂的程序，业务部门、仓储部门、财务部门及相关的企业领导人应各司其职，并明确各自的权利和责任，以此监督、检查、考核应收账款回笼及清理情况。

从企业外部角度来看，在合同签订前，要对客户的资信情况进行调查，从而确定是赊销还是现金交易。西方国家一些大公司大多设立专门管理客户的机构，负责了解客户的信誉、追索欠款的工作。我国大部分创业企业虽然目前做不到这一点，但对客户资信信息的关注、收集和审核是必不可少的。这些信息包括客户的品质、资本实力、生产经营现状与趋势、资金运转情况等。对上述因素进行综合分析，确定客户信用度的高低，建立客户资信档案管理制度，据此确定是否给对方赊销，以及赊销的程度和方式。同时，对企业自身的应收账款规模应该有合理的预计和安排。

企业应收账款管理的核心就是要确定一个最佳信用政策，使其增加销售所产生的边际利润超过增加应收账款投资的边际成本。应收账款收账政策的制定和选择是应收账款事前控制的一个重要内容。信用政策的决策本质是收益与成本的博弈。

【例9-8】A公司目前采用30天按发票金额（即无现金折扣）付款的信用政策。新的年度，甲公司打算制定新的信用政策。现有三种信用政策可供选择，有关数据如表9-3所示。请帮助分析A公司该采用何种信用政策。

表9-3　A公司的三种信用政策选择

项目	方案1（n/30）	方案2（n/60）	方案3（0.8/30，n/60）
全年销售量（件）	100000	120000	120000
全年销售额（单价5元）	500000	600000	600000
全年的销售成本（元）			
变动成本（每件4元）	400000	480000	480000
固定成本	50000	50000	50000
毛利	50000	70000	70000
可能发生的收账费用（元）	3000	4000	4000
可能发生的坏账损失（元）	5000	9000	9000

其他信息：

（1）假设等风险投资的最低报酬率为15%。

（2）在0.8/30、n/60的现金折扣条件下，估计会有50%的顾客将享受现金折扣。

（3）当信用期由0天改变为30天，由于销售量的增加，平均存货水平将从2000件上升到9000件；当信用期由30天改变为60天，平均存货水平将从9000件上升到20000件

【解析】

决策原则：选择三种方案当中净收益最大的方案。

计算公式：改变信用政策的净收益＝边际收益－（机会成本＋管理成本＋坏账成本＋折扣成本＋增加存货机会成本）。

方案1的具体计算过程如下：

边际收益＝500000－400000－100000（元）

信用成本＝机会成本＋管理成本＋坏账成本＋折扣成本＋增加存货机会成本

$$=\frac{500000}{360}\times30\times\frac{4}{5}\times15\%+3000+5000+0+(9000-2000)\times4\times15\%$$

$$=5000+3000+5000+0+4200$$

$$=17200（元）$$

净收益＝边际收益－信用成本＝100000－17200＝82800（元）

方案2的具体计算过程如下：

边际收益＝600000－480000＝120000（元）

信用成本 = 机会成本 + 管理成本 + 坏账成本 + 折扣成本 + 增加存货机会成本

$$= \frac{600000}{360} \times 60 \times \frac{4}{5} \times 15\% + 4000 + 9000 + 0 + (20000 - 2000) \times 4 \times 15\%$$

$$= 12000 + 4000 + 9000 + 0 + 10800$$

$$= 35800 \ （元）$$

净收益 = 边际收益 - 信用成本 = 120000 - 35800 = 84200 （元）

方案 3 的具体计算过程如下：

边际收益 = 600000 - 480000 = 120000 （元）

信用成本 = 机会成本 + 管理成本 + 坏账成本 + 折扣成本 + 增加存货机会成本

$$= 9000 + 4000 + 9000 + 2400 + 10800$$

$$= 35200 \ （元）$$

其中：机会成本 $= \frac{600000}{360} \times (30 \times 50\% + 60 \times 50\%) \times \frac{4}{5} \times 15\% = 9000$ （元）

折扣成本 $= 600000 \times 50\% \times 0.8\% = 2400$ （元）

增加存货机会成本 $= (20000 - 2000) \times 4 \times 15\% = 10800$ （元）

净收益 = 边际收益 - 信用成本 = 120000 - 35200 = 84800 （元）

由此，比较三个方案的净收益，方案 3 的净收益最高，选择方案 3 的信用政策。

（二）事中管理

实施信用政策时，企业应当监督和控制每一笔应收账款和应收账款总额。事中管理的目的主要是加强对客户应收款项的监控。一般可以采用应收账款账龄分析法和 ABC 分析法。

1. 应收账款账龄分析法

账龄分析表将应收账款划分为未到信用期的应收账款和以 30 天为间隔的逾期应收账款，这是衡量应收账款管理状况的一种方法。账龄分析法可以了解企业应收账款的明细情况，如有多少欠款尚在信用期内，有多少欠款已超过信用期，有多少欠款会造成坏账，随着逾期时间的增加，应收账款收回的可能性变小。通过应收账款账龄分析，不仅能提示企业应把过期款项视为工作重点，而且有助于促进企业进一步研究与制定新的信用政策。账龄分析法一般通过编制账龄分析表（见表 9 - 4）来实施。

表 9 - 4　账龄分析表

20 × 7 年 × 月 × 日

单位：元

应收账款账龄	金额	占应收账款比例（%）	估计损失率（%）	估计损失金额
未到期	45000	30.20	0	0
过期 1 个月	40000	26.85	3	1200
过期 2 个月	30000	20.13	5	1500
过期 3 个月	9000	6.04	10	900
过期 3 个月以上	25000	16.78	30	7500
合计	149000	100.00	—	11100

在实际工作中，账龄分析法能比较直观地反映应收账款的收账情况，运用比较普遍。结合应收账款信用政策的制定过程，应用如【例9-9】。

【例9-9】H公司主要生产和销售冰箱、中央空调和液晶电视，20×1年全年实现的销售收入为14.44亿元，公司20×1年有关应收账款具体情况如表9-5所示。

表9-5 H公司20×1年应收账款账龄分析　　　　　　　　单位：亿元

应收账款		冰箱	中央空调	液晶电视	合计
年初应收账款总额		2.93	2.09	3.52	8.54
年末应收账款	(1) 6个月以内	1.46	0.80	0.58	2.84
	(2) 6~12个月	1.26	1.56	1.04	3.86
	(3) 1~2年	0.20	0.24	3.26	3.70
	(4) 2~3年	0.08	0.12	0.63	0.83
	(5) 3年以上	0.06	0.08	0.09	0.23
年末应收账款总额		3.06	2.80	5.60	11.46

在上述应收账款中，冰箱的欠款单位主要是机关和大型事业单位的后勤部门；中央空调的欠款单位均是国内知名厂家；液晶电视的主要欠款单位是美国Y公司。

H公司20×2年销售收入预算为18亿元，有6亿元资金缺口。为了加快资金周转速度，决定对应收账款采取以下措施：

措施一：较大幅度提高现金折扣率，在其他条件不变的情况下，预计可使应收账款周转率由20×1年的1.44次提高至20×2年的1.74次，从而加快回收应收账款。

措施二：成立专门催收机构，加大应收账款催收力度，预计可提前收回资金0.4亿元。

措施三：将6~12个月应收账款转售给有关银行，提前获得周转所需货币资金。据分析，H公司销售冰箱和中央空调发生的6~12个月应收账款可平均以九二折转售银行（且可无追索权）；销售液晶电视发生的6~12个月应收账款可平均以九折转售银行（但必须附追索权）。

措施四：20×2年以前，H公司给予Y公司一年期的信用政策；20×2年，Y公司要求将信用期限延长至两年。考虑到Y公司信誉好，且H公司资金紧张时应收账款可转售银行（但必须附追索权），为了扩大外销，H公司接受了Y公司的条件。

要求：

（1）计算H公司采取措施一预计20×2年所能增收的资金数额。

（2）计算H公司采取措施三预计20×2年所能增收的资金数额。

（3）计算H公司采取措施一至措施三预计20×2年所能增收的资金总额。

（4）请对H公司20×2年对应收账款采取的各项措施做出评价并说明理由。

【解析】

（1）20×2年末应收账款：（18÷1.74）×2-11.46=9.23（亿元）

采取措施一20×2年增收的资金数额：11.46-9.23=2.23（亿元）

（2）采取措施三20×2年增收的资金数额：（1.26+1.56）×0.92+1.04×0.9=3.53

（亿元）

（3）采取措施一至措施三预计20×2年增收的资金总额：2.23 +0.4 +3.53 =6.16（亿元）

（4）H公司20×2年所采取的各项措施评价：

其一，大幅度提高现金折扣率，虽然可以加快公司贷款回收速度，但也可能导致企业盈利水平降低，甚至使企业陷入亏损。因此，公司应当在仔细分析计算后，适当提高现金折扣水平。

其二，成立专门机构催款，必须充分考虑成本效益原则，防止得不偿失。

其三，公司选择收账期在1年以内，销售冰箱和中央空调的应收账款出售给有关银行，提前获得企业周转所需货币资金，应考虑折扣水平的高低，同时注意防范所附追索权带来的风险。

其四，销售液晶电视的账款，虽可转售银行，但由于必须附追索权，企业风险仍然无法控制或转移。因此，应尽量避免以延长信用期限方式进行销售。

2. ABC分析法

ABC分析法是现代经济管理中广泛应用的一种"抓重点、照顾一般"的管理方法，又称重点管理法。它是将企业的所有欠款客户按其金额的多少进行分类排队，然后分别采用不同的收账策略的一种方法。

A类：逾期金额比重大，占客户数量的比例低。

C类：逾期金额比重小，占客户数量的比例高。

B类：介于A类和C类之间。

对这三类不同的客户，应采取不同的收款策略。

例如，对A类客户，可以发出措辞较为严厉的信件催收，或派专人催收，或委托收款代理机构处理，甚至可通过法律解决；对B类客户则可以多发几封信函催收，或打电话催收；对C类客户只需要发出通知其付款的信函即可。

（三）事后管理

当对方所欠债务超过一定限额的时候，要暂停发货或者派人上门催讨。若客户确实遇到暂时的困难，经努力可东山再起，企业也可以采取一些变通的方法，如接受欠款户的非货币性资产作为抵偿、延长付款期、采取折扣方式，以达到激励其还款的目的，使企业最终收回款项。如客户已进入破产界限，则应及时向法院起诉，以期在破产清算时得到部分清偿。

在实务中，很多企业建立了销售收款责任制，销售人员不仅要推销产品，还要负责收款，并把催讨货款与销售人员的奖金挂起钩来，这是防范应收账款风险的有效措施，但需注意激励和约束的平衡关系。评价应收账款的管理水平的高低，可以结合以下指标进行分析：

1. 销售收入总额

包含应收账款的销售收入总额能够反映企业的整体销售水平。

2. 市场占有率

在企业赊销的同时，要掌握自己产品年拥有的市场情况，在建立适合企业发展目标的稳定信用政策同时，提高市场竞争力。

3. 货款回收率

应收账款将加大企业资金的投入，充足、准时的货款回收率是保证企业资金周转良性循环的前提条件。

4. 应收账款周转期

应收账款周转期反映购货企业的还款速度，通过对不同企业应收账款周转期的考核，企业可以进一步制定相应的信用政策。

5. 拖欠的货款及拖欠的天数

一些企业由于种种原因，往往实际付款时间超过企业设定的信用期限。对拖欠货款数额较大，拖欠天数较长的顾客，企业应该抓紧催收工作，严格进行控制。

应收账款的管理要耗费大量的人力、物力，如果企业的业务量较大，可以建立应收账款的计算机管理系统，将应收账款按客户及销售单位和责任人进行分类，并输入计算机内，使企业的售销管理部门能够随时得到相关信息，利用计算机对客户实施适时监控。

第四节　创业企业存货管理

存货是指企业中一切以实物形态占有的待加工或待销售的流动资产。存货的种类名目繁多，尤其在制造业，包括各种原材料、燃料、包装物、低值易耗品、委托加工材料、产成品、在产品和商品等，其中最主要的是原材料、在产品和成品。存货区别于固定资产等非流动资产的最基本的特征是，企业持有存货的最终目的是为了出售，而非长期持有。

一、存货管理的重要性

存货是企业中占用资金金额比较巨大的资产项目之一，如果存货的规划与管理不当，将使公司蒙受重大损失。存货管理中经常面临的矛盾是，由于种种原因，企业存货的供应与需求不能做到在时间、空间和数量上的完全一致，存货过多，不但造成资金积压，而且易导致存货过时、损坏、仓储成本增高，导致人力、物力、财力浪费；库存不足、存货过少，又妨碍正常的经营，如果经常发生缺货，还将对公司形象产生不利影响。那么，存货水平究竟由什么来决定？

一般来说，影响企业存货水平高低的因素主要包括行业特点、生产过程特点、产品销售量、生产与销售之间的比例关系以及投资于存货的成本等。不同的行业、不同的生产特点，其需要的存货数量各不相同。其中，存货成本是最重要的因素之一。存货成本包括装卸、储存、保险、过期以及被占用的资金的利息。因此，采用科学方法做好存货的控制与规划工作，建立合理的库存，使其在数量上既能够保证生产和销售之需，又使库存的成本费用最小，以提高企业的经营效益，便成为财务管理的一项重要内容。

二、存货管理的主要内容

按照存货管理的对象，存货管理最主要的是原材料、在产品和成品。

（一）原材料存货

对于原材料存货而言，它是外部供应商与生产过程之间的一个缓冲。其存货水平主要根据购买因素而定，如货物的特征（货物是否容易腐烂，价格是否昂贵）；供应渠道是否正常（如是否存在固定的供应商）；在企业有需求时，供应商能以多快的速度满足企业的需要；大量购买是否经济；未来经济环境的变化预测等。

（二）在产品存货

在产品存货主要根据生产方式（大批量生产、小批量生产、流水线生产）及生产过程的周期（周期较长的如造船业，周期较短的如食品业）来决定。

（三）成品存货

成品存货是面向消费者的，因此，其存货水平主要依据销售因素而定，具体包括：货物销售是否为订单制；对将来该产品的市场需求的估计；本企业产品销售量变动水平的预测以及对付脱销风险的政策等。其中，对该产品销售量预计的准确性是决定企业产成品存货水平高低最重要的因素。一次错误的销售预测，将导致错误的生产决策，从而也可能意味着企业的存货要么是堆积如山，要么是脱销，失去盈利的好机会。所以，无论是制造业还是贸易类企业，事前的市场预测是极为重要的环节。

三、存货经济批量分析

在企业存货管理过程中，与存货决策相关的内容有：采购何种原材料、向谁采购、什么时候采购、采购多少、生产量多少和库存量多少等问题。本节主要探讨存货管理中的经济订货量。比如全年需要采购材料 1 万吨，那 1 年内要采购几次，每次的进货数量是多少合适，综合考虑批量购买价格因素和储存因素等，是否存在最优的订货量，这是决策者关心的问题。

创业者在进行存货管理时，要了解持有存货的相关成本，就要尽力在各种存货成本与存货效益之间作出权衡，达到两者的最佳结合。

（一）存货持有成本

存货的持有成本主要包括取得成本、储存成本、缺货成本等。

1. 取得成本

取得成本是指为取得某种存货而支出的成本，它又分为订货成本和购置成本。

（1）订货成本是指取得订单的成本。其中有一部分与订货次数无关，称为固定的订货成本，如常设采购机构的基本开支、采购机构人员的基本工资等，这些费用即使当年无任何采购任务也必须支付，与有无订货或订几次货没有关系。另一部分与订货次数有关，称为变动的订货成本，如差旅费、邮资等，这些费用随着订货次数而变动。

（2）购置成本是指存货本身的价值，即货物的购买单价和数量。

由此，取得成本 = 固定订货成本 + 变动订货成本 + 购置成本

2. 储存成本

储存成本是指为保持存货而发生的成本。分为固定储存成本和变动储存成本。固定储存成本与所储存的存货数量的多少无关，如仓库折旧、仓库职工的固定工资等，即使仓库空无一物，也需要支付。变动储存成本与所储存的存货数量有关，如存货资金的应计利息、存货的破损和变质损失、存货的保险费用等，存货数量越多，变动储存成本越高。

由此，储存成本 = 固定储存成本 + 变动储存成本。

3. 缺货成本

缺货成本是指由于存货供应中断而造成的损失。包括材料供应中断造成的停工损失、产成品库存缺货造成的拖欠发货损失和丧失销售机会的损失及造成的商誉损失等；如果生产企业以紧急采购代用材料解决库存材料中断之急，那么缺货成本表现为紧急额外购入成本。

综上分析：存货总成本 = 固定订货成本 + 变动订货成本 + 购置成本 + 固定储存成本 + 变动储存成本 + 缺货成本。

（二）经济订货量基本模型

经济订货量指的是使存货全年相关总成本达到最低点的进货数量。在现实生活中，因影响存货总成本的因素很多，只能通过简化变量，由易到难，探讨经济订货量。在构建经济订货量基本模型时需要假设以下条件：

假设一：存货总需求量是已知常数（D 已知）。

假设二：订货提前期是常数。

假设三：货物是一次性入库（不存在陆续供应的情况）。

假设四：单位货物成本为常数，无批量折扣（单价一定）。

假设五：库存储存成本与库存水平呈线性关系（单位储存变动成本一定）。

假设六：货物是一种独立需求的物品，不受其他货物影响。

假设七：不允许缺货，即无缺货成本。

在前述假设前提下，因存货全年总需求量和单价都是常数，全年购置成本为固定值，不会受每次进货数量的影响。固定订货成本和固定储存成本也是常数，也不会受每次进货数量的影响。模型条件中不允许缺货，缺货成本为零。由此，购置成本、固定订货成本、固定储存成本和缺货成本都是与进货数量无关的成本。与经济订货量基本模型相关的成本只剩下变动订货成本和变动储存成本，二者之和最小时的进货量即为经济订货量（见图 9 – 3）。

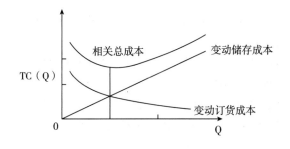

图 9 – 3 经济订货量基本模型下的最佳订货量

从图 9 - 3 可以看出，当变动订货成本等于变动储存成本时，相关总成本最低。经济订货量基本模型公式为：

相关总成本 = 变动订货成本 + 变动储存成本

其中：

变动订货成本 = 年订货次数 × 每次订货成本

    = 全年需求量/每次订货量 × 每次订货成本

变动储存成本 = 年平均库存 × 单位变动储存成本

    = 每次订货量/2 × 单位变动储存成本

因为每次订货量到仓库后会随着生产经营逐渐被消耗直至为 0 时，此时下一批货到货，周而复始，所以年平均库存就是订货量的一半。

用符号公式为：

$$T = \frac{D}{Q} \times K + \frac{Q}{2} \times C$$

式中，T 为相关总成本；Q 为每次订货量；D 为全年存货需求量；K 为每次订货成本；C 为单位变动储存成本。

当 $\frac{D}{Q} \times K = \frac{Q}{2} \times C$ 时，对 Q 进行导数演算，求出：

经济订货量 $Q^* = \sqrt{\frac{2DK}{C}}$

最佳订货次数 $N^* = \frac{D}{Q^*}$

相关总成本 $T(Q^*) = \sqrt{2DKC}$

【例 9 - 10】甲公司是一家汽车挡风玻璃批发商，为 5 家汽车制造商提供挡风玻璃。该公司总经理计划降低与存货有关的总成本，请你帮助他确定最佳的采购批量。有关资料如下：

(1) 挡风玻璃的单位进货成本为 1300 元。

(2) 全年需求预计为 9900 块。

(3) 每次订货发出与处理订单的成本为 38.2 元。

(4) 每次订货需要支付运费 68 元。

(5) 每次收到挡风玻璃后需要验货，验货时外聘一名工程师，验货需要 6 小时，每小时支付工资 12 元。

(6) 为存储挡风玻璃需要租用公共仓库。仓库租金每年 2800 元，另外按平均存量加收存储费，每块挡风玻璃 12 元/年。

(7) 挡风玻璃为易碎品，损坏成本为年平均存货价值的 1%。

(8) 公司的年资金成本为 5%。

(9) 从订货至挡风玻璃到货，需要 6 个工作日。

(10) 在进行有关计算时，每年按 300 个工作日计算。

要求：

(1) 计算每次订货的变动成本。

（2）计算每块挡风玻璃的变动储存成本。

（3）计算经济订货量。

（4）计算与经济订货量有关的存货总成本。

（5）计算再订货点。

【解析】

（1）每次订货的变动成本 = 38.2 + 68 + 6 × 12 = 178.2（元）

（2）每块挡风玻璃的变动储存成本 = 12 + 1300 × 1% + 1300 × 5% = 90（元）

（3）经济订货量 = $\sqrt{\dfrac{2 \times 9900 \times 178.2}{90}}$ = 198（块）

（4）与经济订货量有关的存货总成本 = $\sqrt{2 \times 9900 \times 178.2}$ = 17820（元）

（5）再订货点 = (9900/300) × 6 = 198（块）

（三）经济订货量基本模型的扩展

1. 再订货点

再订货点指的是订购下一批存货时本批存货的储存量。例如订货日至到货期的时间为 5 天，每日存货需用量为 20 千克，那么企业在库存量剩下 100（5 × 20）千克时就要发出订货指令了，这就意味着要提前订货，不能等库存为零再订购。订货提前期对经济订货量并无影响，每次订货批量、订货次数、订货间隔时间等与零库存订货相同。

2. 存货陆续供应和使用模型

在经济订货量基本模型中假设三为一次性入库，若把假设三修改为陆续供应，则需要对模型进行适当修正。

假设每批订货数为 Q，每日送货量为 P，则该批货全部送达所需日数即送货期为：

送货期 = Q/P

假设每日耗用量为 d，则送货期内的全部耗用量为：

送货期耗用量 = Q/P × d

存货陆续供应和使用的经济订货量公式为：

$$Q^* = \sqrt{\frac{2DK}{C} \times \frac{P}{P-d}}$$

存货陆续供应和使用的经济订货量相关总成本公式为：

$$T(Q^*) = \sqrt{2DKC \times \frac{P-d}{P}}$$

【例 9 - 11】 某生产企业使用 A 零件，可以外购，也可以自制。如果外购，单价 4 元，一次订货成本 10 元；如果自制，单位成本 3 元，每次生产准备成本 600 元，每日产量 50 件。零件的全年需求量为 3600 件，储存变动成本为零件价值的 20%，每日平均需求量为 10 件。下面分别计算零件外购和自制的总成本，以选择较优的方案。

【解析】

（1）外购零件。

经济订货量 = $\sqrt{\dfrac{2 \times 10 \times 3600}{4 \times 0.2}}$ = 300（件）

相关总成本 $= \sqrt{2 \times 10 \times 3600 \times 4 \times 0.2} = 240$ （元）

总成本 $= 3600 \times 4 + 240 = 14640$ （元）

（2）自制方案（陆续供应模型）。

经济订货量 $= \sqrt{\dfrac{2 \times 600 \times 3600}{3 \times 0.2} \times \dfrac{50}{50 - 10}} = 3000$ （件）

相关总成本 $= \sqrt{2 \times 600 \times 3600 \times 3 \times 0.2 \times \dfrac{50 - 10}{50}} = 1440$ （件）

总成本 $= 3600 \times 3 + 1440 = 12240$ （元）

由于自制零件成本低，所以应该选择自制零件方案。

四、存货日常管理方法

（一）归口分级管理

所谓归口分级管理制度，是指以财务部门为核心，按照用、管、算相结合的原则，将存货的定额和计划指标，按各职能部门所涉及的业务归口，再按其对口分解、分级落实到车间、班组以及个人负责的管理制度。首先，财务部门作为存货管理的综合部门，在核定存货资金定额的基础上，统一编制企业存货计划，将指标归口给供应、生产和销售部门。其次，各归口管理部门将分管的定额和计划按照具体情况进行分解落实到仓库、车间、班组等基层，实行存货指标的分级管理。在下达的流动资金定额之内，各归口部门有权灵活安排和运用资金。最后，由财会部门统一组织企业存货的核算、检查和分析工作，按承担责任奖功罚过。

（二）定额控制

所谓定额控制，是通过对生产经营的具体过程的分析，采取一定方法，确定生产经营过程中的存货资金的数量标准，据以对存货资金的占用和费用支出进行有效的控制。定额管理通常是与归口分级管理结合起来，通过纠正偏差达到有效控制。企业成本费用有固定成本和变动成本之分，对固定成本而言，由于在相关范围内其费用总额相对稳定，采用定额控制方法将资金项目控制在定额之内，无疑有积极的意义；但对于变动成本，其成本费用将随着业务量的变化而变动。因此，在采用定额控制法实施控制时，需要结合业务量的完成情况进行弹性分析，对于定额超支部分，应分清原因，剔除正常占用部分，使非正常占用部分降到最低限度。

（三）挂签控制

挂签控制法是指对主要存货都悬挂一张记载永续盘存记录的标签，在标签上载明各种信息的卡片，其中包括存货的名称、编号、经济批量、订货点、收入、发出、结存等基本资料。这种方法简单易行，能随时观察存货的收支结存数量，能及时组织订货，有利于做好存货控制工作。但如果存货较多，收发频繁，则工作量将很大。

（四）ABC 分类控制法

ABC 分类控制法是最常用的存货管理方法，始创于 19 世纪，以后经不断完善和发展，现已广泛用于存货管理、成本管理和生产管理。具体地说，就是根据各项存货在全部存货中的重要程度（金额比重、产品种类）将存货分为三大类：A 类存货的品种、数量约占全部存货的 10%，资金约占金额的 70%；B 类存货的品种数量约占全部存货的 20% ~ 30%，资金约占金额的 20%；C 类存货的品种、数量约占全部存货的 60% ~ 70%，资金约占金额的 10%。A 类存货品种少，价值大，占用资金多，应作为库存的重点管理，科学地确定该类存货的经济批量和定额，并应该经常检查这类存货的库存情况，对存货的收、发、存应有详细记录，发现问题应及时调查清楚，迅速纠正。B 类存货则应在订货数量和订货时间上加以控制，不必像 A 类存货那样经常地进行分析对比。C 类存货一般可集中采购，并适当加大安全存货量，简化手续，节约订货费用。该种方法的主要优点是分清主次，抓住重点，有效地控制主要品种的存货，提高控制效率。

（五）即时性管理

1953 年，日本丰田公司创造了一种高质量、低库存的生产方式"即时生产"（Just In Time，JIT）。JIT 技术是存货管理的第一次革命，其基本思想是"只在需要的时候，按需要的量，生产所需的产品"，也就是追求一种无库存或库存量达到最小的生产系统。在日本，JIT 又称为"看板"管理。理想的情况是，下一批零部件送到时，生产企业正好用完上一批零部件。事实上，JIT 技术已成为日本汽车工业竞争优势的一个重要的来源，而丰田公司也成为全球在 JIT 技术上最为领先的公司之一。

即时性管理的产生有其历史背景。由于现在的消费形态相对于过去已有显著的改变，消费者的喜好一直在变化，故产品的生命周期也越来越短。若企业库存过多，就会失去对新商品的应对力。为降低此种资金积压过多的风险，即时性管理作为一种高层次的管理方法，既适应了外部环境的需求，也最大限度地节省了存货中的订货成本和储备成本，无疑是一种较为先进的成本管理思想和方法。但即时性管理也需要花费一定代价，比如提高职工技能的培训费，购买高质量的机器设备等，以此提高工人的熟练程度和生产经营效率。同时也要求企业有较高的管理水平，电算化的普及率达到一定程度，而且外部的商品供应处于一种稳定的状态。

从目前企业库存管理的实践来看，尽管高库存量会产生资金积压，但多数制造类企业仍习惯采用，分析其原因，是因为库存能够满足顾客立即交货的需求，也可满足因季节变化所产生的临时性需求，同时可应付临时增加的订单或交货期的变动，以及内部原因所引起的产量变动。与此同时，大多数的贸易类企业采取零存货的方式，按订单直接供应给客户，避免了存货因价格变动导致损失的风险。目前，随着电子技术的普及，也有很多大中型企业实施了企业流程再造（BPR）、企业资源计划系统（ERP），这些都是提高库存管理效率和企业资金运转速度的手段，值得小企业借鉴。

（六）税收筹划管理

另外，对于存货的计价问题，从财务会计及经营管理的角度来看，创业企业也应当了解掌握几种常用的存货计价方法的特点，如先进先出法、加权平均法等。企业在具体选择时，除应考虑存货表达的正确性，还应评估税负的问题。例如，企业如果在免税期间压低期末存货以增加销货成本、减少毛利，虽可减少所得税，但因处于免税期间，并无实质上的好处，等到免税期间结束必须开始按正常情况缴纳所得税，免税结束年度的期末存货转为期初存货，将使销货成本减少，导致毛利增加而多缴所得税。故企业选择存货计价方法应视实际情况，以使公司获得最大税负利益。

第五节 短期筹资管理

营运资金管理除了对流动资产进行运用管理外，还需要对流动资产进行筹措管理。长期筹资的相关内容已在筹资管理章节介绍，本节主要介绍短期筹资内容。商业信用和短期借款是两个最主要的短期筹资来源，成为流动负债日常管理的重点。

一、商业信用

商业信用是企业之间的直接信用行为，也是企业短期资金的重要来源。商业信用是在商品交易中由于延期付款或预收货款所形成的企业间的借贷关系，是一种自动性筹资，自发性负债。主要包括应付账款、应付票据、预收账款三种形式。本节主要以应付账款为例探讨商业信用决策。

应付账款是供应商给企业提供的一个商业信用。商业信用条件通常包括以下两种：一是有信用期，但无现金折扣，如"n/30"表示30天内按发票金额全数支付。二是有信用期和现金折扣，如"2/10，n/30"，表示10天内付款享受现金折扣2%，若买方放弃折扣，30天内必须付清款项。供应商在信用条件中规定有现金折扣，目的主要在于加速资金回收。企业在决定是否享受现金折扣时，应仔细考虑。通常，放弃现金折扣的成本是很高的。

【例9-12】某企业按"2/10，n/30"的付款条件购入60万元货物。如果企业在10天以后付款，便放弃了现金折扣1.2（60×2%）万元，信用额为58.8（60-1.2）万元。放弃现金折扣的资本成本是多少？

【解析】

企业在第10天付款，只要支付58.8（60×98%）万元，如果企业选择在30天付款，便放弃了现金折扣1.2（60×2%）万元。可以理解为企业占用供应商58.8万元资金20天，由此付出了1.2万元的利息代价。放弃现金折扣的资本成本反映的是年资本成本率。由此，本题可以转换计算借款本金58.8万元，期限20天，利息1.2万元的年利率是多少？则根据：

$$58.8 \times i/360 \times 20 = 1.2$$

得：$i = \dfrac{1.2}{58.8} \times \dfrac{360}{20} = \dfrac{60 \times 2\%}{60 \times (1-2\%)} \times \dfrac{360}{30-10} = \dfrac{2\%}{1-2\%} \times \dfrac{360}{30-10} = 36.73\%$

通过【例9-12】，可以推导出放弃现金折扣的资本成本的公式为：

$$放弃现金折扣的资本成本 = \dfrac{折扣\%}{1-折扣\%} \times \dfrac{360\ 天}{付款期（信用期）-折扣期}$$

放弃现金折扣的信用成本率与折扣百分比大小、折扣期长短和付款期长短有关系,与货款额和折扣额没有关系。放弃现金折扣的信用决策原因如下:

(1) 可能是企业资金暂时的缺乏。

(2) 可能是基于将应付的账款用于临时性短期投资,以获得更高的投资收益。企业将应付账款额用于短期投资,所获得的投资报酬率高于放弃折扣的信用成本率,则应当放弃现金折扣。

(3) 如果面对两家以上提供不同信用条件的卖方,应通过衡量放弃折扣成本的大小,选择信用成本最小(或所获利益最大)的一家。

【例 9 – 13】如果 M 公司正面临着甲、乙两家提供不同信用条件的卖方,甲公司的信用条件为"3/10,n/30";乙公司的信用条件为"2/20,n/30",请回答下面问题并说明理由:

(1) 如 M 公司在 10 ~ 30 天之间用该笔应付账款有一个投资机会,投资回报率为60%,M 公司是否应在 10 天内归还甲公司的应付账款,以取得 3% 的折扣?

(2) M 公司准备享有现金折扣,应选择哪家供应商?

【解析】

(1) 放弃现金折扣成本 = 3%/(1 – 3%) × (360/20) × 100% = 56%,由于10 ~ 30 天内运用该笔款项可得的回报率60% > 56%,故企业应放弃折扣。

(2) 放弃甲公司的现金折扣成本为 56%,放弃乙公司的现金折扣成本为 2%/(1 – 2%) × 360/10 × 100% = 73%,当享受现金折扣时,放弃现金折扣成本变为享受现金折扣收益,所以当 M 公司准备享有现金折扣时,应选择乙公司。

商业信用筹资如果没有现金折扣或使用不带息票据,商业信用筹资不负担成本。商业信用是缓解企业资金压力的重要渠道,但是期限短,还款压力大,企业应及时还款,以免恶化企业的信用水平。

二、短期借款

短期借款是企业最重要的筹资方式之一。短期借款成本主要包括利息、手续费等。在不同的信用条件和还款方式下,企业银行借款的实际利率与名义利率会有一定的差异性。

(一) 信用条件

银行发放短期借款往往需要一些信用条件。在不同信用条件下,企业借款的成本具有较大差异。

1. 信贷额度

信贷额度是借款企业与银行在协议中规定的借款最高限额。在信用额度上,银行并不承担必须贷款的义务。

2. 周转信贷协定

周转信贷协定是银行具有法律义务地承诺提供不超过某一最高限额的贷款协定。企业通常要对贷款限额的未使用部分付给银行一笔承诺费用。

【例9-14】某企业与银行商定的周转信贷额度为5000万元，年度内实际使用了2800万元，承诺率为0.5%，企业应向银行支付的承诺费为：

信贷承诺费 = (5000 - 2800) × 0.5% = 11 （万元）

3. 补偿性余额

补偿性余额是银行要求借款企业在银行中保持按贷款限额或实际借用额一定比例（通常为10% ~ 20%）计算的最低存款余额。对借款企业来说，补偿性余额则提高了借款的实际利率。

【例9-15】某企业按年利率6%向银行借款800万元，银行要求保留贷款限额10%的补偿性余额，则企业可动用的贷款为720万元，补充性余额的存款年利率1%，该项借款的实际利率为：

补偿性余额的实际利率 = (800 × 6% - 80 × 1%)/(800 × 90%)
= 47.2/720 = 6.56%

（二）还款方式

1. 收款法

收款法是借款到期时向银行支付利息，短期贷款实际利率就是名义利率。

2. 贴现法

贴现法是指银行向企业发放贷款时，先从本金中扣除利息部分，而到期时借款企业再偿还全部本金，从而提高贷款的实际利率。

【例9-16】某企业从银行取得借款200万元，期限1年，利率6%，利息12万元。按贴现法付息，企业实际可动用的贷款为188（200 - 200 × 6%）万元，该借款的实际利率为：

$$借款实际利率 = \frac{200 × 6\%}{200 - 200 × 6\%} = \frac{6\%}{1 - 6\%} = 6.38\%$$

3. 加息法

加息法是银行发放分期等额偿还贷款时采用的利息收取方法。比如企业向银行借款100万元，期限1年，年利率为20%，贷款本息和120万元，按照加息法，企业每月分期偿还贷款本息10元，共还12个月。由于贷款分期等额偿还，企业大约平均只使用贷款本金的一半。即企业负担的实际利率高于名义利率大约1倍。

【例9-17】某企业借入（名义）年利率为12%的贷款20000元，分12个月等额偿还本息。该项借款的实际年利率为：

$$实际年利率 = \frac{20000 × 12\%}{20000/2} × 100\% = 24\%$$

财务技能实训

创业者通过本章节的学习，必须把握现金、应收账款、存货等重点营运资金管理内容，熟悉现金预算的基本方法、信用政策制定、存货经济批量相关决策方法，提高营运资金的管理效率。由此，创业者需要掌握的基本财务技能为：信用政策制定、经济订货量确定和短期筹资方式选择。

财务技能实训项目一：信用政策制定

东方公司目前采用 30 天按发票金额付款的信用政策。为了扩大销售，公司拟改变现有的信用政策（2/10，1/20，n/30），有关数据如表 9－6 所示。如果采用新信用政策，估计会有 20％的顾客（按销售量计算，下同）在 10 天内付款、30％的顾客在 20 天内付款，其余的顾客在 30 天内付款。假设等风险投资的最低报酬率为 10％；一年按 360 天计算。

表 9－6 东方公司信用政策收益成本表

项目	原信用政策	新信用政策
信用政策	n/30	2/10，1/20，n/30
年销售量（件）	72000	79200
年销售额（单价 5 元）	360000	396000
单位变动成本（元/件）	4	4
可能发生的收账费用（元）	3000	2850
可能发生的坏账损失（元）	6000	5400
平均存货水平（件）	10000	11000

要求：

（1）计算原信用政策的边际收益。
（2）计算原信用政策的信用成本。
（3）计算原信用政策的净收益。
（4）计算新信用政策的边际收益。
（5）计算新信用政策的信用成本。
（6）计算新信用政策的净收益。
（7）比较分析是否改变信用政策。

财务技能实训项目二：经济订货量确定

甲公司是一家制造类企业，全年平均开工 250 天。为了生产产品，全年需要购买 A 材料 250000 件，该材料进货价格为 150 元/件，每次订货需支付运费、订单处理费等变动费用 500 元，材料年储存费率为 10 元/件。A 材料平均交货时间为 4 天。该公司 A 材料满足经济订货基本模型各项假设条件。

要求：

（1）利用经济订货基本模型，计算 A 材料的经济订货批量和全年订货次数。

（2）计算按经济订货批量采购 A 材料的年存货相关总成本。

（3）计算 A 材料每日平均需用量和再订货点。

财务技能实训项目三：短期筹资方式选择

丙公司是一家汽车配件制造企业，近期的销售量迅速增加。为满足生产和销售的需求，丙公司需要筹集资金 495000 元用于增加存货，占用期限为 30 天。现有三个可满足资金需求的筹资方案：

方案 1：利用供应商提供的商业信用，选择放弃现金折扣，信用条件为"2/10，n/40"。

方案 2：向银行贷款，借款期限为 30 天，年利率为 8%。银行要求的补偿性金额为借款额的 20%。

方案 3：以贴现法向银行借款，借款期限为 30 天，月利率为 1%。

要求：

（1）如果丙公司选择方案 1，计算其放弃现金折扣的机会成本。

（2）如果丙公司选择方案 2，为获得 495000 元的实际用款额，计算该公司应借款总额和该笔借款的实际年利率。

（3）如果丙公司选择方案 3，为获得 495000 元的实际用款额，计算该公司应借款总额和该笔借款的实际年利率。

（4）根据以上各方案的计算结果，为丙公司选择最优筹资方案。

本章小结

本章第一节介绍了创业企业营运资金管理的概念、目标和管理策略。第二节主要介绍了创业企业现金管理的重要性、现金规划具体方法和目标现金余额的确定方法。第三节主要介绍了创业企业应收账款管理的内容、相关成本、信用政策制定和具体管理方法。第四节主要介绍了创业企业存货管理内容、经济订购批量的运用和日常存货管理方法。第五节主要介绍了短期筹资方式中的银行借款和商业信用的运用。第六节为创业者提供了三个与营运资金管理相关的财务技能实训项目。

思考与练习

一、单项选择题

1. 下列各项中，可用于计算营运资金的算式是（　　）。

A. 资产总额 – 负债总额

B. 流动资产总额 – 负债总额

C. 流动资产总额 – 流动负债总额

D. 速动资产总额 – 流动负债总额

2. 持有过量现金可能导致的不利后果是（ ）。

A. 财务风险加大   B. 收益水平下降

C. 偿债能力下降   D. 资产流动性下降

3. 运用成本模型计算最佳现金持有量时，下列公式中，正确的是（ ）。

A. 最佳现金持有量下的现金相关成本 = min（管理成本 + 机会成本 + 转换成本）

B. 最佳现金持有量下的现金相关成本 = min（管理成本 + 机会成本 + 短缺成本）

C. 最佳现金持有量下的现金相关成本 = min（机会成本 + 经营成本 + 转换成本）

D. 最佳现金持有量下的现金相关成本 = min（机会成本 + 经营成本 + 短缺成本）

4. 根据营运资金管理理论，下列各项中不属于企业应收账款成本内容的是（ ）。

A. 机会成本   B. 管理成本   C. 短缺成本   D. 坏账成本

5. 采用 ABC 法对存货进行控制时，应当重点控制的是（ ）。

A. 数量较多的存货   B. 占用资金较多的存货

C. 品种较多的存货   D. 库存时间较长的存货

6. 下列各项中，可以导致经济订货基本模型中的经济订货批量减少的因素是（ ）。

A. 每期单位存货储存费率减少   B. 单位缺货成本降低

C. 每次订货费用增加   D. 存货年需要量减少

7. 根据经济订货批量的基本模型，下列各项中，可能导致经济订货批量提高的是（ ）。

A. 每期对存货的总需求降低   B. 每次订货费用降低

C. 每期单位存货存储费降低   D. 存货的采购单价降低

8. 某企业与银行商定的周转信贷额为 200 万元，承诺费率为 0.5%，企业借款 150 万元，平均使用 8 个月，借款年利率为 4%，那么，借款企业向银行支付承诺费和利息共计（ ）万元。

A. 4   B. 4.5   C. 0.5   D. 5.5

9. 甲公司与乙银行签订了一份周转信贷协定，周转信贷限额为 1000 万元，借款利率为 6%，承诺费率为 0.5%，甲公司需按实际借款额维持 10% 的补偿性余额。甲公司年度内使用借款 600 万元，则该笔借款的实际利率是（ ）。

A. 6%   B. 6.33%   C. 6.67%   D. 7.04%

10. 某企业按年利率 5.8% 向银行借款 1000 万元，银行要求保留 15% 的补偿性余额，则这项借款的实际利率约为（ ）。

A. 5.8%   B. 6.4%   C. 6.8%   D. 7.3%

11. 某企业按"2/20，n/40"的付款条件购进原料一批，则企业放弃现金折扣的机会成本率为（ ）。

A. 2%   B. 36.73%   C. 18%   D. 36%

12. 下列各项中，与放弃现金折扣的信用成本率呈反向变化的是（ ）。

A. 现金折扣率   B. 折扣期   C. 信用标准   D. 信用期

二、多项选择题

1. 下列各项中，属于自然性流动负债的是（　　　）。

A. 应付账款　　　　B. 应交税费　　　　C. 应付职工薪酬　　D. 短期借款

2. 运用成本模型确定企业最佳现金持有量时，现金持有量与持有成本之间的关系表现为（　　　）。

A. 现金持有量越小，总成本越大

B. 现金持有量越大，机会成本越大

C. 现金持有量越小，短缺成本越大

D. 现金持有量越大，管理总成本越大

3. 企业采用成本分析模式管理现金，在最佳现金持有量下，下列各项中正确的有（　　　）。

A. 机会成本等于短缺成本　　　　　　B. 机会成本与管理成本之和最小

C. 机会成本与短缺成本之和最小　　　D. 机会成本等于管理成本

4. 应收账款的主要功能包括（　　　）。

A. 增加销售　　　　　　　　　　　　B. 降低闲置资金的数量

C. 维持均衡生产　　　　　　　　　　D. 减少存货

5. 下列各项中，属于应收账款成本构成要素的有（　　　）。

A. 机会成本　　　　　　　　　　　　B. 管理成本

C. 坏账成本　　　　　　　　　　　　D. 短缺成本

6. 关于应收账款成本说法中，正确的有（　　　）。

A. 因投放于应收账款而放弃其他投资所带来的收益，即为应收账款的机会成本

B. 应收账款机会成本一般是固定成本

C. 应收账款的管理成本主要是指在进行应收账款管理时，所增加的费用

D. 应收账款的坏账成本一般与应收账款发生的数量成正比

7. 企业如果延长信用期限，可能导致的结果有（　　　）。

A. 扩大当期销售　　　　　　　　　　B. 延长平均收账期

C. 增加坏账损失　　　　　　　　　　D. 增加收账费用

8. 甲企业给客户 A 的信用条件为"1.5/10，n/30"，则下列说法正确的有（　　　）。

A. 折扣期限为 10 天，现金折扣率为 1.5%

B. 放弃现金折扣的成本为 25.12%

C. 客户 A 面临一收益为 25% 的投资机会，则 A 应放弃折扣

D. 信用期限为 30 天

9. 下列各选项中，属于存货管理目标的有（　　　）。

A. 便于维持均衡生产，降低产品成本

B. 降低存货取得成本

C. 保证生产正常进行

D. 提高产品质量

三、简答题

1. 向客户提供赊销服务的利弊有哪些？

2. 如果你决定提供赊销，需要制定和执行哪些政策？

3. 讨论使用经济订货批量以及存货记录计量如何使一家零售企业获益。使用这些存货记录的缺点是什么？

4. 计划现金流入和流出的数量和时间为什么重要？

四、案例分析题

【案例1】

某企业现着手编制20×1年6月的现金收支计划。预计20×1年6月初现金余额为8000元；月初应收账款4000元，预计月内可收回80%；本月销货50000元，预计月内收款比例为50%；本月采购材料8000元，预计月内付款70%；月初应付账款余额5000元需在月内全部付清；月内以现金支付工资8400元；本月制造费用等间接费用付现16000元；其他经营性现金支出900元；购买设备支付现金10000元。企业现金不足时，可向银行借款，借款利率为10%，银行要求借款金额为1000元的整数倍；且补偿性余额比率为10%，现金多余时可购买有价证券。要求月末可用现金余额不低于5000元。

要求：

（1）计算经营现金收入。

（2）计算经营现金支出。

（3）计算现金余缺。

（4）确定是否需要向银行借款。如果需要向银行借款，请计算借款的金额以及借款的实际利率。

（5）确定现金月末余额。

【案例2】

A企业是一家从事商品批发的企业，产品的单价为100元，变动成本率为70%，一直采用赊销方式销售产品，信用条件为n/45。如果继续采用n/45的信用条件，预计20×3年的赊销收入净额为1600万元，坏账损失为30万元，收账费用为18万元，平均存货水平为10000件。为扩大产品的销售量，A公司拟将信用条件变更为（2/10，1/20，n/30），在其他条件不变的情况下，预计20×3年赊销收入净额为1800万元，坏账损失为36万元，收账费用为25万元，平均存货水平11000件。如果采用新信用政策，估计会有20%的顾客（按销售量计算，下同）在10天内付款、30%的顾客在20天内付款，其余的顾客在30天内付款。

假设等风险投资的最低报酬率为10%；一年按360天计算。

要求:

(1) 计算原信用政策的边际收益。

(2) 计算原信用政策的信用成本。

(3) 计算原信用政策的净收益。

(4) 计算新信用政策的边际收益。

(5) 计算新信用政策的信用成本。

(6) 计算新信用政策的净收益。

(7) 试为该企业做出信用政策是否改变的决策。

【案例3】

甲公司是一家设备制造企业,常年大量使用某种零部件。该零部件既可以外购,也可以自制。如果外购,零部件单价为100元/件,每次订货的变动成本为20元,订货的固定成本较小,可以忽略不计。如果自制,有关资料如下:

(1) 需要购买一套价值为100000元的加工设备,该设备可以使用5年,使用期满无残值。

(2) 需要额外聘用4名操作设备的工人,工人采用固定年薪制,每个工人的年薪为25000元。

(3) 每次生产准备成本为400元,每日产量为15件。

(4) 生产该零部件需要使用加工其他产品剩下的一种边角料,每个零部件耗用边角料0.1千克。公司每年产生该种边角料1000千克,如果对外销售,单价为100元/千克。

(5) 除上述成本外,自制零部件还需发生单位变动成本50元。

该零部件的全年需求量为3600件,每年按360天计算。公司的资金成本为10%,除资金成本外,不考虑其他储存成本。

要求:

(1) 计算甲公司外购零部件的经济订货量、与批量有关的总成本、外购零部件的全年总成本。

(2) 计算甲公司自制零部件的经济生产批量、与批量有关的总成本、自制零部件的全年总成本(提示:加工设备在设备使用期内按平均年成本法分摊设备成本)。

(3) 判断甲公司应该选择外购方案还是自制方案,并说明原因。

【案例4】

甲公司目前有一个好的投资机会,急需资金1000万元。该公司财务经理通过与几家银行进行洽谈,初步拟定了三种备选借款方案。三种方案的借款本金均为1000万元,借款期限均为5年,具体还款方式如下:

方案一:采取定期支付利息,到期一次性偿还本金的还款方式,每半年末支付一次利息,每次支付利息40万元。

方案二:采取等额偿还本息的还款方式,每年年末偿还本息一次,每次还款额为250万元。

方案三:采取定期支付利息,到期一次性偿还本金的还款方式,每年年末支付一次利息，每次支付利息 80 万元。此外，银行要求甲公司按照借款本金的 10% 保持补偿性余额，对该部分补偿性余额，银行按照 3% 的银行存款利率每年年末支付企业存款利息。

要求：计算三种借款方案的有效年利率。如果仅从资本成本的角度分析，甲公司应当选择哪种借款方案？

第十章
创业企业利润及分配管理

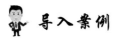 学习目标与要求

1. 了解创业企业利润计算的基本原理
2. 掌握量本利基本模型
3. 掌握盈亏平衡分析法
4. 了解利润分配的顺序和影响因素
5. 掌握利润分配的方式及其对所有者权益的影响
6. 掌握现金股利分配政策

导入案例

创业"生死劫"：合伙人如何分配股权

对创业合伙人而言，最核心的问题之一往往是创业企业的股权架构应该如何设计，股权应该如何分配。这也是创业企业治理最重要的部分。股权本质是人、权、钱，股权设计就是制定人规则、权规则、钱规则。具体来说，人规则，涉及怎么搭班子；权规则，涉及公司的治理结构；钱规则，涉及利益分配机制。

实际上，创业企业的股权架构设计和股权分配事关公司利益格局和利益分配，是创业者和创业企业必须迈过去的"生死劫"。度不过此劫，极有可能陷入内斗散伙倒闭的境地，或者暂时成功了，却留下诸多不知何时爆发而且可能致命的后遗症。

万科长达两年的股权大战，最终华润和恒大退出，深圳地铁成为最大股东。这一切起源于万科改制时王石执意放弃控制权，一心要做职业经理人的选择。

西少爷，本是一家前途无量的互联网创业企业，却在公司刚刚走上正轨、投资人青睐有加之时，创始人团队因为股权公开矛盾，宋鑫黯然出局。后来双方对簿公堂，最终达成和解，西少爷在资金紧张的情况下，花重金回购了合伙人的股权。

真功夫，曾经备受瞩目的餐饮品牌，创始人团队蔡达标和大舅哥潘宇海平分股权，在外部高估值的背景下，"去家族化"彻底激发双方矛盾，股权之争最终演变成刑事案件，

真功夫创始人之一蔡达标被判 14 年有期徒刑，代价惨重。

如果把创业当成一个做蛋糕的过程，股权分配就是一个分蛋糕的过程。那么，到底是先做还是先分呢？

先做蛋糕，再分蛋糕。好处是蛋糕做出来了，然后评估做蛋糕的过程中每个人的贡献多少进行分配。不好的地方在于：第一是前期没有分蛋糕，团队就没有动力去做蛋糕；第二是无法界定分配是否公平。

如果换一种做法，先分蛋糕，再做蛋糕？这种情况下，大家有动力去做蛋糕了，但是后面会有很多的变数。比如，有的人前期有参与，但是后期没参与，有的人前期有贡献，但是后期没贡献，有的人前期适合，但是后期不适合，有的人早期没参与、没贡献或不适合，但后期有参与、有贡献或适合，这该怎么处理？因此，先分蛋糕，再做蛋糕，也会出现一系列的问题。

还有一种处理方式，就是边分边做，边做边分。虽然这看起来是一个很中庸的办法，但是其中大有讲究。如何既保证大家有动力去干，又保证未来有调整与退出空间？这是一个系统工程，涉及股权的调整机制和退出机制。

（资料来源：http：//www.ceconline.com/news/ma/8800097213/01/? cf = FC_ Bigbanner.）

思考与讨论：

股权结构设计的原则是什么？股权结构与利润分配的关系是什么？

第一节 创业企业利润计算

当我们问及创业者企业的利润多少时，一般是问创业企业本月利润、本季度利润、本半年度利润和本年利润。利润通常是企业一定会计期间的经营成果。在会计上我们用"当期利润或当期收益"这个专业术语表示各期间的利润，而当期利润通常等于当期收入减去当期费用。由此，要正确计算一个会计期间的利润，则需要将该期间的收入和费用进行有效的配比。

一、收入和费用的确认原则

收入是指企业在日常经营活动中所形成的，包括销售商品收入、提供劳务收入、股票债权收益、利息收入、租金收入、股利收入等。创业者在计算利润时应该对各项收入进行区分记账，以便更好地了解企业利润的来源。

费用是指企业在日常经营活动中发生的各项耗费，包括已销售产品的成本、销售税金、财务费用、管理费用、销售费用和资产减值损失等。费用一般由支出产生，但并不是所有的支出都是费用。创业者在计算利润时应该对各项费用进行区分记账，以便更好地了

创业企业财务管理

解企业费用的构成，为成本管理提供准确数据。

在会计处理中，收入和费用的确认有权责发生制和收付实现制两种截然不同的会计处理原则，使得本期利润完全不同。收付实现制，是以款项是否实际收到或付出作为确认本期收入和费用的标准；而权责发生制，是以企业收入的权利和支出的义务是否归属本期作为确认本期收入和费用的标准。下面举例说明：

【例10-1】20×1年12月5日，企业销售一批价款5万元的产品，客户当场给付3万元，余2万元拟下月支付（不考虑增值税）。

【解析】

本业务按收付实现制则将3万元确认为本月的收入，但按权责发生制则将5万元作为本月的收入。

【例10-2】20×1年12月5日，企业销售一批价款5万元的产品，客户11月已经预付了4万元，差价1万元客户当场支付了（不考虑增值税）。

【解析】

本业务按收付实现制则将1万元确认为本月的收入，但按权责发生制则将5万元作为本月的收入。

【例10-3】20×1年12月5日，企业收回客户上个月所欠货款5万元。

【解析】

本业务按收付实现制则将5万元确认为本月的收入，但按权责发生制则将0万元作为本月的收入。

【例10-4】20×1年12月31日，企业购入一台6万元机器设备，该设备可使用5年。

【解析】

本业务按收付实现制则将6万元确认为本月的费用，但按权责发生制则将0万元作为本月的费用。因为权责发生制一个重要的理念是谁受益谁承担。企业购买机器、设备、厂房、车辆等固定资产时，该笔支出形成了企业可支配的财产，可供5年的60个会计期间使用，60个会计期间均有受益。由此，该笔支出应该由60个月来分摊，这样各会计期间的利润才具有可比性。企业的固定资产在较长的经营期内慢慢磨损或被消耗，这种价值的损耗叫作折旧。由此，这笔支出可在20×2年至20×6年的60个月使用期中分期计提折旧，假设企业采用直线摊销法，报废无残值，则每月计提固定资产折旧额1000元，并按照固定资产的使用部门计入相应的成本费用。

【例10-5】20×1年12月1日，支付了企业20×2年的厂房租金60000元。

【解析】

本业务按收付实现制则将6万元确认为本月的费用，但按权责发生制则将0万元作为本月的收入。

由以上分析可知，在不同确认原则下所计算的企业本期利润迥然不同。《企业会计准则——基本准则》第九条规定："企业应当以权责发生制确认本期的收入与费用。"由此，创业者在了解和分析企业经营业绩时，需要正确运用确认原则。

二、费用的构成

企业费用往往是支出形成的。但并不是所有的支出都确认为费用。

(一) 生产成本的概念

以服装生产企业为例,一件衣服的生产成本(即制造成本)是多少呢?在通常情况下,一件衣服的制造成本主要包括衣服的原料成本、制作衣服的人工成本和制造过程的设备折旧与水电支出等。成本具有两大特性:第一,产品是成本的直接负担者。即成本强调"对象",即企业如果由于某种原因不进行生产,就不会产生原料支出、人工支出、制造过程的设备折旧与水电支出等。第二,成本会随产品的销售得到补偿。以产品的材料成本为例,20×2 年 1 月,购买 100 元布匹原材料,当月生产了 1 套西装,该套西装售价 500元。假设这套西装当月顺利卖出,则为生产该产品的 100 元原材料支出,会随产品的销售从收入中得到补偿。假设本月该套西装无人问津,则成了企业的库存商品。库存商品可以后再进行销售,是有价值的,属于企业的一项财产。由此,在计算企业当期利润时,只能将已经销售产品的生产成本从当期收入中扣减。

(二) 生产成本的分类

为了能准确计算产品成本,需要对成本进一步分类。按成本是否能直接归入某个具体产品或某项服务中,将成本分成直接成本和间接成本。

1. 直接成本

直接成本在成本发生时能直接归入某个具体产品或某项服务中,包括直接材料成本和直接人工成本。如生产车间生产 A 产品从仓库直接领用甲材料 1000 个,很显然 1000 个甲原材料成本与 A 产品直接相关,由 A 产品承担,应直接计入 A 产品生产成本,属于 A 产品的直接材料成本。生产车间聘请 100 个工人加工 A 产品,由此产生的工人的工资和福利支出也与 A 产品直接相关,由 A 产品承担,应直接计入 A 产品生产成本,属于 A 产品的直接人工成本。

2. 间接成本

间接成本在成本发生时不能直接归入某个具体产品或某项服务中。假设某企业生产车间有 10 条生产线,本月 8 条线生产 A 产品,另 2 条线生产 B 产品。如果生产车间从仓库领用丙材料 1000 千克,用于两种产品共同耗用,则领用时不知道本月 A 产品和 B 产品会各自耗用丙材料多少千克。可能两种产品耗用量一样,也可能一种产品耗用多,另一种产品耗用少,如果领用时将 1000 千克丙材料成本平均分配给 A 产品和 B 产品,则会使企业每种产品成本计算不够准确。由此企业一般的做法是,在领用时无须直接归入某个具体产品的成本中,而是等月末计算单个产品的生产成本时,按一定的分配标准(生产产量、生产工时等)将间接成本分摊到每个产品或每项服务中去。间接成本是车间发生的一些共性费用,一般是发生时先逐笔归集,等月末再按一定标准进行分配。

由此,某产品的生产成本 = 直接材料成本 + 直接人工成本 + 间接成本分摊比例。

（三）费用

费用是指企业用于经营管理活动的各项耗费或支出。费用的特性是产品不是费用的直接承担者，费用仅与发生的期间直接相关，即费用强调"期间"。比如 20×2 年 1 月 31 日，某服装企业用银行存款支付本月的办公用房租金 1000 元。因为本月市场不景气，企业生产已经暂停，但本月办公用房租金仍需支付，所以办公用房租金 1000 元，不是直接由生产产品而引起的，不与企业生产的产品直接相关，而是与经营期间相关，只要企业继续经营都要办公。1000 元租金不作为产品的成本，而是作为费用直接从当期收入中扣减。企业成本费用分类列举见表 10 - 1。

表 10 - 1 成本费用分类

支出明细	成本费用类型	支出明细	成本费用类型
1. 生产工人的工资	直接成本	9. 贷款利息	费用
2. 车间管理人员工资	间接成本	10. 市场调研的咨询费	费用
3. 行政管理人员工资	费用	11. 办公用房的租金	费用
4. 原材料	直接成本	12. 生产机器设备的折旧	直接成本
5. 商店的广告费	费用	13. 行政部门设备的折旧	费用
6. 车间水电费	间接成本	14. 专利费摊销	费用
7. 行政部门水电费	费用	15. 开办费摊销	费用
8. 办公用品	费用		

三、创业企业利润计算

利润可细分为营业利润、利润总额及净利润。

营业利润＝营业收入－营业成本－税金及附加－销售费用－管理费用－财务费用－资产减值损失＋公允价值变动损益（－公允价值变动损失）＋投资收益（－投资损失）＋资产处置收益（－资产处置损失）－其他收益

利润总额＝营业利润＋营业外收入－营业外支出

净利润＝利润总额－所得税费用

商业企业和生产型企业在利润计算上会有一定的差异，在创业过程中要区分学习。

（一）商业企业利润计算

对于商业企业，由于少了生产加工环节，进而无须计算产品的生产成本，因此利润的计算也相对比较简单。

【例 10 - 6】商人王某 20×1 年末带自有资金 30 万元到合肥注册了广发贸易有限公司，当月他用 24 万元买下一家店面（房屋建筑物的使用年限为 12 年，残值为零），20×2 年初正式营业，20×2 年 1 月 1 日，从银行借入一笔借款 10 万元。经过一年的经营，本年实现销售收入30万元，本年采购商品成本支出7万元，其中4万元价值的商品已经全部售出，余下3万元商品还存放在仓库中。全年劳务支出2万元，管理费用2万元，上交税费（含企业所得税）5万元，支付借款利息1万元。经盘点，保险柜实际存放现金5万元，银行账户的银行存款24万元。经过一年的经营，广发贸易有限公司本年度的利润是多少？年末财务状况如何？

【解析】

广发贸易有限公司利润计算如下：

本年度的收入=30（万元）

本年度的费用=（7-3）+24/12+2+2+5+1=16（万元）

本年度的利润=30-16=14（万元）

在本例中，本年度采购商品支出7万元，本年度以30万元的价格卖出进价成本为4万元的货，仓库还剩进价成本为3万元的货。由此可以看出，商品采购支出若按收付实现制则将7万元确认为本年度的费用，但按权责发生制则将4（7-3）万元作为本年度的费用。因为企业仓库还剩进价成本为3万元的货可供下个月出售，由此与30万元销售收入相配比的已销售商品的成本只能是4万元。

年末的资产=24-24/12+3+5+24=54（万元）

年末的负债=10（万元）

年末的所有者权益=54-10=44（万元）

在本例中，王某初创广发贸易有限公司时仅投入自有资金30万元，即开始时股东的所有者权益是30万元。到年末为何增加到44万元，增加了14万元呢？主要是广发贸易有限公司当年创造了14万元的利润，由于企业并未进行利润分配，即王某未将14万元利润从公司中取走，转为个人财产。这14万元就留在公司，成为公司的留存收益，留存收益理应归股东享有，则增加到了企业股东权益14（44-30）万元。

（二）生产企业利润计算

对于生产企业，由于多了产品生产加工环节，因此在计算利润时需要对费用进行分解，并相互匹配。

【例10-7】新花企业20×1年7月与成本有关业务如下：

（1）收到上期应收账款150000元存入银行。

（2）银行存款支付本月工资204000元，其中：生产A产品工人工资60000元，生产B产品工人工资50000元；车间管理人员工资20000元；行政管理人员工资74000元。

（3）银行支付本月水电费21000元，其中车间15000元，行政管理部门6000元。

（4）本月生产机器设备的折旧为20000元。

（5）生产A产品本月领用甲材料600千克，乙材料600千克，共生产了6件A产品。生产本月B产品领用了甲材料500千克，乙材料500千克，丙材料500千克，共生产了5件B产品。材料成本均为10元/千克。

（6）银行支付本月新产品研究开发费用40000元，市场开拓费用10000元。

（7）银行存款支付本月的借款利息10000元。

（8）本月销售如下产品：A产品10件，售价50000元/件；B产品4件，售价70000

元/件；60%货款当月收到并存入银行，另40%为应收账款（说明：在本月销售的 A 产品中，有 4 件为上个月的存货，每件单位成本是 30000 元）。

（9）用银行存款缴纳上月所欠的所得税费用 10000 元。

（10）计算企业本月应该缴纳的所得税费用 86500 元（该笔税下个月再上缴）。

请分析：

（1）新花企业 20×1 年 7 月生产的 A 产品和 B 产品的直接材料成本、直接人工成本和间接成本各是多少（提示：间接成本按产品产量分配)？

（2）假设无月初在产品和月末在产品，当月生产的 A 产品和 B 产品的总成本与单位成本各是多少？

（3）新花企业 20×1 年 7 月利润是多少？

【解析】

针对以上案例逐项分析如表 10－2 所示：

表 10－2　新花企业 20×1 年 7 月利润计算分析表　　　　　　　单位：元

题号	直接成本（A 产品）	直接成本（B 产品）	间接成本	费用	当月收入（A 产品）	当月收入（B 产品）	其他说明
（1）							非本期收入
（2）	60000	50000	20000	74000			工资
（3）			15000	6000			水电费
（4）			20000				非付现成本
（5）	12000	15000					材料
（6）				50000			
（7）				10000			
（8）					500000	280000	本期收入
（9）							非本期成本费用
（10）				86500			本期费用

由以上可得：

（1）A 产品的直接材料成本 = 12000（元）

A 产品的直接人工成本 = 60000（元）

A 产品的应分配的间接成本 =（20000 + 15000 + 20000）÷（6 + 5）× 6 = 30000（元）

B 产品的直接材料成本 = 15000（元）

B 产品的直接人工成本 = 50000（元）

B 产品的应分配的间接成本 =（20000 + 15000 + 20000）÷（6 + 5）× 5 = 25000（元）

（2）当月生产 A 产品的总成本 = 12000 + 60000 + 30000 = 102000（元）

当月生产 A 产品的单位成本 = 102000 ÷ 6 = 17000（元）

当月生产 B 产品的总成本 = 15000 + 50000 + 25000 = 90000（元）

当月生产 B 产品的单位成本 = 90000 ÷ 5 = 18000（元）

（3）按照收入和费用的匹配原则，先计算各产品的销售毛利，即相应的营业收入减去营业成本，再用毛利减去费用即可得出利润。因在 A 产品本月销售的 10 件中，包括上个月的 4 件和本月生产的 6 件，所以有：

当月销售 A 产品的毛利 $= 10 \times 50000 - 4 \times 30000 - 6 \times 17000 = 278000$（元）

当月销售 B 产品的毛利 $= 4 \times 70000 - 4 \times 18000 = 208000$（元）

当月利润 $= 278000 + 208000 - 74000 - 6000 - 50000 - 10000 - 86500 = 259500$（元）

第二节　量本利分析

利润是衡量企业经营成败的一个关键指标，而利润的高低取决于收入和成本的多少，企业想获得利润，必须尽可能降低成本，提高售价，增加销售量。量本利分析是目前企业经营管理中运用比较广泛的分析方法。运用该方法可以预测保本量、保利量，以保证企业实现既定的目标。

一、量本利分析基本模型的相关假设

量本利分析有时也称为本量利，即成本（Cost）—产量或销售量（Volume）—利润（Profit）依存关系分析，英文简写 CVP 分析。量本利分析是研究企业在一定期间内的成本、业务量和利润三者之间的内在联系，揭示变量之间的内在规律性，为企业预测、决策、规划和业绩考评提供必要的财务信息的一种定量分析方法。一般来说，量本利分析主要基于以下四个假设前提：

（一）总成本由固定成本和变动成本两部分组成

该假设要求企业所发生的全部成本可以按其性态区分为变动成本和固定成本，并且变动成本总额与业务量成正比例变动，固定成本总额保持不变。按成本习性划分成本是量本利分析的基本前提条件。

固定成本是指在特定的产量范围内不受业务量变动影响，一定期间的总额能保持相对稳定的成本。固定成本总额不因业务量的变动而变动，但单位固定成本（单位业务量负担的固定成本）会与业务量的增减呈反向变动。

变动成本是指在特定的产量范围内其总额随产量变动而正比例变动的成本。变动成本总额因业务量的变动而成正比例变动，但单位变动成本（单位业务量负担的变动成本）不变。具体而言，在成本习性划分下：变动成本包括直接材料、直接人工、变动制造费用、变动管理费用、变动销售费用；固定成本包括固定制造费用、固定管理费用和固定销售费用。

（二）销售收入与业务量呈完全线性关系

该假设要求销售收入必须随业务量的变化而变化，两者之间应保持完全线性关系，因此，当销售量在相关范围内变化时，产品的单价不会发生变化。

（三）产销平衡

假设当期产品的生产量与业务量相一致，不考虑存货水平变动对利润的影响。即假定每期生产的产品总量总是能在当期全部销售出去，产销平衡，即生产数量等于销售数量。

（四）产品产销结构稳定

假设同时生产销售多种产品的企业，其销售产品的品种结构不变，即在一个生产与销售多种产品的企业，以价值形式表现的产品的产销总量发生变化时，原来各产品的产销额在全部产品的产销额中所占的比重不会发生变化。

【例10-8】甲公司是一家生物制药企业，研发出一种专利产品，该产品投资项目已完成可行性分析，厂房制造和设备购置安装工作已完成，该产品于20×6年开始生产销售，目前，公司正对该项目进行盈亏平衡分析，相关资料如下（假设年生产量等于年销售量）：

（1）专利研发支出资本化金额150万元，专利有效期10年，预计无残值；建造厂房使用的土地使用权，取得成本500万元，使用年限50年，预计无残值，两种资产采用直线法计提摊销。

（2）车间建造成本400万元，折旧年限30年，预计净残值率10%，生产设备购置成本200万元，折旧年限10年，预计净残值率5%，两种资产均采用直线法计提折旧。

（3）该产品销售价格每瓶80元，销量每年可达20万瓶，每瓶材料成本20元，包装成本3元，其他变动制造费用10元。

（4）公司管理人员实行固定工资制，生产工人和销售人员实行基本工资加提成制，预计新增管理人员2人，每人每年固定工资7.5万元，新增生产工人25人，人均月基本工资1500元，生产计件工资每瓶2元，新增销售人员5人，人均月基本工资1500元，销售提成每瓶5元。

（5）每年新增其他费用：财产保险费4万元，职工培训费10万元，其他固定管理费用11万元，广告费50万元。

要求： 分析新产品的成本性质、年固定成本总额和单位变动成本。

【解析】

将上述成本进行性质分析得表10-3。

表10-3 甲公司20×6年成本分析表

题号	成本性质	年固定成本总额（万元）	单位变动成本（元）
（1）	固定管理费用	150/10 + 500/50 = 25	
（2）	固定制造费用	(400 - 400×10%)/30 + (200 - 200×5%)/10 = 31	
（3）	变动制造费用		20 + 3 + 10 = 33
（4）	固定管理费用	7.5×2 = 15	
（4）	固定制造费用	25×1500×12/10000 = 45	

题号	成本性质	年固定成本总额（万元）	单位变动成本（元）
(4)	变动制造费用		2
(4)	固定销售费用	$5 \times 1500 \times 12/10000 = 9$	
(4)	变动销售费用		5
(5)	固定管理费用	$4 + 10 + 11 = 25$	
(5)	固定销售费用	50	
合计		$25 + 31 + 15 + 45 + 9 + 25 + 50 = 200$	$33 + 2 + 5 = 40$

二、量本利分析的基本关系式

量本利分析是以成本性态分析和变动成本法为基础的，其基本公式是变动成本法下计算利润的公式，该公式反映了价格、成本、业务量和利润各因素之间的相互关系。

（一）基本公式

利润 = 销售收入 – 总成本
    = 销售单价 × 销售量 – （变动成本 + 固定成本）
    = 销售单价 × 销售量 – 单位变动成本 × 销售量 – 固定成本
    = （销售单价 – 单位变动成本）× 销售量 – 固定成本
    = 单位边际贡献 × 销售量 – 固定成本

模型所求解的利润实质是未扣除利息和所得税的利润，即息税前利润（EBIT）。主要是因为模型中的总成本虽分为变动成本和固定成本，但这两个成本未包括当期产生的利息费用和当期应缴纳的所得税费用。

该公式是本量利分析的基本出发点，以后的所有本量利分析可以说都是在该公式基础上进行的。为了更直观地了解量本利分析方法在经营决策中的作用，用图示表示更直观，如图 10 – 1 所示。

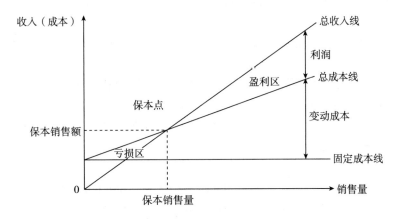

图 10 – 1 基本的量本利分析图

图 10 - 1 中的横坐标为销售量，纵坐标为收入或成本。因固定成本在一定业务量范围内保持不变，则与销售量无关，为一条平行线。变动成本与销售量呈线性关系，则总成本是从横坐标固定成本点出发的一条斜线。又因在一定业务量范围内，产品的单价不会发生变化，销售收入与业务量呈完全线性关系，总收入线为从原点出发的一条斜线。当总收入线和总成本线交叉时，此点所对应的销售量和销售收入，即为保本点和保本量，即盈亏平衡点。

【例 10 - 9】承【例 10 - 8】数据，计算新产品的年息税前利润。

【解析】

年息税前利润 = 销售单价 × 销售量 - 单位变动成本 × 销售量 - 固定成本
$$= 80 × 20 - 40 × 20 - 200 = 600 （万元）$$

（二）边际贡献

上述基本模型中还涉及一个重要的专业术语——边际贡献。边际贡献是利润管理中经常使用的十分重要的概念，是运用盈亏分析原理，进行产品生产决策的一个十分重要的指标。通常，边际贡献又称为"边际利润"或"贡献毛益"等。

边际贡献是销售收入减去变动成本后的余额。单位边际贡献是销售单价减去单位变动成本后的余额。为了反映产品给企业做出贡献的能力，往往会使用边际贡献率指标，即边际贡献在销售收入中所占的百分比。其公式为：

边际贡献率 = （边际贡献/销售收入）× 100%

如果是一种产品，则边际贡献率 = （单位边际贡献/单价）× 100%。

如果是多种产品，则边际贡献率 = $\sum$（每种产品的边际贡献率 × 该产品销售收入占全部销售收入的比重）。

与边际贡献率相对应的概念是"变动成本率"，即变动成本在销售收入中所占的百分比。其公式为：

变动成本率 = （变动成本/销售收入）× 100%

变动成本率与边际贡献率之和为 1，因为变动成本总额与其边际贡献总额之和正好等于销售收入总额。

由此，量本利分析的基本关系式，可以改写成边际贡献方程式：

息税前利润 = 销量 × 单位边际贡献 - 固定成本

边际贡献式是在损益方程式中体现出边际贡献的大小，以明确表达本量利之间的数量关系（见图 10 - 2）。

边际贡献式的量本利分析图与基本分析图相比，在图中新增加了一条变动成本线，边际贡献为利润与固定成本之和。

【例 10 - 10】承【例 10 - 8】数据，计算新产品的边际贡献、单位边际贡献、边际贡献率、变动成本率。

【解析】

边际贡献 = 销售收入 - 变动成本 = 80 × 20 - 40 × 20 = 800 （万元）

单位边际贡献 = 销售单价 - 单位变动成本 = 80 - 40 = 40 （元）

边际贡献率 = 边际贡献/销售收入 = 800/1600 = 50%

或　　　　　=单位边际贡献/销售单价=(80-40)/80=50%

变动成本率=变动成本/销售收入=40×20/1600=50%

或　　　　　=单位变动成本/销售单价=40/80=50%

边际贡献率+变动成本率=50%+50%=1

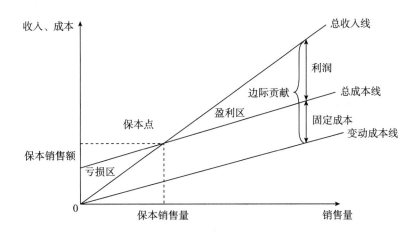

图10-2　边际贡献式的量本利分析图

三、保本分析

保本点（亦称盈亏临界点）是企业收入和成本相等的经营状态，此时利润等于零，企业处于既不盈利也不亏损的状态。

（一）基本公式

0=（销售单价-单位变动成本）×销售量-固定成本

利润为零时，求出的销售量就是保本销售量，亦称为盈亏平衡全年销售量；保本销售量对应的销售额即为保本销售额，亦称为盈亏平衡全年销售额；保本量（额）与正常销售量（额）的比值即为保本作业率，亦称为盈亏临界点作业率。由此，保本点可以通过保本销售量、保本销售额、保本作业率三大指标进行衡量。

保本销售量=固定成本/（销售单价-单位变动成本）

　　　　　=固定成本/单位边际贡献

保本销售额=保本销售量×单价

　　　　　=固定成本/边际贡献率

保本作业率=保本销售量（额）/正常销售量（额）

（二）单品种盈亏平衡点预测

对于单品种而言，保本点分析就是一个企业亏损和盈利的分界点。结合分界点的业务量，以此来安排公司生产经营，企业保本点越低，企业风险就越小，利润就越高。

【例10-11】承【例10-8】数据，计算新产品的保本销售量（盈亏平衡全年销售量）、保本销售额（盈亏平衡全年销售额）、保本作业率（盈亏临界点作业率）。

【解析】

0＝（销售单价－单位变动成本）×销售量－固定成本

保本销售量＝固定成本/（销售单价－单位变动成本）

　　　　　　＝200/（80－40）＝5（万瓶）

保本销售额＝保本销售量×单价

　　　　　　＝5×80＝400（万元）

或　　　　　＝固定成本/边际贡献率＝200/50%＝400（万元）

保本作业率＝保本销售量/正常销售量＝5/20＝25%

通过本例可以看出，企业只要销售5万瓶，完成正常销售量的25%，就可以实现不盈不亏。很明显，这个比率越低越好，表明企业的经营越安全。

（三）多品种盈亏平衡点预测

当企业生产多种产品时，则需要预测每一个品种的保本点。多品种盈亏平衡点的预测，可为企业制定和实现最优化生产经营目标提供科学依据。多品种产品生产企业的盈亏平衡分析计算，是根据每种产品的产销比重和边际利润进行综合计算。其具体步骤如下：

（1）以各产品的销售收入占总收入的比率，确定权重。

（2）计算加权平均边际贡献率。

（3）计算加权平均保本销售额。

（4）计算某产品的保本销售量。

【例10-12】某公司生产并销售A、B、C三种产品，销售单价分别为20元、30元、40元；预计销售量分别为3万件、2万件、1万件；预计各产品的单位变动成本分别为12元、24元、28元；预计固定成本总额为18万元。

计算：各产品的销售比重、各产品的边际贡献率、加权平均边际贡献率、盈亏平衡点综合销售额与每一种产品的盈亏平衡点销售额和盈亏平衡点销售量。

【解析】

A产品的销售比重＝20×3/（20×3＋30×2＋40×1）＝37.5%

B产品的销售比重＝30×2/（20×3＋30×2＋40×1）＝37.5%

C产品的销售比重＝40×1/（20×3＋30×2＋40×1）＝25%

A产品的边际贡献率＝（20－12）/20＝40%

B产品的边际贡献率＝（30－24）/30＝20%

C产品的边际贡献率＝（40－28）/40＝30%

加权平均边际贡献率＝40%×37.5%＋20%×37.5%＋30%×25%＝30%

盈亏平衡点综合销售额＝18/30%＝60（万元）

A产品盈亏平衡点销售额＝60×37.5%＝22.5（万元）

B产品盈亏平衡点销售额＝60×37.5%＝22.5（万元）

C产品盈亏平衡点销售额＝60×25%＝15（万元）

A产品盈亏平衡点销售量＝22.5/20＝1.125（万件）

B 产品盈亏平衡点销售量 = 22.5/30 = 0.75（万件）

C 产品盈亏平衡点销售量 = 15/40 = 0.375（万件）

通过盈亏平衡分析计算，确定企业各个品种在保本点上的产销量，企业的产销计划必须大于保本点产销计划，否则就是亏损状态下的产销计划，结合市场需求和企业生产能力，尽量多安排边际贡献大的产品，以优化产销计划，追求企业效益最大化。

（四）安全边际分析

安全边际分析是在保本分析基础上的延伸指标，安全边际分析是为了直接告诉经营管理者产品销售量下降时，下降到哪个销量就不安全，就要亏损；产品销售额下降时，下降到哪个销售额就不安全，就要亏损。安全边际的量本利分析如图 10 - 3 所示。

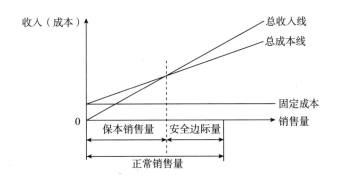

图 10 - 3　安全边际的量本利分析图

根据图 10 - 3 可以看出：

安全边际量 = 实际或预计销售量 - 保本点销售量

安全边际额 = 实际或预计销售额 - 保本点销售额 = 安全边际量 × 单价

安全边际率 = 安全边际量/实际或预计销售量 = 安全边际额/实际或预计销售额

保本作业率 + 安全边际率 = 1

【例 10 - 13】 承【例 10 - 8】数据，计算新产品的安全边际量、安全边际额、安全边际率。

【解析】

安全边际量 = 实际销售量 - 保本点销售量 = 20 - 5 = 15（万瓶）

安全边际额 = 实际销售额 - 保本点销售额 = 80 × 20 - 400 - 1200（万元）

安全边际率 = 安全边际量/实际销售量 = 15/20 = 75%

或　　　　 = 安全边际额/实际销售额 = 1200/（80 × 20）= 75%

保本作业率 + 安全边际率 = 25% + 75% = 1

从以上案例分析可以看出，该企业目前销售量或销售额只有下降到 75%，才会导致企业从盈利转为亏损，也就是下降比例小于 75%，都不会导致亏损。由此，安全边际或安全边际率越大，反映出该企业经营风险越小。

四、保利分析

保利分析也叫作目标利润分析。目标利润是预测在单价和成本水平一定的情况下，为确保预先制定的目标利润可以实现，而必须达到的销售量或销售额。通过代入特定的利润值，在其他因素已知并确定的情况下，计算出销售量和销售额，即为保利量和保利额。由此，保利量是企业实现目标利润所需完成的业务量；保利额是企业为实现既定的目标利润所需的业务额。其公式为：

目标利润 = 销量×(单价 – 单位变动成本) – 固定成本

保利量 = (目标利润 + 固定成本)/(单价 – 单位变动成本)

= (目标利润 + 固定成本)/单位边际贡献

保利额 = 保利量×销售单价

= (目标利润 + 固定成本)/单位边际贡献率

上述公式所指的目标利润即为目标息税前利润，是不考虑利息和所得税的目标利润。若考虑利息和所得税，则公式可以修正为：

净利润 = [销量×(单价 – 单位变动成本) – 固定成本 – 利息费用]×(1 – 所得税税率)

【例 10 – 14】承【例 10 – 8】数据，假设该企业的目标息税前利润为 800 万元，计算新产品的保利量和保利额。

【解析】

800 = 销量×(单价 – 单位变动成本) – 固定成本

保利量 = (目标利润 + 固定成本)/(单价 – 单位变动成本)

= (800 + 200)/(80 – 40) = 25 (万瓶)

保利额 = 保利量×单价 = 25×80 = 2000 (万元)

或 = (目标利润 + 固定成本)/边际贡献率 = (800 + 200)/50%

= 2000 (万元)

五、利润敏感性分析

利润敏感性分析就是研究量本利分析的假设前提中的诸因素发生微小变化时，对利润的影响方向和影响程度。影响程度大小可以通过计算敏感系数加以比较分析得到。其公式为：

敏感系数 = 利润变动百分比/因素变动百分比

【例 10 – 15】承【例 10 – 8】数据，假设销售量、单价、单位变动成本和固定成本均增长了 10%，计算各因素的敏感系数。

【解析】

未变动前息税前利润 = 80×20 – 40×20 – 200 = 600 (万元)

(1) 销售量上升 10%。

销售量 = 20×(1 + 10%) = 22 (万瓶)

息税前利润 $=80 \times 22 - 40 \times 22 - 200 = 680$ （万元）

息税前利润变动百分比 $= (680 - 600)/600 = 13.33\%$

销售量的敏感系数 $= 13.33\%/10\% = 1.33$

说明：销量的敏感系数也就是经营杠杆（DOL）。

（2）单价上升 10%。

单价 $= 80 \times (1 + 10\%) = 88$ （元）

息税前利润 $= 88 \times 20 - 40 \times 20 - 200 = 760$ （万元）

息税前利润变化的百分比 $= (760 - 600)/600 = 26.67\%$

单价的敏感系数 $= 26.67\%/10\% = 2.67$

（3）单位变动成本上升 10%。

单位变动成本 $= 40 \times (1 + 10\%) = 44$ （元）

息税前利润 $= 80 \times 20 - 44 \times 20 - 200 = 520$ （万元）

息税前利润变化的百分比 $= (520 - 600)/600 = -13.33\%$

单位变动成本的敏感系数 $= -13.33\%/10\% = -1.33$

（4）固定成本上升 10%。

固定成本 $= 200 \times (1 + 10\%) = 220$ （万元）

息税前利润 $= 80 \times 20 - 40 \times 20 - 220 = 580$ （万元）

息税前利润变化的百分比 $= (580 - 600)/600 = -3.33\%$

固定成本的敏感系数 $= -3.33\%/10\% = -0.33$

根据以上计算可以看出：若某一因素的敏感系数为负号，表明该因素的变动与利润的变动为反向关系，如单位成本和固定资产提高，则利润下降，反之亦然。判断敏感性因素的依据是敏感系数的绝对值，绝对值越大，分析指标对该因素越敏感。本例中销售量和单位变动成本的敏感强度一样，单价的敏感系数最大，固定资产的敏感系数最小。

利润敏感性分析法，其实质是通过逐一改变相关变量数值的方法来解释关键指标受这些因素变动影响大小的规律。有些因素虽然变化幅度较大，却只对利润产生微小的影响。所以对一个企业的管理者来说，不仅需要了解哪些因素对利润增减有影响，而且需要了解在影响利润的若干因素中，哪些因素影响大，哪些因素影响小。那些对利润影响大的因素我们称为敏感因素；反之，则称为非敏感因素。一般而言，在对利润产生影响的各因素中，灵敏度最高的为单价，最低的是固定成本，销量和单位变动成本介于两者之间。

第三节 创业企业利润分配管理

企业利润分配的对象是企业缴纳所得税后的净利润，这些利润是企业的权益，企业有权自主分配。利润分配涉及投资者、经营者、职工等多方面的利益，企业必须兼顾，税后利润分配必须依法进行。同时利润分配越多，企业资金积累的速度越慢，企业抵抗风险的能力下降，特别是企业未来有较大的融资需求时，更应慎重考虑利润分配方案。本节所讨论的利润分配是针对公司制企业而言。

一、利润分配顺序

利润分配的顺序根据《中华人民共和国公司法》等有关法规的规定，企业当年实现的净利润，一般应按照下列内容、顺序和金额进行分配：

（一）弥补以前年度亏损

《中华人民共和国企业所得税暂行条例实施细则》第二十八条规定："纳税人发生年度亏损的，可以用下一纳税年度的所得弥补；下一纳税年度的所得不足弥补的，可以逐年延续弥补，但是延续弥补期最长不得超过 5 年。5 年内不论是盈利或亏损，都作为实际弥补期计算。"特殊类型公司弥补期限另行规定的除外。

【例 10 - 16】 甲公司成立于 2013 年，2013 ~ 2019 年盈利情况见表 10 - 4，分析 2019 年应纳税额是多少（假设公司不符合小微企业政策，所得税税率 25%）？

表 10 - 4　甲公司 2013 ~ 2019 年应纳所得税额情况表　　　　单位：万元

年份	2013	2014	2015	2016	2017	2018	2019
应纳税所得额（万元）	- 90	- 60	20	30	35	- 10	100

【解析】

①对于 2013 年的亏损，可以用后续五年（2014 ~ 2018 年）税前利润弥补。由此，2015 年弥补 20 万元，2016 年弥补 30 万元，2017 年弥补 35 万元，2018 年处于亏损不能进行弥补，2019 年虽然盈利，但对于 2013 年来说已经过了 5 年弥补期限，不得税前弥补。②2014 年亏损 60 万元，可以用后续五年（2015 ~ 2019 年）税前利润弥补。2015 ~ 2016 年已经弥补过 2013 年了，由此，2014 年亏损 60 万元只能由 2019 年盈利弥补 60 万元。③对于 2018 年的亏损，可以用后续五年（2019 ~ 2023 年）税前利润弥补。由此，2019 年的盈利弥补 2014 年亏损还有剩余，可以继续弥补 2018 年 10 万元亏损。由此 2019 年的应纳税额 = （100 - 60 - 10）× 25% = 7.5（万元），则 2019 年实现的净利润为 100 - 7.5 = 92.5（万元）。

（二）提取法定盈余公积金

公司当年的税后利润在弥补亏损后，如果仍有剩余，应当提取 10% 列入法定公积金。但是如果企业以前年度亏损未弥补完，不得提取法定盈余公积金和法定公益金。公司的法定公积金累计金额达到公司注册资本的 50% 后，可不再提取。法定公积金可用于弥补亏损，也可用于转增资本金等，但转增资本金后，企业法定盈余公积金一般不得低于注册资金的 25%。

【例 10 - 17】 依【例 10 - 16】数据，公司 2019 年利润分配方案中表示，按弥补亏损后净利润的 10% 提取法定盈余公积。

【解析】

提取法定盈余公积 = 92.5 × 10% = 9.25（万元）

(三) 提取任意盈余公积金

公司除了提取法定公积金之外，可以根据公司的实际情况，在提取了法定公积金后，由股东会或者股东大会决定另外再从税后利润中提取一定的公积金。此部分是公司自行决定提取的，不是法律强制要求的，被称为任意公积金。任意公积金提取多少，由公司自行决定。任意盈余公积金主要用于企业职工的集体福利设施支出。

【例 10 - 18】依【例 10 - 16】数据，在公司 2019 年利润分配方案中表示，按弥补亏损后净利润的 5% 提取任意盈余公积。

【解析】

提取任意盈余公积 = 92.5 × 5% = 4.63 （万元）

(四) 向投资者分配利润 (支付股利)

公司税后利润在进行以上分配后，如仍有剩余，可以按照确定的利润分配方案向公司的普通股东分配利润（支付股利），也叫股利分配。同时企业以前年度未分配的利润，可以并入本年度分配。有限责任公司，除了全体股东另有约定的外，按照股东实际缴纳的出资比例分取红利；股份有限公司，除了公司章程另有规定之外，按照股东持有的股份比例分配。

【例 10 - 19】依【例 10 - 16】数据，在公司 2019 年利润分配方案中表示，向投资者分配利润 30 万元。

【解析】

因以前年度无未分配利润，则年末未分配利润 = 92.5 - 9.25 - 4.63 - 30 = 48.62 （万元）。以上利润分配的顺序要依次进行，不能颠倒。

二、公司利润分配应考虑的因素

企业的利润分配涉及企业相关各方的切身利益，受众多不确定因素的影响，在确定分配政策时，应当考虑各种相关因素的影响，主要包括法律因素、公司因素和股东因素等。

(一) 法律因素

企业在进行利润分配时，应遵循法定利润分配程序，依次分配，不能颠倒。不能以企业资本（实收资本或股本和资本公积）分配利润，即资本保全约束，目的在于维持企业资本的完整性，保护企业完整的产权基础，保障债权人的权益。不能当年无利润而动用以前年度留存收益分配利润。当盈余的保留大大超过了公司目前及未来的投资需要时，将被加征额外的税款。

(二) 公司因素

公司出于长期发展与短期经营考虑，需要综合考虑多个因素。包括公司现金支付能力、公司的资产流动性、公司的举债能力、未来的投资机会、筹资成本高低等。

1. 公司现金支付能力

企业若想以现金的形式分配利润，就必须考虑是否有足够现金进行支付。因为企业盈利不等于一定有相应的现金。会计利润的计算主要采用权责发生制，当企业产品销售采用较多的赊销方式时，收入更多体现为应收账款，企业往往出现会计账面利润很多，但现金十分拮据的情况。

2. 公司的资产流动性

当公司具有较高债务偿还需求时，现金股利分配方式会减少现金存量，降低债务支付能力。由此，如果公司资产的流动性强，短期偿债能力强，则可以采取较高的股利分配政策，流动性低时一般不能支付太多股利。

3. 公司的举债能力

企业偿还债务可以通过举借新债、发行新股筹集资金偿还债务，也可直接用经营积累偿还债务。公司的举债能力强，可以采取较宽松的股利政策；举债能力弱，往往采取较紧的股利政策。

4. 未来的投资机会

当企业处于发展上升阶段，具备广泛的投资机会时，需要大量的发展资金，这时企业可以考虑减少股利支出，将大部分盈利用于扩大再生产，将来给股东更满意的回报，这很可能会被多数股东所接受。当企业处于盈利充裕、稳定，并无良好的拓展机会时，可考虑采用较高的股利以回报投资者。

5. 筹资成本高低

在企业的各种筹资方法中，留用利润的资本成本是最低的，而且是稳定可靠的，还可以使企业保持较强的外部筹资能力。

（三）股东因素

不同阶层、不同收入水平，以及不同投资目的的股东，对股利分配的要求也是不同的。

1. 掌握控制权

当现有股东想加强对企业的控制权时，一般希望少分股利，多留收益，少增发新股。这是因为公司支付较高的现金股利，就会导致留存盈余减少，可供企业发展资金变少，当未来需要增加新资金时，只能扩大举债规模或现有股东再次投入新资本。若现有股东拿不出更多的资金，只能引入新投资者，新投资者的加入必然稀释公司的控制权，这是现有股东不愿意看到的，由此，现有股东倾向于不分配股利。

2. 取得稳定股利收入

当股东以获取稳定股利收入为目的时，他们倾向于要求公司支付稳定的股利。

3. 规避税负

当股东出于避税的考虑（股利收入的所得税高于股票交易的资本利得税），往往反对公司发放较多的股利。

三、利润分配（股利分配）的方式

股利分配是指企业向股东分配股利，是企业利润分配的一部分。由于公司制企业包括有限责任公司和股份有限公司两种形式，下面以股份有限公司为例，分析现有股利支付的常见形式。

（一）股利支付方式

1. 现金股利

以现金支付的股利是股利支付最常见的方式。大多数投资者都喜欢现金分红，因为这是实实在在到手的利润。企业发放现金股利，可以增强投资者的信心。现金股利侧重于反映近期利益，对于看重近期利益的股东很有吸引力。公司选择发放现金股利除了要有足够的留存收益外，还要有足够的现金，而现金充足与否往往会成为公司发放现金股利的主要制约因素。

2. 财产股利

财产股利是以现金以外的其他资产支付的股利，财产股利通常有两种：一种是有价证券股利，这种有价证券主要是公司持有的其他公司的股票、债券、票据等，包括政府债券、金融债券；另一种是以实物作为股利支付给股东。

3. 负债股利

以负债方式支付的股利，通常以公司的应付票据支付给股东，有时也以发行公司债券的方式支付股利。

4. 股票股利

股票股利是公司以增发股票的方式所支付的股利，我国实务中通常也称其为"红股"。股票股利具有两大特征：第一，发放股票股利对公司来说，并没有现金流出企业，也不会导致公司的财产减少。在我国，采用面值法计算股票股利，股票面值通常为 1 元/股，"未分配利润"减少数 = 增发的股数 × 股票面值，"股本"增加数 = "未分配利润"减少数。在西方部分国家采用市价法计算股票股利，"未分配利润"减少数 = 增发的股数 × 股票市价，"股本"增加数 = 增发的股数 × 股票面值，"资本公积"增加数 = 增发的股数 × （股票市价 − 股票面值）。由此，股票股利分配只是将公司的未分配利润转化为股本和资本公积，只影响股本和未分配利润。它不改变公司股东权益总额，但会改变股东权益的构成。且股票股利会增加流通在外的股票数量，同时降低股票的每股价值。第二，股票股利的发放可以传递公司未来发展前景良好的信息，从而增强投资者的信心，在一定程度上稳定股票价格。由此，股票股利侧重于反映长远利益，对看重公司的潜在发展能力，而不太计较即期分红多少的股东更具有吸引力。

总体来说，现金股利最受喜欢，而财产股利和负债股利实际上是现金股利的替代，但这两种股利支付形式在我国公司实务中很少使用。

（二）股利支付对股东权益的影响

在会计报表中，企业的股东权益主要由实收资本（股本）、资本公积、盈余公积和未分配利润四个项目构成。实收资本和资本公积反映的是所有者投入公司的资本，盈余公积和未分配利润合称为留存收益或留用利润，反映公司创办开始至当前企业利润的总留存数。

【例 10−20】 上海市东方股份有限公司 20×3 年度利润分配和资本公积金转增股本方

案于 20×4 年 5 月 28 日召开的公司 20×3 年度股东大会审议通过。方案如下：

（1）向全体股东每 10 股送现金股利 0.50 元。截至 20×3 年 12 月 31 日，公司总股本 156587810 股，按每 10 股送现金股利 0.50 元（含税）。

（2）向全体股东每 10 股送股票股利 2 股。截至 20×3 年 12 月 31 日，公司总股本 156587810 股，按每 10 股送股票股利 2 股，共送股票股利 31317562 股。

（3）公司本次资本公积金转增股本预案为：以 20×3 年 12 月 31 日总股本 156587810 股为基数，向全体股东每 10 股转增 4 股。

假设 20×3 年年终分配股利前（已提取盈余公积）的股东权益项目资料如表 10-5 所示。

表 10-5　东方股份有限公司股东权益结构表　　　　　　单位：元

股本——普通股（每股面值 1 元，156587810 股）	156587810
资本公积	400000000
盈余公积	50000000
未分配利润	130000000
股东权益合计	736587810

请分析（本次利润分配按下列顺序依次进行）：

（1）应发放的现金股利是多少？对所有者权益总额有何影响？

（2）在我国采用面值法，按面值计算应发放股票股利是多少？对所有者权益总额有何影响？若按西方国家采用市价法，应发放股票股利是多少？对所有者权益变动与面值法有何差别？假设股票市场价格每股 3 元。

（3）资本公积金转增股本的金额是多少？对所有者权益总额有何影响？

【解析】

（1）应发放的现金股利 = 156587810/10 × 0.5 = 7829390.5（元）。现金股利的分配导致企业的未分配利润减少 7829390.5 元，同时企业的应付股利负债增加 7829390.5 元。分配现金股利后导致股东权益结构发生变动，所有者权益总额减少 7829390.5 元。发放现金股利后股东权益结构表如表 10-6 所示。

表 10-6　东方股份有限公司发放现金股利后股东权益结构表　　　　　　单位：元

项目	金额
股本——普通股（每股面值 1 元，156587810 股）	156587810
资本公积	400000000
盈余公积	50000000
未分配利润	130000000 - 7829390.5 = 122170609.5
股东权益合计	728758419.5

（2）在我国股票股利的计算采取面值法，股票面值为 1 元，由此，发放股票股利 =

156587810/10×2×1=31317562（元）。股本根据增加的股数和面值计算增加额，未分配利润按照增加的股数和面值计算减少额。由于股票股利是从未分配利润项目转入股本项目，分配股票股利后所有者权益总额不变，仍为728758419.5元。市价法一般由西方国家使用，股本根据增加的股数和面值计算增加额，未分配利润按照增加的股数和市价计算减少额，未分配利润减少值与股本的增加值之间的差额追加到资本公积项目。具体计算过程见表10-7。

表10-7 东方股份有限公司发放股票股利后股东权益结构表　　　　单位：元

项目	面值法计价金额	市价法计价金额
股本——普通股（每股面值1元，156587810股）	156587810+31317562=187905372	156587810+31317562=187905372
资本公积	400000000	400000000+156587810/10×2×2=462635124
盈余公积	50000000	50000000
未分配利润	130000000-7829390.5-31317562=90853047.5	130000000-7829390.5-156587810/10×2×3=28217923.5
股东权益合计	728758419.5	728758419.5

（3）资本公积金转增股本的金额=156587810/10×4=62635124（元）。由于资本公积转增是从资本公积项目转入股本项目，二者是所有者权益内部项目互转，所有者权益内部项目一增一减，所有者权益总额不变，为728758419.5元。转增股本后股东权益结构如表10-8所示。

表10-8 东方股份有限公司资本公积转增股本后股东权益结构表　　　　单位：元

项目	面值法计价金额
股本——普通股（每股面值1元，156587810股）	156587810+31317562+62635124=250540496
资本公积	400000000-62635124=337364876
盈余公积	5000000
未分配利润	130000000-7829390.5-31317562=90853047.5
股东权益合计	728758419.5

四、现金股利分配政策

现金股利分配政策是指在法律允许的范围内，企业是否发放股利、发放多少股利以及何时发放股利的方针及对策。股利政策的最终目标是使公司价值最大化。股利往往可以向市场传递一些信息，股利发放的多寡、是否稳定、是否增长等，往往是大多数投资者推测公司经营状况、发展前景优劣的依据。因此，股利政策关系到公司在市场上、在投资者心

创业企业财务管理

中的形象，成功的股利政策有利于提高公司的市场价值。

（一）剩余股利政策

剩余股利政策是指公司在有良好的投资机会时，根据目标资本结构，测算出投资所需的权益资本额，先从盈余中留用，然后将剩余的盈余作为股利来分配。

【例 10 - 21】 东方公司本年实现的净利润为 250 万元，上年实现净利润 200 万元，分配的现金股利为 120 万元。如果预计明年需要增加投资资本 200 万元，公司的目标资本结构为：权益资本占 60%，债务资本占 40%。公司采用剩余股利政策，公司本年应发放多少现金股利？

【解析】

在剩余股利政策下，要优先满足未来股权资本融资需求。公司本年应发放现金股利 = $250 - 200 \times 60\% = 130$（万元）。

剩余股利政策的利润分配步骤如下：设定目标资本结构；确定预计资金需求中所需增加的权益资本数额；最大限度地使用留存收益来满足资金需求中所需增加的权益资本数额；将"净利润 - 满足资金需求中所需增加的权益资本"后的余额用来发放股利。

剩余股利政策的优点：留存收益优先保证再投资的需要；有助于降低再投资的资金成本，保持最佳的资本结构，实现企业价值的长期最大化。

剩余股利政策的缺点：股利发放额每年随着投资机会和盈利水平的波动而波动；不利于投资者安排收入与支出；不利于公司树立良好的形象。

剩余股利政策一般适用于公司初创阶段。

（二）固定或稳定增长的股利政策

固定或稳定增长的股利政策是指公司将每年派发的股利额固定在某一特定水平或是在此基础上维持某一固定比率逐年稳定增长。只有在确信公司未来的盈利增长不会发生逆转时，才会宣布实施固定或稳定增长的股利政策。

【例 10 - 22】 东方公司本年实现的净利润为 250 万元，上年实现净利润 200 万元，分配的现金股利为 120 万元。如果公司采用固定股利政策，公司本年应发放多少现金股利？

【解析】

采用固定股利政策，每年发放的股利不变。公司本年应发放现金股利 = 120（万元）。

【例 10 - 23】 东方公司本年实现的净利润为 250 万元，上年实现净利润 200 万元，分配的现金股利为 120 万元。如果公司采用稳定增长股利政策，增长率 2%，公司本年应发放多少现金股利？

【解析】

采用稳定增长股利政策，每年发放的股利按增长率增长。公司本年应发放现金股利 = $120 \times (1 + 2\%) = 122.4$（万元）。

固定或稳定增长的股利政策的优点：有利于树立公司的良好形象，有利于稳定股价；有利于投资者安排收入与支出。

固定或稳定增长的股利政策的缺点：股利的支付与企业的盈利相脱节；容易导致资金紧缺，财务状况恶化；在无利可分的情况下依然实施固定或稳定增长的股利政策，可能违背《公司法》。

固定或稳定增长的股利政策适用于经营比较稳定或正处于成长期的公司，但很难被长期采用。

（三）固定股利支付率政策

固定股利支付率政策是指公司将每年净利润的某一固定百分比作为股利分配给股东。

【例10-24】 东方公司本年实现的净利润为250万元，上年实现净利润200万元、分配的现金股利为120万元。如果公司采用固定股利支付率政策，公司本年应发放多少现金股利？

【解析】

采用固定股利支付率政策，每年发放的股利占净利润的比例不变。公司本年应发放现金股利 = 250 × （120/200）= 150 （万元）。

固定股利支付率政策的优点：股利与企业的盈余紧密配合，体现"多盈多分、少盈少分、无盈不分"的股利分配原则；从企业的支付能力角度看，这是一种稳定的股利政策。

固定股利支付率政策的缺点：波动的股利很容易给投资者带来经营状况不稳定、投资风险较大的不良印象，成为影响股价的不利因素；容易使公司面临较大的财务压力；确定合适的股利支付率难度大。

固定股利支付率政策适用于稳定发展且财务状况也较稳定的公司。

（四）低正常股利加额外股利政策

低正常股利加额外股利政策是指公司事先设定一个较低的正常股利额，每年除了按照正常股利额向股东发放股利外，还在公司盈余较多、资金较为充裕的年份向股东发放额外股利。

【例10-25】 东方公司本年实现的净利润为250万元，上年实现净利润200万元，分配的现金股利为120万元。如果公司采用低正常股利加额外股利政策，规定每股正常股利为0.1元，按净利润超过正常股利部分的30%发放额外现金股利，该公司普通股股数为400万股，公司本年应发放多少现金股利？

【解析】

采用低正常股利加额外股利政策，每年发放的股利在固定值基础上，按预先预定条件再发放额外股利。公司本年应发放现金股利 = 400 × 0.1 + （250 - 400 × 0.1）× 30% = 103（万元）。

低正常股利加额外股利政策的优点：赋予公司较大的灵活性，使公司在股利发放上留有余地，并具有较大的财务弹性；使那些依靠股利度日的股东每年至少可以得到虽然较低但比较稳定的股利收入，从而吸引住这部分股东。

低正常股利加额外股利政策的缺点：容易给投资者造成收益不稳定的感觉；较长时间持续发放额外股利，股东可能会误以为是正常股利，一旦取消，会使股东认为公司财务状况恶化，进而导致股价下跌。

低正常股利加额外股利政策适用于盈利波动大或盈利与现金流很不稳定的公司。

财务技能实训

创业者通过本章节的学习，必须掌握企业利润计算原理、量本利模型的基本运用、企业利润分配政策的制度。由此，创业者需要掌握的基本财务技能为：量本利模型相关指标计算、盈亏平衡分析、股利分配方式运用和现金股利分配政策制定。

财务技能实训项目一：量本利模型相关指标计算

庆红有限责任公司 20×8 年部分预算资料如表 10-9 所示。

表 10-9 庆红有限责任公司 20×8 年预算表　　　　　　单位：元

预算资料	总成本	单位成本
直接材料	160000	2.00
直接人工	320000	4.00
变动制造费用	80000	1.00
固定制造费用	400000	5.00
销售费用（全部为变动费用）	240000	3.00
管理费用（全部为固定费用）	800000	10.00
合计	2000000	25.00

该公司的产品生产和销售平衡，若下一年产品售价定为 25 元，下一年预计销售 100000 件，产品适用的所得税税率为 25%。

要求（计算结果取整数）：

（1）计算单位变动成本、固定成本和年息税前利润。

（2）计算单位边际贡献、边际贡献总额、变动成本率、边际贡献率。

（3）计算保本量、保本额、盈亏临界点作业率、安全边际量、安全边际额和安全边际率。

（4）若明年的目标利润是 480000 元，计算保利量和保利额。

（5）当销售量、单价、单位变动成本和固定成本分别增加 10% 时，进行利润敏感性分析。

财务技能实训项目二：盈亏平衡分析

某企业只生产一种 A 产品，产销平衡。有关资料如下：

预计年产销量 27000 件，单位售价为 2 元，单位变动成本为 1.5 元，计划期固定成本为 10000 元。该企业拟计划采取甲方案、乙方案提供如下措施，优化目前的营销。

甲方案：单价由原来的 2 元提高到 2.5 元，但为了使产品预期的销售量能顺利实现，全年需增加广告费支出 2000 元。

乙方案：假设企业的生产能力还有剩余，能增加产量，可以采取薄利多销的措施。经研究决定：单价降低 5%，可使销售量增加 12.5%。

要求：

（1）针对甲方案：提高单价的同时增加广告费，计算下列指标：①盈亏临界点的销售量；②实现原来目标利润所需的销售量；③如果此时能完成原来预计的销售量，可比原定目标增加多少利润？

（2）针对乙方案：降低售价的同时增加销售量，计算下列指标：①盈亏临界点的销售量；②实现原来目标利润所需的销售量；③如果完成预计降价后的销售量，可比原定目标增加多少利润？

财务技能实训项目三：股利分配方式运用

恒大股份有限公司在 20×2 年发放股利前（已提取盈余公积），其资产负债表上的股东权益账户情况如表 10-10 所示。

表 10-10　恒大股份有限公司发放股利前的所有者权益构成表　　　　单位：万元

股本——普通股（每股面值 1 元，2000 万股）	2000
资本公积	3000
盈余公积	2000
未分配利润	3000
股东权益合计	10000

假设该公司宣布发放现金股利，按每 10 股送现金股利 0.50 元（含税）；发放股票股利，现有股东每持有 10 股，即可获赠 2 股普通股。转增资本公积，向全体股东每 10 股转增 3 股。

请分析：本次利润分配按下列顺序依次进行：

（1）应发放的现金股利是多少？对所有者权益总额有何影响（填写表 10-11）？

表 10-11　东方股份有限公司发放现金股利后股东权益结构表　　　　单位：万元

项目	金额
股本——普通股（每股面值 1 元，2000 万股）	
资本公积	
盈余公积	
未分配利润	
股东权益合计	

（2）按面值法计算应发放股票股利是多少？对所有者权益总额有何影响（填写表 10－12）？

表 10－12　东方股份有限公司发放股票股利后股东权益结构表　　单位：万元

项目	金额
股本——普通股（每股面值 1 元，2000 万股）	
资本公积	
盈余公积	
未分配利润	
股东权益合计	

（3）资本公积金转增股本的金额是多少？对所有者权益总额有何影响（填写表 10－13）？

表 10－13　东方股份有限公司发放股票股利后股东权益结构表　　单位：万元

项目	金额
股本——普通股（每股面值 1 元，2000 万股）	
资本公积	
盈余公积	
未分配利润	
股东权益合计	

财务技能实训项目四：现金股利分配政策制定

某公司成立于 20×3 年 1 月 1 日，20×3 年实现的净利润为 1000 万元，分配现金股利 550 万元，提取盈余公积 450 万元（所提盈余公积均已指定用途）。20×4 年实现的净利润为 900 万元（不考虑提取法定盈余公积的因素）。20×5 年计划增加投资，所需资金为 700 万元。假定公司目标资本结构为自有资金占 60%，借入资金占 40%。

要求：

（1）在保持目标资本结构的前提下，计算 20×5 年投资方案所需的自有资金额和需要从外部借入的资金额。

（2）在保持目标资本结构的前提下，如果公司执行剩余股利政策，计算 20×4 年应分配的现金股利。

（3）在不考虑目标资本结构的前提下，如果公司执行固定股利额政策，计算 20×4 年应分配的现金股利、可用于 20×5 年投资的留存收益和需要额外筹集的资金额。

（4）在不考虑目标资本结构的前提下，如果公司执行固定股利支付率政策，计算该公司的股利支付率、20×4 年应分配的现金股利、可用于 20×5 年投资的留存收益和需要额外筹集的资金额。

（5）假定公司 20×5 年面临从外部筹资的困难，只能从内部筹资，不考虑目标资本结构，计算在此情况下 20×4 年度应分配的现金股利。

本章小结

本章第一节介绍了商业企业和工业企业利润的计算过程。第二节主要介绍了利润分析决策中的量本利模型及盈亏平衡分析、保利分析和敏感性分析等。第三节主要介绍了创业企业利润分配顺序、影响因素、方式和股利分配政策的制定。第四节为创业者提供了四个与利润及股利分配决策相关的财务技能实训项目。

思考与练习

一、单项选择题

1. 在量本利分析图中，保本点是指（　　）。
A. 总收入线与固定成本线的交点
B. 总收入线与变动成本线的交点
C. 变动成本线与固定成本线的交点
D. 总收入线与总成本线的交点

2. 某产品实际销售量为 8000 件，单价为 30 元，单位变动成本为 12 元，固定成本总额为 36000 元。则该产品的安全边际率为（　　）。
A. 25%　　　　B. 40%　　　　C. 60%　　　　D. 75%

3. 某企业只生产甲产品，预计单位售价 11 元，单位变动成本 8 元，固定成本费用 100 万元，该企业要实现 500 万元的目标利润，则甲产品的销售量至少为（　　）万件。
A. 100　　　　B. 200　　　　C. 300　　　　D. 400

4. 某企业本月固定成本 10000 元，生产一种产品，单价 100 元，单位变动成本 80 元，本月销售量为 1000 件。如果打算使下月比本月的利润提高 20%，假设其他的资料不变，则销售量应提高（　　）。
A. 12%　　　　B. 10%　　　　C. 8%　　　　D. 15%

5. 在下列净利润分配事项中，根据相关法律法规和制度，应当最后进行的是（　　）。
A. 向股东分配股利　　　　　　　B. 提取任意公积金
C. 提取法定公积金　　　　　　　D. 弥补以前年度亏损

6. 关于利润分配的顺序，下列正确的是（　　）。
A. 提取法定公积金、弥补亏损、提取任意公积金、向股东分配股利

B. 弥补亏损、提取法定公积金、提取任意公积金、向股东分配股利

C. 弥补亏损、提取法定公积金、向股东分配股利、提取任意公积金

D. 弥补亏损、提取任意公积金、提取法定公积金、向股东分配股利

7. 以下关于利润分配的描述中，正确的是（　　　）。

A. 公司在提取法定公积金之前，应当先用当年利润弥补亏损

B. 法定公积金的提取比例为当年税后利润（弥补亏损后）的20%

C. 公司不能从税后利润中提取任意公积金

D. 有限责任公司和股份有限公司股东都按照实缴的出资比例分配红利

8. 下列情形中，会使企业提高股利支付水平的是（　　　）。

A. 市场竞争加剧，企业收益的稳定性减弱

B. 企业财务状况不好，无力偿还负债

C. 经济增长速度减慢，企业缺乏良好的投资机会

D. 企业的举债能力较弱

9. 甲公司以其所拥有的其他公司的债券作为股利支付给股东，甲公司这种股利支付形式为（　　　）。

A. 负债股利　　　　B. 现金股利　　　　C. 股票股利　　　　D. 财产股利

10. 与发放现金股利相比，属于发放股票股利优点的是（　　　）。

A. 提高每股市价　　　　　　　　　B. 改善公司资本结构

C. 提高每股收益　　　　　　　　　D. 避免公司现金流出

11. 下列关于股利分配政策的表述中，正确的是（　　　）。

A. 公司盈余的稳定程度与股利支付水平负相关

B. 偿债能力弱的公司一般不应采用高现金股利政策

C. 基于控制权的考虑，股东会倾向于较高的股利支付水平

D. 债权人不会影响公司的股利分配政策

12. 某有限公司的盈利水平具有随着经济周期而波动较大的特点，其适用的股利分配政策为（　　　）。

A. 剩余股利政策　　　　　　　　　B. 固定股利政策

C. 固定股利支付率政策　　　　　　D. 低正常股利加额外股利政策

13. 一般而言，适用于采用固定或稳定增长的股利政策的公司是（　　　）。

A. 处于初创阶段的公司

B. 经营比较稳定或正处于成长期的公司

C. 盈利水平波动较大的公司

D. 处于稳定发展阶段且财务状况也较稳定的公司

14. 在下列股利分配政策中，能保持股利与收益之间一定的比例关系，并体现多盈多分、少盈少分、无盈不分原则的是（　　　）。

A. 剩余股利政策　　　　　　　　　B. 固定或稳定增长的股利政策

C. 固定股利支付率政策　　　　　　D. 低正常股利加额外股利政策

15. 下列各项中，属于固定股利支付率政策优点的是（　　　）。

A. 股利分配有较大灵活性　　　　　B. 有利于稳定公司的股价

C. 股利与公司盈余紧密配合   D. 有利于树立公司的良好形象

二、多项选择题

1. 某企业只生产、销售甲产品，正常经营条件下的销售量为 5000 件，单价为 100 元/件，单位变动成本为 60 元/件，固定成本为 130000 元。下列说法中正确的有（ ）。

 A. 边际贡献总额为 200000 元   B. 保本销售额为 325000 元

 C. 保本作业率为 60%   D. 安全边际率为 40%

2. 某企业只生产一种产品，单价为 10 元，单位变动成本为 6 元，固定成本为 5000 元，销量为 1000 件。欲实现目标息税前利润 2000 元，可以采取的措施不包括（ ）。

 A. 单价提高到 12 元，其他条件不变

 B. 单位变动成本降低至 3 元，其他条件不变

 C. 固定成本降低至 4000 元，其他条件不变

 D. 销量增加至 1500 件，其他条件不变

3. 以下对股利分配顺序的说法不正确的有（ ）。

 A. 法定公积金必须按照本年净利润的 10% 提取

 B. 法定公积金达到注册资本的 50% 时，就不能再提取

 C. 企业提取的法定公积金可以全部转增资本

 D. 公司当年无盈利不能分配股利

4. 公司在制定利润分配政策时应考虑的因素有（ ）。

 A. 通货膨胀因素 B. 股东因素   C. 法律因素   D. 公司因素

5. 下列情况下，企业会采取偏紧的股利政策的有（ ）。

 A. 投资机会较多   B. 筹资能力较强

 C. 资产流动性较好   D. 通货膨胀

6. 下列关于固定股利支付率政策的说法中，正确的有（ ）。

 A. 体现了多盈多分、少盈少分、无盈不分的股利分配原则

 B. 从企业支付能力的角度看，这是一种不稳定的股利政策

 C. 比较适用于那些处于稳定发展阶段且财务状况也较稳定的公司

 D. 该政策下，容易使公司面临较大的财务压力

7. 下列情形中会使企业减少股利分配的有（ ）。

 A. 市场竞争加剧，企业收益的稳定性减弱

 B. 市场销售不畅，企业库存量持续增加

 C. 经济增长速度减慢，企业缺乏良好的投资机会

 D. 为保证企业的发展，需要扩大筹资规模

8. 下列关于发放股票股利的表述中，正确的有（ ）。

 A. 不会导致公司现金流出

 B. 会增加公司流通在外的股票数量

 C. 会改变公司股东权益的内部结构

 D. 会对公司股东权益总额产生影响

三、简答题

1. 请举例说明利润收入和费用确认的权责发生制原则？

2. 量本利模型的基本公式是什么？它的具体运用有哪些？

3. 创业企业利润分配的影响因素有哪些？

4. 企业利润分配的方式有哪些，对企业股东权益有何影响？

四、案例分析题

【案例1】

甲公司下一年度某产品预算资料如表10-14所示。

表10-14 甲公司下一年度某产品成本预算表　　　　　单位：元

预算资料	总成本	单位成本
直接材料	200000	3.00
直接人工	400000	6.00
变动制造费用	100000	1.50
固定制造费用	500000	7.50
销售费用（全部为变动费用）	300000	4.50
管理费用（全部为固定费用）	778400	11.676
合　计	2278400	34.176

假设公司该产品生产和销售平衡，预计下一年销售120000件产品，产品售价定为30元，公司适用的所得税税率为25%。

要求：

（1）计算保本销售量（取整数）。

（2）计算边际贡献率。

（3）计算下一年的预计利润。

（4）计算安全边际率。

（5）判断甲公司的经营安全程度。

（6）计算甲公司利润对销售量和单价的敏感系数。

【案例2】

某企业用现有设备生产甲产品，预计单位产品售价为1200元，单位变动成本为700元，预计销售量为40000台，每年固定成本为1800万元。

要求：

（1）计算企业保本销售额。

（2）当企业销售量提高 20% 时，利润提高了多少？

（3）目前市场上出现新的生产设备，企业打算替换现有生产设备，预计使用新生产设备后单位变动成本降低为 600 元，而固定成本增加为 2300 万元，如果预计未来销售量为 60000 台，判断企业是否应该更新现有设备？

【案例3】

东方公司年终分配股利前（已提取盈余公积）的股东权益项目资料如表 10-15 所示。

表 10-15　东方公司分配股利前的股东权益结构　　　　　　　　单位：万元

股本——普通股（每股面值 1 元，1000 万股）	1000
资本公积	400
盈余公积	500
未分配利润	1300
股东权益合计	3200

公司股票的每股现行市价为 10 元，计划发放 10% 的股票股利，即每 10 股送 1 股，并按发放股票股利后的股数派发每股现金股利 0.2 元（计算结果保留三位小数）。

要求：

（1）如果股票股利的金额按股票面值计算，计算完成这一方案后股东权益各项目的数额。

（2）如果股票股利的金额按现行市价计算，计算完成这一方案后股东权益各项目的数额。

（3）如果发放股利前，甲投资者的持股比例为 1%，计算完成这一方案后甲投资者持有的股数。

（4）如果发放股利之后"每股市价/每股股东权益"的数值不变，计算发放股利之后的每股市价。

【案例4】

某公司 20×8 年拟投资 4000 万元购置一台生产设备以扩大生产能力，该公司目标资本结构下权益乘数为 2。该公司 20×7 年税前利润为 4000 万元，所得税税率为 25%。

要求：

（1）计算 20×7 年的净利润是多少？

（2）按照剩余股利政策计算企业分配的现金股利为多少？

（3）如果该企业采用固定股利支付率政策，固定的股利支付率是 40%。在目标资本结构下，计算 20×8 年该公司为购置该设备需要从外部筹集自有资金的数额。

（4）如果该企业采用的是稳定增长的股利政策，稳定的增长率为 5%，20×6 年支付的股利为 1323 万元，在目标资本结构下，计算 20×8 年该公司为购置该设备需要从外部筹集自有资金的数额。

（5）如果该企业采用的是低正常股利加额外股利政策，低正常股利为 1000 万元，额外股利为净利润超过 2000 万元的部分的 10%，在目标资本结构下，计算 20×8 年该公司为购置该设备需要从外部筹集自有资金的数额。

第十一章
大学生创业财务专题

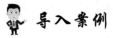 **学习目标与要求**

1. 掌握创业计划书的设计及撰写
2. 了解创业政策
3. 选择创业融资渠道与策略
4. 认识初创企业的财务内控与风险防范

导入案例

老鼠开会

从前，一所房子里有一只大猫，它抓住了很多偷东西的老鼠。

一天，老鼠在一起开会商量如何对付它们共同的敌人。会上大家各有各的主张，最后，一只小老鼠站出来说它有一个好主意："我们可以在猫的脖子上绑一个铃铛，那么如果它来到附近，我们听到铃声就可以马上逃跑。"

大家都赞同这个建议，这时，一只聪明的老鼠站出来说："这的确是个绝妙的主意，但是谁来给猫的脖子上绑铃铛呢？"老鼠们面面相觑，谁也没有说话。

（资料来源：http//q100. cn/baby – article/202799. html. ）

思考与讨论：

（1）这个伊索寓言给了我们什么启发？

（2）这个伊索寓言与创业有什么关系呢？

第一节　创业计划书设计

大学生创业不是仅凭热情和梦想就能支撑起来的，创业是一项涉及面广，影响因素复杂、多变的事业，要想取得创业的成功，就必须事先对创业进行周密的策划与计划。因此，在创业前期制定一份完整的、可执行的创业计划书是每位大学生创业者必做的功课。

一、创业计划书的含义

创业计划书又名商业计划书，是对整个创业计划全面而详细地进行分析描述的书面文件。创业计划书是一份全方位的项目计划，从创业企业内部的人员、制度、管理及企业的产品、营销、市场等各方面对即将展开的商业项目进行的可行性分析。

创业计划书是一种重要的商业文件，对于一个新创企业或新创项目来说，把创业计划提供给自己的合作者（包括顾客、供应商和银行等）也不失为一种很好的方式，通过这种途径可以让合作者更好地了解自己，它不但在企业运营之初扮演着重要的角色，而且在实际运作中仍然继续发挥着它作为管理工具的作用。

二、创业计划书的撰写内容

一份完备的创业计划书，通常包含十个部分（见表 11 - 1）。不同企业的创业计划形式和内容不尽相同，这取决于产业性质和创业者的偏好特征。一般而言，大多数的创业计划书并不会包含表 11 - 1 列出的所有内容，之所以给出一份完整的创业计划书编写提纲，是为了使大学生创业者全面掌握创业计划书撰写的内容及格式。因为一份高质量的创业计划书，有助于创业者成功实施其创业蓝图。

（一）实施概要和企业描述

实施概要和企业描述是创业计划书中最重要的两个部分。一份好的实施概要能够让投资者了解这个新创企业的吸引力所在，能够使投资者看到关于企业长期使命的明确论述，以及人员、技术和市场的总体情况。若实施概要和企业描述不能激发阅读者的兴趣，阅读者就不会继续看下去。实施概要和企业描述好比一个人的脸，而封面、目录及企业名称好比眉毛、眼睛和鼻子，最先引人注意的是后者。因此，要认真"修饰"这些部位，以期有一个良好的开端。

表 11-1　完整的创业计划书撰写提纲

封面和目录	关键提示
1. 实施概要 　A. 商机 　B. 企业描述 　C. 竞争优势 　D. 目标市场和预测 　E. 创业者团队 　F. 盈利性和收益潜力 　G. 企业需求描述	尚未解决的问题或未满足的需求 企业如何解决这些问题或满足这些需求 商业盈利模式描述 若计划面向潜在投资者，须阐明需要的资本量和使用方案
2. 企业描述 　A. 企业的一般描述 　B. 产业背景 　C. 商业目标及潜力 　D. 现状与需求	企业简史或背景、使命和目标 商业模式描述；如何塑造持续竞争优势 企业现状描述
3. 创业者团队 　A. 组织 　B. 关键管理人员 　C. 管理层薪酬及股权 　D. 其他投资者 　E. 董事会 　F. 顾问及服务机构	经验、能力、专长 工资、工作协议 董事数量、构成 律师事务所、会计师事务所、管理咨询机构
4. 产业分析 　A. 产业趋势及前景 　B. 产业结构 　C. 产业规模 　D. 市场参与者性质	
5. 市场分析 　A. 目标市场及客户 　B. 市场大小和趋势 　C. 竞争和竞争优势 　D. 市场潜能预测	描述目标市场选择 竞争定位分析 估计年销售量及市场份额
6. 营销计划 　A. 总体营销战略 　B. 定价战略 　C. 销售战术 　D. 促销与广告 　E. 分销渠道	有利可图的定价原则 销售策略 广告推广计划描述 分销商描述

续表

封面和目录	关键提示
7. 生产和运营计划 A. 运营周期 B. 地理选址 C. 设施和改善 D. 战略和计划	
8. 财务计划 A. 资本需求量 B. 预编利润表 C. 预编资产负债表 D. 预计现金流分析 E. 盈亏平衡图 F. 成本控制 G. 重点突出部分	未来 3~5 年的资金需求、来源及使用 介绍财务预测的产生过程
9. 关键风险 A. 管理风险 B. 营销风险 C. 经营风险 D. 财务风险 E. 知识产权侵害 F. 其他风险	
10. 附录 A. 支持性文件 B. 企业相关人员简历 C. 产品原型图片 D. 其他文件	

1. 封面

封面应包括企业名称、地址及网址（如果有网站）、电子邮箱、电话号码、日期、创业者的联系方式。这些信息应集中置于封面的上半部分。若企业已有徽标或商标，应把它置于封面正中间。封面上最重要的一项是创业者的联系方式，11 位数字的电话号码，最好用连字符按"3 - 4 - 4"或"4 - 4 - 3"形式将号码数字区分开来，以避免因拨错号码而失去联系到你的机会。

2. 目录

目录紧随封面，列出创业计划书的主要章节、附录和对应页码，目的是便于读者查找计划书中的相应内容。在递交创业计划书之前，最好反复核对目录页码是否与正文页码相吻合。因为增减内容会打乱原来的页码，如果你是用 Word 文档写作，请记住使用 Word 文档中"只更新页码"的功能。

3. 企业名称

企业名称是企业品牌战略不可分割的一部分。品牌是差异化竞争的武器之一，尽管挑选企业名称不是正式创业计划的一部分，却是一项很重要的工作，因为你一定不希望阅读者（投资者、风险投资者、银行家）还没有看计划书，就质疑企业的名称。请记住，给企业起名也大有学问，好的企业名称在营销中有事半功倍的奇效。

4. 实施概要

实施概要是整个创业计划的浓缩版本，也是整个创业计划书的一个精要速写，主要是为了让阅读者（投资者、风险投资者、银行家）能在较短时间内评审计划并做出判断。通常情形下，阅读者快速浏览实施概要了解新创企业的概貌后，觉得计划很有说服力和吸引力，才会继续看下去。如果实施概要未能点燃投资者投资意向的火种，即产生"一见钟情"的效果，那么计划的其他部分就付之东流了。请记住：实施概要是创业计划书的重要内容，尽量简明生动，不超过三个页面。让阅读计划书的人对你的创业计划产生兴趣。

实施概要需有自己的立足点，要让阅读者确信新企业会成功。它不仅是要简要介绍计划的其他部分，更重要的是要论述清楚谁将购买企业的产品，怎样使新企业显得更为独特，怎样规划企业将来的成长问题。

实施概要是整个创业计划书的总括，一般在整个创业计划书撰写完后再编写。

实施概要通常包含以下内容：

（1）商机。主要概述存在什么样的商机，为什么对此商机有兴趣以及计划开发此商机的相关战略。还要重点阐述主要观点或利益，简单描述关键事件、条件、竞争者的弱点、产业趋势及其他可以定义商机的证据和推断。

（2）企业描述。主要介绍企业的背景资料、企业历史、产品的一般描述、企业将努力实现的特殊任务和目标利润。同时，要将企业类型是什么、出售何种产品、成功的秘诀及发展潜力是什么、有何特别之处等问题陈述清楚。

（3）竞争优势。指明企业的创新产品所带来的竞争优势；供货周期的优势或市场入侵者会遇到的壁垒；竞争者的缺陷何在；产业发展的有关条件。

（4）目标市场和预测。解释产业市场、主要客户群体、产品定位以及如何接触这些目标群体的计划。主要包括市场结构、细分市场的大小和增长率、预测销售的数量和总额、预测的市场份额、客户付款期以及定价策略（包括产品的性价比等因素）。

（5）创业者团队。概述创业者团队及每个成员的相关知识、经验、专长和技能，注明先前获得的经验、成绩。特别要说明先前创业者或团队成员曾经负责过的部门、项目或企业的规模。

（6）盈利能力和收益潜力。概述企业的毛利和经营利润、期望盈利率和盈利的持续时间；实现盈亏平衡点和正现金流产生的大致时间表；关键财务开支预测、预期投资回报等。

（7）企业需求描述。简要说明企业所需的债务融资额。

5. 企业描述

创业计划书的主体部分是从企业描述开始的。企业描述，主要介绍企业历史、企业使命、宣传语、产品、现状、法律地位和所有权等内容。撰写计划时应注意两点：一是重点强调产品的所有特征以及这些特征将如何创造或增加价值；二是要有市场调查数据支持计划中的论点，这样的创业计划书才有可信度。

（二）创业者团队

如前所述，在评估创业者团队管理能力时，投资者首先要了解创业者团队的情况。如果创业者团队不是一流的，哪怕有最绝妙的创意，大多数投资者也会选择放弃。这部分材料应包括描述创业者团队必须具备的职能、关键管理人员及其主要职责、企业的组织结构、董事会、所有其他投资者的股权状况、专业顾问和服务机构等。

创业者团队的书写计划通常包含以下内容：

1. 组织

列出企业关键管理职位人员（最好附上组织结构图）；说明现在和过去关键管理人员合作共事的情况，这样可以表明他们的技能是如何互补的，并因此形成一支高效的管理团队。

2. 关键管理人员

描述每个关键人员的职责及其职业生涯的精彩部分，包括从业或受雇经历、教育背景和主要成就等，特别是专门技术、技能和成就的记录，这些可以证明他们各自所分配职位的能力，描述他们在销售和盈利上的成就，以及先前创业或管理方面的经验和成果。

3. 管理层薪酬及股权

说明要支付的薪酬、计划安排的股票所有权和管理团队每个关键成员股权投资的数额（如果有）。若有劳动协议，应放在附录中。

4. 其他投资者

描述企业里的其他投资者以及具有较多股份的其他投资者所占股份比例。

5. 董事会

描述董事会人数和构成情况，指出所有拟定的董事会成员背景及他们能为企业带来什么益处。

6. 顾问及服务机构

列出所选定的法律、会计、广告、咨询、银行顾问、创业天使导师的名字和所属公司，以及他们将如何帮助企业实现目标。

（三）产业分析

产业分析应首先描述新创企业所涉及的产业发展趋势及前景，讨论产业结构、产业参与者的性质、关键比率和产业的关键成功因素，然后讨论试图进入产业的规模、增长速度和销售预测。产业分析之所以列在目标市场分析和市场战略制定之前，是因为只有明晰了企业所涉及的商业大环境，才能瞄准产业内的目标市场，以便制定有的放矢的竞争战略。

产业分析通常包含以下内容：

（1）产业趋势及前景。介绍新创企业所在产业的现状和发展前景，如产业的吸引力和增长潜力。

（2）产业结构。介绍新创企业所在产业的结构情况。

（3）产业规模。简要描述市场大小、成长趋势情况。

（4）市场参与者性质。简要介绍产业竞争者情况以及新产品、新进入者和离开者对企业产生正面和负面影响的环境趋势和因素。

（四）市场分析

市场分析是创业计划最难准备的部分，也是最重要的部分。因为创业计划的其他部分都要依赖该部分的信息而展开。通过市场调查研究而分析出来的销售预测量，将直接影响生产规模、营销计划、财务计划中的负债和权益资本量。这部分主要描述市场细分和目标市场选择、购买者行为分析、竞争者分析、年销售额和市场份额预测等内容。

市场分析通常包含以下内容：

1. 目标市场及客户

讨论产品瞄准的客户是谁或将是谁，目标市场将按哪些特征来选定；说明每个细分市场的主要购买者是谁，在哪里；指明客户是否容易接触到，客户是否愿意接受企业的产品，客户如何购买，购买决策的依据（如价格、质量、时机、培训、服务、人际关系或政治压力等）以及改变现行购买决策的原因；列出已获得的订单、合同或承诺，以及所有对产品感兴趣的潜在客户和不感兴趣的潜在客户，并说明原因。

2. 市场大小和趋势

针对细分市场，以数量、金额和潜在盈利率来说明 3～5 年内所提供产品的市场总规模和份额；提供 3 年内的潜在年增长率；讨论影响市场增长的主要因素（行业趋势、社会经济趋势、政府政策和人口迁移）。

3. 竞争和竞争优势

比较竞争者的优劣势，合理评价产品的替代品及其公司状况；根据市场份额、质量、价格、表现、交货、时机、服务、保修和其他有关特征与竞争品和替代品进行比较；基于客户的利益视角，比较竞争双方谁的产品增加或创造的价值最大；总结竞争者的优缺点，并判断和讨论竞争对手的市场份额、销售额、分销方式和生产能力、财务状况、资源、成本和盈利情况；指出谁是市场服务、质量、定价、成本的领导者，讨论最近几年有关公司进出市场的原因；根据对竞争者的了解，说明为何他们经不起竞争，为何你能够从中获得部分"市场蛋糕"，特别要说明通过诸如专利、垄断技术等优势取得的竞争能力。

4. 市场潜能预测

描述新产品在竞争状态下能促进销售的情况；识别所有愿意做出或已经做出购买承诺的主要客户，并讨论在未来几年中哪些客户可能成为购买者；根据对新产品的市场优势、规模及发展趋势、客户群、竞争对手及产品销售的评价，得出在一定假设条件下未来三年每年要获得的市场份额、销售量和销售额；说明企业销售量的增长及其预计的市场份额与产业增长率、客户和竞争者的关系。

（五）营销计划

营销计划主要描述新创企业将如何制定营销策略达到预期销售目标的状况。它通过总体营销策略、定价策略、销售过程和促销组合以及销售渠道等方面讨论营销计划的具体细节。撰写这一部分时应注意两点：一是营销计划要以顾客为导向；二是营销计划需说明，要做什么、如何做、何时做以及由谁来出售产品。

营销计划通常包含以下内容：

1. 总体营销战略

描述新创企业的特定营销理念和战略，如强调产品的哪些特征（即质量、价格、交货、保修或培训）可增加销售量，某些创新或不同寻常的营销新概念会提高客户对产品的需求度；指出产品最初是否会被引入国际、全国和地区市场，并解释原因；如果有可能，最好说明今后的销售延伸计划；讨论产品的季节特性以及如何行动才不至于影响销售量。

2. 定价战略

讨论产品的价格，并把定价原则和主要竞争对手的定价策略作比较；讨论产品的成本和最终销售价格之间的毛利润，指出该利润是否足以弥补分销、保修、培训、设备折旧、价格竞争等花销的成本，并仍有利可图；描述所定的价格将如何使客户能够接受、在面临竞争时如何持续增加市场份额以及产生利润；讨论产品的定价原则，包括价格、市场份额和利润之间的关系，并说明与竞争品或替代品的价格差距。

3. 销售战术

说明出售产品将采用的方法（如建 DIY 销售队伍、网上购物或利用分销商、现存的销售组织），以及短期和长期的销售计划；讨论最终给予零售商、分销商、批发商和销售人员的利润以及有关销售折扣、独家代理权等销售政策，并把这些战术与竞争对手的销售策略作比较；说明拟用销售方法可实现的销售量；列出销售员每年的预期销售量以及可获得的佣金、奖励或薪酬，并把这些数字同行业平均数作比较，列出一张销售预算，包括所有的营销推广成本和服务成本。

4. 促销与广告

描述新创企业将使用何种方法来使产品吸引准客户的注意力；说明拟采取的广告促销战，列出一份促销与广告的日常开支预算表，并讨论这些成本如何产生。

5. 分销渠道

描述拟采用的分销方式和分销渠道，指出产品运输成本占销售价格的比例大小，如涉及国际销售，应注明将如何处理分销、运输、保险、信贷和托收等销售事宜。

（六）生产和运营计划

这部分主要介绍新创企业的日常生产与运营问题。生产和运营计划必须包括如下一些因素：企业选址、必需的设施设备、空间要求、劳动力可获得性要求等。对制造型企业来说，要说明库存控制、采购、生产控制以及外包原则。对服务型企业而言，要说明接近客户的选址原则、日常开支最小化和富有竞争力的劳动生产率。

生产和运营计划通常包含以下内容：

1. 运营周期

说明企业基本营运循环的交付/延迟时间，解释如何处理季节性生产任务。

2. 地理选址

说明拟选址的计划，包括所做的选址分析；根据劳动力的可得性、客户或供应商的可接近性、运输的可到达性、公共设施的可利用性等方面来讨论选址的区位优势和劣势。

3. 设施和改善

说明新创企业如何获得生产所需设施设备，以及何时取得；讨论设施设备是租赁还是购买，并指出使用成本及时间，以及使用融资资金购买设施的计划；解释未来三年的设备需求以及扩充计划。

4. 战略和计划

描述生产过程以及部分零配件的外包决策；根据库存资金压力、可供劳动力技能、生产成本等因素拟定外包战略；讨论潜在的分包商和供应商情况；列出一份生产计划，包括可用原料、劳动力、零部件、日常性开支情况；说明质量控制、生产控制、库存控制的方法。

（七）财务计划

财务计划的目的是显示企业的潜力并提供一份财务生存能力的时间表。它还可以作为一份依据财务基准进行财务管理的计划。财务计划要对企业未来3~5年的资金需求及其使用计划做出解释。这些信息被概括为资金来源与运用说明。财务计划包括预计的资产负债表、利润表和现金收支分析。财务计划需要花费较多的精力来作具体分析，其中流动资金是企业的生命线，因此企业在初创期或成长期时，对流动资金需要有预先周详的计划和进行过程中的严格控制；利润表反映的是企业的盈利状况，它是企业在一段时间运作后的经营结果；资产负债表则反映在某一时刻的企业状况，投资者可以用资产负债表中的数据计算得到的比率指标来衡量企业的经营状况以及可能的投资回报率。

财务计划通常包含以下内容：

1. 资本需求量

未来3~5年的资金需求、来源及使用。

2. 预编利润表

用销售预测和随之产生的生产或营运成本来准备至少三年的预编利润表；充分讨论在准备预编利润表时做出的假设（如坏账和销售折扣的波动额度，有关销售支出或总成本、营销成本占销售成本的百分比），并形成文字记录。

3. 预编资产负债表

在第一年按每半年准备一次预编资产负债表，在营运最初三年，每年年末准备一次。

4. 预计现金流分析

预计营业第一年中每月的现金流和其后至少两年的每季现金流，详细说明预期现金流的进出金额和时间；预测必需的额外融资和时间，并指出营运资金需要的高峰期；指出如何通过股权融资或银行贷款等方式获得额外融资，以及获得的条件和偿还方法；讨论现金流对各种企业因素假设的敏感度。

5. 盈亏平衡图

计算盈亏平衡点，并准备一张图，显示出什么时候将达到盈亏平衡以及可能发生的盈亏平衡点的变化；讨论到达盈亏平衡的难易度，包括讨论和预计与总销售量有关的盈亏销售量规模，毛利的规模和价格敏感度，以及万一企业没能达到预期销售量，如何降低盈亏平衡点。

6. 成本控制

描述如何获得成本报告信息，如何处理预算超支问题。

7. 重点突出部分

描述所需要的最大现金量以及如何获得，需要的债务融资额和股权融资额，债务归还的时间等。

（八）关键风险

这一部分阐述企业在运营过程中可能遇到的关键风险。如果潜在投资者发现创业计划中没有提到风险所致的负面因素，会使他们对企业的可信度产生质疑，并因此危及企业的融资。多数投资者会先看创业者团队部分，接下来就看关键风险部分。识别并讨论企业中存在的风险，可以证明你作为一名准职业经理人的综合素质，增加投资者对你的信任度。

主动指出并讨论风险，有助于向投资者表明，你已经清醒地考虑过它们，并且能够处理和控制好这类风险，因而使"风险的乌云"不再萦绕在投资者的脑海里。

识别并讨论各种主要问题及风险，这些问题及风险主要表现为：在获得订单以前就用完了现金，竞争者引起潜在降价风险，各种潜在的产业不利趋势，设计或制造成本超出预算，未达到预期销售额，在零部件或原料采购过程中遇到困难或订货周期长，超出预计的开发成本，订单大量涌现后现金不足。应指出哪些问题及关键风险对企业成功最重要，描述如何将风险控制至最小的举措计划。

（九）附录

附录是对主体部分的补充。不宜放入创业计划书正文的所有材料都应放在附录中，如创业者团队成员简历、产品图片、具体财务数据和市场调查计划。

总之，完成一份高质量的创业计划书通常需要花几个星期的时间和大量精力。从构思、写作、修改、编辑到校对都需创业者认真对待，不能马虎；完成后，还应对创业计划书的各个部分给予检查、评估，进一步完善创业计划书，增加成功推介创业计划书的胜算。

综观整个创业计划书的撰写要诀，既有战略的思索，又有战术的组织；既有团队的建设，又有生产的安排；既有市场的开拓，又有资金的调度；既有产业发展趋势的把握，又有目标市场的划分。应该说，一份考虑详尽的创业计划书是创业者心灵的呼唤，是创业者能力的显露，是创业者经营才干的"综合演练"。

第二节　大学生创业政策的解读

近年来，为支持大学生创业，国家和各级政府出台了许多优惠政策，涉及融资、开业、税收、创业培训、创业指导等诸多方面。

一、大学生创业政策

大学生在创业的过程中除了要了解自身项目和企业的发展之外，还应该实时关注国家和地方相关的优惠政策，对其加以充分利用，帮助自身企业发展和成长。

（1）根据现行税法规定，高校大学生在校期间可凭学生证向公共就业服务机构按规定申领《就业创业证》，或委托所在高校就业指导中心向公共就业服务机构按规定代为申领《就业创业证》；如果离校，但仍在毕业年度仍然可直接向公共就业服务机构按规定申领《就业创业证》。其中，毕业年度指毕业所在自然年，即1月1日至12月31日，必须进入毕业年度才可以享受优惠政策。持《就业创业证》从事个体经营的大学生，在3年内可按每户每年9600元为限额，依次扣减其当年实际应缴纳的增值税、城市维护建设税、教育费附加、地方教育附加和个人所得税。

（2）大学毕业生创业新办咨询业、信息业、技术服务业的企业或经营单位，提交申请经税务部门批准后，可免征企业所得税两年；大学毕业生创业新办从事交通运输、邮电通信的企业或经营单位，提交申请经税务部门批准后，第一年免征企业所得税，第二年减半征收企业所得税；大学毕业生创业新办从事公用事业、商业、物资业、对外贸易业、旅游业、物流业、仓储业、居民服务业、饮食业、教育文化事业、卫生事业的企业或经营单位，提交申请经税务部门批准后，可免征企业所得税一年。

（3）月销售额不超过 10 万元的缴纳义务人可以免征增值税、教育费附加、地方教育附加、水利建设基金和文化事业建设费；此外，金融机构与小型、微型企业签订的借款合同，免征印花税；符合条件的小型微利企业，其年所得额 100 万元以内减按 25% 计入应纳税所得额，按 20% 的税率缴纳企业所得税；100 万～300 万元减按 50% 计入应纳税所得额，按 20% 的税率缴纳企业所得税。

（4）新成立的城镇劳动就业服务企业（国家的行业除外），当年安置待业人员（含已办理失业登记的高校毕业生，下同）超过企业从业人员总数 60% 的，经相关主管税务机关批准，可免纳所得税 3 年。劳动就业服务企业免税期满后，当年新安置待业人员占企业原从业人员总数 30% 以上的，经相关主管税务机关批准，可减半缴纳所得税 2 年。

（5）鼓励创业风险投资优先投资大学生创业，国家对投资大学生创业的天使投资将给予更多税收优惠。

以上优惠政策是国家针对所有自主创业的大学生所制定的，各地政府为了扶持当地大学生创业，也出台了相关的政策法规，而且更加细化，更贴近实际。由于地域不同，相关的政策法规也不同。

二、大学生创业政策（福建省）

高校毕业生在福建省自主创业，可以获得多方位扶持，不仅可以获得工商注册、税收方面的优惠，还可获得资金扶持，解决创业场所，甚至可以以家庭住所登记为公司经营场所。

（一）补贴及税费减免

根据当地大学生自主创业贷款政策，高校毕业生可享受小额担保贷款和其他形式小额贷款贴息政策，贴息贷款额度最高 5 万元，由财政资金按中国人民银行公布的同期贷款基准利率上浮 3 个百分点以内给予全额贴息。

高校毕业生从事个体经营的，且在工商部门注册登记日期在其毕业后两年以内的，自其在工商部门登记注册之日起三年内免交有关登记类、管理类和证照类收费。

在毕业年度内的高校毕业生，持有《就业失业登记证》从事个体经营的，可直接到创业所在地地方税务部门的办税服务厅窗口依法申请减免税。

（二）可获 10 万元资金扶持

福建省政府每年增加安排 500 万元，用于高校毕业生创业启动扶持。高校毕业生申请创业项目启动资金的，经评审每项可在 10 万元以内给予启动资金扶持。各市级财政每年也要安排专项资金，扶持高校毕业生创业项目。

高校毕业生自主创业自筹资金不足的，可在创业地按现行规定申请小额担保贷款或其他形式的小额贷款贴息。高校毕业生申请小额担保贷款（或申请贴息的其他形式小额贷款），额度最高不超过 10 万元，对合伙经营和组织起来就业的，可根据实际需要适当提高贷款额度。

高校毕业生首次创业，领取工商营业执照或其他经营资质，且正常纳税经营 6 个月以上的，由纳税所在地财政资金给予每户一定数额的一次性开业补贴。

高校毕业生自主创业招用其他人员，并按规定缴纳社会保险费满 1 年以上的，可按实际招用人数申请一次性创业带动就业奖励。

（三）经营场所条件放宽

放宽经营场所条件，除高校毕业生申请入住的公共租赁住房和未取得完全产权的经济适用房外，允许高校毕业生自主创业设立的企业依照规定可以将家庭住所、租借房、其他商业用房，以及地方政府、各类开发区、投资区、高新技术园区确定的办公集中区的"格子间"等作为企业住所或者经营场所登记。

（四）3 年免费享用办公场地

福建省将设立大学生创业孵化基地，优先为高校毕业生创业者提供办公经营所需场地和相关创业后续服务。

高校毕业生自主创业企业入驻各级政府建设管理的高校毕业生创业园或孵化基地的，三年内由园区或基地免费提供 50 平方米以内的办公经营场地；在园区或基地外租赁房用于创业的，由纳税所在地财政资金场所租金给予适当补助。

对于在创业地没有家庭住房的创业高校毕业生，可按当地规定的准入条件申请人才公寓等公共租赁住房。具有博士学位的创业高校毕业生，可按规定申请购买人才限价房。

（五）建立创业导师制度

福建省鼓励社会力量支持高校毕业生创业。组织实施"千名大学生创业扶持计划"，为符合条件的大学生创业项目提供创业启动金，推荐 YBC 无息贷款和导师辅导对接，或推荐商业银行、风投机构介入，逐步形成大学生创业扶助体系。

福建省将建立创业导师制度，帮助高校毕业生提高创业实践能力；举办海峡两岸大学生创业项目对接洽谈会，建立高校毕业生创业项目共享资源库，为高校毕业生创业提供项目支持。

各级政府所属人才服务机构要为自主创业的高校毕业生提供人事档案管理服务，并免收 3 年保存人事关系及档案的费用和各项代理服务费用。

需要注意的是，福建省所称的高校毕业生自主创业，是指省内普通高校和省外普通高校（福建省生源）毕业年度内的在校大学生及毕业后三年内的高校毕业生在福建省行政区域内独资或合资、合伙创办企业或从事个体经营。该企业必须由高校毕业生担任法定代表人，且高校毕业生创业团队核心成员出资总额不低于注册资本的30%。

三、大学生创业贷款政策

资金是大学生创业的第一难题，大学毕业生有的刚工作不久，有的甚至连工作都还没有，而大多数家庭又没有足够的实力支持家中的孩子创业。其实不仅仅是大学生创业，这对于大多数想要创业的人来说都是很难跨过的一个坎，甚至对于很多想要创业的人在创业资金这第一道坎上就被挡住了。

（一）优惠政策

国家出台的大学生创业优惠政策，不同时期不同地区会有差异。

（1）各地区的商业银行、股份制银行、城市商业银行和有条件的城市信用社要为自主创业的毕业生提供小额贷款，并简化程序，提供开户和结算便利，贷款额度在 5 万元左右。

（2）贷款期限最长为 2 年，到期后确定需要延长贷款期限的，可以申请延期一次。

（3）贷款利息按照中国人民银行公布的贷款利率确定，担保最高限额为担保基金的 5 倍，担保期限与贷款期限相同。

（4）对符合条件的大学生自主创业的，可在创业地按规定申请创业担保贷款，贷款额度为 10 万元。鼓励金融机构参照贷款基础利率，结合风险分担情况，合理确定贷款利率水平，对个人发放的创业担保贷款，在贷款基础利率基础上上浮 3 个百分点以内的，由财政资金给予贴息。

（5）大学毕业生在毕业后两年内自主创业，需到创业实体所在地的当地工商部门办理营业执照，注册资金（本）在 50 万元以下的，可以允许分期到位，首期到位的资金不得低于注册资本的 10%（出资额不得低于 3 万元），1 年内实际缴纳注册资本如追加至 50% 以上，余款可以在 3 年内分期到位。如有创业大学生家庭成员的稳定收入或有效资产提供相应的联合担保，信誉良好、还款有保障的，在风险可控的基础上可以适当加大发放信用贷款，并可以享受优惠的低利率。

（二）贷款额度

在个人创业贷款中，大学生个人创业贷款和青年创业贷款在贷款金额上各地有不同的规定。

（1）北京市崇文区的创业者可以得到最高 50 万元的贷款，且由区财政资金进行贴息。

（2）上海市专门设立了大学生创业"天使基金"。大学生创业贷款最高 30 万元，大学生开办企业可获 5 万 ~ 30 万元支持。"天使基金"下设两种创业资助计划："创业雏鹰计划""创业雄鹰计划"。分别以债权与股权两种方式，对青年创业者提供资金上的帮助，并提供相应的后续支持与服务。

"创业雏鹰计划"是指基金会通过委托银行向创业企业发放小额信用贷款的资助方式。贷款期限为两年，本金的一半按月等额还款，另一半贷款期满后还款。对创业者及单个创业项目的资助额度不超过 20 万元人民币。

"创业雄鹰计划"是指由基金会与申请人等共同出资设立创业企业，并由待持机构持有创业企业股份的资助模式。"创业雄鹰计划"所资助项目需具有技术含量，或一定的商业模式创新。资助额度不超过 50 万元。创业团队自筹资金需高于基金资助金额。资助期（3 年）内，基金所占公司的股权不参与分红，在资助期满后，将按照原价退出所占股权。

（3）福建省根据当地大学生自主创业贷款政策，高校毕业生可享受小额担保贷款和其他形式小额贷款贴息政策，贴息贷款额度最高 5 万元，由财政资金按中国人民银行公布的同期贷款基准利率上浮 3 个百分点以内给予全额贴息。

四、大学生创业其他优惠政策

国家对于大学生创业，除了有税费减免和贷款优惠政策以外，还制定了一些其他的优惠政策。

（1）政府人事行政部门所属的人才中介服务机构，免费为自主创业毕业生保管人事档案（包括代办社保、职称、档案工资等有关手续）2 年；提供免费查询人才、劳动力供求信息，免费发布招聘广告等服务；适当减免参加人才集市或人才劳务交流活动的收费；优惠为创办企业的员工提供一次培训、测评服务。

（2）免收有关行政事业性收费，毕业 2 年以内的普通高校学生从事个体经营（除国家限制的行业外）的，自其在工商部门首次注册登记之日起 3 年内，免收管理类、登记类和证照类等有关行政事业性收费。

（3）享受培训补贴。对大学生创办的小微企业新招用毕业年度高校毕业生，签订 1 年以上劳动合同并交纳社会保险费的，给予 1 年社会保险补贴。对大学生在毕业学年（即从毕业前一年 7 月 1 日起的 12 个月）内参加创业培训的，根据其获得创业培训合格证书或就业、创业情况，按规定给予培训补贴。

（4）免费创业服务。有创业意愿的大学生，可免费获得公共就业和人才服务机构提供的创业指导服务，包括政策咨询、信息服务、项目开发、风险评估、开业指导、融资服务、跟踪扶持等"一条龙"创业服务。

（5）取消高校毕业生落户限制。高校毕业生可在创业地办理落户手续（直辖市按有关规定执行）。

（6）创新人才培养。创业大学生可享受各地各高校实施的系列"卓越计划"、科教结合协同育人行动计划等，同时享受跨学科专业开设的交叉课程、创新创业教育实验班等，以及探索建立的跨院系、跨学科、跨专业交叉培养创新创业人才的新机制。

（7）开设创新创业教育课程。自主创业大学生可享受各高校挖掘和充实的各类专业课程和创新创业教育资源，以及面向全体学生开发开设的研究方法、学科前沿、创业基础、就业创业指导等方面的必修课和选修课，享受各地区、各高校资源共享的慕课、视频公开课等在线开放课程，以及在线开放课程学习认证和学分认定制度。

（8）强化创新创业实践。自主创业大学生可共享学校面向全体学生开放的大学科技园、创业园、创业孵化基地、教育部工程研究中心、各类实验室、教学仪器设备等科技创新资源和实验教学平台。参加全国大学生创新创业大赛、全国高职院校技能大赛和各类科技创新、创意设计、创业计划等专题竞赛，以及高校学生成立的创新创业协会、创业俱乐部等社团，提升创新创业实践能力。

（9）改革教学制度。自主创业大学生可享受各高校建立的自主创业大学生创新创业学分累计与转换制度，学生开展创新实验、发表论文、获得专利和自主创业等情况可折算为学分，将学生参与课题研究、项目实验等活动认定为课堂学习的新探索。同时也享受为有意愿、有潜质的学生制定的创新创业能力培养计划，创新创业档案和成绩单等系列客观记录并量化评价学生开展创新创业活动情况的教学实践活动，优先支持参与创业的学生转入相关专业学习。

（10）完善学籍管理规定。有自主创业意愿的大学生，可享受高校实施的弹性学制，放宽学生修业年限，允许调整学业进程、保留学籍休学创新创业等管理规定。

（11）大学生创业指导服务。自主创业大学生可享受各地各高校对自主创业学生实行的持续帮扶、全程指导、一站式服务。

第三节　初创企业的财务内控与风险防范

开门七件事：柴、米、油、盐、酱、醋、茶。对于一个新创企业来说，开门更离不开七件事：人、财、物、产、供、销、管。如何做好一个新创企业的管理，是一件重要但又繁复的事情，而财务管理是创业企业管理的一项基础但又很重要的工作。处于初创期的企业往往将管理的重点放在经营上，而忽视财务管理，结果导致创业失败。因此，初创企业财务管理的主要任务是，以财务制度管理为核心，以成本控制为重点，建立产、购、销、存一体化的内部财务信息系统，重视企业财务的安全管理，并持续改进，使财务管理为企业创造效益，为企业的发展壮大奠定良好的基础。初创企业财务管理主要有三个方面的内容：初期的财务准备工作、内部的财务控制、财务风险的识别和防范。

一、初创企业的财务准备

创业者在创业初期，一定要确立财务管理的观念。

（一）重视货币的时间价值

所谓货币的时间价值，就是货币在使用过程中随着时间的推移而形成的增值。正是由于货币有时间价值，财务管理才成为可能。一般来说，时间越长，这个增值就越大。

创业者必须知道货币是具有时间价值的，一定量的货币在不同时点上具有不同的经济价值。这种由于货币运动的时间差异而形成的价值差异就是利息。创业者必须注重利息在财务决策中的作用，一个看似有利可图的项目，如果考虑货币的时间价值，有可能会变成一个得不偿失的项目，尤其在通货膨胀的时期。

（二）重视效益

初创企业在财务管理方面要确立效益观念。筹资时，要考虑资金成本；投资时，要考虑收益率；在资产管理上，要充分使用资金；在资本管理上，要开源节流。

（三）重视竞争

优胜劣汰的竞争是市场经济的一般规律。市场供求关系的变化、价格的波动，时时会给企业带来冲击。针对来自外界的冲击，创业者必须有充分的准备，要强化财务管理在资金筹集、资金投放、资金运营及收入分配中的决策作用，并在竞争中增强承受和消化冲击的应变能力，不断增强自身的竞争实力。

（四）重视风险

风险是市场经济的必然产物，风险形成的原因可归结为现代公司财务活动本身的复杂性、客观环境的复杂性和人们认识的局限性。在财务经营过程中，由于不确定因素的作用，使公司的实际财务收益与预期财务收益发生差异，而带来经济损失的可能。

在初创期，大多数的创业者是眉毛胡子一把抓，事无巨细一个人做。即使创立了比较正规的企业，资金规模较大，企业设立了财务部门，并设有财务经理、财务主管或者财务总监，创业者还把握公司经营运作财务状况，参与有关财务管理的决策。

二、初创企业的财务内控

创业者应建立企业的财务内控制度，防患未然。

（一）建立财务控制制度

初创企业需要建立健全的财务控制制度，必须包含以下几个制度：

1. 建立不相容职务分离制度

初创企业需要合理设置财务会计及相关岗位，明确职责权限，形成相互制约机制。不相容职务包括授权批准、业务经办、会计记录、财务管理、稽核检查等职务，必须尽量办理销售与收款业务的不相容岗位相互分离、制衡和监督。

2. 建立授权批准控制制度

明确规定财务会计及相关工作的授权批准范围、权限、程序和责任等内容，各级管理人员必须在授权范围内行使职权和承担责任，经办人员也必须在授权范围内办理业务。

3. 建立会计系统控制制度

良好的会计系统控制制度是企业财务控制得以顺利进行的有力保障。初创企业应依据《会计法》和国家统一的会计制度，制定适合本单位的会计制度，明确会计工作流程。会计系统控制制度包括企业的核算规程、会计工作规程、会计人员岗位责任制、财务会计部门职责、会计档案管理制度等。

（二）重视现金流的预算与控制

企业财务管理首先应注重现金流，而不是利润。现金流是创业型企业的命脉，其预算与控制是财务控制的一个关键点。初创企业应该通过现金流的预算管理来做好现金流量的控制，要根据"以收定支，与成本费用相匹配"的原则，来反映现金的流入与流出；经过企业上下反复汇总、平衡，最终形成年度现金流量预算，进而指定分时段的动态现金流量预算，对日常现金流量进行动态控制。初创企业要努力保障企业的账上有不少于6个月的现金储备（完成一轮融资通常需要6个月的时间），以避免断流。

无论为了权益融资或债务融资准备商业计划，还是做年度或季度的预算，都应该分析现金流，并以现金流量表为依据，将每个月实际的现金流与预测或预算相比较，注意各种变化，并研究数据背后的隐含银行信息，分析现金流出波动的原因，及时采取相应的控制措施。

预测初创企业的现金流需求，可以进行 3 个步骤的分析预测：

1. 预测收入

预测收入需要根据产品（或服务）的定价对销售进行预测。初创企业大多规模小，初期资金紧张，必须精打细算，对销售按照月度来做预测。最好做两份预测，一份"保守的"，一份"乐观的"。

有了产品定价和客户人数的假设之后，再把它们放进一个时间框里。一般来说，投资人会要求你做 3 ~ 5 年的预测，同样要以月为单位来进行收入和支出的预测。

2. 估算成本

成本一般包括：固定成本和变动成本两种。固定成本主要有房租、保险、行政管理人员工资、职工福利费、广告费等；变动成本主要有原材料、包装、运输、直接人工工资、水电费等。

3. 认真分析和时时调整

把每月的收入预测和成本预测对应放入同一个时间框架中，就是初创企业的现金流。检查主要数据之间的关系和比率，确保能从财务预测的数据中看到企业的经营是健康和合理的。必要时还需要调整、平衡收入和成本之间的关键比率。当然，调整的原则依然是回到每个月的原始数据里去分析它们的准确性与合理性。

一般来说，管理成本是相对稳定的，随着收入的增长，它占总成本的比例越来越小，营业利润便会大大提高。初创企业的财务预测也不是一成不变的，每个月都应该仔细地对照和监控，要根据运营情况相应地进行调整，使之更符合实际，更加优化。如果实际情况和预测总是相去甚远，要及时找出原因并调整；否则应该立刻停下来，重新考虑企业未来的策略。

（三）考虑投资的回报与付出

初创企业需要认真分析投资的回报和付出。即使在产品销售情况良好、短期现金流充裕的情况下，初创企业仍然需要全面考虑新增投资的回报率、回收期，以及由于新增投资所带来的对企业现有能力的挑战和管理合作等连带问题，更需要客观评价新增投资的发展前景以及现有业务发展的价值。初创企业必须明确战略的边界，树立"有所为，有所不为"的投资理念，谨慎投资。

（四）充分利用创业平台

对于高科技的初创企业，应该充分利用所在地区的创业园区、孵化器等产业平台，争取政府基金及相关政策支持，这是一个成本相对较低的缓解现金流短缺的方法。通过关注、利用政府机构制定的相关法律条例，创业者可争取政策性贷款和创新创业基金扶持以及创业园区或孵化器的低价场地等。

（五）懂得开源节流

开源节流是企业经营中最朴实、最实用的策略。节流不是简单地减少支出，而是通过对费用支出的结构分析、支出的必要性和经济性分析，采取措施来改善费用支出的效果，就是把钱用在刀刃上。对于初创企业，研发费用和销售费用是加强管理和控制的主要对象。在研发投入决策上需要重点关注研发方向的商品化前景。初创企业往往对市场导入期估计不足，在实施几次营销策略不见明显成效后就乱了方寸，导致胡乱投入，寄希望于地毯式、轰炸式广告宣传，浪费资金，陷入更深的危机。

（六）较强资金控制

资金控制主要有货币资金控制、销售与收款控制、采购付款控制、成本费用控制等。企业可以从现金和应收账款的管理开始控制。现金具有非常强的流动性，企业的正常运转离不开现金，但持有现金是有成本的，不能持有太多的现金，因为我们都知道货币具有时间价值。应收账款能够扩大企业的销售，有助于企业扩张，但应收账款是有成本的，应该将应收账款控制在合理的范围内。因此，企业需要加强对应收账款回收的监管，缩短应收账款回收的时间。企业在不影响信誉的前提下，可尽可能地延迟付款的支付期，充分运用供货方所提供的优惠。企业还需要加强对悬账和呆账的清算工作，降低坏账，尽可能收回款项。

三、初创企业的财务风险及防范

初创企业刚刚走向市场，创业者自身所拥有的管理经验和技能相对不足，而对政治环境、市场环境、法律环境的变化，无法及时做出应对。同时，大多数创业者并非财务出身，对财务的控制能力相对较弱，对财务风险缺乏一定的警惕性，这就使得大量的初创企业无法应对财务风险而导致创业失败。

（一）初创企业财务风险的类型

在国家鼓励全民创业的大环境下，创业者要了解初创企业的财务风险类型，并做出相应的防范措施。

1. 融资风险

财务资源是初创企业资源中最重要的资源。在初创期，企业对资金的需求量大，但融资却相对比较难。在初创期，由于产品、服务等尚处于开发推广阶段，不能立即被消费者认可，无法迅速获得资金流的回收，如果不能及时注入补充资金，很可能面临破产倒闭的状况。因此，融资对初创企业的市场经营非常重要。创业企业的融资方式和渠道也反映了企业财务风险的大小，不同的融资方式，其资金的收付时间不同，如果企业的现金流进出不同步，则导致企业暂时性资金短缺，从而引发企业的财务危机。

2. 资本结构风险

资本结构是指企业负债与所有者权益的比例。因此，资本结构在一定程度上反映了企业财务风险的大小。由于债务利息通常低于股票的利率，且债务利息是税前支付，而股票股息是税后支付，因此利用债务融资可以使企业充分享受财务杠杆，降低企业的资本成本。然而，资产负债率过高将会导致初创企业的资信能力下降，从而为融资带来一定困难。初创企业对资本的需求量较大会增加融资成本，进而加大企业的财务风险。此外，由于借贷资金需要到期还本付息，一旦企业无力偿还到期债务，则会面临破产倒闭的风险。同时，在流动资产中，货币资金和存货资产比率对企业的财务风险也有一定的影响。货币资产的比重过小会导致资产流动性降低，增加企业偿债风险；相反，存货资产比率过大会增加资产流动性，但周转周期过长会导致企业的经营损失。因此，企业必须正确、客观地评估财务风险，采取稳步发展的策略。

3. 信用风险

信用风险是初创企业区别于成熟企业的一个重要表现。从外部环境来看，由于政府部门对初创企业的认可程度较低，初创企业很难从政府获得其经营发展所需的稀缺性资源。同时，行业内激烈的竞争以及替代品存在的可能性，导致其面临较为复杂的市场环境，而初创企业自身的经验不足，导致其抗击风险的能力弱。还有，消费者对初创企业或新创企业，缺乏认识与了解，会持有观望的态度。从内部环境来看，企业经营尚未步入正轨，内部控制机制不健全，企业治理机制不完善，企业信息尤其财务信息无法做到完全透明、公开，固定资产等财务资源单薄，导致初创企业资信等级不高，从而面临较高的信用风险。

（二）初创企业财务风险的防范

创业企业必须制定相应的风险防范措施，从而降低风险，让企业走得更远。

1. 建立健全财务管理机制

建立健全财务管理机制是控制初创企业财务风险最有效的途径。首先，建立完善的记账系统。初创企业面临固定资产的购置、原材料的准备、产品的生产、服务的提供以及销售等生产经营活动，创业者不仅要重视对现金和成品的管理，还应重视对原材料、半成品等其他存货的管理，这些流动资产要及时入账，使企业的实际财务活动与账面财务情况有良好的对接。其次，明确企业各项经营活动中财务管理的对象、目标和管理方式，对整个生产经营管理过程中的每项财务活动进行有效的监督和管理，形成良好的内部控制机制，保证财务决策的科学性。投资决策要有规范的财务资源需求及投资回报情况报表，融资决策要有明确的企业资本结构分析以及偿债能力分析报告等。最后，要建立良好的清查分析系统，定期盘查企业的财务状况，分析企业的资产负债表、存货周转率、应收账款比率及坏账比率等财务风险指标，将盘查结果形成规范的分析报告并记录存档。

2. 树立风险防范意识

中国有些创业者，在财务这些重要资源部门，似乎更倾向于任命自己的亲属或值得信赖的朋友来管理。而这些亲朋好友，有可能不是财务出身，所以他们的财务意识比较淡薄，对财务风险的防范和控制缺乏敏感性，这就增加了财务风险。对于这些非专业财务管理人员，需要加强财务管理和财务风险控制的相关培训，提高其专业素养，增强其风险防范意识。随着市场化程度逐渐加深，财务人员的职能已经不仅仅是记账，更要具备一定的财务信息收集能力，从中过滤出有效信息，分析其对企业市场经营的影响，与企业其他部门沟通并合理配置企业的财务资源。

3. 努力吸引风险投资

初创企业可以寻求风险投资公司的基金支持。风险投资基金是风险投资公司的一种向初创企业提供股权资本的投资行为。风险投资不仅可以为企业注入所需的资金，还会为初创企业的管理和经营等提供一定的咨询和帮助。同时，较长的投资回收期以及灵活的投资回收方式可以缓解初创企业资金短缺的困境。因此，初创企业应当重视其商业计划书的制定，积极向风险投资公司寻求资金支持，在充实企业资本金的同时，调整企业的资本结构，提高企业的财务应对能力，降低企业面临的财务风险。

4. 充分利用产业园区

为了鼓励大学生创业，各级政府均建立了一定的产业园区，各地的高校也建立校内创业园。产业园区和创业园是利用自己的孵化器及技术共享平台，为初创企业提供专业化的支持与指导，提高初创企业的研发能力；利用自己的社会网络，为投资者与初创企业搭建交流平台，使初创企业能够获得一定的发展基金。此外，产业园区中各类人才资源丰富，园区内创业者之间可以进行不定期交流，共享管理信息，开拓研发思路，建立起产业网络，弥补初创企业面临的资金短缺及财务管理经验缺失问题，从而提高财务风险应对能力，降低创业风险。同时，产业园区和校内创业园，大多数是免费提供场所、简单的固定资产，甚至还包括水电费，这样创业者就能节省成本，把有限的资金投入到项目的经营运作中，更好地促进项目的发展、企业的壮大。

5. 建立财务预警系统

财务预警系统是提高企业财务风险应对能力的重要举措。初创企业在综合衡量企业内部财务状况以及外部环境变化情况的基础上，分析企业面临的机会与威胁，建立完善的财务预警系统，及时评估和预测财务风险，有效识别企业的财务状况，尽早制定相应的对策来规避或化解财务风险，提高企业应对风险的能力。财务预警系统有几个关键指标，如企业的资产负债率、资产利用率、销售增长率、应收账款周转率、现金周转率等。对每一项指标均设定预警线并定期对其进行监控，一旦发现财务状况超过预警线，及时反映到管理层，并立即采取相应措施进行处理，尽可能将财务风险控制在最低程度。

创业者作为企业法定代表人，是企业财务工作的第一责任人。因此，创业者要自觉地学习财务管理的相关基础知识。只有懂规则、懂专业知识，才能有效进行财务管理和监督，避免因不懂规则而造成的一些不必要的损失。

作为初创的大学生，前期资金的准备，中期资金的预算、使用和管理，以及后期资金的再筹集是一个项目能否一步一步走向成熟的关键因素。怎样筹集资金、如何合理运用和管理资金，是每个创业者能否真正走向成功的关键。所以，学会融资和财务管理是每一个大学生创业者必须具备的基本能力。只有懂规则、懂专业知识，财务编制才能有效进行初创项目的启动和经营运作。

财务技能实训

初创者通过本章节的学习，掌握创业计划书的设计与撰写；了解大学生创业的相关有利政策；选择适合自己创业企业的融资渠道；学习创业企业的财务管理。

财务技能实训项目一：了解大学生创新创业的政策

（1）通过网络、报纸和图书收集创新创业政策，可重点查询的网站：中华人民共和国中央人民政府、教育部、国家发改委、人力资源和社会保障部、财政部、各级人民政府、各大高校官网。

（2）根据从高到低的层面创建创新创业政策资料库，填写表 11 - 2。

表 11 - 2　不同层面的创新创业政策资料库

国家层面	
省级层面	
学校层面	
地市层面	

（3）根据创新创业政策的内容分类创建创新创业政策资料库，填写表 11 - 3。

表 11 - 3　不同内容分类的创新创业政策资料库

注册方面	
资金扶持方面	
税收优惠方面	
场地支持方面	
创业指导方面	
创业服务方面	

财务技能实训项目二：融资资源大盘点

（1）盘点融资渠道，并填表 11 - 4。

表 11 - 4　融资渠道资源表

渠道	可能的资源
合伙融资	
亲情融资	
政策基金融资	
金融结构（或银行）贷款融资	
天使投资	
风险投资	
高校创业基金	

续表

渠道	可能的资源
合理运用应收应付款	
众筹集资	
典当融资	
固定资产租赁融资	

（2）预测融资成功概率。

根据实际情况，为各融资渠道评分："非常容易"得4分，"比较容易"得3分，"一般"得2分，"比较难"得1分，"非常难"得0分，如表11-5所示。计算融资途径的总得分，得分最高者，就是你最可能使用的融资渠道。

表11-5　融资成功的预测　　　　　　　　　　　　　　　　单位：分

渠道 ＼ 原因	融资速度	融资手续	融资难度	融资风险	总分
范例：合伙融资	4	4	2	0	10
亲情融资					
政策基金融资					
金融结构（或银行）贷款融资					
天使投资					
风险投资					
高校创业基金					
合理运用应收应付款					
众筹集资					
典当融资					
固定资产租赁融资					

财务技能实训项目三：撰写创业（商业）计划书

根据自己创业项目或企业的资料，按以下模板写出你的创业计划书（或者选用自己的模板也可以）。

创业（商业）计划书

公司名称：

公司主营：

负责人：

年　　月

一、计划摘要

计划摘要列在创业（商业）计划书的最前面，它是浓缩了的创业（商业）计划书的精华。计划摘要涵盖了计划的要点，以求一目了然，方便读者能在最短的时间内评审计划并做出判断。

计划摘要一般包括以下内容：公司介绍；主要产品和业务范围；市场概貌；营销策略；销售计划；生产管理计划；管理者及其组织；财务计划；资金需求状况等。

二、公司介绍

公司介绍主要介绍公司的主营产业、产品和服务、公司的竞争优势以及成立地点时间、所处阶段等。

基本情况。在介绍企业时，首先要说明创办新企业的思路，新思想的形成过程以及企业的目标和发展战略。其次要交代企业现状、过去的背景和企业的经营范围。在这一部分中，要对企业以往的情况做客观的评述，不要回避失误。

三、战略规划

介绍公司的宗旨和目标、公司的发展规划和策略。

四、创业组织结构

创业者需要一支有战斗力的管理队伍。企业管理的好坏，直接决定了企业经营风险的大小。而高素质的管理人员和良好的组织结构则是管理好企业的重要保证。因此，风险投资家会特别注重对管理队伍的评估。

五、产品（服务）介绍

在进行投资项目评估时，投资人最关心的问题之一，就是风险企业的产品、技术或服务能否以及在多大程度上解决现实生活中的问题，或者风险企业的产品（服务）能否帮助顾客节约开支，增加收入。因此，产品介绍是创业（商业）计划书中必不可少的一项内容。通常，产品介绍应包括以下内容：产品的概念、性能及特性；主要产品介绍；产品的市场竞争力；产品的研究和开发过程；发展新产品的计划和成本分析；产品的市场前景预测；产品的品牌和专利。

在产品（服务）介绍部分，企业家要对产品（服务）做出详细的说明，说明要准确，也要通俗易懂，使不是专业人员的投资者也能明白。

六、市场预测

当企业要开发一种新产品或向新的市场扩展时，先要进行市场预测。如果预测的结果并不乐观，或者预测的可信度让人怀疑，那么投资者就要承担更大的风险，这对多数风险投资家来说都是不可接受的。市场预测首先要对需求进行预测：市场是否存在对这种产品的需求？需求程度是否可以给企业带来所期望的利益？新的市场规模有多大？需求发展的未来趋向及其状态如何？影响需求的因素有哪些？其次市场预测还要包括对市场竞争的情况——企业所面对的竞争格局进行分析：市场中主要的竞争者有哪些？是否存在有利于本企业产品的市场空档？本企业预计的市场占有率是多少？本企业进入市场会引起竞争者怎样的反应？这些反应对企业会有什么影响？等等。

在创业（商业）计划书中，市场预测应包括以下内容：市场现状综述；竞争厂商概览；目标顾客和目标市场；本企业产品的市场地位；市场风格和特征等。

七、营销计划

营销是企业经营中最富挑战性的环节，影响营销策略的主要因素包括以下几点：

（1）消费者的特点。

（2）产品的特性。

（3）企业自身的状况。

（4）市场环境方面的因素。最终影响营销策略的则是营销成本和营销效益因素。在创业（商业）计划书中，营销策略应包括以下内容：

A. 市场机构和营销渠道的选择。

B. 营销队伍和管理。

C. 促销计划和广告策略。

D. 价格决策。

八、生产制造计划

创业（商业）计划书中的生产制造计划应包括以下内容：产品制造和技术设备现状；新产品投产计划；技术提升和设备更新的要求；质量控制和质量改进计划。

九、财务规划

财务规划需要花费较多的精力来做具体分析，其中就包括现金流量表、资产负债表以及损益表的制作。流动资金是企业的生命线，因此企业在初创或扩张时，对流动资金需要有预先周详的计划和进行过程中的严格控制；损益表反映的是企业的盈利状况，它是企业在一段时间运作后的经营结果；资产负债表则反映在某一时刻的企业状况，投资者可以用资产负债表中的数据得到的比率指标来衡量企业的经营状况以及可能的投资回报率。

财务规划一般要包括以下内容：

（1）创业（商业）计划书的条件假设。

（2）预计的资产负债表。

（3）预计的损益表。

（4）现金收支分析。

（5）资金的来源和使用。

十、风险与退出

不是说有人竞争就是风险，风险也可能是进出口汇兑的风险、餐厅发生火灾的风险等，并注意当风险来临时如何应对；企业面对的风险和未来的成功，作为投资者资本退出的方式和办法以及预期的收益等。

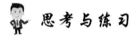 **本章小结**

本章第一节介绍了创业计划书的含义、作用、对象、类型、主要特征、信息搜集、撰写内容、撰写注意事项和展示技巧；第二节介绍了大学生创业税费政策、福建省的创业政策、照章纳税、创业贷款政策和其他优惠政策；第三节介绍了创业企业的财务准备、财务内控、财务风险及防范；第四节为大学生创业者提供了三个与创业计划书编写相关的财务技能实训项目。

思考与练习

一、单项选择题

1.（　　）是创业者的策划文案。

A. 销售计划书　　　　　　　　　　B. 创业计划书

C. 创业项目大纲　　　　　　　　　D. 财务预算表

2. 创业计划书里的财务计划，一般需要计划（　　）年的资金需求和使用。

A. 1～2　　　　B. 2～3　　　　C. 3～5　　　　D. 5～7

3. 大学毕业生在毕业后（　　）年内自主创业，到创业实体所在地的工商部门办理营业执照，允许零资本办理营业执照。

A. 1　　　　B. 2　　　　C. 4　　　　D. 5

4. 被称为创业者的"维生素C"的是（　　）。

A. 天使投资　　B. 风险投资　　C. 亲情融资　　D. 合伙融资

5. 金融机构和银行要为自主创业的毕业生提供小额贷款，一般期限为（　　）年。
A. 1　　　　　　　　B. 2　　　　　　　　C. 3　　　　　　　　D. 4

二、多项选择题

1. 创业计划书的作用有（　　）。
A. 指导创业实践　　　　　　　　B. 整合创业资源
C. 获取创业资金　　　　　　　　D. 聚集创业人才
2. 初创企业财务风险的类型有（　　）。
A. 融资风险　　　　　　　　　　B. 资本结构风险
C. 信用风险　　　　　　　　　　D. 销售风险
3. 初创企业的财务准备有（　　）。
A. 重视货币的时间价值　　　　　B. 重视效应
C. 重视竞争　　　　　　　　　　D. 重视风险
4. 创业计划书中的"生产和运营计划"部分通常包含（　　）内容。
A. 运营周期　　　　　　　　　　B. 地理选址
C. 设施和改善　　　　　　　　　D. 战略和计划
5. 合伙融资一般是遵循（　　）的原则。
A. 共同投资　　　　B. 共同经营　　　　C. 共担风险　　　　D. 共享利润

三、简答题

1. 如何为初创企业选择合适的融资渠道？
2. 债务融资与权益融资对创业者各有哪些利弊？
3. 初创企业应如何加强财务管理，降低财务风险？

四、案例分析题

林丹在大学毕业后回老家江西省南昌市，一直都没有找到称心如意的工作，就想去创业。她看到距家附近的一些小型超市生意都很火爆，也想开一家超市，但是开超市需要多少钱呢？钱要从哪里来呢？一年能赚多少钱呢？要从哪里进货呢？……各种问题就出来了。

让学生进行分组（建议一个小组不超过 4 个人），帮助林丹制定初创企业的融资规划和财务制作。内容及要求如下：

讨论：
（1）适合林丹创业的融资渠道有哪些？
（2）给林丹财务管理的建议。

附　录

附表 1　复利现值系数

期数	1%	2%	3%	4%	5%	6%	7%	8%	9%	10%	11%	12%	13%	14%	15%
1	0.9901	0.9804	0.9709	0.9615	0.9524	0.9434	0.9346	0.9259	0.9174	0.9091	0.9009	0.8929	0.885	0.8772	0.8696
2	0.9803	0.9612	0.9426	0.9246	0.907	0.89	0.8734	0.8573	0.8417	0.8264	0.8116	0.7972	0.7831	0.7695	0.7561
3	0.9706	0.9423	0.9151	0.889	0.8638	0.8396	0.8163	0.7938	0.7722	0.7513	0.7312	0.7118	0.6931	0.675	0.6575
4	0.961	0.9238	0.8885	0.8548	0.8227	0.7921	0.7629	0.735	0.7084	0.683	0.6587	0.6355	0.6133	0.5921	0.5718
5	0.9515	0.9057	0.8626	0.8219	0.7835	0.7473	0.713	0.6806	0.6499	0.6209	0.5935	0.5674	0.5428	0.5194	0.4972
6	0.942	0.888	0.8375	0.7903	0.7462	0.705	0.6663	0.6302	0.5963	0.5645	0.5346	0.5066	0.4803	0.4556	0.4323
7	0.9327	0.8706	0.8131	0.7599	0.7107	0.6651	0.6227	0.5835	0.547	0.5132	0.4817	0.4523	0.4251	0.3996	0.3759
8	0.9235	0.8535	0.7894	0.7307	0.6768	0.6274	0.582	0.5403	0.5019	0.4665	0.4339	0.4039	0.3762	0.3506	0.3269
9	0.9143	0.8368	0.7664	0.7026	0.6446	0.5919	0.5439	0.5002	0.4604	0.4241	0.3909	0.3606	0.3329	0.3075	0.2843
10	0.9053	0.8203	0.7441	0.6756	0.6139	0.5584	0.5083	0.4632	0.4224	0.3855	0.3522	0.322	0.2946	0.2697	0.2472
11	0.8963	0.8043	0.7224	0.6496	0.5847	0.5268	0.4751	0.4289	0.3875	0.3505	0.3173	0.2875	0.2607	0.2366	0.2149

续表

期数	1%	2%	3%	4%	5%	6%	7%	8%	9%	10%	11%	12%	13%	14%	15%
12	0.8874	0.7885	0.7014	0.6246	0.5568	0.497	0.444	0.3971	0.3555	0.3186	0.2858	0.2567	0.2307	0.2076	0.1869
13	0.8787	0.773	0.681	0.6006	0.5303	0.4688	0.415	0.3677	0.3262	0.2897	0.2575	0.2292	0.2042	0.1821	0.1625
14	0.87	0.7579	0.5611	0.5775	0.5051	0.4423	0.3878	0.3405	0.2992	0.2633	0.232	0.2046	0.1807	0.1597	0.1413
15	0.8613	0.743	0.5419	0.5553	0.481	0.4173	0.3624	0.3152	0.2745	0.2394	0.209	0.1827	0.1599	0.1401	0.1229
16	0.8528	0.7284	0.5232	0.5339	0.4581	0.3936	0.3387	0.2919	0.2519	0.2176	0.1883	0.1631	0.1415	0.1229	0.1069
17	0.8444	0.7142	0.605	0.5134	0.4363	0.3714	0.3166	0.2703	0.2311	0.1978	0.1696	0.1456	0.1252	0.1078	0.0929
18	0.836	0.7002	0.5874	0.4936	0.4155	0.3503	0.2959	0.2502	0.212	0.1799	0.1528	0.13	0.1108	0.0946	0.0808
19	0.8277	0.6864	0.5703	0.4746	0.3957	0.3305	0.2765	0.2317	0.1945	0.1635	0.1377	0.1161	0.0981	0.0829	0.0703
20	0.8195	0.673	0.5537	0.4564	0.3769	0.3118	0.2584	0.2145	0.1784	0.1486	0.124	0.1037	0.0868	0.0728	0.0611
21	0.8114	0.6598	0.5375	0.4388	0.3589	0.2942	0.2415	0.1987	0.1637	0.1351	0.1117	0.0926	0.0768	0.0638	0.0531

期数	16%	17%	13%	19%	20%	21%	22%	23%	24%	25%	26%	27%	28%	29%	30%
1	0.8621	0.8547	0.3475	0.8403	0.8333	0.8264	0.8197	0.813	0.8065	0.8	0.7937	0.7874	0.7813	0.7752	0.7692
2	0.7432	0.7305	0.7182	0.7062	0.6944	0.683	0.6719	0.661	0.6504	0.64	0.6299	0.62	0.6104	0.6009	0.5917
3	0.6407	0.6244	0.6086	0.5934	0.5787	0.5645	0.5507	0.5374	0.5245	0.512	0.4999	0.4882	0.4768	0.4658	0.4552
4	0.5523	0.5337	0.5158	0.4987	0.4823	0.4665	0.4514	0.4369	0.423	0.4096	0.3968	0.3844	0.3725	0.3611	0.3501
5	0.4761	0.4561	0.4371	0.419	0.4019	0.3855	0.37	0.3552	0.3411	0.3277	0.3149	0.3027	0.291	0.2799	0.2693
6	0.4104	0.3898	0.3704	0.3521	0.3349	0.3186	0.3033	0.2888	0.2751	0.2621	0.2499	0.2383	0.2274	0.217	0.2072

续表

期数	16%	17%	18%	19%	20%	21%	22%	23%	24%	25%	26%	27%	28%	29%	30%
7	0.3538	0.3332	0.3139	0.2959	0.2791	0.2633	0.2486	0.2348	0.2218	0.2097	0.1983	0.1877	0.1776	0.1682	0.1594
8	0.305	0.2848	0.266	0.2487	0.2326	0.2176	0.2038	0.1909	0.1789	0.1678	0.1574	0.1478	0.1388	0.1304	0.1226
9	0.263	0.2434	0.2255	0.209	0.1938	0.1799	0.167	0.1552	0.1443	0.1342	0.1249	0.1164	0.1084	0.1011	0.0943
10	0.2267	0.208	0.1911	0.1756	0.1615	0.1486	0.1369	0.1262	0.1164	0.1074	0.0992	0.0916	0.0847	0.0784	0.0725
11	0.1954	0.1778	0.1619	0.1476	0.1346	0.1228	0.1122	0.1026	0.0938	0.0859	0.0787	0.0721	0.0662	0.0607	0.0558
12	0.1685	0.152	0.1372	0.124	0.1122	0.1015	0.092	0.0834	0.0757	0.0687	0.0625	0.0568	0.0517	0.0471	0.0429
13	0.1452	0.1299	0.1163	0.1042	0.0935	0.0839	0.0754	0.0678	0.061	0.055	0.0496	0.0447	0.0404	0.0365	0.033
14	0.1252	0.111	0.0985	0.0876	0.0779	0.0693	0.0618	0.0551	0.0492	0.044	0.0393	0.0352	0.0404	0.0283	0.0254
15	0.1079	0.0949	0.0835	0.0736	0.0649	0.0573	0.0507	0.0448	0.0397	0.0352	0.0312	0.0277	0.0247	0.0219	0.0195
16	0.093	0.0811	0.0708	0.0618	0.0541	0.0474	0.0415	0.0364	0.032	0.0281	0.0248	0.0218	0.0193	0.017	0.015
17	0.0802	0.0693	0.06	0.052	0.0451	0.0391	0.034	0.0296	0.0258	0.0225	0.0197	0.0172	0.015	0.0132	0.0116
18	0.0691	0.0592	0.0508	0.0437	0.0376	0.0323	0.0279	0.0241	0.0208	0.018	0.0156	0.0135	0.0118	0.0102	0.0089
19	0.0596	0.0506	0.0431	0.0367	0.0313	0.0267	0.0229	0.0196	0.0168	0.0144	0.0124	0.0107	0.0092	0.0079	0.0068
20	0.0514	0.0433	0.0365	0.0308	0.0261	0.0221	0.0187	0.0159	0.0135	0.0115	0.0098	0.0084	0.0072	0.0061	0.0053
21	0.0443	0.037	0.0309	0.0259	0.0217	0.0183	0.0154	0.0129	0.0109	0.0092	0.0078	0.0066	0.0056	0.0048	0.004

附表 2　复利终值系数

期数	1%	2%	3%	4%	5%	6%	7%	8%	9%	10%	11%	12%	13%	14%	15%
1	1.01	1.02	1.03	1.04	1.05	1.06	1.07	1.08	1.09	1.1	1.11	1.12	1.13	1.14	1.15
2	1.0201	1.0404	1.0609	1.0816	1.1025	1.1236	1.1449	1.1664	1.1881	1.21	1.2321	1.2544	1.2769	1.2996	1.3225
3	1.0303	1.0612	1.0927	1.1249	1.1576	1.191	1.225	1.2597	1.295	1.331	1.3676	1.4049	1.4429	1.4815	1.5209
4	1.0406	1.0824	1.1255	1.1699	1.2155	1.2625	1.3108	1.3605	1.4116	1.4641	1.5181	1.5735	1.6305	1.689	1.749
5	1.051	1.1041	1.1593	1.2167	1.2763	1.3382	1.4026	1.4693	1.5386	1.6105	1.6851	1.7623	1.8424	1.9254	2.0114
6	1.0615	1.1262	1.1941	1.2653	1.3401	1.4185	1.5007	1.5869	1.6771	1.7716	1.8704	1.9738	2.082	2.195	2.3131
7	1.0721	1.1487	1.2299	1.3159	1.4071	1.5036	1.6058	1.7138	1.828	1.9487	2.0762	2.2107	2.3526	2.5023	2.66
8	1.0829	1.1717	1.2668	1.3686	1.4775	1.5938	1.7182	1.8509	1.9926	2.1436	2.3045	2.476	2.6584	2.8526	3.059
9	1.0937	1.1951	1.3048	1.4233	1.5513	1.6895	1.8385	1.999	2.1719	2.3579	2.558	2.7731	3.004	3.2519	3.5179
10	1.1046	1.219	1.3439	1.4802	1.6289	1.7908	1.9672	2.1589	2.3674	2.5937	2.8394	3.1058	3.3946	3.7072	4.0456
11	1.1157	1.2434	1.3842	1.5395	1.7103	1.8983	2.1049	2.3316	2.5804	2.8531	3.1518	3.4786	3.8359	4.2262	4.6524
12	1.1268	1.2682	1.4258	1.601	1.7959	2.0122	2.2522	2.5182	2.8127	3.1384	3.4985	3.896	4.3345	4.8179	5.3503
13	1.1381	1.2936	1.4685	1.6651	1.8856	2.1329	2.4098	2.7196	3.0658	3.4523	3.8833	4.3635	4.898	5.4924	6.1528
14	1.1495	1.3195	1.5126	1.7317	1.9799	2.2609	2.5785	2.9372	3.3417	3.7975	4.3104	4.8871	5.5348	6.2613	7.0757
15	1.161	1.3459	1.558	1.8009	2.0789	2.3966	2.759	3.1722	3.6425	4.1772	4.7846	5.4736	6.2543	7.1379	8.1371
16	1.1726	1.3728	1.5047	1.873	2.1829	2.5404	2.9522	3.4259	3.9703	4.595	5.3109	6.1304	7.0673	8.1372	9.3576
17	1.1843	1.4002	1.5528	1.9479	2.292	2.6928	3.1588	3.7	4.3276	5.0545	5.8951	6.866	7.9861	9.2765	10.7613
18	1.1961	1.4282	1.7024	2.0258	2.4066	2.8543	3.3799	3.996	4.7171	5.5599	6.5436	7.69	9.0243	10.5752	12.3755
19	1.2081	1.4568	1.7535	2.1068	2.527	3.0256	3.6165	4.3157	5.1417	6.1159	7.2633	8.6128	10.1974	12.0557	14.2318
20	1.2202	1.4859	1.3061	2.1911	2.6533	3.2071	3.8697	4.661	5.6044	6.7275	8.0623	9.6463	11.5231	13.7435	16.3665
21	1.2324	1.5157	1.3603	2.2788	2.786	3.3996	4.1406	5.0338	6.1088	7.4002	8.9492	10.8038	13.0211	15.6676	18.8215

续表

期数	16%	17%	18%	19%	20%	21%	22%	23%	24%	25%	26%	27%	28%	29%	30%
1	1.16	1.17	1.18	1.19	1.2	1.21	1.22	1.23	1.24	1.25	1.26	1.27	1.28	1.29	1.3
2	1.3456	1.3689	1.3924	1.4161	1.44	1.4641	1.4884	1.5129	1.5376	1.5625	1.5876	1.6129	1.6384	1.6641	1.69
3	1.5609	1.6016	1.643	1.6852	1.728	1.7716	1.8158	1.8609	1.9066	1.9531	2.0004	2.0484	2.0972	2.1467	2.197
4	1.8106	1.8739	1.9388	2.0053	2.0736	2.1436	2.2153	2.2889	2.3642	2.4414	2.5205	2.6014	2.6844	2.7692	2.8561
5	2.1003	2.1924	2.2878	2.3864	2.4883	2.5937	2.7027	2.8153	2.9316	3.0518	3.1758	3.3038	3.436	3.5723	3.7129
6	2.4364	2.5652	2.6996	2.8398	2.986	3.1384	3.2973	3.4628	3.6352	3.8147	4.0015	4.1959	4.398	4.6083	4.8268
7	2.8262	3.0012	3.1855	3.3793	3.5832	3.7975	4.0227	4.2593	4.5077	4.7684	5.0419	5.3288	5.6295	5.9447	6.2749
8	3.2784	3.5115	3.7589	4.0214	4.2998	4.595	4.9077	5.2389	5.5895	5.9605	6.3528	6.7675	7.2058	7.6686	8.1573
9	3.803	4.1084	4.4355	4.7854	5.1598	5.5599	5.9874	6.4439	6.931	7.4506	8.0045	8.5948	9.2234	9.8925	10.6045
10	4.4114	4.8068	5.2338	5.6947	6.1917	6.7275	7.3046	7.9259	8.5944	9.3132	10.0857	10.9153	11.8059	12.7614	13.7858
11	5.1173	5.624	6.1759	6.7767	7.4301	8.1403	8.9117	9.7489	10.6571	11.6415	12.708	13.8625	15.1116	16.4622	17.9216
12	5.936	6.5801	7.2876	8.0642	8.9161	9.8497	10.8722	11.9912	13.2148	14.5519	16.012	17.6053	19.3428	21.2362	23.2981
13	6.8858	7.6987	8.5994	9.5964	10.6993	11.9182	13.2641	14.7491	16.3863	18.1899	20.1752	22.3588	24.7588	27.3947	30.2875
14	7.9875	9.0075	10.1472	11.4198	12.8392	14.421	16.1822	18.1414	20.3191	22.7374	25.4207	28.3957	31.6913	35.3391	39.3738
15	9.2655	10.5387	11.9737	13.5895	15.407	17.4494	19.7423	22.314	25.1956	28.4217	32.0301	36.0625	40.5648	45.5875	51.1859
16	10.748	12.3303	14.129	16.1715	18.4884	21.1138	24.0856	27.4462	31.2426	35.5271	40.3579	45.7994	51.923	58.8079	66.5417
17	12.4677	14.4265	16.6722	19.2441	22.1861	25.5477	29.3844	33.7588	38.7408	44.4089	50.851	58.1652	66.4614	75.8621	86.5042
18	14.4625	16.879	19.6733	22.9005	26.6233	30.9127	35.849	41.5233	48.0386	55.5112	64.0722	73.8698	85.0706	97.8622	112.4554
19	16.7765	19.7484	23.2144	27.2516	31.948	37.4043	43.7358	51.0737	59.5679	69.3889	80.731	93.8147	108.8904	126.2422	146.192
20	19.4608	23.1056	27.393	32.4294	38.3376	45.2593	53.3576	62.8206	73.8641	86.7362	101.7211	119.1446	139.3797	162.8524	190.0496
21	22.5745	27.0336	32.3238	38.591	46.0051	54.7637	65.0963	77.2694	91.5915	108.4202	128.1685	151.3137	178.406	210.0796	247.0645

附表 3　年金现值系数

期数	1%	2%	3%	4%	5%	6%	7%	8%	9%	10%	11%	12%	13%	14%	15%
1	0.9901	0.9804	0.9709	0.9615	0.9524	0.9434	0.9346	0.9259	0.9174	0.9091	0.9009	0.8929	0.885	0.8772	0.8696
2	1.9704	1.9416	1.9135	1.8861	1.8594	1.8334	1.808	1.7833	1.7591	1.7355	1.7125	1.6901	1.6681	1.6467	1.6257
3	2.941	2.8839	2.8286	2.7751	2.7232	2.673	2.6243	2.5771	2.5313	2.4869	2.4437	2.4018	2.3612	2.3216	2.2832
4	3.902	3.8077	3.7171	3.6299	3.546	3.4651	3.3872	3.3121	3.2397	3.1699	3.1024	3.0373	2.9745	2.9137	2.855
5	4.8534	4.7135	4.5797	4.4518	4.3295	4.2124	4.1002	3.9927	3.8897	3.7908	3.6959	3.6048	3.5172	3.4331	3.3522
6	5.7955	5.6014	5.4172	5.2421	5.0757	4.9173	4.7665	4.6229	4.4859	4.3553	4.2305	4.1114	3.9975	3.8887	3.7845
7	6.7282	6.472	6.2303	6.0021	5.7864	5.5824	5.3893	5.2064	5.033	4.8684	4.7122	4.5638	4.4226	4.2883	4.1604
8	7.6517	7.3255	7.0197	6.7327	6.4632	6.2098	5.9713	5.7466	5.5348	5.3349	5.1461	4.9676	4.7988	4.6389	4.4873
9	8.566	8.1622	7.7861	7.4353	7.1078	6.8017	6.5152	6.2469	5.9952	5.759	5.537	5.3282	5.1317	4.9464	4.7716
10	9.4713	8.9826	8.5302	8.1109	7.7217	7.3601	7.0236	6.7101	6.4177	6.1446	5.8892	5.6502	5.4262	5.2161	5.0188
11	10.3676	9.7868	9.2526	8.7605	8.3064	7.8869	7.4987	7.139	6.8052	6.4951	6.2065	5.9377	5.6869	5.4527	5.2337
12	11.2551	10.5753	9.954	9.3851	8.8633	8.3838	7.9427	7.5361	7.1607	6.8137	6.4924	6.1944	5.9176	5.6603	5.4206
13	12.1337	11.3484	10.535	9.9856	9.3936	8.8527	8.3577	7.9038	7.4869	7.1034	6.7499	6.4235	6.1218	5.8424	5.5831
14	13.0037	12.1062	11.2961	10.5631	9.8986	9.295	8.7455	8.2442	7.7862	7.3667	6.9819	6.6282	6.3025	6.0021	5.7245
15	13.8651	12.8493	11.9379	11.1184	10.3797	9.7122	9.1079	8.5595	8.0607	7.6061	7.1909	6.8109	6.4624	6.1422	5.8474
16	14.7179	13.5777	12.5611	11.6523	10.8378	10.1059	9.4466	8.8514	8.3126	7.8237	7.3792	6.974	6.6039	6.2651	5.9542
17	15.5623	14.2919	13.1661	12.1657	11.2741	10.4773	9.7632	9.1216	8.5436	8.0216	7.5488	7.1196	6.7291	6.3729	6.0472
18	16.3983	14.992	13.7535	12.6593	11.6896	10.8276	10.0591	9.3719	8.7556	8.2014	7.7016	7.2497	6.8399	6.4674	6.128
19	17.226	15.6785	14.3238	13.1339	12.0853	11.1581	10.3356	9.6036	8.9501	8.3649	7.8393	7.3658	6.938	6.5504	6.1982
20	18.0456	16.3514	14.8775	13.5903	12.4622	11.4699	10.594	9.8181	9.1285	8.5136	7.9633	7.4694	7.0248	6.6231	6.2593
21	18.857	17.0112	15.415	14.0292	12.8212	11.7641	10.8355	10.0168	9.2922	8.6487	8.0751	7.562	7.1016	6.687	6.3125

续表

期数	16%	17%	18%	19%	20%	21%	22%	23%	24%	25%	26%	27%	28%	29%	30%
1	0.8621	0.8547	0.8475	0.8403	0.8333	0.8264	0.8197	0.813	0.8065	0.8	0.7937	0.7874	0.7813	0.7752	0.7692
2	1.6052	1.5852	1.5656	1.5465	1.5278	1.5095	1.4915	1.474	1.4568	1.44	1.4235	1.4074	1.3916	1.3761	1.3609
3	2.2459	2.2096	2.1743	2.1399	2.1065	2.0739	2.0422	2.0114	1.9813	1.952	1.9234	1.8956	1.8684	1.842	1.8161
4	2.7982	2.7432	2.6901	2.6386	2.5887	2.5404	2.4936	2.4483	2.4043	2.3616	2.3202	2.28	2.241	2.2031	2.1662
5	3.2743	3.1993	3.1272	3.0576	2.9906	2.926	2.8636	2.8035	2.7454	2.6893	2.6351	2.5827	2.532	2.483	2.4356
6	3.6847	3.5892	3.4976	3.4098	3.3255	3.2446	3.1669	3.0923	3.0205	2.9514	2.885	2.821	2.7594	2.7	2.6427
7	4.0386	3.9224	3.8115	3.7057	3.6046	3.5079	3.4155	3.327	3.2423	3.1611	3.0833	3.0087	2.937	2.8682	2.8021
8	4.3436	4.2072	4.0776	3.9544	3.8372	3.7256	3.6193	3.5179	3.4212	3.3289	3.2407	3.1564	3.0758	2.9986	2.9247
9	4.6065	4.4506	4.303	4.1633	4.031	3.9054	3.7863	3.6731	3.5655	3.4631	3.3657	3.2728	3.1842	3.0997	3.019
10	4.8332	4.6586	4.4941	4.3389	4.1925	4.0541	3.9232	3.7993	3.6819	3.5705	3.4648	3.3644	3.2689	3.1781	3.0915
11	5.0286	4.8364	4.656	4.4865	4.3271	4.1769	4.0354	3.9018	3.7757	3.6564	3.5435	3.4365	3.3351	3.2388	3.1473
12	5.1971	4.9884	4.7932	4.6105	4.4392	4.2784	4.1274	3.9852	3.8514	3.7251	3.6059	3.4933	3.3868	3.2859	3.1903
13	5.3423	5.1183	4.9095	4.7147	4.5327	4.3624	4.2028	4.053	3.9124	3.7801	3.6555	3.5381	3.4272	3.3224	3.2233
14	5.4675	5.2293	5.0081	4.8023	4.6106	4.4317	4.2646	4.1082	3.9616	3.8241	3.6949	3.5733	3.4587	3.3507	3.2487
15	5.5755	5.3242	5.0916	4.8759	4.6755	4.489	4.3152	4.153	4.0013	3.8593	3.7261	3.601	3.4834	3.3726	3.2682
16	5.6685	5.4053	5.1624	4.9377	4.7296	4.5364	4.3567	4.1894	4.0333	3.8874	3.7509	3.6228	3.5026	3.3896	3.2832
17	5.7487	5.4746	5.2223	4.9897	4.7746	4.5755	4.3908	4.219	4.0591	3.9099	3.7705	3.64	3.5177	3.4028	3.2948
18	5.8178	5.5339	5.2732	5.0333	4.8122	4.6079	4.4187	4.2431	4.0799	3.9279	3.7861	3.6536	3.5294	3.413	3.3037
19	5.8775	5.5845	5.3162	5.07	4.8435	4.6346	4.4415	4.2627	4.0967	3.9424	3.7985	3.6642	3.5386	3.421	3.3105
20	5.9288	5.6278	5.3527	5.1009	4.8696	4.6567	4.4603	4.2786	4.1103	3.9539	3.8083	3.6726	3.5458	3.4271	3.3158
21	5.9731	5.6648	5.3837	5.1268	4.8913	4.675	4.4756	4.2916	4.1212	3.9631	3.8161	3.6792	3.5514	3.4319	3.3198

附表 4　年金终值系数

期数	1%	2%	3%	4%	5%	6%	7%	8%	9%	10%	11%	12%	13%	14%	15%
1	1.0000	1.0000	1.0000	1.0000	1.0000	1.0000	1.0000	1.0000	1.0000	1.0000	1.0000	1.0000	1.0000	1.0000	1.0000
2	2.0100	2.0200	2.0300	2.0400	2.0500	2.0600	2.0700	2.0800	2.0900	2.1000	2.1100	2.1200	2.1300	2.1400	2.1500
3	3.0301	3.0604	3.0909	3.1216	3.1525	3.1836	3.2149	3.2464	3.2781	3.3100	3.3421	3.3744	3.4069	3.4396	3.4725
4	4.0604	4.1216	4.1836	4.2465	4.3101	4.3746	4.4399	4.5061	4.5731	4.6410	4.7097	4.7793	4.8498	4.9211	4.9934
5	5.1010	5.2040	5.3091	5.4163	5.5256	5.6371	5.7507	5.8666	5.9847	6.1051	6.2278	6.3528	6.4803	6.6101	6.7424
6	6.1520	6.3081	6.4684	6.6330	6.8019	6.9753	7.1533	7.3359	7.5233	7.7156	7.9129	8.1152	8.3227	8.5355	8.7537
7	7.2135	7.4343	7.6625	7.8983	8.1420	8.3938	8.6540	8.9228	9.2004	9.4872	9.7833	10.0890	10.4047	10.7305	11.0668
8	8.2857	8.5830	8.8923	9.2142	9.5491	9.8975	10.2598	10.6366	11.0285	11.4359	11.8594	12.2997	12.7573	13.2328	13.7268
9	9.3685	9.7546	10.1591	10.5828	11.0266	11.4913	11.9780	12.4876	13.0210	13.5795	14.1640	14.7757	15.4157	16.0853	16.7858
10	10.4622	10.9497	11.4639	12.0061	12.5779	13.1808	13.8164	14.4866	15.1929	15.9374	16.7220	17.5487	18.4197	19.3373	20.3037
11	11.5668	12.1687	12.8078	13.4864	14.2068	14.9716	15.7836	16.6455	17.5603	18.5312	19.5614	20.6546	21.8143	23.0445	24.3493
12	12.6825	13.4121	14.1520	15.0258	15.9171	16.8699	17.8885	18.9771	20.1407	21.3843	22.7132	24.1331	25.6502	27.2707	29.0017
13	13.8093	14.6803	15.6178	16.6268	17.7130	18.8821	20.1406	21.4953	22.9534	24.5227	26.2116	28.0291	29.9847	32.0887	34.3519
14	14.9474	15.9739	17.0863	18.2919	19.5986	21.0151	22.5505	24.2149	26.0192	27.9750	30.0949	32.3926	34.8827	37.5811	40.5047
15	16.0969	17.2934	18.5989	20.0236	21.5786	23.2760	25.1290	27.1521	29.3609	31.7725	34.4054	37.2797	40.4175	43.8424	47.5804
16	17.2579	18.6393	20.1569	21.8245	23.6575	25.6725	27.8881	30.3243	33.0034	35.9497	39.1899	42.7533	46.6717	50.9804	55.7175
17	18.4304	20.0121	21.7616	23.6975	25.8404	28.2129	30.8402	33.7502	36.9737	40.5447	44.5008	48.8837	53.7391	59.1176	65.0751
18	19.6147	21.4123	23.4144	25.6454	28.1324	30.9057	33.9990	37.4502	41.3013	45.5992	50.3959	55.7497	61.7251	68.3941	75.8364
19	20.8109	22.8406	25.1169	27.6712	30.5390	33.7600	37.3790	41.4463	46.0185	51.1591	56.9395	63.4397	70.7494	78.9692	88.2118
20	22.0190	24.2974	26.8704	29.7781	33.0660	36.7856	40.9955	45.7620	51.1601	57.2750	64.2028	72.0524	80.9468	91.0249	102.4436
21	23.2392	25.7833	28.6765	31.9692	35.7193	39.9927	44.8652	50.4229	56.7645	64.0025	72.2651	81.6987	92.4699	104.7684	118.8101

续表

期数	16%	17%	18%	19%	20%	21%	22%	23%	24%	25%	26%	27%	28%	29%	30%
1	1.0000	1.0000	1.0000	1.0000	1.0000	1.0000	1.0000	1.0000	1.0000	1.0000	1.0000	1.0000	1.0000	1.0000	1.0000
2	2.1600	2.1700	2.1800	2.1900	2.2000	2.2100	2.2200	2.2300	2.2400	2.2500	2.2600	2.2700	2.2800	2.2900	2.3000
3	3.5056	3.5389	3.5724	3.6061	3.6400	3.6741	3.7084	3.7429	3.7776	3.8125	3.8476	3.8829	3.9184	3.9541	3.9900
4	5.0665	5.1405	5.2154	5.2913	5.3680	5.4457	5.5242	5.6038	5.6842	5.7656	5.8480	5.9313	6.0156	6.1008	6.1870
5	6.8771	7.0144	7.1542	7.2966	7.4416	7.5892	7.7396	7.8926	8.0484	8.2070	8.3684	8.5327	8.6999	8.8700	9.0431
6	8.9775	9.2068	9.4420	9.6830	9.9299	10.1830	10.4423	10.7079	10.9801	11.2588	11.5442	11.8366	12.1359	12.4423	12.7560
7	11.4139	11.7720	12.1415	12.5227	12.9159	13.3214	13.7396	14.1708	14.6153	15.0735	15.5458	16.0324	16.5339	17.0506	17.5828
8	14.2401	14.7733	15.3270	15.9020	16.4991	17.1189	17.7623	18.4300	19.1229	19.8419	20.5876	21.3612	22.1634	22.9953	23.8577
9	17.5185	18.2847	19.0859	19.9234	20.7989	21.7139	22.6700	23.6690	24.7125	25.8023	26.9404	28.1287	29.3692	30.6639	32.0150
10	21.3215	22.3931	23.5213	24.7089	25.9587	27.2738	28.6574	30.1128	31.6434	33.2529	34.9449	36.7235	38.5926	40.5564	42.6195
11	25.7329	27.1999	28.7551	30.4035	32.1504	34.0013	35.9620	38.0388	40.2379	42.5661	45.0306	47.6388	50.3985	53.3178	56.4053
12	30.8502	32.8239	34.9311	37.1802	39.5805	42.1416	44.8737	47.7877	50.8950	54.2077	57.7386	61.5013	65.5100	69.7800	74.3270
13	36.7862	39.4040	42.2187	45.2445	48.4966	51.9913	55.7459	59.7788	64.1097	68.7596	73.7506	79.1066	84.8529	91.0161	97.6250
14	43.6720	47.1027	50.8180	54.8409	59.1959	63.9095	69.0100	74.5280	80.4961	86.9495	93.9258	101.4654	109.6117	118.4108	127.9125
15	51.6595	56.1101	60.9653	66.2607	72.0351	78.3305	85.1922	92.6694	100.8151	109.6868	119.3465	129.8611	141.3029	153.7500	167.2863
16	60.9250	66.6488	72.9390	79.8502	87.4421	95.7799	104.9345	114.9834	126.0108	138.1085	151.3766	165.9236	181.8677	199.3374	218.4722
17	71.6730	78.9792	87.0680	96.0218	105.9306	116.8937	129.0201	142.4295	157.2534	173.6357	191.7345	211.7230	233.7907	258.1453	285.0139
18	84.1407	93.4056	103.7403	115.2659	128.1167	142.4413	158.4045	176.1883	195.9942	218.0446	242.5855	269.8882	300.2521	334.0074	371.5180
19	98.6032	110.2846	123.4135	138.1664	154.7400	173.3540	194.2535	217.7116	244.0328	273.5558	306.6577	343.7580	385.3227	431.8696	483.9734
20	115.3797	130.0329	146.6280	165.4180	186.6880	210.7584	237.9893	268.7853	303.6006	342.9447	387.3887	437.5726	494.2131	558.1118	630.1655
21	134.8405	153.1385	174.0210	197.8474	225.0256	256.0176	291.3469	331.6059	377.4648	429.6809	489.1098	556.7173	633.5927	720.9642	820.2151

参考文献

［1］林秀香．预算管理［M］．大连：东北财经大学出版社，2016．

［2］王兰会．最常用的150个财务管理模板［M］．北京：人民邮电出版社，2014．

［3］张长胜．企业全面预算管理（第二版）［M］．北京：北京大学出版社，2013．

［4］徐玉霞．财务会计　学习指导与练习［M］．厦门：厦门大学出版社，2010．

［5］陈立军，崔凤鸣．中级财务会计　习题与案例［M］．大连：东北财经大学出版社，2014．

［6］李肖鸣，朱建新．大学生创业基础（第2版）［M］．北京：清华大学出版社，2014．

［7］田秀萍．创业基础知识与实务［M］．北京：中央广播电视大学出版社，2015．

［8］汤锐华．大学生创新创业基础［M］．北京：高等教育出版社，2016．

［9］汤锐华．大学生创新创业实训手册［M］．北京：高等教育出版社，2016．

［10］张玉华，王周伟．创业基础［M］．北京：清华大学出版社，2014．

［11］贺尊．创业学概论［M］．北京：中国人民大学出版社，2011．

［12］陈倩，李凡，范军．大学生创新创业案例（第一辑）［M］．北京：旅游教育出版社，2013．

［13］郭斌，王成慧．大学生创新创业案例（第二辑）［M］．天津：南开大学出版社，2016．

［14］赵淑敏．创业融资［M］．北京：清华大学出版社，2013．

［15］李时椿，常建坤．创业基础［M］．北京：清华大学出版社，2014．

［16］郭朝辉．大学生就业与创业指导［M］．北京：高等教育出版社，2014．

［17］李伟，张世辉．创新创业教程［M］．北京：中国人民大学出版社，2015．

［18］干胜道．创业财务规划［M］．北京：清华大学出版社，2015．

［19］珍妮特·K.史密斯（Janet K. Smith），理查德·L.史密斯（Richard L. Smith），理查德·T.布利斯（Richard T. Bliss）．创业融资［M］．北京：北京大学出版社，2017．

［20］梅强．创业会计学［M］．镇江：江苏大学出版社，2014．

［21］姜曙光．大学生创业教程［M］．北京：化学工业出版社，2013．

［22］钟谷兰，杨开．大学生职业生涯发展与规划［M］．上海：华东师范大学出版社，2010．

［23］中国注册会计师协会．财务成本管理［M］．北京：中国财政经济出版社，2018．